세계
지식인
　　지도

기획위원
김상환
김성기
이동철
임경순
임지현
정과리

세계
지식인
지도

기획·진행
정재왈

21세기 지식인은 어디에 서 있는가

산처럼

책을 내면서

연재를 마치고 한참 지나서 스크랩해 둔 '세계 지식인 지도'를 꺼내 펼쳐보니 감개가 무량했다. 순간 나도 모르게 눈가에 이슬이 맺혔다. 숨 가쁘게 연재를 진행하던 중에는 무얼 그리는지 도무지 가늠할 수 없었다. 괴발개발이라고 매서운 눈초리로 독자들이 욕하지나 않을까, 그저 노심초사할 뿐이었다.

지난 일년 참으로 어려운 역사(役事)였다. 개인적으로는 부족한 머리 용량에 쥐가 날 정도로 '고지식'을 우겨 넣어야 했고, 한편으로는 조금이나마 쉽게 독자들에게 이를 전달해야 한다는 저널리스트로서의 숙명적인 업보에 시달려야 했다.

진인사 대천명이랄까. 아무튼 독자들의 질정과 기획위원, 필자들의 지극 정성에 힘입어 '세계 지식인 지도'는 한국 지성사에 큰 획을 긋고 그 항해를 마감할 수 있었다. 감히 장담하건대, 당분간 한국 언론사에서 이런 규모의 방대하며 지적인 기획 시리즈가 다시 나오기는 쉽지 않을 것이다.

중앙일보가 이 시리즈를 기획한 것은 2000년 가을쯤이었다. 당시 학술담당 기자였던 나는 명지대 유홍준 교수 등과 함께 '압록-두만강 국경 대탐사'를 끝내고 돌아왔는데, 쉴 틈도 없이 내 앞에 떨어진 것이 이 프로젝트였다.

아이디어의 진원지는 당시 이근성(현 온라인 신문 프레시안 대표) 편집위원이었다. 사내에서 '기획물의 귀재'라는 평을 듣는 이 선배는 이미 기획위원 선정을 거의 마친 상태였고, 이를 구체화하면서 멤버들이 확정됐다. 이 선배는 전해에 중앙일보에 연재했던 국내 지식인 지도인 '지식인 지도가 바뀐다' 시리즈의 성공에 힘입어 이를 국제적인 시각으로 확대할 계획을 세웠다. '세계 지식인 지도'의 탄생 배경은 이랬다.

각 분야에서 모인 김상환, 김성기, 이동철, 임경순, 임지현, 정과리 교수 등 여섯 명의 기획위원과 중앙일보에서 '걸어 다니는 사전'으로 통하는 정춘수 심의실장, 날카로운 필력으로 고정팬이 많은 정운영 논설위원이 매번 기획회의를 이끌며 차근차근 주제와 인물 선정을 해 나갔다. 아이디어가 꽉 막혀 있을 때 정춘수 선배는 명 조타수로서 주제별 분류법을 제시해 돌파구를 열었고, 정운영 선배는 TV 토론 등에서 단련된 노련한 솜씨로 기획위원들의 상충된 의견을 유연하게 조정하는 '해결사' 역할을 충실히 했다. 이 시리즈가 성공할 수 있도록 기여한 숨은 공로자들이다. 새삼 고마움을 전한다.

실제적인 뉴밀레니엄의 원년인 2001년 1월 1일 '미국의 양심'으로 통하는 노엄 촘스키를 필두로 시리즈의 막이 열렸다. 지난 세기와 이성적인 단절을 이룬다는 의미에서 첫 주제는 '20세기에 대한 거역'으로 잡았다. 촘스키는 지난 세기 패권의 상징이었던 미국과의 단절을 대변하는 인물로 꼽힌 것이다. '내부 고발자'로서 그의 목소리는 지금도 여전히 높지만 최근 극보수화되고 있는 미국을 보면 20세기와의 단절은 그리 쉽지 않은 일임을 실감한다.

일년 간 총 44회 50여 명의 인물이 등장하면서 지도는 근사한 형태로 꾸며졌다. 이념적인 스펙트럼의 균형을 맞추려고 심혈을 기울였지만 아무래도 좌파 지식인들 쪽에 무게가 실렸다. 더불어 국내 소개가 미흡

했던 페미니즘과 과학 분야 지식인들의 진출이 강세를 보였다. 나노테크놀로지의 리처드 스몰리, 생태여성주의자 반다나 시바 등이 이런 범주에 해당한다. 이 시리즈는 이런 면에서도 한국 지성계의 균형추 구실을 충분히 한 셈이다.

시리즈를 진행하면서 새롭고 신선한 일들이 참 많았다. 숨겨진 보석으로 묻혀 있던 필자가 스타로 등장했으며, 보편적인 시각으로 보자면 지식인의 범주에 넣어야 할지, 빼야 할지를 고민해야 하는 인물들이 이 시리즈를 통해 당당히 '지식인'이란 명예를 얻었다. 한마디로 지식인의 개념을 바꾼 것이다.

가장 인상에 남는 필자로는 라틴아메리카 전문가인 이성형(세종연구소 연구원) 씨다. 그는 '사이버 시대의 혁명가 마르코스'와 '해방철학의 사도 엔리케 두셀' 두 인물을 소개했다. 글의 품격은 물론이고 국내에 제대로 소개되지 않았지만 중요하고도 참신한 이런 인물을 알려 영·미·유럽에 경도된 지식의 편식 현상에 경종을 울렸다. 라틴아메리카는 여러 면에서 우리에게 타산지석의 대상이 아닐까 곰곰이 생각해 본다.

이번 시리즈를 통해 신개념의 지식인으로 당당히 등장한 인물은 조지 소로스다. 신문사 내에서도 이 인물을 지식인에 포함시킨 것을 두고 논란이 없지 않았으나, 사이버 시대 전세계를 상대로 펼치는 그의 투자전쟁은 논의의 대상이 충분히 될 만했다.

더불어 다소 놀랍고 당황스러운 일도 있었다. 국내 언론을 통해 너무나 잘 알려진 프랜시스 후쿠야마에 대한 엇갈린 평가 때문이었다. 이 인물을 선정하고 필자를 고르는 데 접촉한 사회학자들이 공히 하는 그에 대한 평가는 상당히 부정적이었다. "그의 파격적인 주장은 대안이 없는 구두선(口頭禪)에 불과해 진지한 지식인의 모습으로 보기가 어렵다"는 게 중론이었던 것이다. 한 인물을 보는 미디어와 전문가들의 시각차를 확인한 좋은 사례였다.

　이번 기회를 통해 나는 국내 학계의 지적 수준과 깊이도 가늠할 수 있었다. 전반적으로 우리 지식인(필자)들은 세계 지식계의 동향에 그리 밝지 못하며, 전공에서 조금만 비껴나도 속수무책일 정도로 수준이 깊지 못하다는 인상을 받은 것이다. 한 예로 미국의 경제학자 폴 크루그먼의 필자를 구하는 데 적잖은 애를 먹었다. 수많은 경제학자들 중에서 기꺼이 그를 소개할 만한 학자가 흔치 않았기 때문이다.

　이 시리즈가 무사히 끝나 단행본으로 엮어져 나오기까지 많은 사람들의 도움과 응원이 절대적이었다. 우선 이 어려운 시리즈에 남다른 애정을 보이며 적극 지원해 준 최철주 편집국장(현 논설위원실장)과 이장규 편집국장, 매회 최종 출고자로서 근사한 제목을 다느라 골머리를 앓은 이헌익 문화담당 에디터와 박태욱 문화부장(현 경제담당 에디터)에게 고마움을 전한다. 편집자였던 이경순 기자, 인터넷을 뒤져 좋은 사진을 찾아준 이은주 씨 등 정보검색실 여러분에게도 감사한다. 후원사였던 미래에셋에게도 이 자리를 빌려 경의를 표한다.

　출판사를 설립하고 이 시리즈를 첫 책으로 엮어내겠다는 윤양미 사장의 배짱은 과연 무엇인가. 아무쪼록 지적인 호기심에 잠 못 이루는 독자들의 성원으로 이 책이 베스트셀러가 되면 오죽 좋으련만. 즐거운 상상을 해본다.

2002년 3월 1일
정재왈 ▪ 중앙일보 문화부 기자

지식인의 미래는 있는가

김성기 ■ 문화비평가

서문

> 과거의 지식인은 미래를 내다보는 견자(見者)였다.
> 지금의 지식인은 거미처럼 사방에 발을 뻗치며
> 주목을 받지만 현실과는 동떨어진 사람이라
> 우리가 이 시대를 이해하는 데 아무런 도움을 주지 못한다.
>
> 레지 드브레 《지식인의 종말》 중에서

지난 2001년 한 해 동안 진행된 '세계 지식인 지도' 시리즈가 끝났다. 오늘날 전세계에서 펼쳐지고 있는 지식의 새로운 흐름과 지식인의 활약상을 가늠해 보고자 하는 의도에서 기획된 것이었다. 그것은 두 가지 목표를 겨냥하였다. 오늘의 지식사회가 지난 20세기의 의미를 어떻게 정리할 것인가 하는 과제와 더불어 이제 막 시작된 21세기를 전망하면서 스스로의 좌표를 마련하는 데 주안점을 두었다.

이제 전체 결과물이 한자리에 모여 새로운 모습으로 태어나는 순간이다. 20세기 지식의 지형도가 눈앞에 잡히는 듯하다. 이 신판 지도가 과연 사태를 제대로 분별하고 있는지 아니면 괜한 정보를 제공해 인식상의 혼란만 가중시키는 건 아닌지 의문이 없는 건 아니다. 하지만 이

점에 대한 평가는 독자의 판단에 맡기기로 하고, 여기서 나는 '세계 지식인 지도' 기획에 참여한 한 사람으로서 현대 지식인 문화의 문제적 성격에 대한 나름의 촌평을 덧붙이고자 한다.

1

방금 '현대 지식인 문화의 문제적 성격'이라는 표현을 사용했다. 부언하면 오늘날 지식인이 처한 상당히 곤혹스런 처지를 가리키는 것이다. 우리 사회에서 근자에 자주 거론되고 있는 지식인의 위기론도 그와 같은 맥락을 갖는다. 지식사회의 내적 활력이 부쩍 떨어지고 있으며 무엇보다 한 시대의 정신적 안테나로서 제 구실을 하지 못하고 있다는 문제 제기가 그 대강의 내용일 터이다.

물론 지식인의 위기론은 그 출발 이후 언제나 상존했다는 지적도 가능하다. 카를 만하임의 오랜 표현대로 '자유부동한 지식인'은 늘 정체성 위기에 시달렸다 해도 과언이 아니다. 하지만 오늘날 지식인의 문제는 예전과는 퍽 다른 문맥을 갖는다는 점에 유의하자. 대중 소비사회 및 정보사회의 도래 속에서 '사회 속 지식인의 자리'가 위축되고 있는데, 특히 대중문화의 강력한 부상은 그간 지식인이 자임해 왔던 역할이나 기능을 대체하거나 포섭해 가는 형국이다.

이런 현실에서 한편에서는 사회가 어떻게 변하든 지식인은 본연의 반성적 성찰력을 유지해야 한다고 주문하기도 하고, 다른 한편에서는 지식인도 엄연히 사회 속의 존재인 만큼 그러한 변화에 대응하거나 타협할 수밖에 없으리라는 지적도 나온다. 어느 편이든 당연한 지적임에도 불구하고 정작 문제는 그게 그렇게 간단하지 않다는 점이다.

일례로, 인문학의 위기론 담론만 해도 그렇다. 인문학은 '그 태생부터 자신의 불안함을 먹고 살았다'고 하면서 작금의 인문학 쇠퇴를 대범하게 받아넘기는 경향이 지식사회 일각에 있는 줄 안다. 인문학의 위기를 바깥에 소리 높여 외쳐대는 것도 안쓰러운 일이지만 그와 정반대로 초연한 포즈를 취하는 것 역시 지식인 본연의 반성적 성찰과는 거리가 멀다고 하지 않을 수 없다. 지식인이 현실로부터 추방되거나 단절된 상황에서는 그 어떤 전망이나 대안도 허공 중에 맴돌기 십상이다.

문제는 현실이다. 현실과의 소통 능력이 부재한 상태에서 지식인과 그의 지식은 아무런 의미를 갖지 못한다. '지식인의 미래는 있는가'를 묻는 것도 그 때문이다. 작금의 지식인 담론은 공세적 물음이 결코 아니다. 보다 솔직히 말하면 자신의 존재 조건을 스스로 돌아보지 않으면 안 될 정도로 불리한 처지에 처한 자의 푸념 어린 독백에 가깝다. 하지만 그 독백이라도 제대로 해야 한다. 오늘날 지식사회에서 그나마 활력을 보여주는 경우가 있다면 그러한 독백의 절차를 거쳐 이루어지고 있는 건 아닐는지.

2

지식인의 독백이라고 하니, 이 무슨 말인가. 관념의 늪 속으로 깊이 잠수하자는 뜻으로 오해될 수 있을 것 같아 다소의 해명이 필요할 성싶다. 그것은 스스로 묻고 답하면서 자신의 정체성을 부단히 확인해 가는 작업을 뜻한다. 이는 단순한 내면 탐구와는 또 다르다. 자기 자신의 역사와 존재 조건을 돌아보는 일을 수반하기 때문이다. 그리하여 '내가 왜 지금 지식인인가'를 성찰하는 일은 앞으로 '지식인의 미래는 어떻게 가능한가'에 대한 하나의 답변이 될 수 있지 않을까.

요컨대 지식인은 원래 누구인가를 묻기보다는 현재 어떻게 존재하는

가를 묻자. 나는 이 같은 물음의 변경이 중요하다고 보는데, 그 이유는 '지식인의 사회학'이라 부름직한 주제가 우리 시대의 지식인이 풀어야 할 핵심 쟁점이 아니겠는가 하고 판단하기 때문이다. 오늘날 지식인이 거주하는 주된 공간은 아무래도 대학을 비롯한 아카데미 제도다. 그리고 그 공간은 신자유주의라는 물결에 휩싸여 있다. 아니, 신자유주의는 지식인 문화의 마지막 보루인 대학마저 위협하고 있는 것이다. 이런 상황에서 지식인은 무엇을 어떻게 할 것인가. 바로 이 물음이 지식사회 내부에서 공동 의제가 되어야 할 터이다.

이 대목에서 잠시 '지식인의 아카데미화'라는 현상을 둘러싸고 서구 지식계에서 벌어지는 토론 내용을 엿보기로 하자. 그것은 대학이 지식인의 유일한 생존 공간이 되고 있는 추이를 가리키는데, 이를 놓고 두 가지 의견이 팽팽히 맞서고 있다. 하나는 '공적 지식인의 몰락'을 우려하는 비판적 의견으로, 최근의 예로는 리처드 포스너의 《공적 지식인》(*Public Intellectuals—A Study of Decline*, 2002)을 꼽을 수 있다. 이 연구는 지난 20년 동안 서구 지식사회의 구조 변화를 실증적으로 검토하면서 '공적 지식인의 몰락'으로 인해 사회 공동의 문제에 대한 지식인의 관심이나 이해가 현격하게 저하되고 있다고 주장한다.

다른 하나는 지식인의 지적 제도화가 가져오는 성과에 주목하여 이를 환영하는 의견이다. 지식인의 대학 내 유입은 지식의 산출과 유통을 원활하게 하여 결국 전체 사회에도 바람직한 영향을 낳는다는 주장이다. 이는 오래 전 미셸 푸코가 지적한 바 (제너럴리스트가 아닌) '스페셜리스트'의 논리 그대로 일종의 '전문가 우위론'이라 명명할 수 있으리라. 지식인의 전문성은 대학 제도를 비롯해 연구 기관을 매개로 해 사회적으로 작동될 수 있으며, 그 밖에 다른 커뮤니케이션 장치는 불가능하다는 것이다. 고로, 공적 지식인의 몰락은 당연할 뿐더러 사회적 효용의 차원에서 어느 면 바람직한 결과라고도 한다.

이상 상반된 의견에서 핵심 쟁점은, 언뜻 보면 지식인의 지적 제도화가 바람직하냐 아니냐 하는 점으로 요약되곤 하지만 그보다 더 중요한 물음은 다음과 같은 게 아닐까 한다. 우리 시대의 공적 지식인이 왜, 어떻게 몰락하고 있으며, 그와 더불어 전문가 지식인의 제도화나 사회적 유의미성이 갖는 내용이나 실체는 과연 무엇인가 하는 점이다. 여기서 공적 지식인이란 '자신과 직접 관계가 없는 보편적 문제에 관심을 갖고 그것의 해결을 위해' 이론적이고 지적인 탐구에 종사하는 이를 일컫는다. 우리의 경우 흔히 말하는 선비 전통에 서 있는 지식인이 그러하다.

그렇다면 그 같은 유형의 지식인이 사회적으로 몰락한다는 건 무엇을 뜻하는가. 공적 지식인의 기능과 역할을 사회 자체가 거부한다는 말인데, 이때 사회는 좀더 분명히 말하면 신자유주의 체제라고 바꿔 불러도 무방하다. 얼마 전 타계한 프랑스 사회학자 피에르 부르디외가 공적 지식인을 자임하면서 신자유주의에 정면 반기를 든 것도 그런 문맥에서 쉬 이해될 수 있으리라. 그 같은 공적 지식인은 '삶과 문화의 보편적 이성'이란 잣대에 비추어 신자유주의의 난맥상을 들추어내고 비판하기 때문이다.

한편 공적 지식인의 몰락을 기정 사실화하는 입장에서는 동일한 사태를 놓고 다른 평가를 내리기도 한다. 이를테면 공적 지식인이 내세우는 '보편적 이성'이란 것은 이미 역사적 시효가 만료에 다다랐고, 그러한 비판 논리 역시 신자유주의의 촘촘한 그물망이 허용하는 조건 내에서만 가능한, 일종의 립서비스에 불과하다는 반박이 그것이다. 그리고 공적 지식인을 자임하는 세력은 실제 현실의 동학에 연루되어 있기보다는 대학 캠퍼스 내에 안주해 저항의 목소리를 쏟아내고 있을 뿐이라는 혹평마저 가세하고 있다. 1980년대 말부터 미국 지식사회 안팎에서 전개된 바 있는 이른바 '문화 전쟁(cultural wars)' 와중에 '캠퍼스 신좌파'라거나 '정년 보장된 급진파(tenured radicals)'라는 냉소적 표현이 등장한 것도 그런 추이를 반영한다고 볼 수 있다.

3

앞서 공적 지식인의 몰락 논의를 둘러싼 논쟁을 간략하게나마 살펴보았다. 그 논쟁을 통해 우리가 얻을 수 있는 과제나 해법은 무엇일까. 우선 공적 지식인의 몰락을 놓고 '보편적 이성의 시효 만료'만을 보는 건 단견이다. 그래서는 그야말로 지식인의 엘리트주의를 되풀이하는 것에 다름 아니다. 그보다는 공적 지식인은 객관적 현실 인식 능력에서 스스로 패배했다고 보는 게 옳을지 모른다. 이 점은 우리의 경우 더욱 각별한 의미를 지니는데, 지식사회 내부에 엄밀한 사고 능력이 아직은 미흡하지 않은가 하는 판단 때문이다. 지식인을 자임하는 이라면 저마다 '현재의 문제'에 대해 적지 않은 관심을 표하면서도 그 관심이 지적인 분석에 바탕을 둔 경우는 쉬 찾아보기 어려운 것 또한 현실이다.

그렇다면 공적 지식인의 이상을 저버려야 하는가. 설혹 그것의 몰락을 수락한다고 하더라도 지식인의 진취적인 미래는 어떻게 가능한가. 우리의 경우 또한 공적 지식인의 미래는 그리 밝아 보이지 않는다. 하지만 공적 지식인의 역할은 더욱더 클 것으로 전망된다.

이 모순 어법은 무엇을 의미하는가. 내가 보기에 우리 사회에서는 공적 지식인의 이상과 그 실제 사이에는 상당한 괴리가 있다. 바꿔 말하면 공적 지식인의 이상이 우리 삶의 구체 속에서 문제화되지 않고 추상적이고 당위적인 차원에 머물러 있다는 말이다. 그 이상이 현실 속이 아니라 현실 위에 떠 있다고나 할까. 공적 지식인이 현실에 개입할 때 자칫 명분론이나 포퓰리즘의 유혹에 쉬 굴복하는 것도 그와 깊은 연관이 있다고 나는 판단한다.

  요즘 우리 사회 일각에는 지식인 담론이 성행하고 있다. 언제부터 우리 사회가 지식인에 대해 그토록 지대한 관심을 베풀었는지 다소 의아한 느낌이 들 정도다. 게다가 그러한 관심이 대체로 지식인 일반에 대한 냉소나 조롱을 동반하고 있다는 점에서 문제의 심각성이 있다. 분위기가 이렇다 보니 명실공히 지식인의 자격으로 일용한 양식을 마련하고 있는 사람이면서도 '나는 지식인이 아니다'라는 식의 공연한 말장난을 일삼으며 모종의 이상 징후랄까 병리 현상마저 드러내곤 한다.

  이래서는 곤란하다. 지금 우리 지식인 집단에게 정녕 요구되는 바는 '나는 지식인이다'라는 고백이다. 우리에게 지식인의 미래가 있다면 그 첫 출발은 바로 그러한 마음가짐을 공유하는 데서 시작되어야 할 것이다.

세계
지식인 지도

차례

책을 내면서 5
서문 ▪ 지식인의 미래는 있는가 9

제1부 20세기에 대한 거역

一圖 반자본주의와 행동하는 미국 지성 ▪ 노엄 촘스키 24
二圖 사회주의, 그 영원한 인간 혁명 ▪ 알렉스 캘리니코스 35
三圖 오리엔탈리즘과 제국주의 ▪ 에드워드 w. 사이드 51
四圖 과학의 객관성은 오래된 허구다 ▪ 전통적 과학관의 반역자들 59
五圖 서구 문학의 해체 '아버지 살해' ▪ 중남미 작가들 66
六圖 성적 차이의 윤리 ▪ 뤼스 이리가레 74

제2부 세계화의 도전과 응전

一圖 근대 세계체제의 조감과 그 미래상 예견 ▪ 이매뉴얼 월러스틴 86
二圖 민주주의 시장 경제와 역사 종말론 ▪ 프랜시스 후쿠야마 96
三圖 세계화에 맞선 지식인들의 최전선 ▪ 《르 몽드 디플로마티크》 103
四圖 무역의 윤리, 규모의 경제학 ▪ 폴 크루그먼 113
五圖 네트워크 시대 금융자본주의의 제왕 ▪ 조지 소로스 122
六圖 세계화와 NGO의 대응 ▪ NGO 134
七圖 거대 과학과 국제 가속기 프로젝트 ▪ '거대 과학'의 기수들 141
八圖 사이버 공간과 혁명가의 진로 ▪ 마르코스 149

제3부 기로에 선 모더니티

一圖 민중과 일상의 미시사 ▪ 로버트 단턴 160
二圖 데리다 사단과 온고지신의 해체철학 ▪ 장 뤼크 낭시·필립 라쿠라바르트 167
三圖 인간적인 근대의 성찰 ▪ 울리히 벡·앤서니 기든스·스콧 래쉬 177
四圖 라캉으로 대중문화 읽기 ▪ 슬라보이 지젝 186
五圖 주변부와 타자에게 말걸기 ▪ 가야트리 차크라보르티 스피박 196
六圖 탈중심화, 인간화된 건축 문화로 ▪ 포스트모더니즘 건축의 기수들 205
七圖 전체는 부분의 합보다 크다 ▪ 카오스와 복잡계 과학의 선구자들 213

제4부 새로운 환경을 위하여

一圖 생물 다양성의 보전과 인간성 회복 ▪ 에드워드 윌슨 224
二圖 자원은 절반, 효율은 두 배 ▪ 에른스트 울리히 폰 바이츠제커 231
三圖 지구는 건강한가 ▪ 레스터 브라운 243
四圖 과학의 남성주의를 어머니 품으로 ▪ 반다나 시바 252

제5부 21세기의 억압과 해방

- 一圖 흑인의 정체성과 해방의 몸짓 ▪ 토니 모리슨 264
- 二圖 개인주의 비판과 공동체 윤리 ▪ 알래스데어 매킨타이어 · 찰스 테일러 275
- 三圖 다중의 자율적 힘과 세계 변혁의 기획 ▪ 안토니오 네그리 282
- 四圖 차별 없는 사회를 향한 도정 ▪ 요한 갈퉁 290
- 五圖 열린 공동체와 트랜스-모더니티 ▪ 엔리케 두셀 298
- 六圖 가속화된 문명과 인간의 미래 ▪ 이반 일리치 306

제6부 문화와 예술의 새 천지

- 一圖 네트워크 사회와 새로 짜는 문명의 기획 ▪ 마누엘 카스텔스 316
- 二圖 기술 시대의 전위 예술 ▪ 백남준 324
- 三圖 예술가와 공학자가 만나 탄생한 첨단 예술 ▪ MIT 미디어 랩 332
- 四圖 서양 음악에 대한 새로운 도전 ▪ 스티브 라이히 339
- 五圖 대중문화의 정치학 ▪ 스튜어트 홀 346

제7부 새로운 정신과 물질 공간의 전개
  一圖 '10억 분의 1m' 세계와 인류의 미래 ▪ 리처드 스몰리 358
  二圖 현실 저 너머의 진리와 환상 ▪ 어슐러 르 귄 366
  三圖 인지과학과 마음의 작동 원리 ▪ 대니얼 데닛 376
  四圖 인간의 질병을 정복하라 ▪ 크레이그 벤터 384
  五圖 '주체적 욕망'과 새로운 정신분석학 ▪ 자크 알랭 밀레 390
  六圖 '사이보그'에 거는 인간의 희망 ▪ 도나 해러웨이 399

제8부 새로운 21세기를 향하여
  一圖 가까운 미래의 지적 풍토에 대한 한 자유주의자의 전망 410
  二圖 '그들만'의 세계에서 '우리들'의 세계로 416

부록 '세계 지식인 지도'를 시작하며—대담 425
  '세계 지식인 지도'를 끝내며—대담 430

  찾아보기 435

제1부

20세기에 대한 거역

一圖 반자본주의와 행동하는 미국 지성 ■ 노엄 촘스키

二圖 사회주의, 그 영원한 인간 혁명 ■ 알렉스 캘리니코스

三圖 오리엔탈리즘과 제국주의 ■ 에드워드 W. 사이드

四圖 과학의 객관성은 오래된 허구다 ■ 전통적 과학관의 반역자들

五圖 서구 문학의 해체 '아버지 살해' ■ 중남미 작가들

六圖 성적 차이의 윤리 ■ 뤼스 이리가레

제1부를 들어가며

임지현 기획위원

    서구 문명과 서구적 사유가 전 지구적인 지배를 행사한 세기라는 점에서 20세기는 과학 혁명 이래 세계사적으로 관철되어 온 서구적 근대의 연장선상에 서 있다. 거시적 관점에서 볼 때, 20세기에 대한 거역은 '전 지구적 근대'로 확장되어 온 '서구적 근대'에 대한 거역을 의미한다. 서구의 근대 시민사회는 자신의 집단적 정체성을 구하는 과정에서 기본적으로는 자기 경계 밖의 사람들을 타자화하는 메커니즘을 내장하고 있다. '자유, 평등, 박애'라는 보편적 슬로건에도 불구하고 시민혁명 자체가 이미 '차별'과 '배제'의 논리 위에서 출발한 것이다.
    19세기의 역사는 '경계' 밖의 사람들을 타자화하는 차별과 배제의 논리가 제국주의를 통해 비유럽 세계로 전파되는 역사였다. 그 결과 제국주의에 대한 순응의 역사뿐만 아니라 저항의 논리 역시 서양적 근대의 '경계 짓기' 논리를 모방함으로써 서구의 담론 틀 속에 포섭되었다. 서구적 근대의 특징인 '경계 짓기'의 논리가 전 지구적 근대의 논리로 보편화된 것이다.
    '기술로서의 근대'를 대변했던 자본주의 체제나 그에 대한 대안으로서 '해방으로서의 근대'를 상정했던 사회주의 체제 모두 서구적 근대의 자식이기는 마찬가지였다. 19세기의 거역이 '기술로서의 근대'를 '해방으로서의 근대'로 내재하려는 노력이었다면, 20세기의 거역은 '해방으로서의 근대'가 갖는 대안적 성격에 대한 회의에서 출발하였다. 역사적으로는 볼셰비키 혁명이 그 계기였다. 1917년의 혁명으로 성립된 현실 사회주의는 근대적 이성에 입각한 해방의 유토피아가 다른 형태의 억압을 은폐할 뿐이라는 점을 상기시켰다. 미국과 소련을 한데 묶어 야만 사회라고 비판하는 촘스키나 현실 사회주의에 대해 비판의 날을 갈아온 트로츠키주의자들의 비판이 20세기에 대한 거역이라고 상정되는 것도 같은 맥락에서다.

인식론적 차원에서는 서구적 근대가 구축한 진리의 허구성을 고발하고 숨어서 작동하는 제국의 문화적 헤게모니를 해체하려는 사이드가 서구적 근대의 종막(終幕)으로서의 20세기에 대한 거역을 대표한다. 서구 중심적 문화를 해체하고 자신들의 주체적 문학을 밀고 나아갔던, '아버지 죽이기'라는 키워드로 대표되는 마르케스, 요사 등 일군의 중남미 작가들도 같은 맥락에 서 있다. 자연과학에서도 가치 중립과 객관성이라는 서구적 근대의 사유방식에 저항하는 움직임들이 포착된다. '사회적 구성주의'의 기치 아래 근대의 전통적 과학관에 반기를 들고 나온 과학자들이 그들이다. 20세기 자연과학의 중심을 차지했던 원자 물리학을 뒤흔드는 생명 과학, 나노 과학, 복잡계 과학의 출현은 자연과학의 지형을 새롭게 그리려는 시도였다.

20세기에 대한 거역은 주변부에서 나타난 것만은 아니다. 서양철학의 로고스 중심주의와 정신분석학의 남근 중심주의를 비판하고 서구적 근대에 내장된 가부장제적 사랑을 거부하는 이리가레의 페미니즘 또한 같은 맥락에서 이해된다. 여성은 미국과 유럽이라는 현실의 지리를 공유하였음에도 서구적 근대의 주변에만 머물렀던 것이다.

이외에도 다루지 못한 주요한 흐름들이 있다. 자본주의와 사회주의 모두의 생산력주의를 거부한 생태주의, 근대적 민족 국가의 존재 방식에 정면으로 도전했던 무정부주의, 전 지구적 자본주의에 저항하는 신좌파 운동과 시민 운동들이 그것이다. 이것들은 서구적 근대가 서 있는 그 전제들에 도전한다는 점에서 근대에 포섭되었던 19세기의 운동들과는 맥을 달리 한다.

기본적으로 20세기에 대한 거역은 그 현상의 다양성에도 불구하고, '경계 짓기'로서의 서구적 근대에 내장된 타자화의 메커니즘, 배제와 차별의 논리를 드러내서 비판, 극복하려는 움직임이라고 요약될 수 있다. 21세기의 저항과 운동은 바로 그러한 흐름의 연장선상에서 전개되지 않을까?

반자본주의와 행동하는 미국 지성

A v r a m   N o a m   C h o m s k y   노 엄   촘 스 키

노엄 촘스키

촘스키의 야만 사회 비판

지난 20세기 역시 문명과 야만이 공존하는 역사 법칙을 고수하였다. 빛의 속도로 과학 기술이 발전했지만 파괴 기술은 그것을 앞질렀다. 자유와 인권의 신장을 비웃듯 세계 도처에서 인권 유린이 자행되었고 탐욕을 위한 체제 공학과 전쟁이 문명사를 그늘지게 하였다. 사람과 물자를 위한 교통, 통신의 발달은 투기 자금을 실어 나르는 비트의 속도를 따르지 못했다.

그뿐인가? 과학의 발달로 수많은 불치병이 정복됨으로써 생명의 존엄성을 지키고 질병으로부터의 자유를 누릴 수 있다는 희망이 커졌지만, 동시에 언제라도 죽은 히틀러가 복제 인간(clone)으로 '제작'될 수 있는 야누스의 시대에 우리는 살고 있다.

그러나 이러한 이중성의 시대에도 우리는 수많은 양심의 소리들을 들을 수 있었다. 최후의 양심이라 할 지식인의 종말이 회자되는 이 시대에도 에밀 졸라, 존 로크, 장 폴 사르트르, 버트런드 러셀 등의 낯익은 이름과 함께 노엄 촘스키가 있다. 20세기를 점철한 야만의 역사 한 가운데에서 '좋은 사회'를 위한 투쟁의 고삐를 늦추지 않고 치열하게 살아온 촘스키는 이렇게 말한다.

> 구제 금융을 받은 것은 한국 국민이 아니라 국제 투자가들이다. 한국 국민들은 가혹한 구조조정 프로그램으로 고통을 받았고, 은행가, 투자가의 이익을 보장하는 사회적 비용을 국민이 떠안은 셈이다.
>
> 대담 ▪《신동아》2000년 3월호에서

2000년 서울 국제문학포럼에 한국을 방문한 프랑스의 사회학자 피에르 부르디외(1930~2002)도 '신자유주의'에 대항할 지식인 연대의 필요성을 제기한 바 있지만, 누구보다 먼저 그리고 일관되게 그에 대한 반대의 목소리를 높여온 사람이 미국의 사회비평가이자 언어학자인 촘스키다.

애덤 스미스의 고전적 자유주의에서는 정의 사회를 위한 '결과의 공정 분배'가 핵심으로 강조되었으나 신자유주의는 가난한 자로부터 부자들을 보호하기 위한 이론이라는 것이 촘스키의 분석이다. 1970년대 로널드 레이건과 마가렛 대처에서 시작된 신자유주의의 핵심은 노동의 이동을 막고 자본의 이동은 허용하는 것이었다.

그 결과 다국적 기업들은 전세계 어느 곳에서든 자본을 자유롭게 투자하고 회수하는 반면, 가난한 나라의 노동자들은 자본처럼 자유롭게 시장을 들고 날 권리가 주어지지 않았다. 이는 필연적으로 헤지 펀드의 농락으로 세계적 경제 혼란이 초래할 것임을 일찍이 촘스키는 강력하게 경고해 왔고, 실제로 외환 위기로 표면화된 경제 혼란은 남미와 러시아를 강타한 후 1997년 동아시아 위기로 이어졌다.

초국적 기업들은 이익을 극대화하기 위해 다자간 투자협정(MAI)과 같은 음모들을 아직도 진행하고 있으므로 끊임없이 경계하고 투쟁해야 한다고 촘스키는 주장한다. 그러한 음모는 미국의 시애틀에서 있었던 반세계화 운동으로 분쇄되기도 했지만, 촘스키의 주장대로 지금도 여전히 변형된 형태로 이루어지고 있음이 언론에 보도되고 있다.

촘스키는 패권 국가와 같은 거대 권력의 만행도 경계해야 하지만 미디어라든가 사기업도 경계의 대상이라고 주장한다.

전체주의, 군국주의, 제도의 폭력 등도 인간의 존엄을 파괴하지만, 사기업이 더 위험한 이유는 돈에는 국경이 없기 때문이다. 비자는 거부되어도 송금은 거부되지 않는다. 사기업은 시공간의 제약을 받지 않고 이익을 추구하지만, 여기에 인권이나 정의, 부의 공정 분배 같은 단어들이 끼어들 여지가 없다.

대담 ▪《신동아》 2000년 3월호에서

그의 말대로 국가나 공공 기관은 어느 정도 국민에 대한 책임을 져야 하지만, 사기업은 그렇지 않다. 기업이란 오로지 이윤만을 추구할 뿐, 사회에 대한 책임을 지지 않기 때문이다. 그런 이유로 촘스키는 마이크로소프트와 같은 초국적 거대 기업을 사기업 독재자로 규정하는 것이다. 그리고 이러한 다국적 기업들의 이익을 보장하는 기구들로 IMF 등과 같은 국제 경제 기구들을 지목한다.

IMF는 잘 알려졌다시피 미국이 주로 자본을 댄 국제적 고리대금 기관이다. 좀더 정확히 말하면 미국의 자본가들이 돈을 댄 이자놀이 기관인 셈이다. 그런 의미에서 1997년 당시 IMF의 강력한 내핍 요구를 받아들여 외환 위기를 극복한 한국과, 이를 단호히 거부한 마하티르의 말레이시아는 두고두고 학자들의 논쟁을 유발할 것으로 보인다. 앞에서 인용한 촘스키의 말처럼 IMF 구제 금융에 의해 구제된 것은 한국 국민이 아니라 한국에 투자한 외국인 투자가나 한국인 투자가들이기 때문이다.

'좋은 사회'를 위한 촘스키의 주장은 언론 문제에서도 독특하다. 그는 사유 언론이 광고주의 이익을 대변하고 광고주는 언론 소유주의 이익을 보장함으로써 폐쇄된 이익의 고리를 형성한다고 말한다.

예를 들어보자. 1975년 인도네시아 군은 포드 정권의 암묵적 동의 아래 동티모르를 점령하여 무자비한 인종 청소를 자행했지만, 미국의 주류 언론들은 이에 대해 침묵으로 일관하였다. 바로 그 언론이 월맹군의 캄보디아 학살이나 십여 년 후에 일어난 이라크의 쿠웨이트 침공에 대해서 엄청난 물량으로 보도를 해댔다. 미국 석유 회사의 사활적 이익이 걸려 있었기 때문이다.

2001년 9월 11일 미국에서 벌어진 테러는 미국 역사뿐 아니라 세계사에서도 뚜렷한 전환점으로 기록될 것이다. 21세기형 새로운 전쟁에 대해 정의를 위한 무한 전쟁이라 명명된 반테러 전쟁이 전세계를 휩쓸었다. 미국의 편이 아니면 모두가 악의 편이라는 협박 속에 모든 나라들이 미국의 거친 보복 전쟁의 나팔 소리에 숨죽였다. 모든 신문과 방송과 수많은 내로라 하는 지식인들이 전쟁을 부르짖고 성난 미국인들이 성조기를 흔들어댈 때, 촘스키는 이렇게 말하였다.

당신의 물건을 훔친 도둑이 이웃에 숨어 있는 것을 당신이 안다고 하자. 그 도둑을 잡기 위해 당신이 이웃 사람들까지도 무차별적으로 공격하고 살해할 권리가 있는가.

MBC-TV 〈미디어 비평〉, '촘스키에게 듣는다', 2001년 11월 4일.

지극히 상식적인 이 말이 미국의 언론에는 전혀 보도되지 않았을 뿐만 아니라, 그러한 상식적 시각이 미국의 주류 언론에서는 감지되지도 않았다.

우리 나라에서도 방영된 다큐멘터리 〈대중 매체와 여론 조작〉에서 촘스키는 영국의 《타임스》와 미국의 《뉴욕 타임스》의 보도를 비교하면서 미국 주류 언론의 이중성을 폭로하여 전세계인의 감명과 공분을 불러일으켰다.

그의 말대로 거대한 권력 기관인 언론이 '좋은 사회'를 위한 도구가 되어야 함은 자명하다. 세계 지식인 사회와 영향력 있는 언론 매체들이 침묵으로 일관할 때, 촘스키는 동티모르의 인권과 독립을 위해 일관되게 투쟁했고, 그 연장선에서 미국의 약소국에 대한 개입 정책에 대해서도 침묵하지 않았다.

레이건 정부가 안보에 위협이 된다는 구실로 인구 10만도 안 되는 그레나다를 침공했을 때, 미국 언론은 쌍수를 들어 환영하였다. 민주주의와 인권이란 허울로 도처에서 경찰 역할을 자임했지만, 미국은 실은 미국 국민이 아니라 일부 군수업체의 이익을 위해 참견꾼 역할을 해왔을 뿐이라는 것이 촘스키의 분석이다.

1960년대에 베트남전 반대 운동이 미국 사회를 뒤흔들었을 때 촘스키는 직접 전쟁터를 돌아보고 민간인 마을에 대한 미군의 무자비한 폭격을 고발하기도 하였다. 노근리 사건을 상기시키는 대목이다.

촘스키는 반전의 표시로 납세를 거부하기도 했으며, 징집 거부 운동을 벌이던 청년들의 데모에 참여하기도 하였다. 당시 함께 체포, 구금되었던 저명한 소설가 노먼 메일러는 촘스키에 대해 "야위고 날카로운 얼굴에 수도사 같은 인상을 지녔고, 부드럽지만 완벽한 도덕성이 느껴지는 사람"이라고 적고 있다.

그렇다면 촘스키는 반미주의자인가? 인간의 존엄과 좋은 사회 건설을 위해서라면 그는 모든 비난을 감수한다. 유대 국가의 건설이 팔레스타인인들을 열등 국민화함으로써 평화의 길은 더욱 멀어질 것이기에 그는 이스라엘 건국을 비판하였다. 이 때문에 유대인인 그가 반유대주의자란 비난을 받지만, 반대로 그가 유대인이란 이유로 팔레스타인 측에게서는 유대주의자란 의심을 받는다.

미국에 대한 날카로운 비판으로 인해 그는 닉슨의 정적 리스트에 오르기도 했지만, 소련의 전체주의 패악을 고발하고 비판하는 것도 게을리 한 적이 없다. 우리 편에 대한 비판이 곧 원수들과 한통속으로 치부되는 흑백 논리가 판을 치는 한 그는 이러한 모순된 비난을 벗어나기 어려울 것이다.

그는 모든 '주의'와 이중 잣대를 거부한다. 촘스키의 투쟁 전선은 넓기만 하고, 가야 할 길은 멀어만 보인다. 20세기를 점철했던 야만의 장면들이 여전히 되풀이되고 있기 때문이다.

일견 분산되고 외로운 울림 같아 보이는 촘스키의 투쟁을 관통하는 키워드는 '인간의 존엄을 보장하는 좋은 사회의 건설'이다. 각 개인이 자신의 의지로 운명을 결정할 수 있는 사회가 바로 그가 지향하는 사회다. 이런 이유로 사람들은 그에게 무정부주의자(인터넷의 무정부주의(anarchism) 사이트를 찾아보면 촘스키를 상위에 올려놓고 있지만, 정작 자신은 그러한 호칭을 거부한다. 구태여 명칭을 붙인다면 그는 자유주의적(liberal) 사회주의자(socialist)라 할 수 있다)란 이름을 걸어주었지만, 막상 그는 이를 거부한다.

촘스키는 데카르트가 말하는 '건전한 양식'과 더불어 '이웃과의 연대'를 해법으로 제시한다. 시애틀의 세계무역기구(WTO) 회의가 NGO 회원들의 조직적 저지로 실패하고 만 것이 본보기다. 이런 맥락에서 전국 단위 선거보다 생활 정치인 지방 선거에 적극 참여해야 한다는 그의 촉구는 지방 자치 역사가 일천한 우리에게 시사하는 바가 크다.

20세기 문명 사회에 대한 촘스키의 투쟁은 그 사상적 토대를 멀리 플라톤— 데카르트— 훔볼트로 이어지는 이성주의와, 오웰의 무정부주의에 두고 있으며, 듀이와 로크의 자유주의에도 영감을 받았다. 그러나 그 자신은 러셀을 누구보다도 존경한다는 말을 자주 하였다. 비판자들은 촘스키의 투쟁이 개인주의적이고 고립되어 있는 고고한 울림에 불과하다며 한계점을 지적하지만, 정작 그는 '참여'와 '이웃과의 연대'를 강조하고 있다.

장영준 ■ 중앙대 교수 · 영문학 yjang@cau.ac.kr

촘스키가 걸어온 길

촘스키는 자신의 천재성을 인류의 밝은 삶을 위한 투쟁의 도구로 활용하는 행동파 지성이다.

우선 그의 경력은 화려하다 못해 눈부실 정도다. 스물 아홉 살에 매사추세츠 공과대학(MIT) 부교수, 서른 두 살에 정교수, 서른 일곱 살에 석좌교수, 마흔 일곱 살에 아주 드문 경우이지만 그 자신이 하나의 독립된 학문기관과 상응하는 '인스티튜트 프로페서'……. 그는 주 전공인 언어학뿐만 아니라 정치학, 철학, 인지과학, 심리학 등 다방면에서 80여 권의 저서와 1천여 편의 논문을 발표한 정력적인 학자다.

일찍이 미국의 유력지인 《시카고 트리뷴》은 촘스키를 인류 역사상 가장 자주 인용되는 여덟 번째 인물로 묘사했고, 《뉴욕 타임스》는 그를 "생존하는 가장 중요한 지식인"이라 불렀다. 1980년부터 1992년 사이 인문·예술분야 인용지수(AHCI)에서 4천 회를 기록했을 뿐만 아니라 과학 인용지수(SCI)에서도 1974년부터 1992년 사이 1,600여 회나 인용되었다. 이런 통계는 촘스키가 인문학뿐만 아니라 과학 분야에서도 확고한 지위를 차지하고 있음을 보여주는 증거다.

촘스키는 1928년 미국 필라델피아에서 유대계 러시아인 이민 2세로 태어났다. 아버지는 당시 《뉴욕 타임스》의 부음란에 소개될 만큼 내로라 하는 히브리어 학자였다. 언어학자로서 그의 삶의 원천은 아버지였다. 유년 시절 그는 미국의 교육사상가인 존 듀이의 교육 방침을 따르는 실험적이고 진보적인 오크 레인 컨트리 데이 초등학교에서 창조적인 사고를 키웠다. 이런 교육 전통에 영향을 받아 "교육은 학생들의 지적 호기심을 고양시키는 것으로 그쳐야 한다"고 주장한다.

촘스키는 1950년대 아내와 함께 이스라엘의 키부츠에서 공동체 생활을 경험한다. 여기서 자유주의 정신을 체득한 그는 점차 현실 문제에도 눈을 뜬다. 특히 사회주의자가 많았던 외가의 유전자를 이어받은 게 분명한 그의 비판 정신은 1960년대 들어 본격 폭발한다. 베트남 전쟁 등 사회적 이슈들이 분출했던 당시 그는 미국의 베트남전 참전 반대 운동의 전초에 섰다.

1966년 《뉴욕 타임스》의 기고문은 촘스키를 비판적 지식인으로 각인시킨 결정적 계기가 되었다. 그는 〈지식인의 책무〉라는 제목의 글에서 "지식인은 정부의 거짓말을 세상에 알려야 하며, 정부의 명분과 동기

이면에 감추어진 의도를 파악하고 비판해야 한다"고 역설하였다. 이후 《뉴욕 타임스》 등 미국의 주류 언론들은 그를 기피 인물로 외면하였다. 그는 1967년 국방부, 법무부 앞의 반전 데모에 참가했다가 투옥되기도 했다.

1990년대 들어서도 그는 비판의 강도를 낮추지 않았다. 걸프전과 코소보, 동티모르 등에서의 인권 유린을 고발하는 운동을 지속적으로 펼치는 한편, 신자유주의의 위험성에 대한 비판의 고삐도 늦추지 않고 있다. MIT의 제자 그룹과 주도한 'Z-매거진'은 촘스키 사상의 진원지다. 촘스키의 최신 인터뷰와 아티클들은 주소 http://www.zmag.org/CHOMSKY/를 찾으면 되고, 이메일 주소는 homsky@mit.edu.이다.

정재왈 ■ 기자

노엄 촘스키의 약력

- 1928년 미국 펜실베이니아 주 필라델피아 출생. 아버지는 중세언어학 연구가 W. 촘스키.
- 1949년 펜실베이니아 대학 졸업.
- 1951~55년 하버드 대학 특별 연구원으로 초청되어 그곳에서 독자적인 변형 생성 이론(變形生成理論)을 형성.
- 1955년 MIT 전자공학연구소 연구원, 펜실베이니아 대학에서 '언어 이론의 논리 구조'로 박사.
- 1957년~ 현재 MIT 교수.

관련 저작들

번역서

- 노엄 촘스키 · 에드워드 허먼, 《미국의 대외 정책 : 제3세계 정책을 중심으로》, 임채정 옮김, 일월서각, 1985.
- 노엄 촘스키, 《지배 · 결속 이론》, 이홍배 옮김, 한신문화사, 1987.
- ———, 《언어에 대한 지식》, 이선우 옮김, 민음사, 1990.
- ———, 《장벽 이후의 생성 문법》, 홍종선 옮김, 집문당, 1993.
- 노엄 촘스키 · 모리스 할레, 《영어의 음성 체계》, 전상범 옮김, 한신문화사, 1993.
- ———, 《언어와 지식의 문제》, 이동진 옮김, 한신문화사, 1994.
- ———, 《미국이 진정으로 원하는 것》, 김보경 옮김, 한울, 1996.
- ———, 《그들에게 국민은 없다》, 강주헌 옮김, 모색, 1999.
- ———, 《언어 지식》, 이선우 옮김, 아르케, 2000.
- ———, 《507년, 정복은 계속된다》, 오애리 옮김, 이후, 2000.
- 노엄 촘스키 · 타리크 알리 외, 《전쟁이 끝난 후》, 국제연대정책정보센터 옮김, 이후, 2000.
- 노엄 촘스키 외, 《전쟁과 평화》, 당대비평 · 평화네트워크 공동 기획, 삼인, 2001.
- 노엄 촘스키 외, 《프리바토피아를 넘어서》, 최연구 옮김, 백의, 2001.
- ———, 《촘스키, 9-11》, 박행웅 · 이종삼 옮김, 김영사, 2001.
- 노엄 촘스키 외, 《냉전과 대학》, 정연복 옮김, 당대, 2001.
- ———, 《불량 국가》, 장영준 옮김, 두레, 2001.
- ———, 《실패한 교육과 거짓말》, 강주헌 옮김, 아침이슬, 2001.
- ———, 《숙명의 트라이앵글》, 유달승 옮김, 이후, 2001.
- ———, 《최소주의 언어 이론》, 박명관 · 장영준 옮김, 한국문화사, 2001.

미번역서

- Noam Chomsky, *Syntactic Structures*, Mouton, 1957.—《통사 구조》
- ———, *Aspects of the Theory of Syntax*, MIT Press, 1965.—《통사이론의 제 양상》

- ———, *The Logical Structure of Linguistic Theory*, Planum, 1975.—《언어 이론의 논리 구조》
- ———, *Towards a New Cold War*, Pantheon, 1982.—《새로운 냉전》
- Noam Chomsky · Edward Herman, *Manufacturing Consent*, Pantheon, 1988.—《여론 조작》
- Noam Chomsky, *The Culture of Terrorism*, South End Press, 1988.—《테러의 문화》
- ———, *Necessary Illusions : Thought Control in Democratic Societies*, South End Press, 1989.—《필요한 환상》
- ———, *Deterring Democracy*, Verso Books, 1991.—《민주주의의 억제》
- ———, *World Orders, Old and New*, Columbia University Press, 1994.—《세계 질서, 구질서와 신질서》

참고문헌
- 로버트 바스키, 《촘스키, 끝없는 도전》, 장영준 옮김, 그린비, 1999.
- 존 라이온스, 《촘스키》, 서창렬 옮김, 시공사, 2000.
- 존 마허 글, 주디 그로브스 그림, 《촘스키》, 한학성 옮김, 김영사, 2001.

사회주의, 그 영원한 인간 혁명

Alex Callinicos 알렉스 캘리니코스

알렉스 캘리니코스

캘리니코스와 트로츠키주의

적의 적은 동지라는 통념이 맞는다면 자본주의 제도와 처절하게 싸우는 '그들'에게 사회주의는 동지라야 옳다. 그러나 소련의 현실 사회주의 체제를 불구대천의 원수로 여김으로써 적의 적조차 적으로 돌렸다. 서구의 사회민주주의 또한 예외가 아니어서 전술적 제휴 따위의 고려조차 없이 적의 편으로 몰아붙였다. 트로츠키주의자가 바로 그들이다. 사부 트로츠키가 망명지 멕시코에서 스탈린의 첩자한테 살해되고 그의 지지자들 역시 강제수용소에서 대거 희생당했으니, 그들의 투쟁이 그만큼 고독하고 집요한 것도 무리가 아니다.

확실히 트로츠키주의는 20세기를 횡행한 거대한 이단이다. 그리고 거기 따르는 온갖 수모와 고통을 감내했다. 누구보다 치열하게 이념의 깃발을 세우고 누구보다 강고하게 투쟁의 날을 벼렸음에도, 그들은 정치적으로 주변 세력의 신세를 면하지 못했으며 지적으로도 요주의 위험 사상으로 대접받기 십상이었다. 트로츠키주의자 가운데 교수가 드문 것은 강단보다 현장을 앞세우는 그들의 명예로운 전통 때문일지 모른다. 알렉스 캘리니코스는 영국 요크 대학의 정치학 교수로서 이 불문율을 어겼으나, 사회주의노동자당(SWP)의 투사로서 국제사회주의(IS) 운동을 이끄는 '이론적 실천'의 명예를 지키고 있다.

국제사회주의 그룹이 '살생부'를 만든다면 제거 대상 제1호로 단연 스탈린과 스탈린주의를 올릴 것이다. 이미 죽은 스탈린이야 어쩔 수 없겠으나, 스탈린주의가 망친 소련은 어서 무너져야 했다. 이들의 눈에 비친 소련은 전혀 사회주의 체제가 아니며, 하다못해 "타락하고 왜곡된 형태의 사회주의조차 아닌 그야말로 사회주의의 부정이기" 때문이었다. 법적으로는 생산 수단을 국가가 소유하고 계획 경제가 시장을 대신하지만, 실질적인 '노동자 통제'가 가능하지 않은 소련 사회는 기껏해야 관료가 주도하는 자본주의에 불과하다. 국제사회주의 이론의 대부 토니 클리프는 이를 '국가자본주의'라고 불렀다.

사회주의를 배반한 국가자본주의로의 타락, 그것은 캘리니코스와 그의 동료들이 소련과 동유럽의 현실 사회주의를 대하는 기본 관점이다. 따라서 이 체제의 붕괴는 혁명의 탈선에 대한 '역사의 복수'가 된다. 한마디로 올 것이 온 것이다. 그리고 그것은 "사회주의자들에게 위험과 희망의 기회를 동시에 선사한다."

무엇보다도 스탈린주의의 악몽을 떨어내고 현실 사회주의라는 오물을 치워버린 것은 명백히 희망이다. 반면에 이로써 모든 사회주의적 대안과 전망이 끝장났다고 생각한다면 이만저만 위험이 아니다. 그들이 갈고 닦은 진짜 사회주의, 즉 '혁명적 사회주의'를 건설할 길이 열려 있기 때문이다. 역사의 복수는 결코 '역사의 종언'이 아니며, 오히려 새로 펼칠 역사의 예고이다.

스탈린주의의 몰락으로 복수 하나는 끝이 났다. 그러나 자본주의 타도와 사회주의 혁명을 통한 트로츠키주의의 승리라는 또 다른 복수는 여전히 길이 멀다. 캘리니코스는 국제사회주의 그룹의 던컨 핼러스, 크리스 하먼, 존 몰리뉴 등과 협력하여 이 승리의 필연성에 실천적 논리를 제공하려고 한다. 그 교본은 마르크스주의 고전에다 트로츠키의 방법론을 합친 것이다. 예컨대 "시장은 착취를 낳고, 시장은 무정부적이며, 시장은 인간을 억압한다"는 이들의 자본주의 고발은 별로 새로울 것이 없다. 그리고 그 출구로 타진한 세 개의 가능성으로서 현상 그대로의 방임이냐, 인간의 얼굴을 한 시장으로의 개량이냐, 민주적 통제로의 대체냐는 질문도 낯설지 않다. 착취를 근절하고, 무정부성을 극복하고, 환경을 규제할 새로운 사회의 혁명적 건설이라는 그들의 대답 또한 오래 전에 준비된 것이다.

언젠가는 완수할 전면적 사회 혁명과는 별개로 트로츠키주의자들에게는 당장 현실 사회주의 붕괴에 뒤따른 '자본주의 만만세'의 착각을 바로잡는 일이 급하다. 각종 종말론 시리즈에서 세계화 찬가까지 지구를 평정한 듯한 신자유주의의 오만과 횡포에 맞서 이들이 장만할 투쟁 메뉴는 날로 늘어나고 있다. 포스트모더니즘 비판은 그 전형적인 사례가 될 만한데, 캘리니코스는 1968년 혁명의 실패에서 이 유행의 기원을 찾는다. 모든 저항에 대한 미련을 버린 채 1980년대 후반 안정된 중년에 들어선 이들 68세대에게 과거의 망각과 부정은—그러니까 '변절'은—거의 유일한 선택이었다. 정치에 대한 환멸과 소비적 삶으로의 도피라는 기묘한 이중주가 포스트모더니즘의 '묵시론적 음조'로 이어졌는데, 그 해독은 이루 다 헤아릴 수가 없다. 그래 "세계를 변혁하기 위해 당신들이 할 수 있는 것은 아무것도 없다는 말을 들려주는 것보다 더 확실하게" 혁명의 전망을 깔아뭉개는 일이 또 어디 있겠는가?

문제는 혁명적 사회주의가 아니라 그것의 혁명적 실천일 터이다. 집필 순서로 보아 비교적 초기에 속하는 《마르크스주의의 미래는 있는가》라는 다분히 도전적 저작의 결론에서 캘리니코스는 "사회주의 지식인들과 전투적 노동자 계급이 마치 통신이 두절된 채 고립된 두 척의 배처럼 나란히 표류하는" 안타까운 상황을 개탄했다. 그렇다면 두 배의 통신을 이어주는 일이 무엇보다 중요한데, 그 수리 작업은 단연 전위당의 몫이다. 즉 이론을 계급 투쟁에 접합시키고, 전면적 혁명 전략의 일환으로 일상적 투쟁에 헌신하는 이중의 과제가 그것이다. 본인은 펄쩍 뛰겠지만 전자에서는 루이 알튀세르의 레토릭이 강하게 느껴지고, 후자에서는 안토니오 그람시의 충고가 진하게 풍기는데, 양자는 각기 마르크스주의의 구조주의적 해석과 인본주의적(humanistic) 해석을 대표하는 인물들이다.

최근의 저서 《사회 이론》에서 캘리니코스는 '니체의 복수'를 추가했다. 주체의 파산을 선고하려는 현대─특히 프랑스 구조주의─철학이 세계를 역사 의식 대신 권력 의지로 해체한 니체의 야유에 합류한 것은 일견 당연한 귀결이었다. 그러나 그런 식의 복수여서는 안 된다. 역사적 유물론의 구조(structure)와 계급 투쟁의 주체(subject)를 연결하는 고리가 바로 '자기 결정'이라면, 상황 자체를 변화시켜 혁명의 조건을 마련하는 구조와 주체의 변증법이야말로 변혁의 최고 문법이기 때문이다. 지난 세기가 트로츠키주의자에게 수난과 모멸의 시대였다면, 새 세기의 희망을 설계할 적임자로 캘리니코스를 지목해도 괜찮을지 모르겠다. 한국의 노동 운동을 훈수하기 위해 그는 1997년 '학생들' 초청으로 한국을 방문했었다.*

트로츠키주의 역사로 시야를 조금 넓혀보자. 트로츠키주의자 셋이 모이면 네 개의 분파가 생긴다는 말이 있다. 그것이 내부 절충을 거절하는 고집의 결과이거나, 외부 오염을 차단하려는 결벽성의 산물이라면 별로 불쾌하지 않을 터이다. 트로츠키주의자의 혈관에는 비운의 사부가 남긴 유훈이 연면히 흐르고 있다. 예컨대 '일국 사회주의' 수립 대신 세계 자본주의에 전면 투쟁을 강조하고, 단계별 혁명 대신 민주주의적 과제와 사회주의적 과제를 동시에 수행하려는 '연속혁명론'이 그러하다. 개별 국가 대신에 세계 체제를 분석 단위로 채택하는 이매뉴얼 월러스틴이나, 지배 요소와 피지배 요소의 '불균등 결합 발전'을 주변부 상황에 원용하는 종속이론가들은 다소간 트로츠키주의적 관점을 공유하는 셈이다. 세계화가 현대 세계의 '정언 명령'으로 군림할수록 이런 반대 명제의 예지는 한층 더 주목될 것이다.

국제사회주의와 '제4 인터내셔널'은 트로츠키주의의 양대 산맥이다. 그런데 이들 사이가 상당히 불편하다. 레닌이 창설한 제3 인터내셔널, 즉 코민테른이 소련의 일국사회주의를 방어하는 스탈린의 충복으로 돌변하자 트로츠키는 1938년 파리에서 새로운 인터내셔널을 창건했다. 이 제4 인터내셔널 통합사무국(USFI)의 실질적 책임자로서 트로츠키주의의 이론과 투쟁 노선을 견지한 인물이 1995년에 타계한 에르네스트 만델이었다. 그는 세계 트로츠키주의 운동의 '적자'를 자임했을 뿐만 아니라 마르크스주의 이론의 대가로 통했다. 1976년 펭귄출판사가 야심적으로 펴낸 《자본론》 개역판에 난다긴다하는 경쟁자들을 물리치고 그 〈서문〉을 집필하는 영광을 차지하는가 하면, 레닌의 《제국주의론》 이후 자본주의의 변모를 《후기 자본주의》라는 자신의 저서에 독창적으

* 정운영, 〈구원을 위한 도박〉, 《세기말의 질주》, 해냄, 1999 참조.

로 정리하기도 했다. 혹시 그는 마르크스와 레닌의 다음 자리에 트로츠키를 앉히고, 《자본론》과 《제국주의론》에 이어 자신의 저서가 뒤따르기를 바랐을지 모르겠다.

국제사회주의 운동 역시 그 모태는 제4 인터내셔널의 영국 지부이고, 분열의 발단은 이 기구에 대한 승인 거부였다. 반대파는 비록 트로츠키가 창설했지만 제4 인터내셔널은 자본주의의 파국이 임박했다는 성급한 정세 판단에 의해 '위로부터' 급조된 국제 지도부인데, 이제 그 판단이 틀렸으니 기구도 해체해야 한다는 주장을 폈다. 사부의 지침을 거역한 또 다른 사례로는 소련 사회에 대한 정체성 시비가 있다. 트로츠키는 스탈린 치하의 소련이 관료적으로 타락했지만 그래도 '노동자 국가'라고 규정했다. 만델은 이 관점을 고수했으나, 클리프는 노동자가 통제하지 않는 노동자 국가가 어떻게 가능하냐고 반문하면서 이를 국가자본주의로 대체했다. 그의 주장에 따르면 중국이나 쿠바도 예외 없이 국가자본주의 체제이다. 한국전쟁에 대해서도 이들은 입장 차이가 컸는데, 제4 인터내셔널은 이를 미국 제국주의에 맞선 '민족 해방 투쟁'으로 보고 북한과 중국을 지지했으나, 국제사회주의는 미국과 소련의 대리 전쟁일 뿐이라는 관점에서 그런 지지를 비판했다.

트로츠키주의의 정통성을 지킨다는 점에서 만델은 분명히 한발 앞서 있다. 반면 클리프의 '발전적' 해석은 때때로 트로츠키 이론의 핵심까지 흔드는 것이 사실이다. 후자를 편드는 캘리니코스의 변호에 따르면 "진정한 트로츠키주의자는 트로츠키 사상의 혁명적 본질, 즉 노동자 계급의 자기 해방 사상을 보존하기 위해 정통 트로츠키주의의 도그마를 거부하는 사람이다." 그렇다면 그 진정한 트로츠키주의와 정통적 트로츠키주의를 구분하는 척도는 무엇인가? 제4 인터내셔널은 과연 노동자 계급의 자기 해방을 거부하는가? 타락한 노동자 국가는 도그마이고,

국가자본주의는 트로츠키 사상의 본질인가? 만국의 트로츠키주의자들이 단결해도 시원찮을 판에 이런 논쟁이 무척 지루하고 따분하게 들린다. 만델 타계에 즈음해서 유럽의 좌파들이 엄숙히 조의를 표하는 가운데 국제사회주의를 대표한 몰리뉴의 조사는 "그래도 당신과 우리는 다르다"를 되뇌고 있었다. 세 명이 모여서 하나의 '분파'로 뭉칠 때 트로츠키와 트로츠키주의자의 비원은 실천을 향해 한발 성큼 다가설 텐데······.

정운영 ■ 경기대 교수 · 경제학

알렉스 캘리니코스의 약력

- 1950년 짐바브웨 출생.
- 옥스퍼드 대학에서 《'자본론'의 논리학》 논문으로 철학 박사.
- 사회주의노동자당(SWP) 중앙위원.
- 계간지 《국제사회주의》(*International Socialism*) 편집위원.
- 요크 대학 정치학 교수.

관련 저작들

번역서
- 알렉스 캘리니코스, 《역사의 복수》, 김택현 옮김, 백의, 1993.
- 알렉스 캘리니코스 · 크리스 하먼, 《오늘날의 노동자 계급》, 이원영 옮김, 갈무리, 1994.
- 알렉스 캘리니코스 외, 《현대 자본주의와 민족 문제》, 배일룡 옮김, 갈무리, 1994.

- 알렉스 캘리니코스, 《현대 철학의 두 가지 전통과 마르크스주의》, 정남영 옮김, 갈무리, 1995.
- ──, 《바로 읽는 알뛰세》, 이진수 옮김, 백의, 1995.
- ──, 《현대 프랑스 철학의 성격 논쟁》, 이원영 옮김, 갈무리, 1995.
- ──, 《노동조합 속의 사회주의자들》, 풀무질, 1996.
- ──, 《역사와 행위》, 김용학 옮김, 사회비평사, 1997.
- ──, 《알렉스 캘리니코스가 쓴 마르크스의 사상》, 정진상·정성진 옮김, 북막스, 2000.
- ──, 《이론과 서사》, 박형신·박선권 옮김, 일신사, 2000.
- 알렉스 캘리니코스·크리스 하먼, 《노동자 계급에게 안녕을 말할 때인가》, 이원영 옮김, 책갈피, 2001.

미번역서
- Alex Callinicos, *Social Theory : A Historical Intrduction*, New York University Press, 1999.─《사회 이론》
- ──, *Equality : Themes for the 21st Century*, Polity, 2000.─《평등》
- ──, *Against The Third Way*, Polity, 2001.─《제3의 길에 대항하여》

참고문헌
- 정운영, 《세기말의 질주》, 해냄, 1999.

자본주의의 대안 모색 :
사회주의, 종말인가 시작인가

일시 1995년 6월 2일   장소 컬럼비아 대학 앞 그랜마 레스토랑

대담자 김민웅 재미언론인 · 뉴저지 길벗교회 담임목사

　　트로츠키주의자는 동과 서의 사회주의 운동사에서 '이단'의 지위를 피할 수 없었다. 관료화된 구소련의 공산주의 체제, 그래서 노동자 자신의 민주적 결정권을 억압해 버린 현실 사회주의 체제에도 반대하고 철학적 개념에 몰두해 버린, 하여 자본주의의 혁명적 변혁 운동과는 거리가 멀어진 서구 마르크스주의에도 반기를 들었기 때문이었다.

　　그러나 트로츠키주의의 정신사적·운동사적 혈통은 오늘날 매우 새로운 의미로 다가온다. 동유럽 현실 사회주의의 몰락과, 세계 자본주의 체제의 모순 심화는 사회주의 본래의 의미와 그것을 실현해 내는 작업에 중대한 문제를 제기해 주고 있기 때문이다.

　　이 대담은 동유럽 사회주의 체제의 몰락 이후 이를 어떻게 이해하고 정리해야 할 것인가의 관심이 높은 시기에 이루어졌다. 하지만 수년이 지난 이 대담 속에 담긴 알렉스 캘리니코스의 문제 의식과 사회주의 혁명에 대한 논지는 여전히 중요한 의의를 지니고 있음을 다시 발견하게 된다. 지난 1997년 이래 우리의 자본주의 체제 위기의 경험은 그의 논지를 이해하는 데 새로운 단서를 제공해 주고 있기 때문이다.

김민웅 오늘날 현실의 대세는 사회주의가 역사의 유물처럼 취급되고 있습니다. 사회주의는 더 이상 역사의 실천적 대안으로 존재할 수 없는 것일까요?

캘리니코스 그 문제는 결국 사회주의를 어떤 것으로 보는가에 결정적으로 달려 있습니다. 무너진 소련과 동유럽 사회주의 체제는 진정한 의미에서의 사회주의가 아니라 한마디로 강압적이고도 폭력적인 '후발 국가자본주의의 변형'일 따름입니다. 그 점에 대한 오해가 깊어왔기 때문에 그간의 사회주의 건설에 대한 논의는 심각한 제약을 받아왔습니다. 현실의 모순이 있는 한 역사는 멈추지 않습니다. "자본주의 이외에 역사적 대안의 마련은 끝났다"라고 믿고 싶어하는 사람들의 세계관이 사실은 무엇을 은폐하려는가에 대하여 날카롭게 주목할 필요가 있습니다.

김민웅 '자본주의에 대한 대안 모색'이라는 주제를 다루기 이전에 먼저 짚고 넘어가야 할 사항이 하나 있다고 봅니다. 그것은 자본주의 자체에 대한 인식과 평가입니다.

캘리니코스 이걸 생각해 봅시다. 자본주의 자체가 인간의 미래를 걸 만한 것인가 하는 점 말입니다. 이 체제를 통해서 인간의 인간에 대한 억압, 물질적인 고통, 편중된 권력의 야만성 등을 치유할 수 있겠는가 하는 질문을 던져야 합니다. 자본주의 체제는 기본적으로 그 자원 분배 방식이 '비이성적'입니다. 여기서 비이성적이라는 말은 '인간의 필요'와는 동떨어진 방식으로 자원이 중첩적으로 탕진되고 있다는 점에서 그렇다는 뜻입니다.

그 사회의 전체적인 요구를 중심으로 생산의 선택이 이루어진다기보다는 이익을 추구하는 자본의 논리가 일방적으로 지배하고 있기 때문에 굳이 필요 없는 물건이 만들어지기도 하며, 같은 종류의 물건이 질적 차이도 없이 과잉 생산되어 무의미한 경쟁으로 파산하는 개인적인 비극이 발생하기도 하고, 꼭 필요한 물건은 도리어 생산되지 않는 경우가 구조화되어 있습니다.

이런 자원 분배 방식은 언제나 정의롭지 못한 권력을 잉태하고 유지하게 됩니다. 생산에 있어서 사회적 필요를 강력하게 주장하는 사람들을 억누르지 않고는 자본의 목표를 자유롭게 관철할 수 없기 때문입니다. 자본주의 국가 내의 정치적 결정은 어디까지나 자본의 축적과 그 확대에 기본이 있습니다. 이 대전제 앞에서 인간의 존엄이라든가 정의로운 분배, 또는 계급적 불균형의 문제를 시정하는 작업은 배제되어 갑니다. 인간에 대한 자본의 지배를 극복하지 못하는 사회는 여전히 야만적이라는 점, 이것을 우리는 인식해야 합니다.

김민웅 자본주의 사회만의 문제가 아닌 것 같습니다. 사회주의 혁명 세력이 권력을 쥐었던 소련이나 동유럽의 경우 바로 그 인간의 존엄, 정의로운 분배, 계급적 불균형의 시정에 실패하고 말았습니다. 이것이 사회주의의 현실적 역량에 대한 회의로 이어지고 있습니다.

캘리니코스 결국 사회주의를 어떠한 것으로 보아야 하는가의 문제로 다시 돌아갈 수밖에 없습니다. 《역사의 복수》(*The Revenge of History*)에서 이미 밝힌 바 있습니다만 소련과 동유럽의 '사회주의'는 기본적으로 스탈린주의를 근간으로 하고 있습니다.

스탈린주의란 다른 것이 아닙니다. 민중들에게 권력을 돌려주려 했던 '부카린'의 정치적 좌절 이후 스탈린주의는 소련의 현실을 지배하기 시작했습니다. 그것은 '사회주의'를 생산력이 낙후한 사회에서 신속한 자본 축적을 가능하게 하는 길의 선택으로 이해하는 것이고, 이를 국가 폭력으로라도 달성하기 위해 정치적 관료 체제의 중앙 집권을 강화하는 가운데 노동자들의 주체적 자유를 박탈해도 이는 그 단계에서 '역사적인 필연'이라고 믿는 생각과 체제입니다.

겉으로는 사회주의를 내세웠지만 실제로는 변형된 자본주의 체제를 만들겠다는 것에서 문제는 발생했습니다. 그러다 보니 노동자의 국가가 자본 축적의 논리에 의해 노동자를 희생했고, 정작 그 국가의 중심이 되어야 할 이들이 정치적 발언권을 행사하지 못한 반혁명적 사태가 벌어진 것입니다. 이름은 사회주의인데 실질적인 구조는 국가자본주의이고 권력은 노동자들을 억압하는 위압적인 성격으로 변질해 버렸습니다. 1917년 10월 혁명의 성과가 모조리 압수 당해 버린 것입니다. 그리고 그 권력은 어느새 정치적 상하를 고정시킴으로써 보수화되기 시작했고 이런 억압 구조 밑에서 경제 성장의 역량이 단기적인 폭발력은 보였으나 장기적으로는 결국 생산력의 저하를 가져왔으며 그로써 활력을 잃은 경제는 침몰할 수밖에 없게 된 것입니다.

김민웅 그러나 이들 국가들이 자본 축적을 빠른 속도로 달성하지 않으면 안 되었던 역사적 상황이나, 자본주의 국가들의 군사적 위협 등도 함께 감안하지 않고서는 사회주의 국가들의 현실 노선을 정당하게 평가하기는 어려운 것 아니겠습니까?

캘리니코스 그 점을 고려해야 할 것입니다. 그러나 그 질문은 달리 풀자면, 당시의 역사적 문맥 속에서 사회주의 국가들이 택할 수 있는 다른 길이 있었겠는가 하는 문제와 통할 것입니다. 가령 그것은 트로츠키에 대한 재해석의 주제와 관련을 가질 수 있습니다. 그는 노동자들을 진정한 권력 주체로 세우는 문제를 놓고 스탈린과 투쟁을 벌였지만 실패했습니다. 트로츠키는 그 후 계속해서 스탈린 노선이 중추에 놓은 관료제가 노동자의 권력 기반을 도리어 파괴시키고 있다고 비판했고, 그만이 아니라 '좌파 반체제 운동'을 비롯하여 국가의 관료화에 저항하는 노동자들의 반체제 운동이 여러 형태로 존재했습니다.

그런 저항과 운동이 소련이나 다른 동유럽 사회주의 체제를 변화시킬 수 있는 가능성을 가지고 있었습니다. 이들 역시 자본주의 국가들의 포위라든가 군사적 압박을 인식하고 있었지만, 그에 대응하는 방식을 노동자들의 권리 박탈이라는 방향이 아니라 도리어 그것을 강화해 가는 방향으로 하자는 주장을 폈던 것입니다.

이에 대한 역사적 통찰의 선구로서는 토니 클리프가 있습니다. 그는 1947년 그의 저작인 《러시아의 국가자본주의》(State Capitalism in Russia)에서 바로 이러한 점들 때문에 결국 사회주의 국가들이 노동 계급에 의해 폭발적인 형태로 붕괴될 것이라고 예상했던 것입니다. 1930년대 소련이 급속한 산업화를 기치로 걸면서 얼마나 엄청난 인간 자원의 희생을 가져왔는가 하는 점 하나만을 보아도 그에 대한 역사적 책임을 어떤 방식으로든 물어야 하는 것은 분명하지 않겠습니까? 자본 축적을 위해서 인간을 제물로 삼는 순간, 사회주의는 설자리가 없는 것입니다.

김민웅 마르쿠제의 소련 사회주의 비판과 맥을 같이 하고 있다는 느낌이 듭니다. 그 역시 소비에트 체제의 국가자본주의적 성격과 중앙집권적 권력 구조를 주목하지 않았습니까?

캘리니코스 그 점에서는 저의 분석과 다르지 않습니다. 그러나 마르쿠제는 후기 자본주의 사회가 노동 계급을 체제 내화하는 데 성공함으로써 노동 계급은 그 역사적 혁명성을 잃어버렸다고 보았습니다. 따라서 그는 노동자들의 혁명을 통한 체제의 변화에 대한 믿음을 더 이상 가지지 않았습니다.

서구 마르크스주의가 혁명적 성격을 상실하게 된 배경에는 바로 이러한 인식이 작용하고 있습니다. 반면에 저는 노동 계급이 자본주의 체제 내부에 완전히 통합되었다고 보지 않습니다. 이들은 날이 갈수록 자본주의 경제의 모순을 절감하게 될 것입니다.

자본주의의 세계적 지배가 강화되면 될수록 이로 말미암아 선진 자본주의 내부에서는 임금 상승이 어려워진 노동자들의 불만이, 후진 자본주의 내부에서는 선진 자본주의의 압박으로 인한 노동 착취와 고용 불안이 노동 계급의 자각을 첨예화하리라 봅니다. 즉 노동 계급은 자본주의 체제 내부에 통합되어 순응하기에는 여러 가지 많은 모순된 현실을 경험하게 된다는 뜻입니다.

김민웅 한국의 현실과 관련하여 그런 논의는 어떤 형태로 적용될 수 있다고 생각합니까?

캘리니코스 한국의 경제 성장 경험은 역시 후발 국가자본주의 운용 방식의 예입니다. 미국 자본주의의 틀 속에서 이루어진 상황 때문에 한국의 자본 축적 초기 과정은 기타 사회주의 국가에 비해 자원의 부족을 보다 유리하게 극복할 수 있었지만, 노동자의 희생이라는 과정을 밟았기 때문에 이 문제는 한국 자본주의의 체제적 한계가 드러날 때 반드시 터져 나올 준비를 하고 있는 상황이라고 봅니다. 상대적인 풍요를 맛보고 있지만, 선진 자본주의의 압박 하에서 노동 계급은 더욱 열악한 정치적 위치에 놓이게 될 것이며, 이로 인한 불만이 조직화되는 과정을 거치면서 진통의 관문을 통과할 것이라고 봅니다.

국가자본주의는 '노동의 각성'을 두려워하고 있으며 그로 인해 자본의 편향적 분배 구조가 정의롭게 변화되는 것을 거부하고 있습니다. 이런 현실이 바뀌지 않으면 한국 자본주의는 노동의 조직적 도전에 계속 직면할 것입니다. '자본 축적 이후 분배'라는 이데올로기로 그동안 달래온 노동자들을 더 이상 설득시킬 수 있는 방식에 한계가 올 것이기 때문입니다.

한국 경제의 건강성은 결국 한국의 참다운 자원인 노동자들의 건강성을 토대로 해야 할 것입니다. 국가적 경계를 넘나드는 이동성이 강한 자본 위주의 사고는 국내 자본에 비해 엄청나게 막강한 외국 자본의 지배를 궁극적으로 자초하여 한국의 자본이나 노동 모두에게 불리한 상황을 조성하게 될 뿐입니다.

김민웅 노동자들만을 정치적 중심으로 삼는 사회주의 운동과 혁명의 방식은 노동자 이외의 계급을 이 과정에서 소외시킴으로써 역량의 약화라는 전술적 차원의 문제를 가져올 뿐만이 아니라 다양하게 제기되고 있는 사회적 이익과 관련된 집단들을 하나의 틀 안에서 포용하면서 연합전선적 운동을 다져가는 데 장애가 된다는 비판도 만만치 않습니다.

캘리니코스 포스트마르크스주의의 논의가 그런 관점을 가지고 있지요. 그러나 이는 결과적으로 자본주의의 모순을 은폐하거나 그것이 끼치는 모순의 성격을 심각하게 받아들이지 못하게 하는 문제가 있음을 지적하지 않을 수 없습니다.

그런 논의는 먼저 '노동자의 지위와 권력'이 어떤 상태에 있는가를 주목하고 나서 제기되어야 하는 문제입니다. 자본의 지배가 일상의 권력으로 구조화되어 있는 상황에서 사람들을 가장 괴롭히는 문제는 자본에 의한 '비인간화'입니다. 그 비인간화는 노동자가 인격체적 존재가 아니라 자본 확대의 도구로 취급받고 있다는 점입니다.

이것은 단순한 윤리적 비판이 아닙니다. 그런 비인간화의 현실이 개인과 가정, 사회와 국가 곳곳에 만연하고 있으며 이러한 상태의 지속이 변혁되지 않는다면 그 사회의 구성원들은 자본의 이익을 위해서라면 사람의 생명마저 언제든 희생시킬 수 있다는 생각에서 벗어나지 못하게 되고 그로 말미암아 그 사회의 생명은 신음하게 됩니다.

그런 의미에서 오늘의 시기는 사회주의의 미래를 매우 새롭게 모색해 볼 수 있는 중요한 기회라고 봅니다. 현실 사회주의의 실패나, 자본주의 국가 내의 곤경 모두가 인간의 진정한 필요에 봉사하는 데에 문제가 있다는 점을 인정한다면 고전적 논의의 혁명적 관점으로 돌아가서 재출발하는 노력은 의의를 가질 수 있습니다.

김민웅 더 많은 비판적 논쟁이 필요하겠습니다만, 사회주의 논쟁이 한물 간 듯한 시기에 도리어 그것의 새로운 출발을 강조하는 논지가 어떤 차원에서든 오늘의 우리를 돌아보는 기회가 되었기를 바랍니다.

장시간 대담에 응해 주신 것을 감사드립니다.

＊이 대담은 김민웅의 저서《패권 시대의 논리》(한겨레, 1996)에 실린 것을 재정리한 것이다.

오리엔탈리즘과 제국주의

Edward W. Said 에드워드 W. 사이드

에드워드 W. 사이드

사이드의 반(反)오리엔탈리즘

 사이드가 1978년 출간한 《오리엔탈리즘》(이 말은 적당한 우리말 번역이 없어 원어 그대로 사용된다. 굳이 번역하자면 '동양주의', '동양학' 등이 될 것이다)은 서양이 행사해 온 지배 구조를 전복하려는 한 지식인의 지적(知的) 시도였다.
 팔레스타인 출신인 이 지식인에 의하면, 동양에 대한 서양의 지적 축적물인 오리엔탈리즘은 사회적으로 '공인된 착각'이었다. 그것은 동양을 지배하고 억압하기 위해 서양이 가공해 낸 것이다.
 사이드가 열거하는, 버젓이 진리로 행사해 온 '공인된 착각'의 목록은 지리할 정도로 길다.

유럽인이 타고난 논리학자라면, 동양인은 정확성을 결여하고 있다. 둔감하고 의심이 많으며 상습적 거짓말쟁이인 동양인의 심성은 앵글로색슨 인종의 명석함, 솔직함, 고귀함과 대조된다. 비합리적이고 열등하며 유치한 동양인은 합리적이고 도덕적이며 성숙한 정상적 유럽인에 비하면 비정상이다.

그러나 동양에 대한 서양의 상투적 편견을 단순히 재생하는 데 그쳤다면, 사이드의 '오리엔탈리즘'은 그저 야트막한 구릉에 불과했을 것이다. 그것이 근대 학문의 거장들과 어깨를 나란히 하는 거봉으로 우뚝 설 수 있었던 것은 그의 인식론적이며 실천적인 문제 의식 덕분이다.

왜, 그리고 어떻게 동양에 대한 서양의 편견과 착각이 공인된 진리로 자리잡았으며 또 그것이 갖는 정치적·실천적 의미는 무엇인가라는 근원적 질문이 그것이다. 이 질문을 던짐으로써 사이드가 꾀한 것은 일차적으로 근대 서양이 구축한 진리에 대한 반란이다. 학문적 진리라고 주장해 온 오리엔탈리즘이 실은 편견과 착각의 산물임을 드러내자는 것이다. 그것은 서양이 독점한 학문적 헤게모니를 거부하려는 몸짓이며, 서양이 주도한 근대 문명에 대한 거역이다.

버나드 루이스(1916~) 같은 서양의 동양학 연구자들이 사이드의 저서는 서양의 동양학 연구를 왜곡하고 오염시키는 선동적인 책이라고 반발한 것도 어찌 보면 당연하다. 자신들의 학문적 기반을 송두리째 부정하는 논리로 읽혀지기 때문이다.

그렇다면 어떻게 이러한 편견과 착각이 진리로 공인받을 수 있었는가? 사이드에 의하면 이 마술을 가능케 해준 것은 무엇보다도 제국의 권력이다. 제국은 군대의 무력 사용이나 억압적인 행정 기구와 조세 제도만으로 유지되기 어렵다. 유지 비용이 너무 많이 들기 때문이다. 문화적 헤게모니를 행사하는 제국은 식민지인들이 흔히 생각하는 것보다 훨씬 더 현명하다. 식민지인들이 문화적 헤게모니에 종속될 때, 그것은 제국에 대한 자발적 복종으로 이어지며 통치 비용을 절감한다.

식민지 동양에 대한 제국의 담론을 구성하는 오리엔탈리즘은 제국의 문화적 헤게모니를 구성하는 주요한 축이다. 제국의 지배 체제는 물리적 억압 장치뿐만 아니라 자신을 유연하게 재생산하는 문화적 기제(機制)를 갖는다. 사이드의 오리엔탈리즘은 제국의 헤게모니 시스템의 후자에 주목한다. 이것은 안토니오 그람시(1891~1937. 이탈리아의 좌파 사회학자)의 헤게모니론, 미셸 푸코(1926~84. 프랑스 철학자)의 지식 권력, 레이먼드 윌리엄스(1921~88. 영국 '문화 연구'의 문을 열음)의 문화적 마르크스주의에서 사이드가 이끌어낸 통찰이다.

이렇게 볼 때, 동양에 대한 서양의 편견은 제국주의자들만이 공유하는 것은 아니다. 그것은 지식 권력의 메커니즘을 통해 식민지 피지배자들에게도 자연스럽게 침투하여, 제국의 지배를 매끄럽게 해준다. 알제리 식민지 민중의 심성에 대한 프란츠 파농(1925~61. 알제리의 정신병리학자·철학자)의 정교한 정신분석과 포스트콜로니얼리즘(탈식민주의)에서 이야기하는 '의식의 식민화' 과정이 사이드의 오리엔탈리즘과 만나는 것도 바로 이 지점에서다.

서양의 지배를 벗어나고자 하면서도 서양을 따라야 할 모델로 간주하는 식민지인들의 이중성이 배태되는 지점이기도 하다. 정치적으로는 서양을 철저하게 배격하면서도 인식론적으로는 유럽 중심주의에서 벗어나지 못하는 식민지 민족주의의 이중성도 같은 맥락에서 이해된다. 유럽 중심주의에 대한 투쟁이 정치 권력의 차원을 넘어서 문화 권력과 지식 권력의 차원에서 동시에 전개되어야 하는 이유도 여기에 있다.

그러나 식민지인들만이 오리엔탈리즘의 피해자라고 간주한다면 오산이다. 서양의 근대 문명에서 배제된 서양의 민중들 또한 숨겨진 피해자다. '상상의 지리(地理)'로서의 동양에 대한 부정적 이미지 다발은 서양의 근대 권력이 배제하고자 했던 요소들이었다. '동양적 정체성'은 자본주의에 적응하지 못하여 근대 권력에 버림받은 서양의 주변인들이 갖고 있는 속성이기도 하였다. 오리엔탈리즘은 요컨대 근대 서양의 권력 담론인 것이다.

오리엔탈리즘이 학문적 진리 체계가 아니라 권력 담론임이 폭로되는 순간, 은폐된 서양의 우상은 설 땅을 잃는다. 다양한 비판에도 불구하고, 사이드의 문제 제기가 포스트콜로니얼리즘이나 서벌턴(subaltern. 인도에서 일어난 탈식민주의적 역사 연구 경향) 연구 집단에게 계승되는 것도 이 점에 있다. 그것은 기본적으로 과대 포장된 서양 문명에 제몫을 찾아주려는 주변부 지식인들의 학술 운동인 것이다.

임지현 ■ 한양대 교수 · 서양사

동양에 대한 시각을 교정한 '오리엔탈리즘'

《오리엔탈리즘》은 사이드의 기념비적인 저서다. 1978년 미국에서 출간됐으며, 국내에는 2000년에 증보판(역자는 영남대 박홍규 교수)이 나왔다. 이 책은 사이드를 일약 세계적 석학의 반열에 올렸다.

또한 동서 지성계에 얼마나 큰 충격이었는지, 어떤 이는 발간 연도인 1978년을 동서문명사의 가장 중요한 연도로 일컫는다. 동양에 대한 서양의 오랜 편견을 뒤바꾸는 '지성계의 코페르니쿠스적 전환'의 계기가 됐다는 뜻에서다.

사이드는 이 책을 미국 스탠포드 대학 행동과학연구소에서 썼다. 저술 장소는 책의 특질과 깊은 연관이 있다. 이는 동서양의 갈등과 충돌의 문제를 문화·심리적인 측면에서 고찰했음을 의미한다. 게다가 동서 문화의 충돌 그 자체였던 그의 삶이 반영됐음은 물론이다. 그는 식민지(팔레스타인)에서 태어나 '제국'의 언어(영어)로 교육을 받는 등 일찍이 다문화에 익숙하였다.

따라서 그 경험의 총화라고 할 수 있는 이 책은 궁극적으로 동서 문명의 공존을 추구한다. 제국주의의 유산인 '문화의 겹침' 현상에서 화합의 단서를 찾은 것이다. 그럼에도 동양의 지성들은 이 책으로부터 문화제국주의와 탈식민주의의 영감을 부단히 얻으려 한다.

우리에게 '오리엔탈리즘'은 무엇인가? 오랜 중화주의의 그늘, 일제 식민지배의 기억, 오늘날의 맹목적 서양 추수주의(追隨主義) 등 복합적 심성의 잔재들을 일소할 때까지 문화적 상대주의를 역설한 이 책의 효용성은 여전하다 하겠다.

정재왈 ■ 기자

중국·일본에서의 '오리엔탈리즘'

중국은 역사적으로 주변국들과의 마찰 때문에 골치를 앓았다. 이들을 다스리는 데 특별한 지혜가 필요하였다. 군사력은 늘 한계가 있었다. 그래서 택한 게 문화다. 중국은 문화의 전파와 이를 통한 지배라는 고차원 전략을 고안해 냈다.

문자의 보급은 문화 지배, 즉 중화주의(中華主義)를 심는 데 가장 효과적인 무기였다. 한자(漢字)는 표의성이 강한 이미지로 이루어졌기 때문에 무의식상에 강한 흔적을 남김으로써 의식을 지배한다.

이를테면 중국은 자신들을 '하(夏)'라고 부르는 데 반하여 주변 민족을 '이(夷)'로 칭한다. '하'는 '廈'를 통해 알 수 있듯이 '큰 집에 살고 있음'을 뜻하고, '이'는 '姨' 자에서 알 수 있듯이 '작은 집에 살고 있음'을 뜻한다.

중국인들은 주거 공간을 대립시키고 그 비교 우위로써 중심과 주변을 구별지어서 주변국의 의식을 지배한 것이다. 주변국이 한자를 도입해서 사용할 경우 문자 시스템의 의도대로 그들은 열등한 위치로 전락할 수밖에 없었다. 이처럼 오리엔탈리즘적 인식 기제(機制)가 동아시아에서는 중국을 중심으로 작동되었다.

한편 현대 일본의 이른바 '일본문화론'에도 이와 비슷한 시선이 배어 있다. 오리엔탈리즘이 서양의 허구적 정체성을 창출해 냈듯이 일본 문화론은 '아시아의 예외'라는 자기 정체성을 구축해 왔기 때문이다.

오리엔탈리즘은 일본 문화론의 필수불가결한 구성 요소였다. 일본은 도쿠가와(德川) 후기의 국학(國學)을 통해 중국으로부터의 탈피를 지향하였다. 그 귀결점이 19세기 말 후쿠자와 유키치(福澤諭吉)의 탈아론(脫亞論)이다. 그 후 청일전쟁과 러일전쟁이라는 두 차례의 침략 전쟁에 승리하면서 이탈의 대상은 서양으로 바뀌게 된다.

'일본적 오리엔탈리즘', 즉 동양학은 아시아에서 유일하게 '근대화'에 성공한 일본이 현실의 지역 패권을 정당화하기 위해 아시아의 과거를 재편성한 산물이었다. 일본은 동양학으로서 서양의 오리엔트를 일본의 동양으로 치환시켜 서양 오리엔탈리즘에 도전할 새로운 분류 체계를 구축하려 하였다.

김 근 ▪ 서강대 교수 · 중국 문화, **임성모** ▪ 연세대 강사 · 일본사

에드워드 사이드의 약력

- 1935년 영국령 팔레스타인의 예루살렘 출생.
- 1947년 이스라엘 건국으로 이집트 카이로로 이주. 빅토리아 칼리지(고등학교)에서 공부. 후에 요르단 왕이 된 후세인과 미국 영화배우 오마 샤리프 등과 동창. 중퇴하고 1950년대 말 미국으로 이주.
- 1957년 프린스턴 대학 문학, 음악, 철학 전공으로 졸업.
- 1960년 하버드 대학 영문학 및 비교문학 석사.
- 1964년 하버드 대학 영문학 및 비교문학 박사.
- 1976년 《시작 : 의도와 방법》으로 리오넬 트릴링상 수상.
- 1977~91년 팔레스타인 국가평의회(망명 국회) 의원.
- 1984년 르네 웰렉상 수상.
- 1997~99년 미국 어문학회 회장.
- 현재 컬럼비아 대학 석좌교수 및 미국 학술원 회원.

관련 저작들

번역서

- 에드워드 사이드, 《권력과 지성인》, 전신우 옮김, 창, 1996.
- ──, 《문화와 제국주의》, 김성곤 등 옮김, 교보문고, 1997.
- ──, 《오리엔탈리즘》, 박홍규 옮김, 교보문고, 2000(증보판).
- ──, 《도전받는 오리엔탈리즘》, 성일권 편역, 김영사, 2001.
- ──, 《에드워드 사이드 자서전》, 김석희 옮김, 살림, 2001.

미번역서

- Edward W. Said, *Beginnings: Intention and Method*, Basic Books, 1975.─ 《시작 : 의도와 방법》
- ──, *The Palestine Question and the American Context*, Institute for Pale-

stine Studies, 1979.─《팔레스타인 문제와 미국의 상황》
- ──, *The World, the Text, and the Critic*, Harvard University Press, 1988.─《세계, 텍스트, 그리고 비평가》
- ──, *Musical Elaborations*, Columbia University Press, 1991.─《음악적 서술》
- ──, *The Politics of Dispossession : The Struggle for Palestinian Self-Determination, 1969~1994*, Pantheon Books, 1994.─《박탈의 정치학》
- ──, *Representations of the Intellectual*, Pantheon Books, 1994.─《지식인의 표상》

참고문헌
- 강상중,《오리엔탈리즘을 넘어서》, 임성모 외 옮김, 이산, 1997.
- 릴라 간디,《포스트식민주의란 무엇인가》, 이영욱 옮김, 현실문화연구, 1998.
- 마정미·우실하,《오리엔탈리즘의 해체와 우리문화 바로 읽기》, 소나무, 1997.
- 바트 무어-길버트,《탈식민주의! 저항에서 유희로》, 이경원 옮김, 한길사, 2001.
- 사오메이 천,《옥시덴탈리즘》, 정진배 옮김, 강, 2001.

과학의 객관성은 오래된 허구다

전 통 적 과 학 관 의 반 역 자 들

데이비드 블루어   필립 앤더슨   토머스 쿤   피터 갤리슨   파울 파이어아벤트

생명 과학, 나노 과학, 복잡계 과학의 시대를 연 과학자들

1977년 노벨 물리학상 수상자이며 고체물리학계의 대부인 필립 앤더슨(1923~ . 미국 프린스턴 대학 교수)은 1972년 과학 잡지 《사이언스》에 〈많은 것은 다르다〉(More is different)라는 짤막한 글을 발표해 큰 파문을 일으켰다. 이 글은 20세기가 원자 물리학의 시대였다면 21세기는 생명 과학, 나노(nano) 과학, 복잡계 과학의 시대라는 것을 예고한 '반란'의 서곡이었다.

그는 여기서 근본 물질과 힘을 연구하는 소립자 물리학이 통일 이론을 완성하면 자연과학의 모든 부분이 통일적으로 이해될 수 있다는 환원주의적 입장을 정면으로 공격하였다. 소립자 물리학 분야는 은연중 우주의 모든 물질을 지배하는 근본 법칙과 기본적인 구성 요소를 이해하면 우주 만물을 이해할 수 있다는 입장을 취하고 있었다.

그는 소립자 물리학 이외에 고체 물리학 같은 과학들도 각기 '근본적인' 법칙과 존재론을 지니고 있다고 주장하였다. 생명 과학, 나노 과학, 복잡계 과학 등은 우리 생활과 밀접한 관계를 맺고 있는데, 이런 실용적인 응용 가능성을 무기로 자신들도 나름대로 근본적인 지위를 가지고 있다고 선언하기에 이른 것이다.

20세기 내내 전통적 과학관은 끊임없는 도전을 받았다. 과학적 지식은 종교나 인문사회과학과 달리 객관적이고 실증적이라는, 과학혁명기 이후 오랫동안 유지되어 온 테제가 흔들리기 시작하였다. 이제 가치 중립과 객관성이라는 난공불락의 성안에 과학이 안주할 수 없게 된 것이다.

최근에 와서는 20세기 전반기에 과학계를 지배했던 원자 물리학과 소립자 물리학이 주도적인 지위를 상실해 가는 반면, 복합적인 현상을 다루며 국소적 자율성을 강조하는 생명 현상, 나노 세계, 복잡계 분야들이 점차 떠오르기 시작하였다. 따라서 통일 과학의 이념도 그 추진력을 상당 부분 상실하였다. 생명 과학이나 나노테크놀로지 등이 각광을 받으면서 원자 물리학의 바탕을 이루었던 전통적 과학관은 확고부동한 지위를 유지하기가 힘들게 된 것이다.

모든 지식을 경험이라는 기반 위에 세우려던 전통적 과학철학도 혁명적으로 변화한 과학 이론과 인식론적 다원성 등으로 무장한 새 세대 철학자들의 끊임없는 비판에 직면해야 하였다. 여기에 과학의 사회적 성격을 강조하는 움직임이 가세했고, 급기야 각 분야를 해체해서 탐구하는 포스트모더니즘 과학관이 등장하여 전통적 과학관의 학문적 질서에 대한 희망을 완전히 파괴해 버렸다. 이 모든 거역을 이끈 핵심 주동자가 바로 토머스 쿤, 데이비드 블루어, 필립 앤더슨, 피터 갤리슨 등이

학맥도

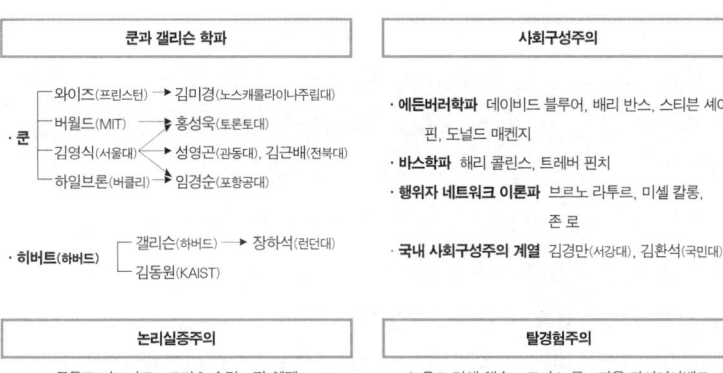

었는데, 이들은 서로 다른 영역에서 전통적 과학관을 거역하는 동맹자의 역할을 하였다.

우선 쿤(1922~96. 과학사상가)은 과학적 지식이 단순히 객관적 지식의 축적에 의해 발전하는 것이 아니며, 과학의 내용이나 방향에 사회적이고 문화적인 측면 같은 비합리적 요소도 개입할 수 있고, 패러다임의 변환을 통해 혁명적으로 변화한다고 주장함으로써 전통적인 누적적 과학 발전 모형에 일침을 가하였다. 쿤의 새로운 과학관에는 다양한 형태의 진리를 인정하는 상대주의적 측면이 잠재해 있는데, 이런 요소는 사회구성주의자들에 의해 더욱 급진적으로 전개되었다.

사회구성주의란 과학적 사실들이 유연성을 지니며 자연이 제시한 증거들은 동시에 여러 개의 이론을 뒷받침할 수 있기 때문에 과학 이론을 둘러싼 논쟁은 관찰 혹은 실험 데이터에 의해 결정될 수 없고, 논쟁의 종식에 결정적인 역할을 하는 것은 사회적 이해 관계라고 보는 입장이다. 결국 이들은 객관성의 중추이자 마지막 보루인 과학 지식조차도

四圖 전통적 과학관의 반역자들

'사회적으로 구성'된다고 주장함으로써 전통적 과학관에 대한 엄청난 반역을 도모했던 것이다.

사회구성주의는 영국 에든버러 대학의 데이비드 블루어, 배리 반스, 스티븐 셰이핀, 그리고 바스 대학의 해리 콜린스, 트레버 핀치 등 일군의 학자들에 의해 추진된 연구 프로그램을 통해 발전하였다. 이들은 과학기술의 발전을 지나치게 사회적인 시각에서만 파악한다는 비판을 받기도 했지만, 과학의 사회적 성격에 대한 논의를 크게 확대함으로써 전통적 과학관에 엄청난 충격을 주었다.

반(反)환원주의의 기수라면 40대의 나이로 현재 하버드 대학의 과학사학과를 이끌고 있는 피터 갤리슨(1956~)도 빼놓을 수 없다. 그는 지금까지 진행된 대부분의 과학 논의들이 경험, 이론, 사회적 이해 관계 등 어느 한 가지만으로 모든 것을 설명하려는 오류를 범하고 있다고 지적하였다. 이런 문제점을 극복하기 위해 그는 실험, 이론, 실험 기구 등이 각기 부분적으로 자율적 구조를 지니며 꽈배기처럼 상호 영향을 미친다는 유연한 과학 모형을 제시하였다.

논리실증주의에 대한 탈경험주의 과학관의 공격, 사회구성주의 과학관의 도전, 국소적 자율성을 강조하는 반환원주의 과학관의 부각, 객관성의 마지막 보루인 과학 분야까지 파고든 포스트모더니즘의 침공, 나노 과학과 생명 과학 등 복잡계 과학의 부상 등은 모두 20세기 전통 과학관에 반기(反旗)를 들며 거역의 흐름을 이루고 있는 것이다.

임경순 ▪ 포항공대 교수 · 과학사 gsim@postech.ac.kr

용어 풀이

고체 물리학
원자나 분자들의 집합체인 응집 물질에 관한 물리학.

나노 과학
나노 미터(10억 분의 1m) 수준의 분자나 원자들을 다루는 과학.

논리실증주의
모든 의미 있는 과학 활동을 무오류적인 감각 자료, 즉 관찰과 논리를 바탕으로 재구성하려는 과학철학의 한 부류.

반환원주의
통일 과학의 한계를 지적하며 수준별로 독자적인 자율성을 부분적으로 인정하는 과학사상.

사회구성주의
과학적 사실들은 유연성을 지니고 있기 때문에 과학 이론은 사회적 이해관계를 만족시키는 방향으로 구성된다는 과학사회학의 한 부류.

복잡계
입자계, 유체, 생명, 유기체 등 다수의 입자들이 모여 만드는 체계.

생명 과학
DNA, 유전, 진화, 발생 등 생명 현상을 다루는 과학.

소립자 물리학
원자 이하 기본 입자들의 상호 작용 및 근본적인 힘들을 다루는 물리학.

원자 물리학
원자핵, 전자, 빛의 상호 작용을 다루는 물리학.

탈경험주의
인식론적 다원성 등을 바탕으로 논리실증주의나 논리경험주의의 기본적인 입장에 반기를 든 과학철학의 한 부류.

통일 과학
모든 종류의 과학 지식을 기본적인 힘이나 용어, 법칙, 이론들로 통일하려는 과학.

탈경험주의의 기수들

20세기 과학의 급속한 발전은 문명의 새로운 시대를 열었다. 과학은 인간의 역사를 바꾸는, 제어할 수 없을 정도의 엄청난 힘을 가지게 되었다. 오늘날 과학이 단순한 지식의 차원을 넘어서서 어떤 '권위 혹은 권력'의 상징으로 다가오는 것은 바로 이 때문이다.

그렇다면 과학의 힘은 어디에서 오는 것인가?

20세기 전반부의 과학 발전을 경이적인 눈으로 지켜본 사상가들은 과학을 객관성과 합리성을 표방한 모더니즘의 대변자로 간주하고, 자연 현상을 설명하는 과학의 방법에 특별한 권위를 부여하였다. 즉 과학은 객관적인 관찰과 실험이라는 확실한 경험적 토대 위에 서 있으며, 어떠한 이론적 주장도 경험적 자료들이 뒷받침할 때만 정당화될 수 있다는 검증의 기준을 제시하였다.

이러한 보편적이고 합리적인 기준이 있기에 과학이 종교나 문학 등과 구분되면서 오늘날과 같은 성공을 이루어낸 것이라고 본다. 이는 1920년대 중반 오스트리아 빈 대학을 중심으로 활동했던 논리실증주의자들인 모리츠 슐리크나 루돌프 카르나프 등의 공통된 생각이었다.

그러나 영국의 과학철학자 노우드 러셀 핸슨은 1958년 그의 저서 《발견의 패턴》에서 지각 경험이 이론이나 개념 혹은 배경 지식에 의존한다고 주장함으로써, 관찰이 이론과 상관없이 객관적이라는 논리실증주의자들의 주장을 반박하였다. 그는 같은 X-선 사진을 보는 의사와 환자의 경우처럼, 두 관찰자가 동일한 대상을 보더라도 경험한 내용은 동일하지 않다고 하면서 관찰이 오히려 이론에 의존적임을 강조하였다. 그의 유명한 말 "본다는 것은 안구(眼球) 운동 이상의 행위다"라는 문구가 이를 잘 표현하고 있다.

토머스 쿤은 핸슨이 지적한 이러한 상황이 보다 근본적인 것이라고 주장하였다. 세상을 떠들썩하게 한 그의 명저 《과학혁명의 구조》에서 그는 과학의 이론적 탐구와 실천적 활동이 이루어지는 일종의 모태(母胎)적 토양과 같은 것으로서 '패러다임'이란 것을 제시하였다. 그에게 패러다임이란 학문 내적인 요소들, 즉 개념적·도구적·방법론적 요소들만이 아니라 학문 외적인 요소들, 이를테면 교육·문화·사회적인 전통이나 세계에 대한 개개인의 암묵적인 믿음과 직관들, 그리고 가치관이나 형이상학적 믿음 모두를 포함하는 총체적인 개념이다.

쿤에게 존재하는 상대주의적 요소는 독일의 과학철학자 파울 파이어아벤트에 오면 극단적인 형태로 발전한다. 그는 도발적인 저서 《방법에의 도전:아나키스트적인 지식론 개요》에서 과학이 고대 신화나 점성술, 종교와 같은 다른 지식 분야에 대해 지적인 우월성이나 권위를 지니지 않는다고 본다. 즉 과학에서 이성 혹은 합리성의 존재를 거부한다. 그의 이론은 오늘날 포스트모더니즘이 추구하는 해체 논리의 선구적 모델이라고도 할 수 있다.

이중원 ▪ 서울시립대 교수·철학

| 관련자료들

참고문헌
- 데이비드 블루어, 《지식과 사회의 상》, 김경만 옮김, 한길사, 2000.
- 임경순, 《20세기 과학의 쟁점》, 민음사, 1995.
- 토머스 S. 쿤, 《과학혁명의 구조》, 김명자 옮김, 두산동아, 1992.
- Peter Galison, *Image and Logic: A Material Culture of Microphysics*, University of Chicago Press, 1997.

서구 문학의 해체 '아버지 살해'

중남미 작가들

멤포 지아르디넬리 마리오 바르가스 요사 이사벨 아옌데 호르헤 루이스 보르헤스

붐에서 포스트붐으로 세계 문학을 주도

중남미 현대 소설은 흔히 '붐(Boom)'이라 불린다. 이렇게 불리게 된 것은 중남미 현대 소설이 폭발하듯이 갑작스럽게 등장하여 세계 문학의 중심에 서게 되었기 때문이다. 하지만 정치, 사회, 문화의 후진국인 중남미에서 세계를 주도하는 문학이 탄생한 것은 우연이 아니라 기존의 문학 모델을 파괴하려는 끊임없는 노력이 있었기 때문이다.

중남미 현대 문학을 이야기할 때면 '아버지 죽이기'란 개념을 만난다. '아버지 죽이기'란 중남미 문인들이 아버지로 여기고 있던 서구의 문화를 해체하고 자신들의 주체적인 문학을 만들려는 노력을 상징한다. 중남미 작가들은 미국·유럽 중심의 정전(正典)을 파괴하지 않으면 절대로 성숙할 수 없음을 깨달았고 이런 점에서 그들의 반항은 미래 지향적인 계획이었다.

중남미 현대 소설의 창시자이자 포스트모더니즘의 선구자라고 일컬어지는 아르헨티나의 호르헤 루이스 보르헤스는 과거를 배척하고 극복해야 할 대상으로 여기면서 리얼리즘의 모델을 파괴한다. 한편 중남미 소설의 세계화에 지대한 공헌을 한 가브리엘 가르시아 마르케스, 카를로스 푸엔테스, 마리오 바르가스 요사, 환 룰포(1917~86. 멕시코), 훌리오 코르타사르(1914~84. 아르헨티나) 등은 그들의 아버지 격인 보르헤스를 죽이는 대신 그의 작품을 보다 깊이 있게 발전시킨다.

중남미 현대 소설의 특징은 현실 언어의 한계를 의식하고 현실을 모방하려는 모든 리얼리즘 표현 양식을 거부하면서 가변적이고 복잡한 상황을 문학적으로 형상화하는 것이다. 이런 점에서 그들의 문학 의식은 미국과 유럽의 모더니즘 문학과 흡사하다. 하지만 그들은 중심이 존재하는 서구의 모더니즘과는 달리 다양성을 통해 중심을 해체시킨다. 이것은 중남미가 '주변부'라는 의식과도 밀접한 관계를 지니는데, 이런 의식은 '포스트모더니즘'을 탄생시키게 된다.

이 때문에 중남미 문학은 포스트모더니즘 문학의 효시이며 동시에 백미(白眉)라고 여겨진다. 여기서 흥미로운 것은 포스트모더니즘의 신(新)보수주의적 성향을 비판하는 포스트콜로니얼리즘(탈식민주의) 이론의 출발점도 된다는 것이다. 이것은 중남미 문학이 포스트모더니즘이 추구하는 '탈중심주의적' 글쓰기이기도 하지만, 동시에 유럽과 미국의 문화제국주의에 대한 저항성도 띠고 있음을 의미한다.

1970년대에 들어 붐 소설은 절정에 이르고 세계 문학의 정전으로 자리잡지만, 날이 갈수록 실험적 언어 및 문학적 공간과 시간의 신화화(神話化)만을 추구한다. 그러자 새로운 작가들은 붐 소설의 모델을 파괴해야 할 상황에 놓인다.

'포스트붐' 즉 붐 이후의 세대라고 불리는 작가들은 보르헤스 식의

'환상 문학'이나 가르시아 마르케스 식의 '마술적 사실주의'에 반기를 든다. 그들의 작품에는 가르시아 마르케스의 '마콘도(소설《백년 동안의 고독》에 등장하는 상상의 도시)'처럼 수년 동안 계속해서 비가 내리지도 않으며, 룰포의 '코말라(소설《페드로 파라모》에 나오는 상상의 도시)'처럼 죽은 자들이 살아 있는 사람들과 공존하지도 않는다.

마누엘 푸익, 이사벨 아옌데, 멤포 지아르디넬리, 알베르토 푸겟 등으로 대표되는 포스트붐은 붐 소설이 과도한 엘리트주의에 빠져 있으며, 세계성만을 추구한 나머지 중남미 현실을 도외시하고 과도한 실험에만 집착한다고 질타한다. 이런 비판을 통해 그들은 대중이 읽을 수 있는 작품을 통해 중남미의 현실을 작품 속에 투영하려고 노력하고 실험 문학이 아닌 리얼리즘으로의 회귀를 통해 붐 소설과의 차별성을 시도한다. 이것은 대부분의 포스트붐 소설가들이 억압적인 현실을 피해 외국으로 망명해야만 했던 것과도 관련이 있다. 또한 그들은 1970년대 중남미 국가들의 정치, 사회, 경제, 철학, 문화가 변했음을 인식하면서 작가의 책임이 무엇인지를 재검토한다.

'포스트붐 소설'은 '붐 소설'에 비해 대중적이며 대중 문화의 매력을 이용한다. 이런 대중적 요소들은 문학을 통해 대중과 하나가 되기 위해 치밀하게 만든 전략이었다. 그들이 고급 소설로 간주되던 붐 소설의 모델을 파괴한 것은 시대와 사회의 변화에 따른 불가피한 것이었다. 이런 거듭되는 파괴가 없었다면 중남미 소설은 붐 소설에서 그 생명을 다했을지 모른다. 그러나 붐 소설의 전형을 파괴함으로써 중남미 소설은 다시 젊어졌고 아직도 세계 문학 내에서 확고한 위치를 차지하고 있다.

그런데 중남미 소설이 추구하는 '아버지 죽이기'의 바탕은 무엇일까? 그것은 대가들의 작품을 편견 없이 읽는 것이다. 그들은 '선구자를 창조'하는 자유로운 독서와 상상력을 사회와 접목시키면서 역사 소설이나 '미니 픽션(원고지 4~5매 내외의 짧은 소설)' 등의 여러 장르를 개척하고 있다.

이런 끊임없는 '아버지 죽이기'로 중남미 현대 소설의 생명력은 시들지 않고 있다. 하지만 문학적 아버지를 죽이기 위해서는 어디가 약점인지 알아야 한다. 그 급소를 찾는 것이 바로 우리 문학으로서도 당면한 과제이며 중남미 소설에서 배워야 할 점이다.

송병선 ■ 외국어대 강사 · 중남미 문학 avionsun@hanmail.net

관련 저작들

참고문헌
- 김창민 · 서성철 엮음, 《라틴아메리카의 문학과 사회》, 까치, 2001.
- 김현창, 《중남미 문학사》, 민음사, 1994.
- 송병선, 《영화 속의 문학읽기》, 책이있는마을, 2001.

문학의 위기는 출판의 경우,
오히려 소설의 르네상스 맞았다

인터뷰

대담자 송병선 외국어대 강사 · 중남미 문학

멤포 지아르디넬리는 세계적으로 인정받는 포스트붐의 대표 작가다. 그와 처음으로 연락을 하게 된 것은 1997년에 ¡뜨거운 달¡을 번역하면서부터다. 이후 그와는 1년에 서너 차례씩 서로 이메일로 소식을 주고받았다. 인터뷰는 직접 통화를 하거나 만나서 하는 것이 전통적이다. 그리고 서면 인터뷰의 경우 질문을 한 번에 모두 하는 것이 상례인데 이번 인터뷰는 먼저 하나의 질문을 하고 작가의 대답을 들은 후, 다시 질문을 하는 식으로 이루어졌다.

송병선 요즘 세계적으로 '문학의 위기'라는 말이 많습니다. 중남미의 실정은 어떻습니까?

멤포 지아르디넬리 '문학의 위기'는 세계적인 현상입니다. 하지만 그건 단지 문학 시장이 위축되었으며 출판 산업이 위기를 맞고 있다는 의미입니다. 창작의 관점에서 본다면 문학은 르네상스를 맞이하고 있습니다. 예전에는 문학이 특정인들의 산물이었지만 지금은 그렇지 않습니다. 문학은 아직도 건재합니다.

송병선 최근 중남미 문학의 특징은 무엇입니까?

멤포 지아르디넬리 20세기 말에 중남미 국가들은 독재 체제를 청산하고 민주주의 시대를 맞이했습니다. 그런 상황 속에서 중남미 문학은 세 가지의 특징을 지닙니다. 우선 여성 작가들의 활동이 두드러진다는 점입니다. 이것은 민주주의와 더불어 여성들이 자신들의 목소리를 되찾았다는 것을 의미합니다. 두 번째는 우리 문학이 과거의 위선적인 윤리와 엄숙함을 떨쳐버리고 있다는 것입니다. 마지막으로 정치인들은 국민 화합이라는 명분 아래 '과거의 망각'을 요구하지만, 문학은 과거의 기억을 회복하려고 노력합니다.

송병선 당신이 포스트붐 세대의 대표자로 인정받고 있는 이유는 무엇이라고 봅니까?

멤포 지아르디넬리 아마도 내가 대중 소설 기법을 이용해 독자들을 사로잡고 독자들이 편안하게 읽을 수 있는 소설을 쓰며, 공식적인 역사가 아닌 다른 관점에서 과거의 역사를 조망하고 있기 때문인 것 같습니다. 그래서 쉬우면서도 어렵다는 평을 듣습니다. 어렵고 무거운 주제를 쉽게 쓰는 것은 매우 힘든 일입니다. 그러나 무엇보다도 가장 중요한 것은 상상력입니다. 상상력이 없는 작품은 아무런 미학적 가치도 없습니다.

송병선 새로운 작가들에게 충고를 한마디 해주십시오.

멤포 지아르디넬리 부패와 위선으로 위장한 사회와 달리 문학은 협동적이고 정직한 길을 향해 나아가야 합니다. 문학은 이런 윤리를 되찾기 위해 끊임없이 싸워야 합니다. 그것이 문학이 추구하는 최대의 저항이며 문학을 문학답게 만드는 유일한 길입니다.

중남미의 대표 작가들

가브리엘 가르시아 마르케스 (Gabriel García Márquez, 1927~ , 콜롬비아)

'마술적 사실주의'의 대표 작가. 대표작으로는 20세기 최고의 소설이며 라틴 아메리카의 서사시라고 평가받는 《백년 동안의 고독》을 비롯하여 《낙엽》, 《아무도 대령에게 편지하지 않다》, 《족장의 가을》, 《예고된 죽음의 연대기》, 《콜레라 시대의 사랑》, 《사랑과 다른 악마들》, 《납치 소식》 등의 소설이 있다.

마누엘 푸익 (Manuel Puig, 1932~1990, 아르헨티나)

현대 사회의 성 억압과 대중 문화의 미학적 요소를 예술로 승화시킨 작가. 대표작으로는 소설과 영화와 뮤지컬과 연극의 네 장르에서 전대미문의 성공을 거둔 《거미여인의 키스》를 비롯하여 《이 책을 읽는 자에게 영원한 저주를》, 《천사의 음부》, 《부에노스아이레스 사건》, 《열대의 밤이 질 때》 등이 있다.

마리오 바르가스 요사 (Mario Vargas Llosa, 1936~ , 페루)

중남미 문학의 붐 세대 중에서 가장 중요한 작가 중의 한 사람. 《도시와 개들》을 발표하여 작가로서 위치를 굳혔으며, 1966년 홍등가를 배경으로 원주민들을 착취하는 악덕 상인과 군 경비대, 매춘부로 전락하는 원주민 처녀 등을 묘사한 《녹색의 집》을 발표하여 페루 국가상, 로물로 가예고스 상을 받으면서 세계적인 명성을 얻었다. 그 외에 《카테드랄 주점에서의 대화》, 《종말기 전쟁》, 《계모에 대한 찬양》 등의 작품이 있다. 초기에는 쿠바의 영향을 받아 좌익의 관점에서 사회 문제를 다루었으나, 1970년대 중반 이후에는 우익으로 전향하여 정치·사회적 문제를 작품 속에 투영했다.

멤포 지아르디넬리 (Mempo Giardinelli, 1947~ , 아르헨티나)

중남미 포스트붐의 대표 작가. 그의 대표작 《뜨거운 달》은 탐정소설 기법을 패러디하여 군부 치하 아르헨티나의 억압적 상황과 그로 인한 한 인간의 성적·살인적 충동을 그리고 있다. 이 작품 이외에도 《자전거 혁명》, 《기억의 성사》, 《불가능한 균형》, 《열 번째 지옥》 등이 있다.

알베르토 푸겟 (Alberto Fuguet, 1964~ , 칠레)

중남미 문학의 상징인 '마술적 사실주의'를 떨쳐 버리고 1990년 이후 중남미 소설에 새로운 지평을 제공한 작가. 대표 작품들로는 《남용》, 《왕재수》, 《붉은 잉크》, 《두 형제》 등이 있다.

이사벨 아옌데 (Isabel Allende, 1942~ , 칠레)

중남미의 대표적인 여류 작가. 그녀의 데뷔 작품인 《영혼의 집》은 빌 어거스트 감독에 의해 영화로 만들어지기도 하였다. 이 작품은 4세대에 걸친 트루에바 가문 여성들의 역사를 통해 중남미 여성의 정치 의식의 발전 과정을 담는 한편, 1973년에 발생한 피노체트의 쿠데타를 통해 현대 칠레의 정치·사회적 현실을 비판적으로 조명하였다. 대표 작품들로는 《사랑과 그림자》, 《에바 루나》, 《파울라》, 《운명의 딸》 등이 있다.

카를로스 푸엔테스 (Carlos Fuentes, 1928~ , 멕시코)

중남미의 제임스 조이스라는 평가를 받을 정도로 실험적이고 혁신적인 소설을 쓰는 작가. 《아르테미오 크루스의 죽음》은 죽음에 임박한 주인공 아르테미오 크루스가 혁명가에서 자본가로 변신한 자신의 삶을 회상하면서 멕시코 혁명의 허와 실을 날카롭게 비판하면서, 현재는 1인칭, 미래는 2인칭, 과거는 3인칭으로 기술한다. 이외에도 《우리의 땅》, 《늙은 그링고》, 《디아나, 외로운 사냥꾼》, 《가장 투명한 지역》 등이 있다.

호르헤 루이스 보르헤스 (Jorge Luis Borges, 1899~1986, 아르헨티나)

중남미 현대 소설의 창시자이며 1960년대 이후 세계 문학의 흐름을 바꾸어 놓은 작가. 현대적 의미의 '환상 문학'을 통해 현대인이 확실하다고 믿고 있던 수많은 개념을 붕괴시키면서 그런 것들이 모두 인위적인 체계에 의해 합리화된 것임을 잘 보여준다. 포스트모더니즘의 효시로 평가받는다. 대표작으로는 《픽션들》, 《알렙》, 《브로디의 보고서》, 《모래의 책》 등이 있다.

성적 차이의 윤리

L u c e   I r i g a r a y   뤼 스   이 리 가 레

뤼스 이리가레

이리가레의 페미니즘

　가부장제적 사회의 교환 행위는 남성들 사이에서만 발생한다. 그렇지만 만일 '재화'로서 여성들이 시장에 나가기를 거부한다면 어떻게 될까? 그들 사이에서 '또 다른' 종류의 교환을 유지한다면 어떻게 될까? 자유로운 향유, 고통 없는 복지, 소유하지 않는 쾌락이 있을 것이다.

　1974년《거울─다른 여자에 관하여》이라는 제목으로 출판된 박사 논문 때문에 '라캉 학파'에서 '파문'당한 직후 뤼스 이리가레는 위와 같이 선언한다.
　'시장 밖의 교환'으로서 사랑을 화두로 하는 이리가레의 페미니즘은 서양 철학의 로고스(理性) 중심주의와, 그런 지적 전통 위에서 형성된 정신분석학의 팔루스(男根) 중심주의를 비판하는 데 핵심이 있다. 여성권 개념을 토대로 하는 그녀의 '성적 차이의 윤리'는 새로운 시민성 개념을 통해 공동체적 유대를 형성함으로써 혁명 후 러시아에서 여성 해방을 꿈꾸었던 콜론타이(1872~1952. 러시아의 여성 정치가, 세계 최초의 여성 외교관)의 '승화된 에로스'를 실현하려는 시도다.

이리가레는 전통적인 서양 철학과 정신분석학에 대한 비판을 넘어서 페미니즘에 대한 자기 비판을 시도한다. 1980~90년대를 지나면서 마비 상태에 빠져버린 기왕의 페미니즘을 변혁하려는 것이다. 포스트모던 페미니즘과 구별되는 '성적 차이의 윤리'라는 구상이 갖는 독자성은 세기말 현실 사회주의의 붕괴와 신자유주의의 반격에 대한 대응 속에서 새삼 두드러진다.

헤겔을 정점으로 하는 서양 철학에서 인간을 성별화하는 성적 동일성(identity)은 가족 안에 국한된다. 가족의 바깥, 바로 부르주아 시민 사회 또는 국가에서 형성되는 시민성에는 성이 없다. '성이 없는' 시민이란 남성일 뿐이고, 따라서 시민의 권리도 성별화할 수 없다. 이렇게 가족 안으로 제한되는 성적 동일성은 고대 유목 민족들의 가부장제적 신화에 나오는 여성의 '가족 유폐'를 이론화한 것이다.

가족 안에서 성적 차이(difference)를 설명하기 위해 헤겔은 '노동으로서 사랑'이라는 개념을 사용한다. 여기서 주의할 점은 가족 안에서 사랑은 공동체적인 것이 아니라는 사실이다. 공동체적 유대는 사랑이 아니라 형제애라 불린다. 말년의 미셸 푸코(1926~84)가 발견한 우정도 남성간의 동성애일 뿐이다.

가부장제적 사랑에 대한 이리가레의 비판은 자본주의적 노동에 대한 마르크스의 비판과 동일한 논리를 갖는다. 가족으로 유폐된 여성에게 사랑이란 자신의 독자적 욕망을 배제하고, 남성에 의해 정의되는 보편적 욕망을 실현하는 '추상화된 노동'일 따름이다. 부인의 사랑은 출산과 육아를 통해 '가족의 자본'을 재생산하기 위한 노동인 반면, 남편의 사랑은 시민으로서 자신의 활동을 보충하는 휴식이다.

여기서 정신분석학의 '오이디푸스 콤플렉스'가 서양 문명 전체의 핵심 개념이라는 이리가레의 비판이 나온다. 스승 프로이트를 거역했던 멜라니 클라인(1882~1960. 오스트리아)과 카렌 호르나이(1885~1952. 독일)의 '페미니즘적 정신분석학' 전통을 잇는 그녀의 비판은 스승 자크 라캉(1901~81)에 대한 비판으로 이어진다.

팔루스-로고스 중심주의에 사로잡혀 있는 라캉은 가부장제에 대한 이데올로기적 반역의 토대가 되는 성적 갈등과, 나아가 '더 이상 참을 수 없는 성적 착취와 억압의 최저 한도'를 인식하지 못한다. 반면 이리가레는 노동력에 대한 착취·억압의 최저 한도와 성에 대한 착취·억압의 최저 한도라는 공통의 토대 위에서 자본주의적 착취·억압과 가부장제적 착취·억압의 분석을 결합할 수 있다고 생각한다. 이것이 바로 마르크스의 '경제학 비판'과 비교되는 '페미니즘적 경제학 비판'인 셈이다.

그렇다면 '성적 차이의 윤리'의 토대가 되는 '성별화된 권리'로서 여성권이란 무엇인가? 여성에 대한 현실적이고 상징적인 착취에 대한 반대로서 '인간적 존엄성'을 전제로 한다면, 처녀성과 모성에 대한 권리가 핵심이다.

먼저 여성권은 여성의 '성에 대한 권리', 즉 자신의 육체와 정신에 대한 권리를 의미한다. 이 점에서 여성권은 마르크스가 말하는 자신의 육체와 정신에 대한 노동자의 권리로서 '노동에 대한 권리'와 동일하다. 또 여성권과 노동권은 스피노자가 말하는 코나투스(conatus), 즉 자기 존재를 보존하려는 노력으로서 자연권과 다른 것이 아니다.

처녀성과 모성에 대한 권리란 추상적이고 보편적인 '인간의 권리'로 환원할 수 없는 여성만의 독자적 권리다. 이는 법적 권리 이상으로 '특수하게 여성적인 위험'을 고려하면서 여성의 고유한 역능을 실현하는 권리다. 여성권은 양도할 수도 없고 철회할 수도 없는 시효 없는 권리로서 시민권이다.

가부장제적 현실에서 처녀성과 모성에 대한 존중은 여성의 권리라기보다 차라리 의무다. '남편의 아들'을 낳은 어머니에 대한 존중은 가족의 자본을 재생산할 의무이고, '처녀의 순결'에 대한 존중은 남성들 사이에서 교환되는 상품으로서 자신의 사용가치를 보존할 의무다. 반면 처녀성과 모성에 대한 권리는 그런 의무가 없는 자연권으로서 시민권이다.

성별화된 권리로서 여성권은 전통적인 '자유와 평등'의 권리와 동일한 것이 아니라, 오히려 '평등 속에서 차이가 바로 자유를 실현할 조건'이 되는 권리다. 예를 들어 여성권을 동일 임금에 대한 권리로 환원할 수는 없다. 남녀 평등주의의 역사적 중요성에도 불구하고 거기에 머물러서는 안 된다. 이렇게 볼 때 이리가레의 '성적 차이의 윤리'는 1970년대 사회주의 페미니즘 또는 마르크스주의 페미니즘이 시도했던 가사노동, 가족 임금 비판의 철학적 근거가 되는 셈이다.

윤소영 ■ 한신대 교수 · 국제경제학 spinmax@chollian.net

페미니즘의 역사

1789년 프랑스 혁명은 여성이 자신의 권리를 자각하는 역사적 계기가 되었다. 여성은 '인간의 권리'라는 계몽주의적 이상을 실현하기 위해 혁명에 적극 참여했지만, 혁명을 지도했던 남성이 생각하는 이상은 그렇게 보편적인 것이 아니었다. '능동적' 시민인 남성의 보호를 받아야 하는 '수동적' 시민으로서 여성은 사회를 구성할 정치적 권리로부터 배제되었다.

이에 대해 여성은 인류의 절반을 차지하고 있는 자신도 당연히 정치에 참여할 권리가 있다고 주장하였다. 나아가 시민이자 어머니로서 여성은 남성과 동일한 노동을 수행할 뿐만 아니라 자신만의 고유한 재생산 능력을 통해서도 민족의 부에 기여하기 때문에, 생존을 위한 경제적·사회적 권리를 갖는다고 주장하였다.

정치에 참여할 여성의 권리에 대한 요구는 19세기 말, 20세기 초 영국을 중심으로 유럽과 미국에서 대중적인 투쟁으로 다시 폭발하였다. 이 투쟁을 통해 자유주의 페미니즘(lf)을 주축으로 하는 '1세대(first wave) 페미니즘'이 형성되었다. 그러나 참정권을 획득한 뒤에도 여성에 대한 차별은 지속되었고, 이에 따라 여성의 종속을 재생산하는 더욱 광범한 억압 형태와 대결할 필요가 제기되었다.

특히 사회주의 또는 마르크스주의의 지향을 갖는 페미니즘(sf 또는 mf)은 동일 임금에서 출산 통제에 이르는 여성의 경제적·사회적 권리의 목록을 제출하였다. 그러나 이들은 공통의 전략에는 합의하지 못했고, 임금과 노동 조건 개선을 위해 투쟁할 것인가, 국가에 더 많은 복지 수당을 요구하는 데 초점을 맞출 것인가, 또 작업장에서 여성의 보호를 요구할 것인가 등을 둘러싸고 분열하였다.

1960년대 이후 대두한 '2세대(second wave) 페미니즘'도 자유주의 페미니즘을 주류로 하는 것이었다. 1966년에 조직된 전미여성기구(NOW)는 자유주의 페미니즘의 전통에 따라 여성의 인권을 주창하였다. 이들에게는 평등 개념이 핵심이었다. 이러한 문제 제기는 사적 영역의 변화 없이 공적 영역으로의 진출을 통해 이른바 '여성 문제'에 대한 제도적 해결을 모색하려는 것이었다.

1968년 학생운동 이후 "개인적인 것이 정치적이다"라는 구호를 통해 사적 영역의 변화를 주창한 것은 급진 페미니즘(rf)이었다. 이들은 여성 억압의 근원이라는 문제를 제기하면서 가부장제에 대항하는 직접적인 행동을 호소하였다. 또 여성 개인의 삶과 문화에 대한 의식화를 지향하는 소그룹 운동을 조직하기도 하였다. 급진 페미니즘의 이른바 '성 정치'는 현대 페미니즘에 분리주의적 경향을 도입하였다.

자유주의 페미니즘에 대한 급진 페미니즘의 비판이 미국적 전통에 근거하는 새로운 조류라면, 같은 시기의 사회주의 페미니즘, 마르크스주의 페미니즘은 영국 또는 유럽의 전통과 관련된 것이었다. 사회주의 페미니즘, 마르크스주의 페미니즘은 급진 페미니즘에 결여된 자본주의 비판을 가부장제 비판과 결합하려고 시도하였다. 특히 사회주의 페미니즘이 지난 세기 푸리에와 오웬의 유토피아 사회주의까지 거슬러 올라갔다면, 마르크스주의 페미니즘은 가족과 성에 대한 마르크스주의의 맹목성이 지적되는 가운데 가사 노동, 가족 임금을 비판하였다.

1980~90년대 들어와 '가족의 가치'가 새삼 강조되고 페미니즘 일반에 대한 신보수주의적·신자유주의적 반격이 전개되면서 이른바 포스트페미니즘 시대가 열리고 있는 중이다. 동시에 제도권 학계로 진출한 68세대는 포스트모던 페미니즘에 몰두하고 있다. 근대적 주체의 해체를 설파하는 포스트구조주의가 페미니즘적 주체의 해체에 대해서도 사후적인 정당화를 제공하고 있기 때문이다.

권현정 ▪ 서울대 박사·경제학, **이미경** ▪ 한신대 석사·경제학

뤼스 이리가레의 약력

- 1930년(문헌에 따라서는 1932년) 벨기에 출생.
- 1955년 벨기에 루뱅 대학에서 발레리 연구로 문학박사.
  잠시 고등학교에서 교편을 잡음.
- 1960, 62년 파리에서 두 개의 심리학 석사.
- 1968년 파리 8대학(뱅센)에서 언어학 박사.
- 1974년 철학 및 정신분석학 분야 문학 박사.
- 1962~64년 벨기에 국립과학연구재단(FNRS) 연구원.
- 1964년부터 현재까지 프랑스 국립과학연구소(CNRS) 연구원.
- 1970~74년 같은 대학에서 라캉 학파가 주도하는 파리 8대학 정신분석학과 교수 이후 교수직을 지낸 적이 없음.
- 1989년 데리다가 설립한 파리 국제철학원에 참여하여 활동함.

관련 저작들

번역서

- 뤼스 이리가레,《성적 차이와 페미니즘》, 권현정 외 옮김, 공감, 1997.
- ───,《나, 너, 우리》, 박정오 옮김, 동문선, 1998.
- ───,《하나이지 않은 성》, 이은민 옮김, 동문선, 2000.

미번역서

- Luce Irigaray, *Speculum de l'autre femme*, Minuit, 1974 ; *Speculum of the Other Woman*, translated by Gillian C. Gill, Cornell University Press, 1985.─《거울─다른 여자에 관하여》
- ───, *The Irigaray Reader*, edited by Margaret Whitford, Blackwell, 1991.─《이리가레 논문 선집》

참고문헌
- 윤소영, 《알튀세르를 위한 강의》, 공감, 1996.
- ———, 《알튀세르의 현재성》, 공감, 1996.
- 이미경, 《신자유주의적 '반격'하에서 핵가족과 '가족의 위기'》, 공감, 1999.
- Margaret Whitford, *Luce Irigaray: Philosophy in the Feminine*, Routledge, 1991.

제2부

세계화의 도전과 응전

一圖 근대 세계체제의 조감과 그 미래상 예견 ■ 이매뉴얼 월러스틴

二圖 민주주의 시장 경제와 역사 종말론 ■ 프랜시스 후쿠야마

三圖 세계화에 맞선 지식인들의 최전선 ■《르 몽드 디플로마티크》

四圖 무역의 윤리, 규모의 경제학 ■ 폴 크루그먼

五圖 네트워크 시대 금융자본주의의 제왕 ■ 조지 소로스

六圖 세계화와 NGO의 대응 ■ NGO

七圖 거대 과학과 국제 가속기 프로젝트 ■ '거대 과학'의 기수들

八圖 사이버 공간과 혁명가의 진로 ■ 마르코스

제2부를 들어가며

정과리 기획위원

1989년 베를린 장벽의 철거, 1991년 소비에트 연방의 해체와 더불어 진행된 냉전 체제의 붕괴는 사상의 지도에도 미묘한 변화를 초래하였다. 마르크스-레닌주의의 혁명적 열정이 급격히 퇴조한 반면 견제 장치가 사라진 초강대국에 대한 공포가 시나브로 커져갔기 때문이다. 실로 세계는 국지적으로는 이념적 분쟁이라기보다 동물적 생존 싸움이라고 해야 할 민족 분쟁들이 발발하는 한편으로 전체적으로는 미국의 주도하에 '제국화'의 방향으로 급격히 접어들었다. 세계화라는 이름으로 널리 알려진 이 제국화는 정치·경제·사회·문화 등 삶의 전 분야에 일제히 밀어닥쳤으며, 그로부터 그것의 수호자들과 대항자들 사이에 선명한 빗금이 그어지기 시작하였다.

새로운 세계를 바라보는 시각의 기본틀은 일찍이 '세계 체제'라는 명명법을 창안해 낸 월러스틴에 의해 주어졌다. 이미 그 이전에도 자본주의와 공산주의 세계를 통틀어 하나의 전체적 틀 안에서 표현하고 비판한 사람들이 적지 않았지만, '세계 체제'라는 이 간단한 명칭만큼 냉전 이후의 세계를 함축적으로 지시하는 용어는 없었다. 이 용어는 이제는 무용지물이 된 자본·공산의 이분법을 뛰어넘었을 뿐 아니라 삶의 축을 국가 혹은 민족에 둔 '민족주의'의 좁은 울타리를 해방시켰다. 월러스틴 자신이 명백한 이념적 태도를 취하고 있는 것과 무관하게, 그가 그린 지도는 아주 적대적인 두 입장이 공방을 벌이는 싸움터가 되었다. 그 한쪽에서 프랜시스 후쿠야마, 폴 크루그먼, 조지 소로스, 워런 버핏 등이 세계화의 깃발을 의기양양하게 쳐들고 있다면 반대쪽에는 《르 몽드 디플로마티크》의 이냐시오 라모네, 맥도널드 체인점을 파괴한 조세 보베, 검은색 스키마스크를 쓴 사파티스타 민족해방군의 마르코스, 그리고 아주 다양한 동기를 통해 저항할 명분과

의무를 느낀 장삼이사들의 집합체 NGO가 반세계화의 역풍을 일으키기 위해 고군분투하고 있다. 물론 같은 팀 내에서도 세계화를 비추는 각도와 그것을 이해하는 관점에는 저마다 편차가 있다.

앞에서 세계화=제국화라는 등식을 제시했지만 전개된 상황은 두 용어가 갖는 함의를 모두 포괄한다. 우선 세계화는 경제·사회·문화 등 삶의 전반적인 부문에서 지구적 규모의 네트워크 형성을 가리킨다. 여전히 사람들은 정치적 층위에서는 국가 단위로 '존재'하고 있으나 그 밖의 층위에서는 실질적으로 국가의 통제가 없는 개인들과 물품들의 아주 자유로운 교류와 거래가 일어나고 있다는 것이다. 그러나 제국화는 이러한 외관상의 자유로운 교류가 실질적으로는 일방적인 하나의 흐름에 의해 주도되고 있으며 또 그 속으로 합류하고 있다는 것을 가리킨다. 즉 갈수록 유사해져 가는 사회 조직들의 형태, 다양한 듯 하면서도 획일화되어 가고 있는 대중 문화, 주인이 누군지조차 분간할 수 없을 정도의 거대 자본의 실질적인 지배 등이 바로 주변적 사회 체제들, 개별 문화들, 작은 경제들을 집어삼키며 팽창해 가고 있다는 것이다.

무한한 개방인가, 거대한 통합인가? 지평이 활짝 열리고 개인의 손끝에까지 체감되는 신자유인가, 아니면, 모든 인간들을 우주적 차원에서 생체적 수준에까지 몽땅 관리하는 신제국인가? 이것이 오늘날 정보화 사회라는 호랑이의 등을 타고 질주하는 전 지구적 현상에 대한 상반된 관점들이다.

마지막으로 과학의 차원에서 세계화와 조응하는 조류는 거대 과학의 생기다. 초정밀 기술이 적용되는 과학 기제, 국가 또는 지역 연합을 통해 추진되는 다목적, 학제간, 다분야간 연구 프로젝트, 그리고 이러한 사업을 달성하기 위해 불가피하게 요구되는 중앙집권적 과학 연구관리체계, 이 거대 과학의 움직임은 과학과 사회의 단일화 혹은 과학의 제국적 통합을 향한 파도인 것은 분명하다. 이 또한 세계화의 주요한 양상 중의 하나다.

근대 세계체제의 조감과 그 미래상 예견

Immanuel Wallerstein 이매뉴얼 월러스틴

이매뉴얼 월러스틴

월러스틴과 세계체제론

이매뉴얼 월러스틴은 '세계 체제 분석(world-system analysis)'* 의 창시자로 알려져 있다. 그가 우리 학계에 끼친 영향도 적잖은 편인데, 사회학, 국제정치학, 서양 사학, 문학 평론 등 그 지평이 넓다. 게다가 소장학자들 사이에서 세계 체제 분석을 본격 연구하는 사람들이 늘어나고 있어 이는 한국 사회에 불어닥친 '세계화' 바람이나 1989년에 일어난 유럽 사회주의권의 몰락과 관련이 있는 것 같다.

---

* 초기에는 월러스틴 자신도 world-system perspective라는 용어를 사용했고, 국내에서도 그에 따라 '세계체제론'이라는 용어를 사용하였다. 그런데 월러스틴이 이것은 이론이 아니라 기존 이론에 대한 문제 제기이자 이론에 대한 요청이라고 했고, 또한 world-system analysis라는 용어를 사용하게 됐다. 그래서 이제는 우리말로는 '세계 체제 분석'이 합당할 것이다.

월러스틴은 1930년 뉴욕의 유대인 가정에서 태어나 성장하였다. 그가 회고한 바에 의하면 가정의 분위기가 지적이고 정치적이었다고 한다. 예컨대, 그가 고등학생 때 제2차 세계대전이 일어났는데 이때 가정에서의 주된 관심사가 나치와 파쇼, 사회주의 제2인터내셔널과 제3인터내셔널의 내분 등이었다고 한다.

이후 그의 긴 지적 여정과 지적 세계를 이해하기 위해서는 두 가지 요인을 반드시 짚어보아야 한다. 하나는 뉴욕에 있는 컬럼비아 대학이며, 다른 하나는 1950, 60년대 정점을 이룬 미국 헤게모니다.

그는 1947년부터 1971년까지 24년 간 컬럼비아 대학에서 학부부터 박사까지 공부를 하였고, 이어 교수 생활을 하였다. 이런 경우는 대단히 예외적이다. 잘 알려져 있다시피, 미국은 자기 학교 출신을 교수로 쓰지 않는 강한 규범이 있다. 특히 졸업 후 곧장 출신 대학의 교수가 되는 일은 예외에 속한다.

하여간 월러스틴은 남한이 해방 공간의 극심한 혼란기이던 1947년에 컬럼비아 대학에 들어간다. 제2차 세계대전을 승리로 이끈 미국은 급작스럽게 세계 최강대국이 되었다. 이후 1950년대와 1960년대에는 최강대국을 넘어 세계 질서의 헤게모니 국가가 되었다. 이 시기는 '자본주의의 황금기'라 불릴 정도였으며, 미국이 그 중심에 있었다. 그런 미국의 중심 도시 뉴욕은 세계 생산과 교역, 금융, 국제 정치, 문화의 중심지였다.

세계 문화의 거점인 뉴욕과 서구 사회과학의 정점을 이루었던 컬럼비아 대학에는 칼 폴라니(1886~1964. 헝가리 경제학자), C. 밀스(1916~62. 미국 사회학자), 대니얼 벨(1919~ . 미국 사회학자이자 후에 정치가), 라이오닐 트릴링(1905~75. 미국 영문학자) 등이 어우러져 사회평론(social essay)의 르네상스를 구가하였다. 당시 컬럼비아 사회학은 사회를 균형 상태로 보고 그 시스템의 작동 원리를 탐구하는 구조기능주의가 강했는데, 월러스틴은 자신을 이단자로 부를 만큼 이에 반기를 들었다.

세계 체제 분석은 무슨 대단한 이론이 아니라 기존의 지배적인 서구 사회과학 인식론에 대한 문제 제기이며, 19세기 서구에서 형성된 서구 사회과학에 대한 탈피의 요구이자 대안에 대한 요청이다. 구체적으로 1950~60년대 미국에서 유행했던 '근대화론'에 대한 반테제 성격을 강하게 띠고 출발하였다.

월러스틴을 흔히 '68년 세계 혁명'의 산물이라고 한다. 그 자신도 스스로를 그렇게 생각한다. 아마도 '세계 체제 분석' 자체를 '68년 세계 혁명'의 산물이라고 말해도 무리가 없을 정도로 1968년의 세계적 분출이 갖는 의의가 크다. 그는 분명 그 혁명의 중심에 있었고, 혁명에 개입되어 결국 컬럼비아 대학을 떠나게 되었다. 그는 헤게모니 국가와 도시가 제공하는 문화적 자양분을 절제하지 않고 섭취했으나, 또한 미국 헤게모니에 거세게 저항한 반항아이기도 했다.

그의 지적 활동은 세 시기로 나누어볼 수 있다. 제1기는 비서구 세계에 관한 연구, 특히 아프리카의 식민령과 신생국 독립의 정치에 초점을 두었다. 그는 20세기 최대의 화두로 서구 세계의 비서구 세계에 대한 지배를 꼽고 이에 천착하였다. 그는 서구가 지배하는 사회과학에서 비서구인들의 소외를 극복하고자 했으며, 그들에게 역사를 부여하고자 하였다. 그의 지적 기획 가운데 서구 중심의 사회과학을 재구축하는 것이 말년의 중대사인데, 그는 시종일관 지식과 지식 구조에 천착했다고 볼 수 있다.

비서구 세계에 대한 문제 의식은 프란츠 파농(1925~61. 알제리 정신병리학자·철학자)에게서 큰 영향을 받았다. 초기 종속이론가인 A. G. 프랑크(1929~ . 독일 출신의 경제학자)나 사미르 아민(1931~ . 이집트 출신의 사회학자) 같은 이들도 유사한 관심을 가졌다. 다만 월러스틴의 세계 체제 분석은 중심·주변이라는 양분법적인 구도를 극복하고자 하며, 그 양자간 모순이 완화되고 그래서 전체로서의 세계 체제가 유지되는 데 이바지하는 반(半)주변부라는 새 범주가 추가되는 바 세계 체제 분석의 중요한 학문적 기여로 평가된다.

신생국 독립과 이후 민족 통합 연구에서 그가 봉착한 딜레마는 바로 국가에 관한 문제였다. 긴 고민 끝에 주권 국가나 민족 사회가 사회 체제를 구성하지 못한다고 단정하여 이들을 버리고 세계 체제만이 유일한 사회 체제라고 결론짓는다. 적어도 사회 체제라 부를 때는 두 가지 조건, 즉 독립적인 체제로서의 자기 완결성과 고유한 내재적 발전 원리를 갖추어야 하는데 세계 체제만이 그 기준에 합당하다고 단순화한다. 국가는 세계 체제가 창출해 낸 한 제도에 불과하며, 세계 체제를 유지하는 데 중요한 기능을 하는 것으로 이해한다. 그래서 세계 체제 분석은 일국적 사고나 분석을 철저히 경계한다.

제2기는 세계 체제의 작동에 관해 연구를 몰두한 시기다. 세계 체제는 지리적이고 기능적인 광범위한 분업 체제이며, 현실적으로는 유럽에서 16세기 긴 과정을 거쳐 태동하게 되었다고 본다. 유럽에서 탄생한 근대 세계는 그가 '세계 경제(world-economy)'라고 부르는 유형이었으며 자본주의이기도 하였다.

자본주의 세계 경제는 단일한 분업 체제 안에 다수의 정치 구조와 문화들이 산재하기 때문에 단일 정치 구조를 갖는 '세계 제국'과 구분된다. 이 시기 프랑스 아날학파의 대부인 페르낭 브로델(1902~85. 프랑스 역사학자)과 학문적으로 교유하는데, 이것이 매개가 되어 월러스틴은 1980년대부터 매년 절반을 파리에 있는 '인간과학연구소'에서 보낸다.

마르크스, 슘페터, 폴라니, 프로이트와 더불어 그의 사유에 가장 큰 영향력을 미친 사람이 바로 브로델이다. 시간과 공간이 사회적 창안이라는 인식, 그리고 그들이 사회 분석에 미치는 영향에 대해 깨우침을 준 이가 바로 브로델이었다.

자본주의 세계 경제는 끊임없는 축적을 그 첫째 속성으로 삼으며 상품 생산을 위주로 한다. 그것은 중심-주변-반주변이라는 기축적 분업 구조를 가지며, 이들이 이루는 '세계 시장'을 주목한다. 이것이 월러스틴의 자본주의관이라고 요약할 수 있다.

제3기는 사회과학 및 지식 구조 연구기다. 특히 19세기 사회과학의 본격 등장이 당시 유럽 세계 경제 발전의 정당화 기제로서 지니는 의미를 밝힌다. 그는 유럽 중심주의로 물든 근대 사회과학의 면모들(견고한 분과 학문 구조, 소통과 대화의 부재, 비서구 지식 형태의 야만시, 역사와 법칙의 대립, 인문학과 자연과학의 이등분)을 밝히고 이로부터 탈피할 것을 주장한다. 역사적 사회과학, 통합 학문에 대한 실행을 강변한다. 생애 마지막 작업으로 인문학과 자연과학이 분리된 기원을 밝히겠다고 말한다.

월러스틴 학문의 두 전제는 세계 체제만이 온당한 분석 단위이며 모든 사회 분석은 역사적인 동시에 체제적이라는 점으로 요약된다. 그리고 그는 학문과 정치의 변증법을 일생의 원칙으로 삼았다. 달리 말해 이론과 실천의 변증법을 추구했던 것이다. 학문은 최대한 진실에 다가가고자 하는 목적을 가지며 그런 학문은 도덕적 선택에 이바지해야 하고, 궁극적으로 정치적 실행을 통해 세계를 바꾸는 데 기여해야 한다는 것이 그의 신념이다. 그 세계란 보다 합리적이고 민주적인 세계다. 그 세계의 보다 구체적인 가치 내용은 '실질적 합리성'—막스 베버가 말한—과 비영리성이라고 주장한다.

그는 자본주의 문명이 위기에 접어들었으며, 이 시대를 이행기로 본다. 이행기는 다수 대중에게 불안하고 불쾌한 시기다. 무질서와 혼돈의 시기인 것이다. 그러나 이행기는 동시에 인간 의지가 위대한 힘을 발휘할 수 있는 시기다. 다가올 대안적 세계 체제가 지금보다 나으리라는 보장이 없다. 진보를 믿어서는 안 된다는 점을 특히 강조한다. 오직 지금 세계 대중이 어떤 도덕적 판단, 과학적 사고, 그리고 정치적 실행을 하는가에 따라 미래가 달려 있다는 것이다. '좋은 세상'은 시간이 흐르면서 주어지는 것이 아니라 만드는 것이라는 말이다.

이수훈 ▪ 경남대 교수 · 사회학 leesh@kyungnam.ac.kr

세계화 담론과 월러스틴

'세계화(globalization)'는 1970년대 이후 전 지구적 사회 변동을 판독하는 사회과학의 대표적인 화두(話頭) 가운데 하나다. 세계화란 개념의 역사는 그리 오래 되지 않는다. '세계적(global)'이란 개념은 400년 전부터 사용된 것으로 알려져 있지만 세계화와 세계주의(globalism)는 1961년에야《웹스터 사전》에 처음 수록됐다.

세계화와 유사한 개념으로 '국제화(internationalization)'가 있다. 국제화가 국민국가 간 교류의 확대를 말한다면, 세계화는 분석 단위로서의 세계 사회가 독자적 차원을 획득하는 것을 뜻한다. 국제화에 대한 학문적 관심의 역사는 멀리 18, 19세기 사회사상가 애덤 스미스, 클로드 앙리 생시몽, 카를 마르크스까지 소급되지만 그 본격적인 논의는 20세기 전반의 제국주의론과 그 사상적 후예인 1960~70년대의 종속이론, 그리고 제2차 세계대전 이후 미국을 중심으로 크게 발전했던 국제정치학을 꼽을 수 있다. 국제화와 구별되어 세계화가 하나의 독자적인 담론으로 자리를 잡은 것은 1990년대 이후이며, 경제학, 정치학, 사회학, 문화학을 중심으로 발전해 왔다.

세계화 담론과 연관해 월러스틴의 세계체제론이 갖는 의의는, 그가 세계화란 개념을 명시적으로 쓰지는 않았지만 일찍부터 분석 단위로서의 세계 체제를 전면에 부각하고 이를 역사 분석에 적용해 왔다는 점에 있다. 이 가운데 특히 기존의 국민국가를 부정하고 자본주의 세계 경제를 새로운 분석 단위로 설정하는 그의 이론적 시도는 세계화 담론을 전개하는 대다수 학자들에게 정도의 차이가 있을지 몰라도 상당한 영향을 미친 것으로 평가되고 있다. 여타의 세계화 담론과 월러스틴 이론의 중요한 차이를 든다면 그것은 크게 네 가지로 요약된다.

첫째, 세계화의 역사적 기원은 19세기 후반이나 20세기 후반이 아니라 유럽적 세계 경제가 형성된 '긴 16세기'에 있다.

둘째, 이런 세계적 사회 변동을 분석하기 위해서는 19세기 사회과학의 패러다임에서 탈피하여 새로운 시·공간 이론과 사회 이론을 구축해야 한다.

셋째, 이른바 보편주의를 표방하는 세계 문화는 인종주의·성차별주의와 동전의 양면을 이루는 세계 경제의 상부 구조라 할 수 있다.

넷째, 자본주의가 전 지구적인 것이기 때문에 이에 대항하는 반체제 운동 또한 일국의 수준을 넘어 전 지구적 수준에서 이루어져야 한다.

월러스틴의 이런 독창적인 주장은 이에 동의하든 그렇지 않든 세계화를 연구하는 많은 후속 학자들에게 여전히 커다란 자극과 영감의 원천이 되고 있다.

김호기 ▪ 연세대 교수 · 사회학

월러스틴과 한국학계

월러스틴 이론에 대한 국내에서의 논의는 주로 사회학, 정치학, 서양사학을 중심으로 이루어져 왔다. 그의 이론을 처음 소개한 것은 1980년대의 비판사회학계와 정치학계였다. 당시 소장 사회학자와 정치학자들은 세계체제론을 종속이론의 한 지류로 해석하고 주요 논문들을 우리말로 옮겼다. 그러나 이런 관심은 1980년대 후반 이후 더 확산되지 못했다. 이때 월러스틴에게 눈을 돌린 쪽은 서양사학계였다.

서양사학계에서 월러스틴 이론에 대한 논의를 촉발시킨 사람은 서울대 나종일 교수다. 그는 1989년 월러스틴의 세계체제론에 대한 논문을 발표하고 1992년 자신의 저서 《세계사를 보는 시각과 방법》에 수정, 재수록하였다. 100쪽이 넘는 이 논문은 체계적이며 심도가 있어 월러스틴 연구의 새로운 장을 열었다는 평가를 받았다.

이어 서양사학계에서는 월러스틴은 물론 그에게 커다란 영향을 미친 페르낭 브로델의 역사학에 대한 연구도 활발히 진행되었다. 그 결실의 하나가 1995년 서양사학회 심포지엄을 바탕으로 이듬해 나온 《근대 세계체제론의 역사적 이해: 브로델과 월러스틴을 중심으로》다.

이 책은 부산대 유재건, 서울대 주경철, 숭실대 김인중, 광주대 이영석 교수 등 소장학자들이 필자로 참여하여 브로델과 월러스틴의 세계체제론의 역사학적 성과를 집중 조명하고 있다. 나종일, 유재건, 김인중 교수 등은 1999년 월러스틴의 주저 《근대 세계 체제 1·2·3》을 완역함으로써 세계체제론 연구에 새로운 불을 댕겼다.

서양사학계와 사회과학계 외에 월러스틴의 영향을 받은 학자 가운데 특기할 만한 사람은 서울대 영문학과의 백낙청 교수다.

정재왈·기자

이매뉴얼 월러스틴의 약력

- 1930년 미국 뉴욕 출생.
- 1951년 미국 컬럼비아 대학 졸업.
- 1954년 컬럼비아 대학 석사.
- 1959년 컬럼비아 대학 아프리카 연구로 사회학 박사.
- 1976년 프랑스 파리 7대학 명예박사.
- 1958~71년 컬럼비아 대학 교수.
- 1971~76년 캐나다 맥길 대학 교수.
- 1976년~현재 뉴욕 주립대(빙햄턴) 석좌교수 및 같은 대학 페르낭 브로델 경제·역사체제·문명연구소 소장.
- 1976년~현재 파리 '인간과학연구소' 연구교수.
- 1994~98년 국제사회학회(ISA) 회장.

관련 저작들

번역서

- 이매뉴얼 월러스틴, 《근대 세계 체제 1》, 나종일 외 옮김, 까치글방, 1974.
- ──, 《근대 세계 체제 2》, 유재건 외 옮김, 까치글방, 1980.
- ──, 《근대 세계 체제 3》, 김인중 외 옮김, 까치글방, 1989.
- ──, 《반체제 운동》, 송철순·천지현 옮김, 창작과비평사, 1989
- ──, 《사회과학으로부터의 탈피》, 성백용 옮김, 창작과비평사, 1991.
- ──, 《변화하는 세계 체제》, 김시완 옮김, 백의, 1991.
- ──, 《역사적 자본주의 / 자본주의 문명》, 나종일·백영경 옮김, 창작과비평사, 1993.
- ──, 《자유주의 이후》, 강문구 옮김, 당대, 1996.
- ──, 《사회과학의 개방》, 이수훈 옮김, 당대, 1996.
- ──, 《이행의 시대》, 백승욱·김영아 옮김, 창작과비평사, 1998.

- ──,《유토피스틱스 또는 21세기의 역사적 선택들》, 백영경 옮김, 창작과비평사, 1999.
- ──,《우리가 아는 세계의 종언》, 백승욱 옮김, 창작과비평사, 2001.
- 이매뉴얼 월러스틴 · 노엄 촘스키,《냉전과 대학》, 정연복 옮김, 당대, 2001.

참고문헌
- 나종일,《세계사를 보는 시각과 방법》, 창작과비평사, 1992.
- 백낙청,《분단 체제 변혁의 공부길》, 창작과비평사, 1994.
- ──,《흔들리는 분단 체제》, 창작과비평사, 1998.
- 안청시 · 정진영,《현대 정치경제학의 주요 이론가들》, 아카넷, 2000.
- 이수훈,《위기와 동아시아 자본주의》, 아르케, 2001.
- ──,《세계체제론》, 나남, 1993.
- ──,《세계 체제의 인간학》, 사회비평사, 1996.
- 한국서양사학회,《근대 세계체제론의 역사적 이해》, 까치, 1996.

민주주의 시장 경제와 역사 종말론

Francis Hukuyama 프랜시스 후쿠야마

프랜시스 후쿠야마

후쿠야마와 '역사는 끝났다'

세계화에 대한 논의만큼 현란한 정치적 색채를 띤 논의도 드물다. 세계화란 멀리 떨어진 곳에서 발생한 사건이 다른 지역에 영향을 끼치는, 한마디로 '전 지구적 차원에서 상호 의존성'이 강화되는 현상이다. 그러나 그 정치적 의미에 대하여는 다양한 견해가 첨예하게 대립한다. 좌파는 미국이 무력을 쓰지 않고 세계를 지배하기 위해서 동원한 신자유주의 이념의 확산이 세계화라고 주장하며, 우파는 전세계가 실시간에 하나의 단위로 작동할 수 있는 능력을 갖춘 효율적인 시장 경제로 통합되어 가는 과정이라고 세계화를 규정한다. 중도파는 '제3의 길'이라는 절묘한 대안의 확산이 세계화의 근간이 되어야 한다고 주장한다.

프랜시스 후쿠야마는 《역사의 종말》이라는 책에서 서구에서 발달한

시장 경제와 자유민주주의가 결합한 형태가 전세계적으로 퍼져나갈 것을 예언하며 이것이 세계화라고 주장한 학자다. 지구상에는 역사적으로 많은 사회적인 실험이 있었으나 모두 실패하였다. 나치즘과 파시즘이 몰락하였고 1989년에는 급기야 사회주의가 붕괴했으며 복지 국가와 동아시아의 발전 국가는 위기를 맞고 있다.

이와 같은 시대적 배경을 뒤에 업고 후쿠야마는 이제 지구상에 남은 유일한 대안은 자유민주주의와 시장 경제가 결합한 형태이며, 이러한 사회 체제가 세계화 과정을 통하여 전파될 것이기에 '역사는 끝났다'라는 대담한 주장을 편다. 그에게 역사는 일정한 목적을 향해 발전하는 누적적인 과정인데, 자유민주주의에 이르러 역사는 정점에 이르렀으며 전세계는 이러한 형태로 수렴된다고 주장한 것이다.

후쿠야마의 논의가 흥미를 끄는 것은 그가 역사 종언의 원인을 밝히는 대목이다. 이러한 체제가 다른 체제보다 효율성의 면에서 우월하기 때문이라는 일반적인 견해와 달리 그는 남에게 '인정받기'를 원하는 욕구로 설명한다. 역사 발전의 중요한 동력 중의 하나인 '인정받기' 욕구는 정부가 시민을 평등하게 인정하고, 시민들은 서로를 인정해 주는 자유민주주의 체제에서 가장 세련되게 충족되었기에 다른 정치적 대안에 대한 논의는 무의미하다는 것이다.

이런 대담한 주장은 격렬한 논쟁을 불러왔다. 역사에 일정한 진행 방향이 있는가, 또 역사의 정점이 존재하는가 등에 관한 학문적 논의로부터 미국 경제를 다른 나라에 이식하는 세계화를 정당화하는 이데올로기라는 비판에 이르기까지 좌파와 우파 모두의 공격을 받았다. 이슬람의 근본주의, 동아시아의 국가개입형 경제 체제, 중국이나 북한의 정치 경제 모델은 과연 역사의 종착역에 도달할 것인가 등이 논쟁의 중요한 부분이었다.

역사 종착역에 대한 후쿠야마의 논의는 재벌 개혁을 수행하고 있는 우리 나라에서는 모순적 의미를 갖는다. 재벌 개혁을 찬성하는 이들은 IMF가 처방한 세계적 기준을 받아들인다는 점에서 친(親)후쿠야마론자이지만, 이는 자유민주주의가 아닌 권위적인 국가 개입에 의존한다는 점에서 반대론자인 셈이다.

마찬가지로 재벌개혁 반대론자들은 권위적 국가 개입이 옳지 않다고 보는 점에서 후쿠야마 찬성론자이지만, 한국에만 고유한 재벌 작동 체제를 옹호함으로써 반(反)후쿠야마론을 펼치고 있는 것이다. 한국의 자본주의를 불신하는 좌파 지식인들이 재벌을 개혁해야 한다는 점에 관한 한 미국이나 IMF의 시각과 동일하며, 현 정부의 재벌 개혁 정책에 비판적인 목소리는 미국의 신(新)제국주의를 우려하는 유럽 좌파 지식인들의 논리와 대동소이한 것이다.

후쿠야마로부터 도출할 수 있는 문제의 핵심은 문화적·국가적 특수성을 갖는 한국식, 일본식, 중국식, 독일식 운운하는 정치경제 체제를 해체할 것인가, 아니면 각 나라에 특수한 틀 내에서 잘 작동하도록 적응시킬 것인가에 놓여 있다. 역사의 종착역을 믿는 사람이라면 국가를 단위로 하는 어떠한 계획도 보수적인 자국 중심주의와 동일시할 것이며, 나라별 특수성은 그대로 유지될 것이라고 전망하는 사람은 어떠한 보편주의적 시도도 신제국주의나 미국의 음모로 폄하할 것이다. 따라서 역사의 실험과 논쟁은 한국뿐 아니라 유럽의 각국 등 전세계에서 아직도 계속되고 있는 것이다.

후쿠야마의 또 다른 대표작인 《트러스트》라는 책도 《역사의 종말》만큼 우리에게 충격적으로 다가온다. 그가 IMF 위기 이전에 이미 한국은 신뢰가 낮은 사회라서 한국 경제에 미래가 없다고 비관적으로 예견했기 때문이다. 그는 재벌 총수가 전문 경영인을 믿을 수 없어서 족벌 경영을 할 수밖에 없고, 이것이 경쟁력을 낮추는 원인이라고 분석한 것이다. 학연, 혈연, 지연 등의 연줄 안에서만 신뢰하고, 이 연줄을 벗어나면 신뢰 수준이 급격히 낮아지기 때문에 한국 문화는 연줄 밖의 누구와도 거래를 해야 하는 시장 원리에 알맞지 않는다고 그는 해석한다.

사회적 신뢰를 높이는 제도적 처방의 필요성에 대해 역설한 점은 인정하지만, 신뢰를 높이기 위해 무엇을 어떻게 해야 하는지에 대한 논의는 이제부터 우리의 몫이다. 우리의 정치경제가 역사의 종착역을 행해 나아간다고 하더라도 신뢰는 자동적으로 발생하지 않기 때문이다.

김용학 ■ 연세대 교수 · 사회학 yhakim@yonsei.ac.kr

후쿠야마가 불러일으킨 논쟁

후쿠야마가 촉발한 논쟁들은 그의 학문적 · 개인적 배경과 관련이 깊다. 그는 일본인 3세로 미국에서 태어나 활동하는 보수주의자다. 일본, 미국, 보수, 이 세 가지 요소는 이후 논쟁별로 그를 과대 혹은 과소 평가하는 요소로 작용하게 된다. 후쿠야마를 둘러싼 논쟁들은 크게 세 가지로 나뉜다.

첫째는 1989년 《역사의 종말》로 불거진 자유민주주의와 사회주의 간의 논쟁이다. 후쿠야마는 소련과 동유럽 사회주의의 붕괴로 자유주의적 자본주의가 승리함에 따라 더이상 진보는 없다며 역사의 종말을 선언하고 자본주의와 사회주의의 체제 경쟁이 막을 내렸다고 주장하였다. 하지만 사회주의자들은 이를 부정한다. 즉 동유럽의 교조적인 좌파가 몰락했을 뿐 서유럽의 사회민주주의(사민주의)는 건재하며 유럽연합 회원국 대다수에서 사민주의 정당이 집권하고 있다는 것이다.

이에 대해 후쿠야마는 유럽의 사민주의도 고전적 사민주의와 영국의 블레어가 주창하는 '제3의 길'과 같은 현실주의적 중도 노선으로 나뉘어 있음을 지적한다. 따라서 대부분의 경우 미국식 자유주의 모델을 채택한 현실적 사회주의가 유럽 좌파의 대세가 될 것이라는 주장이다. 이에 대해 프랑스의 고전적 사민주의 측은 '제3의 길'은 하나의 유행에 불과하며 이미 그 한계점을 보이고 있다고 재반박한다.

둘째는 1995년 《트러스트》 발표 이후 불거진 저(低)신뢰, 고(高)신뢰 사회 논쟁이다. 후쿠야마는 한 나라의 경쟁력은 그 나라가 고유하게 가지고 있는 신뢰와 사회적 자본의 수준에 의해 결정된다고 주장하였다. 하지만 저신뢰, 고신뢰 사회를 구분하는 그의 기준이 사회적 자본의 축적 여부와 같이 너무 단순하며 이는 일종의 '결과론'일 뿐이라는 반론이 제기되었다.

미국 사회학회 회장이자 프린스턴 대학 사회학 교수인 알렉산드로 포르테 같은 학자는 후쿠야마식 논의가 사회적 자본의 원천과 그것이 가져오는 이익 혹은 효과를 혼동하고 있다고 지적한다. 후쿠야마의 논리에는 어떻게 하면 사회적 연대와 신뢰를 창출할 수 있는가에 대한 설명은 없고 단지 '사회적 연대와 신뢰가 풍부해서 발전하였다'는 식의 설명만 존재한다는 것이다.

셋째는 1990년대 후반 발발한 아시아 경제 위기의 원인을 찾는 과정에서 불거진 '아시아적 가치' 논쟁이다. 많은 서구 학자들이 아시아 금융 위기를 가져온 원인으로 유교적 가치가 배태한 정경 유착과 인치를 지목했을 때 후쿠야마는 이에 반대하였다. 문제는 정책의 실패이지 아시아적 가치와 같은 문화적 배경이 아니라는 것이다.

그는 동시에 아시아적 가치와 민주주의가 함께 발전할 수 없다는 싱가포르의 리콴유(李光耀)나 말레이시아의 마하티르의 주장을 일축하였다. 전체주의 통치 체제를 정당화하기 위한 주장에 불과하다는 것이다. 그러면서 일본, 한국, 대만은 이미 아시아에서 아시아적 가치와 민주주의가 병존할 수 있다는 것을 보여주는 예라고 하였다.

이상민 ■ 삼성경제연구소 수석연구원 · 사회학

후쿠야마를 보는 국내의 두 시각

후쿠야마에 대해 취재하면서 특이한 사실을 알게 되었다. 국내에는 그에 관한 전문가가 거의 없지만, 어느 정도 알고 있다고 자부하는 학자들도 상당수 그와 그의 사상을 높이 평가하지 않는다는 점이다.

그런데도 후쿠야마는 세계적인 석학의 반열에 오른 인물로 국내에 알려져 있다. 국내의 언론들이 그에게 폭발적인 관심을 보여왔기 때문이다. 어느 매체할 것 없이 IMF사태 등 굵직한 사건이 터지면 그와 대형 인터뷰를 하였다. 그럴 때마다 후쿠야마는 언론의 '입맛'에 맞는 명쾌한 해답을 제시하였다. 이 때문에 일부 전문가들은 그를 고명한 학자나 사상가라기보다 '학술 흥행사'로 보기도 한다.

미국 시카고 출신의 일본계 3세인 후쿠야마는 1989년《내셔널 인터레스트》라는 사회과학 잡지에〈역사의 종말?〉을 발표하면서 큰 논란을 불러일으켰다. 이 글의 골자는 세습 왕권주의와 파시즘, 공산주의가 차례로 리버럴한 민주주의 이념에 제압당함으로써 이념 경쟁의 역사는 끝났다는 것이다. 이 글을 부연 설명한 것이 단행본《역사의 종말》이다. 이어 그는 1995년에 낸《트러스트》란 책에서 "신뢰야말로 한 나라의 경제, 사회를 결정하는 주요 요소"라고 주장했으며, 1999년 출간한《대붕괴 신질서》에서는 "탈공업화 사회에서는 범죄의 증가 등 대격변이 불가피하지만 인간은 원래 서로 화합하도록 프로그램되어 있다"며 '인간 화합'을 주창하였다.

정재왈 ▪ 기자

프랜시스 후쿠야마의 약력

- 1952년 미국 시카고 출생.
- 1974년 미국 코넬 대학 서양고전학 졸업.
- 1979~80년, 1983~89년 미국 랜드(RAND) 연구소 연구원.
- 1981년 미국 하버드 대학에서 '소련 외교 정책 및 중동 외교 정책'으로 박사.
- 현재 미국 조지 메이슨 대학 교수.

관련 저작들

번역서

- 프랜시스 후쿠야마, 《역사의 종말》, 이상훈 옮김, 한마음사, 1992.
- ———, 《트러스트》, 구승회 옮김, 한국경제신문사, 1996.
- ———, 《대붕괴 신질서》, 한국경제신문 국제부 옮김, 한국경제신문사, 2001.

참고문헌

- 구승희, 〈아시아적 가족가치와 사회적 친화의 가능성—프랜시스 후쿠야마를 중심으로〉, 《정보 국민윤리연구》, 한국국민윤리학회, 2000.
- 이정은, 〈후쿠야마의 《역사의 종말》에 나타난 헤겔의 '시간관'의 재정립〉, 《시대와 철학》, Vol. 8, 한국철학사상연구회, 1997.

세계화에 맞선 지식인들의 최전선

Le Monde Diplomatique 《르 몽드 디플로마티크》

'르 몽드 디플로마티크' 사이트

프랑스판 www.monde-diplomatique.fr
영 어 판 www.en.monde-diplomatique.fr

이냐시오 라모네

반(反)세계화의 사령탑《르 몽드 디플로마티크》

아마도 프랑스인들만큼 세계화에 비판적인 국민들도 드물 것이다. 프랑스인의 비판적 태도는 서로 정치적 노선을 달리하고 있는 우파의 대통령과 사회당의 총리가 공유하고 있을 뿐만 아니라 정책 담당자들로부터 평범한 시민들에 이르기까지 고루 퍼져 있는 일반화된 태도다. 이러한 범국민적 태도는 세계화를 주도하고 있는 팍스 아메리카나에 대한 늙은 유럽의 히스테리라고 볼 것이 아니다. 오히려 프랑스인들은 철저한 상업적 이윤 추구와 무자비한 생존 경쟁의 논리로 추동되고 있는 세계화의 밀물에 맞서 자유, 평등, 박애에 입각한 도덕의 방파제를 쌓고 있는 것이다.

이 도덕적 대의가 어떻게 나날의 삶 속에서 쉼 없이 솟아오르는가?

그것은 바로 생활의 문제를 긴박한 학문적 성찰의 대상으로 삼아온 프랑스 지식인들의 오랜 역사적 전통에서 비롯한다. 18세기 계몽주의 시대의 '행복을 위한 약속' 이래 프랑스 지식인들은 상아탑의 학자로 머무르기를 거부하고 저자와 거리의 한복판에서 공공선의 확립과 유지에 기여하는 것을 자신들의 책무로 삼았다.

콜레주 드 프랑스의 교수로 취임한 메를로-퐁티에게 사르트르가 "'지식인의 소명'을 배반하지 말아야 할 의무를 포기하였다"고 비난한 것은 극단적이면서도 집약적으로 프랑스 지식인들의 태도를 보여준다. 그러니까 "본질적인 것"은 "입장을 취하는 것"이며 "행동하는 것"이다.

프랑스의 대표적 신문《르 몽드》의 자매 월간지인《르 몽드 디플로마티크》는 바로 세계화에 맞서 행동하는 지식인들의 최전선의 교두보라고 할 수 있다. '민주주의, 시민성, 그리고 연대'를 사시로《르 몽드 디플로마티크》는 1970년대 후반부터 세계화의 추세를 비판적으로 주시하기 시작해서 1997년 영국의《파이낸셜 타임스》와 격렬한 지상 논쟁을 치렀고, 1999년에는 그동안 발표된 글들을 추려 세계화에 대한 종합 보고서인《세계화를 이해하기 위하여》라는 CD-ROM을 출시하였다. 그 이후에도 1999년 5월 이후 2001년 1월까지 세계화를 다룬 40편의 논설을 게재하였으니, 이 주제로 한 달에 두 편 이상의 글이 실린 셈이다.

《르 몽드 디플로마티크》를 총지휘하고 있는 사령탑에는 사장 겸 주필인 이냐시오 라모네(1943~)가 있다. 파리 7대학 교수로도 재직하고 있는 라모네는 한국어로 번역된《커뮤니케이션의 횡포》에서 지식인으로서의 언론인의 책임과 윤리를 깊게 강조한 데서 알 수 있듯이, 프랑스 지식인의 전통을 직접 잇고 있는 사람이다. 세계화에 대한《르 몽드 디플로마티크》의 비판적 시각들은 라모네의 손에서 솟아올라 퍼져나간다고 할 수 있다. 요컨대 라모네의 필봉은《르 몽드 디플로마티크》라는 반세계화 저항군의 신호탄이다.

물론 사령관이 혼자서 전쟁을 치르는 것은 아니다. 이 기나긴 전쟁의 최후 승리를 위하여 적어도 3개의 집단이 협력한다. 우선 장교와 병사들이 있다. 편집국장인 베르나르 카상, 편집국 기자였거나 현재 기자인 자크 드코르누아, 세르주 알리미, 크리스티앙 드 브리 등이 라모네의 '어 퓨 굿 맨'이다.

이들 편집기자단이 긴밀히 짜여 정치, 경제, 문화를 두루 아우르는 반세계화 항전을 전개한다. 그리하여 신자유주의적 경제의 자유 거래가 감추고 있는 철저한 약육강식의 논리를, 세계무역기구(WTO), 국제금융기금(IMF), 세계은행 등 세계 기구들이 시장 단일화를 부추기면서 약소국의 시장을 먹이로 하는 포식자들의 축제를 주도하는 과정을, 그리고 그 와중에서 문화적 획일화, 사유의 정체, 사회 분열이 야기되는 끔찍한 현상을 적발하고 고발한다. 그 고발과 비판 위에서 세계화에 희생된 약소 국민들과 약소국의 중소기업들 사이의 실천적 연대를 모색하고 촉구한다.

다음,《르 몽드 디플로마티크》와 사상적으로 동행 혹은 후원하는 지식인 그룹이 필진으로 대거 참여한다. 모든 권력에 대한 저항을 내세움으로써 스스로 반권력의 권력으로 떠오른 '분리파' 피에르 부르디외(1930~2002), 세계 자본주의의 개념을 세운 이매뉴얼 월러스틴, 남아메리카 혁명에 참여하여 오랫동안 옥살이를 했으며 이른바 '매개학'의 창시자인 레지스 드브레(1941~), 역사학자이자 파리 7대학 명예교수인 장 셰노(1922~), 사르트르가 창간한《레 탕 모데른》의 편집위원을 지냈으며 가장 탁월한 사회주의 이론가의 하나로서 평가를 받은, 노동 문제와 정치 생태학 전문가인 앙드레 고르즈, 루뱅 가톨릭 대학 경제학 교수인 리카르도 페트렐라 등등 쟁쟁한 학자들이 사상적 동반자들이다.

이 사상적 동반자 중의 하나인 리카르도 페트렐라가 1995년 만든 '르 몽드 디플로마티크의 친구들'은 정당과 이념과 관계없이 《르 몽드 디플로마티크》의 편집 노선을 옹호하는 시민들의 모임으로서, 약 14,000명의 열성 회원과 55개의 지역 모임으로 이루어져 있으며, 《르 몽드 디플로마티크》의 자주적 운영을 지속시키기 위해 재정 지원을 포함한 다양한 형태의 지원을 떠맡으면서 《르 몽드 디플로마티크》의 이념을 전파하는 데에 힘을 쏟는다.

마지막으로, 《르 몽드 디플로마티크》와 실천의 차원에서 연대하는 사회 조직들이 있다. 《르 몽드 디플로마티크》의 전 주필인 클로드 쥘리앵이 1986년 파리에서 총재직을 맡으면서 출범하였고, 그 이후 50여 개의 도시로 확산되어 나간 '콩도르세 서클'은 대학 교수, 경제 전문가, 노동운동가, 연대투쟁 인사들이 "함께 모여 세상에 대해 걱정하고, 기술 혁신, 세계화, 개인주의, 그리고 급변 사회의 출현에 맞서 어떻게 새로운 사회를 건설할 것인가에 대해" "매달 토론"하는 범지식인 단체다.

실천적 연대의 한 극에는 《르 몽드 디플로마티크》가 적극적으로 조명하고 지원하는 조세 보베와 그가 이끄는 '농민 연합(Confederation paysanne)'이 있다. 맥도널드 체인점 파괴 사건 이후 일약 현대의 아스테릭스(로마의 카이사르에 대항하여 싸우는 골족의 투쟁을 다룬 코믹 영화 〈아스테릭스〉의 주인공)로 떠오른 조세 보베는 농민 연합을 이끌면서 반세계화의 선봉에서 투쟁을 하고 있다. 그러나 조세 보베만이 《르 몽드 디플로마티크》의 전우인 것은 아니다.

세계 경제 포럼이 스위스의 다보스에서 열린 2001년 1월 25일에서 30일 사이의 똑같은 기간에 브라질의 포르투 알레그레에서 세계 각국에서 모인 조합 지도자들, 다양한 형태의 NGO 책임자들, 시민 대표들이 '세계사회포럼'을 열고 '금융가의 시각에서가 아닌 시민의 시각에서' 세계의 문제를 토론하였는데, 여기에 모인 2천~3천의 지식인들과 그들이 대표하는 전세계의 세계화 비판자들이 모두 《르 몽드 디플로마티크》의 우방이자 동지다.

최근에 와서 이 행동하는 동지들이 꿈꾸는 것은 단순히 반세계화가 아니다. 포르투 알레그레의 포럼은 "항거하기 위해서가 아니라" "긍정적이고 건설적인 정신 속에서 새로운 유형의 세계화 기획을 가능케 할 이론적이고 실천적인 틀을 짜기 위한" 모임이었다고, 따라서 "포르투 알레그레에서 새로운 세기가 시작되었다"고 라모네는 확언한다.

《뉴욕 타임스》의 칼럼니스트인 토머스 프리드먼은 그의 베스트셀러 《렉서스와 올리브 나무》에서 "세계화에 대한 프랑스의 저항은 그 나라를 투자하기에 매력적이지 못한 곳으로 만들고 있다"고 적은 바 있다. 그러나 이러한 우려는 초점을 잘못 맞춘 것이다. 라모네는 '세계사회포럼'을 기대하면서 이렇게 말하였다.

"범박하게 말해 이러한 시도들은 또 다른 세계가 진정 가능한가를 밝혀 보여줄 것이다."

또 다른 세계를 건설하고자 하는 사람에게 이 세계의 투자 가치가 무슨 소용이란 말인가?

정과리 ■ 연세대 교수 · 불문학 circe@yonsei.ac.kr

조세 보베 José Bové

　조세 보베는 1999년 8월 12일 프랑스 남서부의 소도시 밀로에서 공사 중이던 맥도널드 체인점을 4명의 농업조합원과 함께 파괴하였다. 유럽이 호르몬이 주입된 쇠고기의 수입 금지 조처를 내리자 보복으로 미국이 프랑스산 치즈에 100퍼센트 부가세라는 제재를 가한 것에 대한 항의의 표시였다. 이 사건으로 조세 보베는 평범한 농민에서 순식간에 반세계화 투쟁의 기수로 떠올랐다.

　그리고 몇 달 후 조세 보베는, 세계무역기구 정상회담이 개최되고 있던 시애틀에 대용량의 로크포르 치즈를 밀수함으로써 다시 한 번 지구를 진동시켰다. 2000년 2월에는 세계경제포럼이 열린 스위스의 다보스에서 시위를 벌여 최루탄 속을 "금욕주의자처럼" 행진하였고, 2001년 세계사회포럼이 열린 브라질의 포르투 알레그레에서는 유전자 콩을 뽑아버리는 시위를 주도하여 브라질 당국으로부터 24시간 이내 추방령을 받기도 하였다.

　도발적인 행동으로 인해 거듭되는 피소와 투옥 판결은 그를 위축시키기는 커녕 오히려 투쟁 의지를 더욱 불태웠고 그에게 정당성을 부여하는 계기가 되었다. 그는 거의 2년에 이르는 동안 재판정에 빠짐없이 출석하면서 자기 동기의 정당성을 설명하였다.

　맥도널드 사건에 대한 투옥 결정 직후 '농민 연합'은 9명의 조합원이 그와 같은 감옥에 들어가게 해줄 것을 요구하였다. 이런 적극적 행동에 힘입어서 그는 "해가 뜨기 전에 일어나야 하는 사람들을 위한" 새로운 법학을 창출할 인물이라는 평을 받기도 하였다. "프랑스의 간디", "골족의 간디", "현대의 아스테릭스" 등의 별명은 그의 구원자로서의 이미지를 선명하게 보여준다.

　조세 보베의 저항 논리는 둘로 압축할 수 있다. 하나는 세계화는 소수의 힘 센 농민들만을 위하는 잘못된 흐름이라는 것이며, 둘은 유전자 조작 식물, 호르몬 주입 소, 반생물학적 사료로 키운 동물 등 "똥 같은 음식"에 대한 반대다. 보베 자신의 사활이 걸린 생존 문제에서 출발한 반세계화 운동은 두 번째 논리에 의해서 반박할 수 없는 도덕적 명분을 얻고 있다.

정과리

프랑스 지식인의 전통

 프랑스 지식인의 전통은 크게 두 가지로 나누어 생각해 볼 수 있다. 하나는 개인의 자유와 권리에 근거하여 여하한 형태의 전체주의 및 획일화에 반대하는 비판적 참여의 전통이다. 다른 하나는 이러한 비판적 태도 위에서 모두가 평등하고 자유로운 사회를 만들고자 하는 대안적 비판의 전통이다.
 이 두 전통은 뚜렷이 구별되는 게 아니라 다양한 방식으로 뒤섞여 있으며, 이 조합의 밀도가 최적 상태에 이르면 뛰어난 사상이자 동시에 사회적 실천인 운동들이 나타난다. 18세기의 계몽주의, 자유, 평등, 박애로 요약할 수 있는 프랑스 혁명(1789), 1870년의 파리 코뮌, 19세기 말의 드레퓌스 사건, 독일 점령 하의 레지스탕스, 1968년의 68혁명 등등이 대표적인 사상이자 동시에 실천인 운동들이다.《르 몽드 디플로마티크》의 반세계화 투쟁 역시 두 개의 전통을 하나로 통합시키고 있는 또 하나의 사상 운동이다.
 현대에 비판적 참여의 전통은 사르트르의 참여(engagement)로 집약되며, 대안적 비판의 전통은 마르크스주의의 형태 아래 평등 사회에 대한 이론적 모색으로 표출된다. 언급된 지식인들을 굳이 나누어 이야기하면《레 탕 모데른》의 편집위원을 지낸 앙드레 고르즈는 비판적 참여의 전통을 노동 계급의 정치적 투쟁과 연맥시킨 사람이다. 그래서 그를 흔히 실존주의적 마르크스주의자로 부른다. 중국사학자이며 아시아적 생산 양식의 연구를 개시하였고 '꾸준한 68' 운동을 창안한 장 셰노는 프랑스 마르크스주의의 한복판에서 사상을 일군 사람이다.
 피에르 부르디외는 비판적 참여의 극단적 지점에 놓인다. 그가 볼 때 사회 제도는 욕망의 형태로 사람의 몸에 내면화되고 체질화된다. 사르트르의 '실천적 타성태(pratico-inerte)'와 상당한 친연성을 가지고 있는 그의 아비투스(habitus) 개념의 독특성은 제도화된 삶의 영역들 혹은 '장'들의 자율성을 인정하면서도 그것들 사이에 부단한 영향 관계가 있다는 것을 강조한다는 데에 있다.

아비투스는 그러한 영향 관계가 삶의 일상적인 제 분야에까지 체질화된다는 것을 가리키기 위해 동원된 용어다. 그리고 이 영향 관계는 위계 관계이기도 하다. "구조화하는 구조로서의 권력의 장"은 여타의 다른 장들을 지배한다. 강대 권력은 삶의 전 분야에 걸쳐서 불평등의 사회적 관계를 재생산한다. 반면 리카르도 페트렐라는 세계화의 흐름을 분열과 혼란으로 보고 있으며 따라서 '사회성'의 회복을 중요한 목표로 내세운다.

정과리

국내 반(反)세계화의 논객들

세계화에 대한 비판과 거부에도 이념적 스펙트럼과 정책적 대안에 따라 여러 그룹이 존재한다.

자본주의의 착취 구조 자체를 폐기하려는 마르크스주의가 급진적 반(反)세계화론을 대표한다면, 합리적 시장 질서를 존중하되 국가의 개입이 필요하다는 케인스주의는 온건한 반세계화론을 대표하며, 이 케인스주의는 다시 그 정책의 강도에 따라 좌파와 우파로 나누어볼 수 있다.

국내에도 이런 비판 및 거부 담론은 두루 존재한다. 도식화의 위험을 무릅쓴다면, 정운찬(서울대) 교수가 온건 케인스주의에 가깝고 김균(고려대), 이병천(강원대), 박순성(동국대) 교수는 좌파 케인스주의를 대표한다고 말할 수 있다.

이 가운데 특히 정운찬, 이병천 교수는 IMF 경제 위기 이후 'DJ노믹스'에 대한 왕성한 비판적 저술 활동을 벌여왔다. 정운찬 교수의 《한국경제 아직도 멀었다》와 이병천 교수의 《위기와 대전환》은 그 대표적인 저작으로 꼽을 수 있다. 이병천 교수가 관여하는 사회경제학회의 《사회경제평론》에서는 신자유주의적 세계화에 대한 다양한 비판을 다룬 적도 있다.

마르크스주의에 가까운 그룹으로는 1980년대 사회구성체 논쟁에 참여했던 김성구(한신대), 김세균(서울대), 오세철(연세대) 교수를 지목할 수 있다. 이들 사이에도 견해의 차이가 없지는 않으나 신자유주의 세계화의 야만적 성격을 전면 비판하고 노동자 계급의 국제 연대를 적극 강조한다는 점에서 급진적 반세계화론을 대표한다. 김성구 교수의 《경제위기와 신자유주의》, 그리고 《진보평론》과 《현장에서 미래를》은 이런 입장을 대표하는 저작과 잡지들이다.

한편 학회에 소속되어 있지 않은 독립 매체 중 반세계화 논조를 유지하는 것으로는 《당대비평》을 꼽을 수 있다. 1997년 창간 당시부터 반세계화를 주요 주제로 택한 《당대비평》은 권혁범(대전대), 임지현(한양대) 교수 등이 대표 논객으로 참여하고 있다.

정재왈 ▪ 기자

관련 저작들

참고문헌

- 레지스 드르레, 《지식인의 종말》, 예문, 2001.
- 안병영 외, 《세계화와 신자유주의》, 나남, 2000.
- 윌리엄 K. 탭, 《반세계화의 논리》, 말, 2002.
- 이냐시오 라모네, 《커뮤니케이션의 횡포》, 민음사, 2000.
- 장 뽈 사르트르, 《지식인을 위한 변명》, 보성출판사, 1985.
- 크리스 하먼 외, 《저항의 세계화》, 북막스, 2002.
- 피에르 부르디외, 《세계의 비참》 전 3권, 동문선, 2000~2002.
- André Gorz, *La vie Quotidienne des Jeunes Chomeurs*, PUF, 1999.
- André Gorz, *Capitalisme, Socialime, Ecologie*, Galilée, 1991.
- CD-ROM: Le Monde Diplomatique (1800~2000~21ans d'archives).
- José Bové, *Paysans du Monde*, Fayard, 2002.
- ―――, *Le Monde n'est pas une Marchandise*, Pocket, 2001.
- Jean Chesneaux, *Modernité-Monde*, La Découverte, 1989.

무역의 윤리, 규모의 경제학

P a u l   K r u g m a n 폴   크 루 그 먼

폴 크루그먼

크루그먼과 국제 무역 새로 읽기

고전적인 국제 무역론은 국가들이 서로 다르기 때문에 무역을 한다고 가르쳐왔다. 데이비드 리카도(1772~1823. 영국의 경제학자)는 국가 간의 기술 차이에서 무역의 발생 원인을 찾았고, 노벨상을 받은 '헤크셰르-올린 정리(定理)'는 노동과 자본의 부존량이 국가별로 다르기 때문에 무역이 발생한다고 하였다. 또한 이들 고전파 국제 무역 이론은 이렇게 발생한 무역이 교역국 모두에 이익을 준다는 점을 선명하게 보여주었다. 즉 프랑스는 독일보다 멕시코나 브라질에서 더 많은 무역의 기회와 이익을 얻을 것이라는 주장이다.

1970년대와 1980년대는 이러한 고전파 국제 무역 이론에 대한 불만이 경제학 안팎에서 고조된 시기였다. 경제학자들은 제2차 세계대전 이

후 국제 무역의 폭발적인 증가가 기술과 생산자원의 부존량에서 큰 차이를 보이는 선진국과 후진국 사이에서가 아니라 경제 수준이 유사한 선진국 사이에서 발생했다는 사실에 당혹해 하였다.

이와 더불어 많은 경제평론가들은 '일본 현상'에 주목하였다. 그들에 의하면 일본은 경제학이 그렇게도 역설해 왔던 자유 무역과는 반대로 갔기 때문에 성공한 나라였고, 미국은 우매하게도 이 일본과 자유 무역을 함으로써 손해를 보는 나라였다. 또한 그들은 규모의 경제나 독과점 산업의 존재를 무시한 고전적 자유무역주의는 현대 경제에 적용되지 않는다고 주장하였다.

이러한 상황에서 폴 크루그먼, 오스트레일리아 출신의 캘빈 랭카스터(1924~99. 컬럼비아 대학 교수 역임), 인도 출신의 아비나시 딕시트(프린스턴 대학 교수)는 동시에, 그러나 서로 독립적으로 새로운 무역 이론을 개발하는 데 성공하였다.

이들은 모두 상품 차별화와 규모의 경제라는 두 현상에 주목하였다. 소비자들은 취향이 매우 다양하기 때문에 될 수 있는 대로 많은 종류의 상품이 시장에서 공급되기를 원한다. 그러나 기업들이 다양한 소비자들의 욕구에 맞추어 수많은 종류의 상품을 생산하게 되면 각 상품에 대한 생산량은 아주 작아지게 된다. 제조 기술에 규모의 경제가 심각하게 작동한다면 생산량의 감소는 생산 단가를 급증시키게 되고 이는 기업에 적자를 유발시킬 수밖에 없다. 따라서 시장에 공급되는 상품의 종류는 소비자의 다양성에 대한 욕구와 규모의 경제 간의 팽팽한 긴장 속에서 결정되게 된다.

국제 무역은 이러한 긴장을 완화시키는 중요한 수단이 된다. 무역으로 인한 시장의 확대는 생산자들이 규모의 경제를 더욱 활용할 수 있게 해주며, 소비자들은 국산품과 수입품이 함께 제공하는 다양한 선택의 기회를 확보하게 된다.

이렇게 소비자의 다양성에 대한 욕구와 규모의 경제로 인해 발생하는 무역은 기술과 생산자원에서 거의 차이가 없는 프랑스와 독일 사이에도 빈번히 이루어진다. 따라서 새로운 국제 무역 이론은 무역의 급속한 확대가 주로 선진국 시장을 중심으로 전개되었다는 사실을 설명할 수 있다.

크루그먼은 한 걸음 더 나아가 새 무역 이론이 많은 제조업 분야에서 자국 시장의 크기가 큰 나라가 우위를 확보하는 현상, 선진국 간의 무역은 대부분 산업 내 무역이라는 사실, 급속한 무역의 확대에도 불구하고 유럽에서 소득 분배의 문제가 심화하지 않았다는 점들을 설명할 수 있음을 보여주었다.

또한 그는 동료인 이스라엘 출신의 엘하난 헬프먼(하버드 대학 교수)과 함께 새로운 무역 이론과 고전파 무역 이론을 통합하는 데 성공했고 규모의 경제와 독과점하에서 고전적 자유무역주의가 어떻게 수정되거나 확대되어야 하는지를 알려주었다.

그는 이외에도 국제 경제학의 전 분야에 걸쳐 수많은 공헌을 하였다. 지나치게 팽창적인 통화 정책이 고정 환율을 붕괴시키는 과정을 보여준 그의 박사 논문은 외환 위기를 설명하는 많은 모형들의 초석이 되었으며, 이어 그는 유럽식 고정 환율 제도의 작동 원리, 엔=달러 환율 변동성의 증가 원인을 밝히는 영향력 있는 국제 금융 이론을 연이어 개발하였다. 그리고 최근에는 규모의 경제를 바탕으로 도시의 형성 과정과 산업의 입지를 설명하려는 '경제지리학'에 심혈을 기울이고 있다.

그러나 크루크먼이 진짜 유명하게 된 것은 이러한 노벨상급 학문적 공헌이 아니라 1990년 초에 본격적으로 시작한 경제평론가로서의 활동 때문이다. 그는 어설픈 보호무역주의로 무장하고 일본을 공격하는 평론가와 학자들을 난처하게 만드는 일을 즐겼다. 이어 평론 대상을 경제학의 전 분야로 확대해 주류 경제 이론에 입각하지 않은 많은 통설에 신랄한 공격을 가하였다.

국가 경쟁력을 키우기 위해 정부가 적극적으로 산업 정책을 펴야 한다고 주장하는 라이시 미국 노동부 장관은 생각이 짧은 정책 사업가이며, 과거 소련이 미국의 안보를 위협했던 것처럼 이제는 일본이 미국 경제를 위협하고 있다고 주장하는 반일 무역전문가 프레스토위츠는 기름장수라고 하였다.

당시 MIT에 함께 있었던 레스터 서로 교수와는 여러 분야에서 논쟁

국제 무역 용어 해설

규모의 경제
각종 생산요소의 투입량을 증가시킴으로써 이익이 증가되는 현상을 말한다. 대량 생산 방식으로 한 단위 당 비용을 줄이고 이익을 늘리는 방법이 일반적인데, 최근에는 특히 생산 설비의 증감으로써 생산비를 낮추는 데 주안점을 두고 있다.

수확체감의 법칙
한계생산성 체감의 법칙이라고도 한다. 재화의 생산에서 다른 생산 요소들의 투입은 모두 일정하게 하고 어느 한 가지 요소의 투입만을 증가시킨다고 가정할 때, 어떤 시점에 도달하고 나면 그 이후로는 추가로 얻는 산출량이 점차 감소하게 된다는 경제 법칙이다. 맬서스가 '인구론'에서 제기하였다.

헤크셰르-올린 정리(定理)
비교 우위의 원인을 각국의 생산요소 부존량의 차이에서 설명하는 이론이다. 즉 자본이 풍부한 나라는 자본집약적인 상품을 수출하고, 노동이 풍부한 나라는 노동집약적인 상품을 수출하게 된다는 것이다. 스웨덴의 경제학자 E. F. 헤크셰르와 B. G. 올린에 의하여 처음으로 제창되었다.

을 벌였는데 특히 미국 노동자의 임금이 저임금국과의 무역으로 인해 낮아졌다는 그의 주장은 경제학적 근거가 없는 것이라고 일축하였다. 또한 국가간의 무역을 전쟁처럼 여기는 그의 이론들을 사이비 경제학으로 간주하였다.

이러한 적극적인 평론 활동은 독설가로서 그의 이미지를 굳혔고, 이는 그가 클린턴 행정부의 경제 수석으로 발탁되지 못한 데 대한 보복이라는 의심을 받기도 하였다. 그러나 그의 평론 활동은 미국 언론의 보호무역적 성향을 약화시키는 데 큰 공헌을 하였다. 또한 그는 일반 대중에게 경제학을 소개하고 그들이 가지고 있는 경제 상식의 대부분이 엉터리라는 것을 밝히는 책들을 연이어 출간하였다. 이 책들은 모두 베스트셀러가 되었다.

이러한 일련의 활동은 그를 학계에서뿐만 아니라 대중에게도 유명한 경제학자로 만들었고 그의 홈페이지(http://web.mit.edu/krugman/www/)는 웬만한 학술지와 신문의 위력을 갖게 되었다. 경제학을 전공하지 않은 많은 사람들은 그의 유명한 평론들이 그가 개발한 독특한 이론에 바탕을 둔 것으로 생각한다. 하지만 대부분의 평론은 학부생도 이해할 수 있는 경제 원론의 적용에 지나지 않는다.

그는 1994년 〈아시아 기적의 신화〉라는 글에서 기술 발전이 미약한 한국과 싱가포르는 곧 고도성장을 멈출 것이라고 예언하였다. 이 글로 그는 우리 나라에서도 일약 유명해졌다. 하지만 이 예측도 수확체감의 법칙이라는 경제학의 기본 원리와 다른 학자들의 연구 결과에 바탕을 둔 것이었다.

또한 알려진 것과는 달리 이 글이 아시아 외환 위기의 발생을 예측한 것이 아니라 아시아 국가들의 경제성장률이 장기적으로 감소할 것을 예측한 것이었다. 그러나 예측의 단호함과 아시아 신생공업국들을 망한 소련에 비유하는 독설이 충격의 파장을 확대시켰다. 일본 침체의 원인을 과잉 투자 붕괴에 의한 투자 감소와 과잉 저축에서 찾고 소비를 자극시키는 과감한 통화정책을 권고한 그의 처방도 케인스 경제학의 교과서적 적용이었다.

송의영 ■ 서강대 교수 · 경제학 eysong@ccs.sogang.ac.kr

'위대한 폭로자' 크루그먼

'위대한 폭로자(The Great Debunker).'

1996년 미국의 시사주간지 《뉴스 위크》는 크루그먼을 소개하는 글의 제목을 이렇게 달았다. 관습적인 지혜를 깨는 몇 안 되는 '에고(자존심)'로서 그를 이 한마디로 집약한 것이다. 이는 경제학의 원론을 적용해 잘못된 주장을 꼬집는 독설가로서 그의 면모를 드러내는 상징어이자 별칭이다.

1994년 그가 한국 등 아시아를 향해 쏟아낸 '위대한 폭로'도 마찬가지다. 그는 저명한 학술지 《포린 어페어스》에 실린 〈아시아 기적의 신화〉라는 글에서 "한국을 비롯한 아시아의 경제 성장은 허구"라는 주장을 거침없이 쏟아냈다. 아시아의 고속 성장은 '요소 생산성(기술 진보)'의 향상에 의해서가 아니라 '요소 투입량(노동과 자본)'의 증가에 의해 이루어졌는데, 요소 투입량은 무한정 늘릴 수 없기 때문에 성장도 곧 한계에 이른다고 분석하였다.

"네 마리 용(龍)" 운운하며 그야말로 성장가도를 달리던 당시 그의 이런 주장은 독설에 지나지 않았다. 그러나 최근 아시아의 경제가 흔들리면서 그의 통찰력과 논리가 새삼 주목받고 있다. 그의 논리적 타당성에 대한 많은 반론이 있을 수 있겠으나, 어쨌든 그의 경고를 귀담아 들었다면 '유비무환'이 될 수도 있었을 것이다.

그는 아시아의 위기에 대한 미국과 국제통화기금(IMF)의 대응책에 대해서도 강도 높은 비판을 한 바 있다. 한마디로 미국과 IMF의 처방은 정통 경제 이론을 팽개친 채 투기자들과 벌이는 '신뢰 게임'에 지나지 않는다는 것이 그의 주장이다.

1953년 미국 뉴욕에서 출생한 크루그먼은 예일 대학과 MIT에서 경제학을 공부하였다. MIT 박사 논문(1977)의 지도교수는 노벨 경제학상 수장자인 로버트 솔로다. 매년 노벨 경제학상 후보로 거론되는 크루그먼은 국제무역론과 국제금융론, 산업 정책, 경제지리 분야에서 독창적인 연구 업적을 쌓았다. 이 분야의 이론을 그는 컴퓨터 영문 키보드의 첫줄을 따 'QWERTY 경제학'이라고 부른다.

이런 업적으로 그는 1991년 미국 경제학회가 '가장 탁월한 소장 경제학자'에게 2년마다 주는 '존 베이츠 클라크 메달'을 받았다. 2000년 1월 2일부터 《뉴욕 타임스》의 고정 칼럼니스트로 활동하고 있다. 1996년에는 마이크로소프트사의 인터넷 잡지 《슬레이트》(*Slate*)에 〈우울한 과학〉이란 제목의 경제 칼럼을 연재하여 선풍적인 인기를 모으기도 하였다.

정재왈 ■ 기자

폴 크루그먼의 약력

- 1953년 미국 뉴욕 출생.
- 1974년 예일 대학 졸업.
- 1977년 MIT 경제학 박사.
- 1977~79년 예일 대학 교수.
- 1979~94년 MIT 교수.
- 1982~83년 미국 백악관 경제자문위원회 위원.
- 1991년 미국 경제학회가 주는 존 베이츠 클라크 메달 수상.
- 1994~96년 스탠퍼드 대학 교수.
- 2000년~ 현재 프린스턴 대학 교수.

관련 저작들

번역서

- 폴 크루그먼,《경제학의 향연》, 오승훈 옮김, 부키, 1997.
- ———,《팝 인터내셔널리즘》, 김광전 옮김, 한국경제신문사, 1997.
- ———,《폴 크루그먼의 불황경제학》, 주명건 옮김, 세종서적, 1999.
- 폴 크루그먼 외,《복잡계 경제학 2》, 김극수 옮김, 평범사, 1998.

미번역서

- Paul Krugman · Elhanan Helpman, *Market Structure and Foreign Trade*, MIT Press, 1985.—《시장 구조와 해외 무역》
- ———, *Curriencies and Crises*, MIT Press, 1992.—《통화와 위기》
- ———, *Geography and Trade*, MIT Press, 1992.—《지리와 무역》
- ———, *Development, Geography, & Economic Theory*, MIT Press, 1997.—《발전과 지리, 경제 이론》

참고문헌

- "A model of balance of payments crises," *Journal of Money, Credit and Banking, 11*, 1979.—《국제수지 위기의 모형》
- "Increasing Returns, Monopolistic Competition, and International Trade," *Journal of International Economics, 9*, 1979.—《규모의 경제, 독점적 경쟁과 국제 무역》
- "Target Zones and Exchange Rate Dynamics," *Quarterly Journal of Economics, 106*, 1991.—《목표 환율대와 환율의 동학》
- "Increasing Returns and Economic Geography," *Journal of Political Economy, 99*, 1991.—《규모의 경제와 경제지리학》

네트워크 시대 금융자본주의의 제왕

G e o r g e S o r o s 조 지 소 로 스

조지 소로스

조지 소로스와 전자 투자가 집단

네트워크로 연결된 세상에서 힘이 센 사람은 누구일까?

정치 권력의 자리를 제치고 급부상하는 세력은 아마도 '전자 투자가 (electronic investor)' 집단일 것이다. 온라인으로 연결된 수많은 단말기를 통해 이 순간에도 외환 거래로부터 선물 거래에 이르기까지 각종 거래를 하고 있는 사람들이야말로 새롭게 펼쳐지는 세계화 시대에 실질적인 파워를 쥐고 있는 사람들이라 하겠다.

이들은 네트워크로 연결이 가능한 지구촌 곳곳에 흩어져 활동하고 있다. 이들 가운데서 유독 우리의 눈길을 끄는 사람들은 전자 투자가 그룹의 '큰손'들이다. 굴지의 기관투자가들과 전설적인 명성을 지닌 월가의 인물들이라 하겠다. 1997년 외환 위기를 기점으로 우리들은 세계

화된 세계에서 월가의 큰손들이야말로 진정한 의미에서 파워 엘리트 집단임을 확인할 수 있었다.

우리에게 익숙한 J. P. 모건, 메릴 린치, 골드먼 삭스, 샐러먼 스미스 바니 등이 기관투자가들의 대표 주자라 할 수 있다. 월가의 거물들로는 조지 소로스(1930~), 존 템플턴(1912~), 워런 버핏(1930~), 칼 아이칸(1936~) 등을 꼽을 수 있다.

국제 금융 자본의 빛과 그림자에 대해서는 사람에 따라서 다양한 평가를 내리고 있다. 그러나 우리들의 논의와 관계없이 그들을 의식하지 않고서는 국가 경영이건 기업 경영이건 가능하지 않게 된 것이 현실이다. 이런 점에서 굵직한 몇몇 사건들과 기행(奇行)으로 알려진 조지 소로스는 세계화된 금융 자본주의의 첨병이라 할 수 있을 것이다. 헤지 펀드의 제왕으로 널리 알려진 소로스는 헤지 펀드의 위력을 만천하에 증거한 인물이다. 헤지 펀드는 뮤추얼 펀드나 연기금과는 달리 국제 자본 시장에 엄청난 영향력을 행사할 수 있는 초단기 금융 상품으로 이루어진다.

헤지 펀드가 주요 투자 대상으로 삼는 파생 금융 상품의 경우 5~10 퍼센트의 증거금만으로 거래가 이루어지고 자본금의 20배에 달하는 자금을 운용할 수 있기 때문에 그 위력은 상상을 초월할 만큼 강력하다. 또한 헤지 펀드는 그 성격상 치고 빠지는 전략을 신속하게 구사하는 등 매우 기민하게 움직여 다른 투자기관들을 리드하는 선행 지표의 역할을 하는 경우가 많다.

1992년 영국의 잉글랜드 은행을 초토화했던 파운드화 매도나 1997년 태국 바트화 매도로 본격화된 아시아 외환 위기는 헤지 펀드의 위력이 메가톤급 무기에 해당할 수 있음을 보여준 바 있다. 수십 년 간 제조업으로 쌓아올린 한 국가의 부(富)가 한 순간에 없어져 버릴 수도 있다는 사실을 외환 위기를 통해서 깨달은 것이다.

　1997년 초부터 헤지 펀드들은 경상수지 적자와 환율이 상대적으로 고평가된 태국의 바트화를 타깃으로 바트화 투매를 계속하였다. 헤지 펀드들은 한쪽으로 몰려다니는 군집 성향이 강하다. 타이거 펀드 등 월가의 주요 헤지 펀드들이 함께 바트화의 매각 공세에 가담하면서 태국

용어 해설

뮤추얼 펀드(mutual fund)
　투자자가 일정한 펀드에 투자해 주주로서 권리 행사를 할 수 있는 것으로 법률상 독립된 회사다. 투신사가 발매하면 투자자가 가입하는 방식의 수익 증권과 달리 주주의 운영 참여가 자유롭고 개방적이다. 언제나 돈을 넣고 찾을 수 있는 '개방형'과 환불이 불가능한 '폐쇄형' 두 종류가 있다. 국내에는 1999년에 도입되었다.

연기금(pension fund)
　연금제도에 의해 모인 자금으로 연금을 지급하는 원천이 되는 기금을 말한다. 우리 나라의 경우 국민 연금기금, 사학 연금기금, 공무원 연금기금 등이 해당된다.

파생 금융 상품(derivatives)
　채권, 금리, 외환, 주식 등의 금융 자산을 기초로 파행된 상품. 전통적인 금융 상품 자체를 대상으로 한 상품이 아니라 금융 상품의 장래 가격 변동을 예상해 만든 '금융 상품의 가격 움직임'을 상품화한 것이다. 선물, 선물환, 옵션 등이 대표적이다.

헤지 펀드(hedge fund)
　개인 모집 투자 신탁. 개인 투자자들로부터 자금을 모아 '파트너십'을 결성한 뒤 카리브 해의 버뮤다와 같은 조세 회피 지역에 위장 거점을 설치하여 자금을 운영한다. 도박성이 강한 파생 금융 상품을 개발해 투자하는 것이 특징이다. 소로스의 퀀텀 펀드가 대표적이다.

은 외환 보유고가 바닥날 위험에 처하게 된다. 태국이 고정환율제를 포기하자마자 바트화는 대폭락을 시작하였다.

주변국인 말레이시아의 링기트화, 인도네시아의 루피아화, 필리핀의 페소화도 연쇄 폭락하였다. 헤지 펀드들은 바트화가 본격적으로 폭락하기 직전, 바트화를 대량 매도하는 수법을 사용하였다. 마하티르 말레이시아 총리는 소로스를 비열한 투기꾼으로 몰아붙였으나 펀드들의 반격은 가혹하였다.

그렇다고 소로스가 늘 이기는 게임을 해온 것은 아니다. 그가 1969년에 세운 퀀텀 펀드는 27년 간 연평균 35퍼센트의 고수익을 올리면서 승승장구해 왔으나 1987년 10월 19일 월가의 대폭락에 이어 1997년 홍콩과 중남미, 1998년 영국 등에서 상당한 손해를 보았으며 1998년 8월에는 러시아의 모라토리엄 선언으로 치명적인 손실을 입은 바 있다.

소로스를 필두로 하는 국제 금융자본가들의 약진은 결국 정보기술 혁명이 가져온 세계화된 세계에서 불가피한 현상이라고 할 수 있다. 여기서 우리가 유념해야 할 점은 자본 시장의 거대한 네트워크로 묶여지는 세계에서 한 나라를 운영하는 사람들이 문제의 실상을 정확히 이해해야 할 필요가 있다는 점이다. 인위적으로 환율을 조정하거나 일국의 경제 정책을 왜곡하면 필연적으로 투기 자본의 공략 대상이 될 수밖에 없다는 사실이다.

이런 점에서 보면 조지 소로스는 자국의 경제 문제를 자기 편한 대로 다루고 싶어하는 욕구를 가진 정치가들에게 헤지 펀드라는 메가톤급 금융 무기로 강력히 제어해 왔다고도 할 수 있다. 물론 이런 결과는 선의에서 나온 것은 결코 아니다. 무자비할 만큼 자기 이익을 추구하는 사람들이 가져온 의도하지 않은 부산물이라 보는 것이 타당할 것이다.

소로스의 기행은 부를 쌓는 데 성공한 사람들이 흔히 보이는 유식함과 고상함을 향해서 나가고 있다. 그가 존경하는 인물인 자유주의 철학자 칼 포퍼의 저서 《열린 사회와 그 적들》의 이름을 빌려서 '열린 사회 재단'을 세우고, 동유럽 국가들이 미국과 같은 열린 사회를 향해 나가도록 교육과 자선 사업을 펼치고 있다. 그는 1998년에 펴낸 《세계 자본주의 위기》라는 책에서 시장 근본주의에 대한 경고를 서슴지 않고 있다. 하지만 필자가 보기에 그는 현실 경제에 탁월한 기업가이지, 자본주의에 대해서 그다지 정확한 이해를 하고 있는 사람은 아니다.

세계화된 금융 자본주의는 피할 수 없는 대세라 할 수 있다. 이런 점에서 헤지 펀드를 만들어 국가간의 교묘한 간격을 이용해서 부를 축적한 소로스는 기회의 선점이라는 기업가의 면모를 유감없이 발휘하였다. 앞으로 소로스를 비롯한 일군의 전자 투자가 그룹들이 미치는 영향은 훨씬 증대될 것임에 틀림이 없다. 그들의 활동을 보면서 미리 대비하고 준비하는 것은 우리들의 몫임을 다시 한 번 생각하게 된다.

공병호 ■ 공병호경영연구소 소장 · 경제학 gong@gong.co.kr

조지 소로스의 약력

- 1930년 헝가리 부다페스트 출생.
- 1947년 가족과 함께 영국 런던으로 이주하여 런던경제학교(LSE)에서 칼 포퍼에게 철학을 공부.
- 1956년 미국 뉴욕으로 가서 본격적으로 주식 투자를 함.
- 1969년 1만 달러로 사설 투자 신탁 회사인 퀀텀 펀드 설립.
- 1979년 자선 단체인 '열린 사회 재단(Open Society Fund)' 설립.
- 1992년 영국 파운드화에 대한 투기로 10억 달러 수입 챙김.
- 1997년 말레이시아 마하티르 총리가 동남아 통화 위기의 주범으로 지목함.
- 현재 퀀텀 펀드 회장.

관련 저작들

번역서
- 조지 소로스, 《금융의 연금술》, 김국우 옮김, 국일증권경제연구소, 1995.
- ──, 《소로스가 말하는 소로스》, 고미선 옮김, 국일증권경제연구소, 1996.
- ──, 《세계 자본주의의 위기》, 형선호 옮김, 김영사, 1998.

참고문헌
- 박태견, 《조지 소로스의 핫머니 전쟁》, 동녘, 1995.
- 쿠사카리 류우헤이, 《소로스의 모의는 끝났는가》, 강탄현 옮김, 지원미디어, 2000.

소로스와 버핏, 20세기의 증권 투자자들

W a r r e n   E d w a r d   B u f f r t   워 런   버 핏

워런 버핏

워런 버핏, 그의 투자 철학

조지 소로스가 세계의 금융 시장을 일거에 뒤흔들 수 있었던 요인은 크게 두 가지다. 하나는 인터넷의 발달에 따른 전자 거래 시스템의 활성화다. 이로 인해 지역적인 장벽이 해소됨으로써 막대한 시세 차익을 동시다발적으로 얻을 수 있었다. 또 하나는 국제 금융 시장의 변화다. 세계화의 흐름 속에서 생겨난 외환 시장의 변화에 각국의 정책 당국자들이 효과적인 대응책을 내놓지 못하는 사이에 틈새를 공략한 것이다. 그러나 그의 성공을 가능케 했던 정보통신산업(IT) 등의 퇴조에 따라 헤지 펀드의 위력도 점차 수그러들고 있는 추세다.

현대 자본 시장에 있어 조지 소로스에 비견되는 인물로는 20세기 최고의 증권 투자자라고 할 수 있는 워런 버핏을 꼽을 수 있다.

미국 컨설팅업체 카슨 그룹이 1999년 말 300여 투자 전문가들을 대상으로 실시한 설문조사에서 버핏이 지난 100년의 위대한 투자가 10명 중 1위를 차지하였다. 미국 월가의 전설적 투자자인 피터 린치조차도 버핏이 전화를 걸어왔다고 하자 농담이라고 여기고 "워런이 (내게) 전화를 하다니!" 하고 놀랐다고 할 정도다.

소로스와 버핏은 공통점도 많지만 차이점도 많다. 두 사람 모두 투자를 할 때 시장이 비합리적으로 움직이는 시점이 있다는 점에 착안하고 있다. 버핏은 "혹시 어떤 어리석은 사람들이 좋은 회사의 주가를 엄청나게 싼 가격에 팔려고 내놓지는 않았는지"를 살피며, 소로스는 "금융시장은 가공스럽게도 장래 방향을 제대로 잡아나가지 못하고 있다"고 하고 있다. 이들 모두 자주 왜곡되는 시장을 이용해 놀라운 수익을 거두어왔다. 버핏 역시 헤지 펀드의 투자 원칙인 재정 거래(돈을 빌려 싼 곳에서 사서 비싼 곳에 가서 팔고 돈을 되갚아 위험 부담 없이 수익을 챙기는 기법)를 종종 활용한다.

그러나 소로스와 버핏은 크게 다른 점이 있다. 소로스는 특정국의 정책 기조를 비판하거나 자신의 투자 방향을 공공연히 밝힘으로써 시장의 방향에 큰 영향력을 미치며, 바로 이 과정을 통해 막대한 수익을 거둔다. 그의 투자 대상이 외환에 집중되는 경우가 많아 결국 이러한 투자 방식은 때때로 특정 국가를 위기 상황으로 몰고 가기도 한다.

반면 버핏은 성급한 투자자들이 어디에 투자할 것인지를 물으면 회사 실적을 설명하는 자리가 아닌 한 알릴 수 없다는 답변으로 일관한다. 명성만 믿고 함부로 투자하는 투자자들의 생리를 알기 때문이다. 버핏의 이런 태도는 모르는 곳에는 절대 투자하지 않는 그의 투자 철학에서 비롯한다. 그는 증기기관차나 전기가 발명되든 그보다 더한 인터넷이 등장하든 변하는 게 아니라고 한다. 버핏은 2001년 연차보고서에서 "손

안에 있는 한 마리 새는 숲 속에 있는 두 마리 새와 같은 가치를 갖는다"는 이솝 이야기를 인용하면서 알고 하는 투자의 중요성을 다시 한 번 강조하였다.

그는 처음부터 단순하며 이해하기 쉬운 회사를 골라내 다시 철저하게 가격을 따져보고 투자에 나선다. 시장이 자주 왜곡되므로 승산이 있다는 것이다. 버핏은 자신의 스승 벤저민 그레이엄처럼 증권시장을 정신장애가 있는 '주가 아저씨(Mr. Market)'라고 부른다. 주가 아저씨는 매일 어김없이 나타나 황당한 가격을 부른다는 것이다.

물론 버핏과 같은 투자가 가능한 것은 기업 경영과 시장의 투명성이 높기 때문이다. 이러한 투자 스타일의 차이는 투자 대상으로도 이어졌다. 소로스는 세계화의 흐름 속에서 생겨난 외환 시장의 큰 변화와 이를 외면하는 정책 당국자들로 야기되는 시장 왜곡을 읽고 국제 금융의 대가로 부상하였다.

반면 버핏은 불확실한 경제 전망에 입각한 투자나 투명성이 결여된 신흥 시장, 수익성이 검증되지 않은 닷컴 열풍으로부터는 일찌감치 거리를 둔다. 버핏의 투자 방식과 그것이 용납되는 투명한 시장 환경은 우리에게도 절실하다고 하겠다. 이러한 시장 환경은 투기적인 공격으로부터 우리 경제를 자유롭게 할 것이기 때문이다.

버핏과 그의 스승 벤저민 그레이엄은 우리가 필요로 하는 경영자와 금융인의 상(像)에 대해서도 시사점을 주고 있다. 버핏은 합리적이고 솔직하며 업계의 관행에 도전하는 경영자가 있는가를 반드시 따진다. 그레이엄은 대공황으로 자신에게 돈을 맡긴 투자자가 손실을 입자 원금이 회복될 때까지 무보수로 일할 것임을 밝혔으며 이를 실천에 옮겼다.

스승의 이러한 태도는 버핏에게도 발견된다. 버핏은 부시 행정부의 "상속·증여세 감면안은 커다란 실수"이며 "2020년 올림픽팀을 2000년 올림픽팀 금메달리스트들의 아들들로 뽑을 수 있겠느냐"고 물으면서, "상속세가 없다면 사람들이 재능이 아니라 유산에 의지해 국가의 부를 좌우할 능력을 얻게 된다"고 하였다.

버핏은 이미 유언장을 작성해 놓았는데 그는 후손에게는 300만 달러만 남기고 재산 모두를 자선 단체에 기증한다고 하였다. 흥미로운 것은 그의 엄격한 투자 습관이 기부에서도 발견된다는 것이다. 자신의 투자만큼 자신의 기증액이 제대로 사용되고 그 효과가 확실할 것을 요구하고 있기 때문이다. 물론 이로 인해 기부에 지나치게 인색(?)하다는 평가도 있다.

버핏의 돈에 대한 철학은 독특하며, 무소유의 경제학을 설파한 간디의 사상과 가깝다. 버핏은 자신이 번 돈을 사회에 돌려주어야 할 수많은 보관증이라고 보고 있다. 그는 이러한 보관증이 만약 개인적인 소비 욕구를 충족시키기 위해 사용된다면 사회적인 다른 목적으로 쓰일 수 있는 엄청난 양의 노동력과 물질을 소모하는 것이라고 하고 있다.

한편 그는 빌 게이츠가 자주 인용하듯이 그는 자신의 재능에 대해 겸손하다. 버핏은 "나의 특별한 재능이 가치 있는 시대에 살고 있다는 것은 얼마나 감사한 일인가"라고 하며, "만일 수천 년 전에 태어났다면 아마 짐승의 점심거리가 되었을 것"이라고 한다.

그는 또한 그 재능에 따르는 의무를 말하고 있다. 상품이나 서비스를 마음대로 살 수 있는 능력을 가진 독특한 재능의 사람에게 사회는 많은 것을 요구할 권리가 있다는 것이다. 개인이 재능을 발휘할 수 있는 것은 그러한 재능에 보상을 해주는 사회에 자신이 있기 때문이라는 것이다. 세계화와 양극화 속에서 우리 사회가 추구해야 할 질서, 즉 자발적인 '나눔의 경제'가 어떤 모습이어야 하는가를 보여주고 있는 것이다.

최희갑 ▪ 삼성경제연구소 수석연구원 · 경제학 investa@samsung.co.kr

워런 버핏의 약력

- 1930년 8월 30일 미국 네브래스카 주의 오마하 출생.
- 1941년 첫 주식 투자 시작.
- 1950년 네브래스카의 대학 졸업.
- 1953년 컬럼비아 경영 대학원 졸업, 투자와 인생의 스승 벤저민 그레이엄과 만남.
- 1953년 뉴욕 그레이엄-뉴먼 펀드에 근무.
- 1956년 오마하로 귀향해 첫 번째 투자 펀드인 버핏 파트너십을 운용.
- 1965년 버크셔 헤드웨이(Berkshire Hathaway) 인수 후 투자 회사화.
- 1982년 《포브스》 선정 미국 최대의 갑부 400명에 선정.
- 1993년 《포브스》 선정 미국 최대의 갑부 400명 중 1위에 선정.

관련 저작들

번역서

- 워런 버핏, 《나, 워렌 버펫처럼 투자하라》, 이창식 옮김, 서울문화사, 2001.

미번역서

- Berkshire Hathaway Inc., Annual Reports 1995~2000, http://www.berkshire-hathaway.com/ — 《버크셔 헤더웨이, 연차보고서 1995~2000》
- Roger Lowenstein, *Buffett : The Making of an American Capitalist*, Random House, 1995. — 《버핏 : 미국 자본가의 탄생과 성장》

참고문헌

- 자넷 로우 편저, 《워렌 버펫 투자 격언》, 세종서적, 1997.
- 로버트 해그스트롬, 《워렌 버펫의 완벽 투자 기법》, 김중근 옮김, 세종서적, 2000.

- 존 트레인,《워렌 버펫의 투자 이야기 마이더스의 손》, 이경 옮김, 국일증권경제연구소, 2000.
- 로버트 핵스트롬,《워렌 버펫 포트폴리오》, 박정구 외 옮김, 나무와 숲, 2000.
- 데이비드 클라크·메리 버펫,《주식 투자 이렇게 하라―주식왕 워렌 버펫의 성공 투자 바이 블》, 이기문 옮김, 청림출판, 2000.
- 로버트 헬러,《워렌 버펫》, 김한영 옮김, 황금가지, 2001.

세계화와 NGO의 대응

Non-Governmental Organizations NGO

랠프 네이더

반(反)세계화의 행동대 NGO

새로운 세기를 맞이하여 비정부기구(NGO)의 반(反)세계화 바람이 거세다. 국가 권력과 시장 권력에 대항해 시민 권력을 표방하는 NGO들은 전 지구적으로는 물론 국내에서도 이른바 '제5의 정부'로 커다란 영향력을 행사하고 있으며 세계 곳곳에서 세계화를 반대하는 투쟁을 전개하고 있다.

나라마다 차이가 있으나 NGO가 사회적으로 주목되기 시작한 것은 서구의 경우 대략 1960년대 이후다. 오늘날 세계적으로 널리 알려진 컨수머 인터내셔널, 국제사면위원회, 코먼 코즈, 그린피스, 진보통신연합 등과 같은 소비자, 인권, 정치 개혁, 환경, 정보·통신 NGO들이 바로 이 시기에 결성되었으며(표 참조), 이외에도 여성, 교육, 문화, 언론, 아

대표적인 국제 NGO들

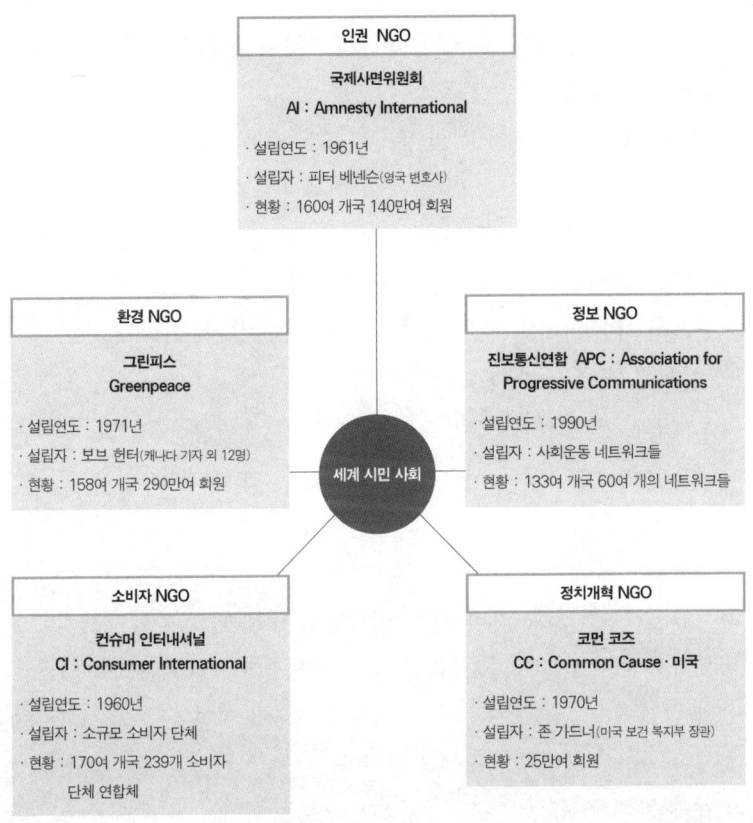

동, 지방 자치 문제 등 모든 사회 이슈들을 다루는 크고 작은 NGO들이 빠른 속도로 성장해 왔다.

　미국의 랠프 네이더는 이런 NGO를 대표하는 변호사이자 시민운동가다. 그는 1965년 《어떤 속도에서도 안전하지 않다》는 책을 통해 제너럴 모터스(GM)에서 생산한 자동차인 코르베트의 안전성을 고발함으로써 미국 NGO의 대부로 떠올랐다. 이후 그는 소비자 운동은 물론 컨그레스 워치를 1971년에 설립하는 등 40여 개의 NGO를 주도해 왔으며, 지난 2000년 대선에서는 녹색당 대통령 후보로 출마해 다시 한 번 세계의 이목을 끈 바 있다.

서구 사회에서 이런 NGO의 등장은 무엇보다 전후 복지 국가의 위기와 불가분의 관계를 맺고 있다. 이에 대해서는 현재 두 시각이 존재한다. 우파에서는 시장을 보완하여 사회 서비스를 제공할 수단으로 NGO를 고무해 왔다면, 좌파에서는 NGO를 권력의 집중과 관료제의 심화에 대항하여 시민 사회를 재정치화하려는 시도로 이해해 왔다.

한편 제3세계 NGO의 역사는 상대적으로 짧다. 1950~60년대 원조 프로그램이 본격화하면서 몇몇 NGO가 등장했지만 대체적으로 1980년대 민주화 물결과 함께 시작된 정치적 개방 속에서 새로운 NGO들이 대거 결성되었다.

제3세계 NGO의 중요한 특징은 환경, 여성, 인권을 다루는 서구와 유사한 '전문적 NGO'와 다양한 이슈들을 망라하는 '종합적 NGO'가 공존하고 있다는 점이다. 우리의 경우 참여연대와 경실련으로 대표되는 종합적 NGO의 등장은 민주주의의 공고화가 지연되고 정당 정치의 발전이 여전히 더디다는 점에 기인한다.

현재 전 지구적으로 NGO의 정확한 규모는 파악하기 어렵다. 국가마다 크고 작은 NGO가 수많이 존재하고 있으며, 따라서 그 규모를 정확히 추정하기란 불가능하기 때문이다.

예를 들어 우리의 경우 1999년 지부를 포함해 2만 개가 넘는 NGO가 있는 것으로 조사되었으며, NGO보다 그 범위가 넓은 비영리조직(NPO. Non-Profit Organizations)의 경우 일본은 34만 개, 미국은 114만 개가 있는 것으로 알려져 있다. 한편 국제 NGO의 경우 1990년대 후반 현재 5천 개가 넘는 단체가 활발한 활동을 전개하고 있다.

세계화가 NGO에 미친 영향은 두 가지다. 우선 정보통신의 세계화는 '지구적 시민 사회'를 태동하게 하였으며, NGO의 다양한 국제 활동을 자극하고 촉진해 왔다. NGO의 고유 의제들인 환경, 평화, 여성, 인권 등이 기존 국민국가의 경계를 넘어서는 초국적 이슈들이라는 점에서 세계화는 NGO의 전 지구적 성장과 연대에 긍정적인 영향을 미쳐왔다.

이런 전 지구적 연대 가운데 특기할 것은 다국적 금융 자본 규제를 위한 NGO의 활동이다. 구체적으로 '시민 지원을 위한 금융거래 과세 연합(ATTAC. http://www.attac.org)', '주빌리 2000(http://www.jubilee2000.org)' 등의 국제 NGO들은 투기 자본을 규제하기 위한 정부간 연합정책과 토빈세(투기성 단기자본이 국경을 넘을 때마다 부과하는 세금. 노벨 경제학상 수상자인 미국 경제학자 제임스 토빈이 제안) 실시를 주장하며, 극빈국 외채 탕감 운동을 전개해 오고 있다.

프랑스의 베르나르 카생(시민 지원을 위한 금융거래 과세연합 의장)과 이냐시오 라모네(《르몽드 디플로마티크》 편집주간), 미셸 초스도프스키(캐나다 오타와 대학 교수), 월든 벨로(남반부 포커스 집행위원장), 자그디시 바그와티(미국 컬럼비아 대학 교수) 등은 이러한 NGO 활동을 주도하거나 지원하는 대표적인 지식인으로 꼽을 수 있다.

하지만 다른 한편 신자유주의의 세계화는 과잉화된 시장 논리가 전체 사회를 식민화함으로써 NGO 활동의 주요 원천인 시민 사회의 사회적 연대를 빠른 속도로 침식하고 있다. 국민 경제와 계급 구조를 양분화하고 시민 사회의 분절화를 증대시켜 민주주의의 사회·문화적 자원을 고갈시키는 '20대 80 사회'의 도래는 세계화의 어두운 현실이라 할 수 있다.

현재 진행되는 세계화가 하나의 상수(常數)라면 NGO는 이 상수의 경로를 부단히 수정하고자 하는 변수(變數)다. 국내적으로 참여 민주주의를 확장하고, 전 지구적으로 인간적인 세계화를 성취하고자 하는 것은 두말할 필요도 없이 모든 NGO들의 궁극적인 이상이다. 중요한 것은 세계화가 불가피한 것이라 하더라도 그 경로가 예정되어 있지는 않다는 점이다. NGO들의 집합적 헌신을 우리가 얼마나 신뢰하고 동참하느냐에 따라 그 경로는 민주적이 될 수도, 야만적이 될 수도 있을 것이다.

김호기 ▪ 연세대 교수 · 사회학 kimhoki@yonsei.ac.kr

세계화와 NGO의 대응

세계화에 대한 NGO의 대응은 두 가지다. 하나는 국제연합(UN)을 필두로 한 국제기구 및 각국 정부들과의 글로벌 거버넌스(global governance. 정부에 전적으로 의존해 공공의 문제를 해결하기보다는 국가, 시장, 시민 사회 간의 상호 작용과 협력을 통해 해결하려는 조정 양식 또는 복합 조직을 뜻함)를 모색하는 것이고, 다른 하나는 세계화를 적극 반대하는, 이른바 반세계화 운동을 주도하는 것이다.

이 가운데 최근 관심을 끄는 것은 시장 주도의 신자유주의 세계화에 대해 저항해 온 후자의 흐름이다. 세계화에 대한 NGO들의 직접 행동의 역사적 효시는 흔히 1997~98년 다자간 투자협정(MAI) 반대 운동과 '주빌리 2000'이 주도한 제3세계 외채 탕감 운동이 꼽힌다.

다자간 투자협정 반대 운동에서는 세계 각국 NGO와 노동조합들이 대거 연대해 초국적 기업에게 구매와 판매, 사업을 이전할 수 있는 무제한의 권리와 자유를 보장하려는 다자간 투자협정에 대한 반대 투쟁을 전개해 협상 중단을 이끌어냈다.

또 "'주빌리(Jubilee. 禧年)'에는 너희들 가운데 가난한 자는 없을지어다"라는 성경 구절에서 그 이름을 따온 '주빌리 2000'에서는 제3세계 외채 탕감 운동을 벌임으로써 중채무빈국 외채탕감 계획을 채택하게 하는 등 나름의 성공을 거두었다.

이 두 운동 이후 세계무역기구(WTO), 국제통화기금(IMF), 세계은행을 반대하는 반세계화 운동이 활성화되었으며, 1999년 시애틀과 2000년 워싱턴에서 대규모 반세계화 대중 시위가 일어난 것은 잘 알려진 사실이다. 이런 반대 시위에 참여했던 단체들에는 노동 단체에서 인권 단체, 여성 단체, 환경 단체, 평화 단체, 소비자 단체, 그리고 에이즈 인권활동가와 장애인 로비 단체에 이르기까지 다양한 NGO들이 포함되었다.

시애틀 시위에서 미국노총산별회의(AFL-CIO)의 역할이 두드러졌다면, 워싱턴 시위는 미국에 기반을 둔 '50년이면 충분하다(50년 간 지속되어 온 WTO 등 세계체제는 지겹다는 뜻. http://www.50years.org)' 네트워크와 이와 관련된 제3세계 NGO들에 의해 주도되었다. 2001년 1월 말에는 스위스 다보스와 브라질 포르투 알레그레에서 세계경제포럼 반대 시위가 있었다.

대규모 시위와 각종 포럼을 통해 세계화가 갖는 야만성을 폭로하는 이런 반세계화 운동연합에 물론 단일한 목소리만 있는 것은 아니다. 온건한 흐름이 WTO, IMF, 세계은행의 개혁론을 지지한다면, 급진적인 흐름은 해체론을 제시하는 등 개별 사안에 대한 작지 않은 이견들이 존재한다.

국내에서 반세계화 운동에 적극 관여하고 있는 단체와 네트워크로는 국제연대정책정보센터(PICIS. picis@jinbo.net)와 인권과 평화를 위한 국제민주연대(KHIS. http://www.khis.or.kr)가 있다. 국제연대정책정보센터는 WTO와 투자협정에 대한 국내 반대 운동을 주도하고 있다. 국제민주연대는 아시아의 인권과 다국적 기업을 감시하는 활동을 펼치고 있다.

정재왈 ■ 기자

관련 저작들

참고문헌

- 김동춘 외, 《NGO란 무엇인가》, 아르케, 2000.
- 김호기, 《한국의 시민사회, 현실과 유토피아 사이에서》, 아르케, 2001.
- 박상필, 《NGO와 현대 사회》, 아르케, 2001.
- 박원순, 《NGO—시민의 힘이 세상을 바꾼다》, 예담, 1999.
- 유팔무 · 김호기 엮음, 《시민사회와 시민운동 1》, 한울, 1995.
- 유팔무 · 김정훈 엮음, 《시민사회와 시민운동 2》, 한울, 2001.
- 정수복, 《시민의식과 시민참여》, 아르케, 2002.
- 조효제 편역, 《NGO의 시대》, 창작과비평사, 2000.
- 조희연 엮음, 《NGO 가이드》, 한겨레신문사, 2001.
- 주성수, 《글로벌 가버넌스와 NGO》, 아르케, 2000.
- 케빈 대나허 · 월든 벨로 외, 《50년이면 충분하다》, 최봉실 옮김, 아침이슬, 2000.
- 하승창, 《하승창의 NGO 이야기》, 역사넷, 2001.
- 함께하는 시민행동 엮음, 《세상을 바꾸는 세계의 시민단체》, 홍익미디어 CNC, 1999.

거대 과학과 국제 가속기 프로젝트

'거 대 과 학'의 기 수 들

고 김호길 박사   어니스트 올랜드 로렌스   프린스턴 플라즈마 물리연구소의 토카막

다국적 연구집단과 거대 프로젝트

20세기 물리학이 이룬 성과로 가장 눈부신 것 중 하나는 우주 만물의 구성 요소를 찾는 소립자 물리학이며 이 연구에 필요한 장치가 가속기다. 발명 초기 실험실 책상에 놓일 정도로 작았던 가속기는 현재 둘레 27km에 이르는 초대형으로 발전하였다. 이와 같이 20세기 후반에 나타난 과학 연구의 두드러진 특징 가운데 하나는 이른바 '거대 과학(Big Science)' 연구가 보편화했다는 것이다. 과거 개인들에 의해 수행되던 연구가 수십, 수백 명이 하나의 팀을 이루면서 거대한 조직, 규모, 설비가 필요한 국제 공동 연구로 발전하였다.

그 발전의 역사를 보자. 현대적 가속기의 원조는 1932년 미국의 어니스트 올랜드 로렌스(1901~58)가 발명한 사이클로트론이다. 전력 회사의 지원을 받은 로렌스는 1931년 캘리포니아 버클리에 최초의 가속기 연구소를 차렸다. 로렌스 버클리 연구소(LBL)의 전신이다.

그러나 사이클로트론보다 훨씬 높은 에너지를 얻을 수 있는 싱크로트론이 최초로 건설된 곳은 뉴욕 동쪽에 있는 브룩헤이븐 연구소(BNL)다. 1947년 설립된 이 연구소는 컬럼비아 대학 이시도어 아이작 라비(1898~1988)를 주축으로 10여 명의 미국 학자들이 1948년부터 33억 전자볼트(3.3 GeV)급 양성자 가속기인 코스모트론을 건설해 소립자 물리학의 새로운 장을 열었다.

이후 1960년 건설된 33GeV급 AGS 가속기를 이용한 실험에서 무려 3개의 노벨상이 나왔다. LBL 역시 1947년 이후 루이스 알바레스(1911~88)의 주도하에 알바레스형 선형가속기와 베바락을 건설하였으며 이후 무려 9명의 노벨상 수상자가 태어났다. 1960년대부터 이 연구소의 연구원을 지낸 김호길(1933~94) 박사는 1980년대 귀국해 포항에 우리나라 최초의 대형 연구시설인 포항 방사광 가속기를 건설하였다.

1960년대 새로운 소립자들이 발견되면서 새로운 가속기와 연구소가 탄생하였다. 먼저 알바레스의 동료였던 볼프강 파노프스키는 1962년 스탠퍼드 대학 구내에 스탠퍼드 선형가속기 연구소(SLAC)를 세우고 1966년 길이 3.2킬로미터 세계 최대의 전자 선형가속기를 건설하였다. 한편 로렌스의 문하생인 로버트 윌슨(1914~2000)은 1966년부터 시카고 근교에 200GeV급 양성자 가속기 건설을 시작해 1972년부터 가동에 들어갔다.

이 연구소는 시카고 대학에서 핵분열 연구로 유명한 물리학자인 엔리코 페르미(1901~54)의 이름을 따서 현재의 페르미 국립연구소(FNAL)가 되었다. 그러나 페르미의 연구를 이어간 곳은 이웃에 있는 알곤 국립연구소(ANL)로 제2차 세계대전 당시 원자탄을 만든 맨해튼 프

거대 과학의 연구자 계보

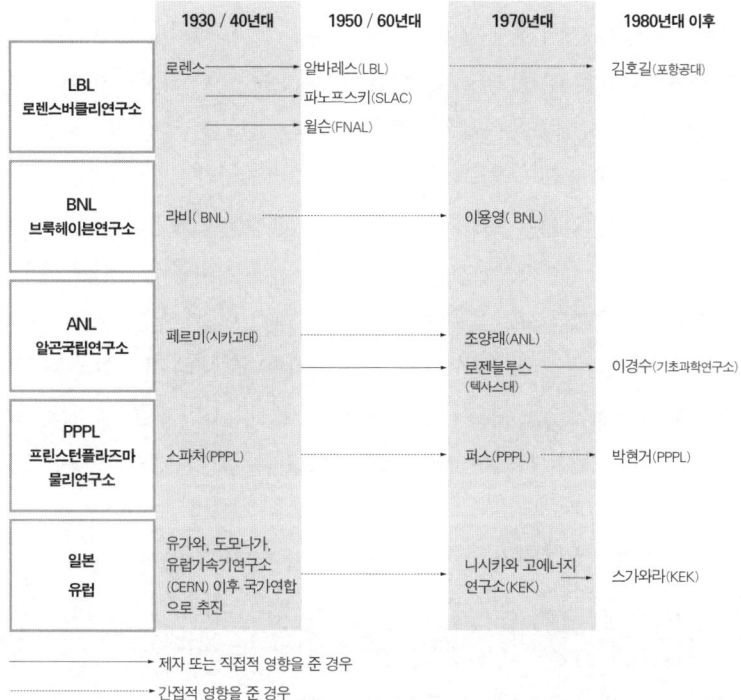

로젝트 중에서 재료 분야를 연구하던 곳이었다. 이러한 역사적 배경이 1990년대 7GeV급 방사광 가속기인 APS를 건설하게 된다. 조양래 박사(ANL)가 이 건설의 책임자로 일했으며 그는 LBL 출신의 김호길 박사와 대학 동기생이다.

미국에서 핵융합 분야는 매터혼 프로젝트라는 이름으로 라이만 스피처(1914~97)의 지휘 아래 1951년 프린스턴 대학에서 시작되었으며 나중에 프린스턴 플라즈마 물리 연구소(PPPL)로 발전되었다. 그는 수천만 도에 이르는 뜨거운 플라즈마를 가두는 장치로 8자형으로 꼬인 코일을 둥글게 배치한 스텔러레이터를 고안하였다.

　유럽의 거대 과학은 본질 면에서 미국과 다를 바 없지만 프로젝트 수행 면에서는 미국과 큰 차이를 보인다. 미국은 뚜렷한 리더를 중심으로 건설이 이루어진 반면 유럽은 대부분 국가간 공동 연구 형태를 취했기 때문에 누가 앞장설 수 없는 상황으로 이해할 수 있다.

　유럽의 거대 과학은 제2차 세계대전으로 황폐해진 유럽의 부흥을 위해 1952년 11개국이 모여 스위스와 프랑스의 국경 지역에 설립한 유럽가속기연구소(CERN)에서 출발한다. 현재 회원국이 20개국으로 늘어난 CERN은 초기 미국으로부터 도움을 받는 입장이었으나 유럽인다운 완벽주의로 빔 냉각 등 새로운 기술을 만들기 시작하였다. 이에 힘입어 1984년 카를로 루비아와 반 데 미르는 W입자를 발견한 공으로 노벨 물리학상을 받았다.

　한편 일본은 제2차 세계대전 전에 유가와 히데키(1907~81)와 도모나가 신이치로(1906~79) 등 세계적인 이론물리학자를 배출한 바 있으나 패전과 함께 당시 보유하고 있던 사이클로트론이 미군에 의해 도쿄(東京) 만에 버려지는 비극을 겪어야 하였다.

　그러나 1970년대 경제 부흥에 성공한 일본은 국가 주도하에 쓰쿠바(筑波)라는 과학 도시를 건설하였다. 이곳의 핵심은 고에너지연구소(KEK)로 니시카와가 중심이 되어 1976년 12GeV급 양성자 가속기를 완공하여 거대 과학의 기반을 만들었다. 현재 스가와라 히로타카가 이끄는 KEK는 구미와 어깨를 견주는 수준에 도달하였다.

　현재까지의 가속기는 국가 또는 지역 연합의 주도 아래 건설할 수 있는 규모였으나 미래의 가속기는 지금까지의 규모를 훨씬 능가하는 것으로 세계적인 협력이 없으면 건설할 수 없다. 이는 핵융합도 마찬가지

용어 해설

베바락
　미국 LBL에 건설된 싱크로트론으로 AGS와 쌍벽을 이룸.

소립자 물리학
　우주를 구성하는 가장 기본적인 구성 요소와 이들 간의 상호 작용에 대해 연구하는 물리학의 분야.

입자가속기
　전자, 양성자 등 전기를 띤 입자를 광속에 가깝게 고속 가속시키는 장치.

전자볼트(eV)
　전자가 1볼트의 전압으로 얻는 에너지.

플라즈마
　초고온 하의 물질 상태로 원자가 전자와 원자핵으로 나누어짐.

핵융합장치
　바닷물 속에 풍부한 중수소 원자핵 두 개를 헬륨 원자핵으로 변환시킬 때 나오는 막대한 에너지로 전기를 만드는 장치.

AGS
　1960년 미국 BNL에 건설된 싱크로트론으로 4극 전자석이 최초로 사용된 가속기.

ITER
　국제 열핵융합로. 현재 설계 중으로 2010년경 착공 예정.

W입자
　세상을 움직이는 네 개의 힘, 즉 중력, 전기력, 약한 상호 작용, 강한 상호 작용 중 약한 상호 작용을 매개하는 입자.

로 ITER라는 장치를 미국, 유럽, 일본, 러시아가 공동으로 설계를 하고 있다.

　거대 과학 연구에서는 다목적, 학제간, 다분야간 연구가 보편화되었으며 과거의 과학 연구에는 존재하지 않았던 중앙집권적인 과학 연구 관리 체계가 등장하였다. 또한 여기에는 엄청난 규모의 연구비가 들기 때문에 연구 행위 자체가 정치·경제적인 영향을 크게 받게 되었으며 실험장치에 대한 과학자들의 의존도도 증가하게 되었다.

영화 〈콘택트〉에서 천문학자로 분한 조디 포스터를 견우성까지 보낼 수 있는 거대한 수송장치를 전세계가 분담하여 제작하는 장면은 앞으로의 거대 과학이 어디로 갈 것인지를 잘 예언해 주고 있다.

고인수 ▪ 포항공대 교수·물리학 isko@postech.ac.kr

'거대 과학' 비판자들

1960년대 초 미국의 앨빈 와인버그(전 오크리지 국립연구소 소장)는 이미 관리자에 의해 좌우되며 과학 연구에 대한 사회적 비용이 지나치게 많이 소요되는 거대 과학의 문제점을 지적하였다. 거대 과학은 국방 과학과도 밀접한 연관을 맺고 성장했기 때문에 와인버그의 이 경고는 과학의 군사화를 우려하는 비판적 지식인들의 지지를 받았다.

최근 거대 과학에 대한 연구는 20세기의 물질적 조건에 대한 광범위한 분석을 바탕으로 보다 심도 있게 진행되고 있다. 이 분야의 대표적인 연구자들로는 피터 갤리슨(하버드 대학), 대니얼 케블스(전 캘리포니아 공대), 존 하일브론(전 버클리 대학), 로버트 자이들(미네소타 대학), 도미니크 페스트르(파리 사회과학고등연구소), 존 크리거(파리 과학기술사 연구센터) 등을 들 수 있다.

우선 갤리슨은 고에너지 물리학 실험을 비롯한 20세기 실험 물리학 전반에 대해 논의하면서 거대 과학의 다양한 속성을 다루었다. 페스트르와 크리거 등 유럽의 학자들은 CERN의 역사를 분석하면서 미국과 유럽의 거대 과학을 비교하였다. 그들은 국방 연구와 밀착된 미국의 거대 과학 연구와 국제간 협동 연구를 중시했던 유럽의 연구를 비교하면서 유럽이 미국보다 완벽한 실험 장치를 갖추고 순수한 학문적 연구에 정진할 수 있게 된 근거를 제시하였다.

국제 협력이란 일반적인 성격상 이 분야에 대한 연구는 초국가적 과학(Transnational Science), 탈식민주의 과학(Postcolonial Science)에 대한 연구와 병행하여 진행되고 있다.

이런 연구 경향을 이끌고 있는 대표적인 인물로는 셰런 트래윅(마운트 홀리오크 대학)을 들 수 있다. 그녀는 미국의 스탠퍼드 선형가속기연구소(SLAC)와 일본의 국립고에너지연구소(KEK)에서 일하는 과학자들의 모습을 인류학적인 방법을 원용해 비교 분석하였다. 그녀가 스승제자 사이의 도제적 성격이 강한 일본의 연구 체계를 인류학적인 족내혼(族內婚)적 성격을 지닌 것으로 보았다는 것도 흥미롭다.

거대 과학에 대한 비판적 연구는 제국주의 시대의 식민지 과학 정책에 대한 비판과도 연결된다. 이 계열의 연구자로는 우선 루이스 피엔슨(사우스웨스턴 루이지애나 대학)을 들 수 있다. 피엔슨은 독일이 제국주의의 식민지 쟁탈 과정에서 외국의 경쟁자들을 문화적으로 압도하고 궁극적으로 정치적·경제적 이득을 얻기 위해 인도네시아, 사모아, 상하이 등지에 토착민들이 감당할 수 없는 거대한 정밀 과학 연구소를 설립해 주는 등 과학을 대외 정책의 수단으로 이용했다고 보고 이것을 문화적 제국주의라 불렀다.

서구식 거대 과학기술을 무턱대고 따라가기보다 제3세계 나름대로의 독자적 발전을 위해 대안 기술 연구를 강조하는 흐름에는 인도의 경제 개발 정책에 관여했으며 "작은 것이 아름답다"라는 말로 '적정기술론'을 강조했던 에른스트 슈마허의 작업이 바탕이 되고 있다.

  탈(脫)식민주의 과학과 연관시켜서 거대 과학을 다룬 연구자로는 인도의 핵 개발 및 거대미터파 전파망원경(Giant Metrewave Radio Telescope) 건립 계획에 대한 분석을 통해 인도와 서방의 거대 과학을 비교한 이티 아브라함(뉴욕 사회과학연구위원회)을 들 수 있다. 인도 학자들의 탈식민주의 과학 연구는 부분적으로 가야트리 차크라보르티 스피박(컬럼비아 대학), 호미 바바(시카고 대학) 등 인도 출신 인문학 연구자들의 작업과 간접적인 연결을 맺고 있다.

임경순 ■ 포항공대 교수 · 과학사

관련 저작들

참고문헌

- 고인수, 《빛을 만들어낸 이야기》, 동인기획, 1998.— fal.postech.ac.kr\members에 전문 소개.
- www.lbl.gov — 로렌스 버클리 연구소의 홈페이지로 초기 가속기와 관련된 사진 자료가 풍부함.
- www.knfp.net — KSTAR 건설 소식과 핵융합에 관한 자료가 풍부함.
- www.particleadventure.org — 소립자 물리학을 잘 이해할 수 있도록 자세하게 설명되어 있음.
- pal.postech.ac.kr — 포항가속기 연구소 홈페이지로 다른 가속기 연구소와 잘 정리되어 링크되어 있음.

사이버 공간과 혁명가의 진로

M a r c o s 마 르 코 스

마르코스

사이버 시대의 혁명가 마르코스

"우리들은 지난 500년 간의 산물이다."

멕시코의 사파티스타 민족해방군(EZLN. 1910~17년 멕시코 혁명의 영웅이었던 사파타의 정신을 이어받아 1994년 1월 1일 멕시코 남부 치아파스에서 결성된 게릴라 단체)은 그들의 전쟁 선언문에서 이같이 밝혔다.

유럽의 근대가 탄생하는 16세기에 노예화와 굴종의 길을 걸어야 했고, 19세기에 독립을 해서도 '2등 시민'으로 갖은 수모를 견뎌야 했던 멕시코의 인디오(마야 원주민)는 1994년 새해 벽두, 북미자유무역협정(NAFTA)이 발효하는 그날에 '정의, 자유, 민주주의'를 외치며 궐기하였다. 이 게릴라군 한가운데, 이들의 입장을 대변하면서 이 시대가 안고 있는 부조리를 고발하는 마르코스 부사령관이 도사리고 있다.

인터넷 전쟁(net war. 전통적인 무기 대신 인터넷을 통한 담론 투쟁)의 전도사, 이 시대의 유행인 '차이의 정치'를 강조하는 지식인, 권력에 대한 의지가 없는 게릴라. 혁명가가 아니라 '반항아(rebel)'로 자기를 규정하는 그는 비판적인 지성의 흐름이 형해화(形骸化)한 이 시대를 향해 외친다. 스키 마스크에다 당신들의 일그러진 모습을 비춰보라고.

1957년 생으로 평범한 중류 가정에서 순탄하게 자란 그는 국립 멕시코 자치대학교에서 철학을 전공한 것으로 알려졌다. 본명은 라파엘 세바스티안 기엔 비센테다. 1980년에 〈철학과 교육 : 담론적 실천과 이데올로기적 실천〉이라는 제목의 학사 학위 논문을 썼다는 마르코스.

당시에 유행하던 루이 알튀세르, 니코스 풀란차스, 그리고 미셸 푸코에 심취한 적이 있는 그는 멕시코 시립자치대에서 강의를 하다가 제도권에는 탈출구가 없다는 고민 끝에 1983년 치아파스의 열대우림지대인 라칸돈에 있는 인디오 공동체 운동에 뛰어든다.

외채 위기와 멕시코 제도혁명당의 부패에 환멸을 느껴 게릴라의 전위(前衛)가 되려고 뛰어들었지만, 그는 공동체의 삶 속에서 큰 변화를 겪는다. 농민을 지도하러 갔으나 오히려 그들로부터 지혜를 얻게 된 것이다. 그는 곧 체 게바라도, 레닌도, 마오쩌둥(毛澤東)도 버린다. 오로지 마야 인디오 공동체의 전통 속에서 멕시코와 신자유주의 체제를 비판할 기호와 문법을 발견했던 것이다.

그의 사상의 핵심을 이루는 '공동체 민주주의'를 향한 인정 투쟁(소수의 권익을 인정받고자 하는)은 개인적인 사색의 결과라기보다는 이런 공동체 생활에서 자연스레 형성된 것이리라. 그런 점에서 서재의 사상가로서의 "마르코스는 존재하지 않는다." 그는 사파티스타 운동이란 특정한 맥락 속에서 살아 숨쉬는 실천이며 사상일 뿐이다. 동료의 표현을 빌리면 개인 마르코스는 반란 개시일에 "죽은 채로 태어났던 것"이다.

반군(叛軍)의 선언문에서부터 서한에 이르기까지 그는 끊임없이 쓰고 대화를 나눈다. 세계 언론과 인터넷에 올려진 그의 글들은 시적 운치와 철학도의 고뇌가 배어 있는 명문장이다. 신자유주의와 화석화한 대의제 민주주의에 대한 비판도 준열하다.

인디오 문명의 생태주의 철학으로 야수적 자본주의의 흉측한 모습을 고발하기도 한다. 담론이야말로 권력 관계의 핵심이라 본 점에서 그의 담론 투쟁 방식은 '푸코적'이다. 사이버스페이스에서 게릴라 전쟁을 치르는 그는 빌 게이츠를 닮기도 하였다.

검은색 스키 마스크를 당신네들(신자유주의자들)의 일그러진 모습을 비추어보는 '거울'이라고 선문답하는 마르코스. 도대체 그는 무슨 이야기를 하고 있는 것일까?

첫째, 그는 통합을 통해 하나됨을 강조하는 '메스티소 민족주의', 즉 인디오가 모성적 뿌리이면서도 막상 그 권위를 인정하지 않는 억압성을 비판한다. 멕시코의 노벨상 수상작가 옥타비오 파스가 정형화했던 '멕시코 민족성(mexicanidad)' 논리는 종족의 차이를 인정하지 않는다. 이 통합 이념은 1천만 인디오들을 사실상 시민에서 배제시킨다. 사파티스타들은 허구적인 통합이 가져온 사실상의 배제를 온몸으로 거부하고, 자신들의 문명을 '존엄성을 지닌', '살아 있는' 것으로 인정해주기를 바란다.

둘째, '차이'에 기초한 '다원주의'를 요구하는 인정 투쟁은 오랫동안 인디오 해방 신학과 해방철학을 강조해 왔다. 마르코스는 이러한 전통의 승계자로, '근대성의 타자(근대성 담론의 주동자였던 유럽 사람들에게 제3세계는 늘 열등한 타자였다)'로 끊임없이 수탈당한 인디오의 역사적 위상을 복원하려 한다. 나아가 이러한 인정 투쟁의 논리는 여성과 같은 가부장제의 피해자들에게, 실업자와 빈민과 같은 신자유주의 피해자들에게 함께 권리 투쟁에 나설 것을 촉구한다. 소수자들의 인정 투쟁은 자연스레 신자유주의 질서 아래 배제된 다수자들의 투쟁으로 전화(轉化)하게 된다.

셋째, 마르코스는 국가 권력의 장악을 우선시하는 마르크스-레닌주의적 실천과 결별하고, 거점을 만들어서 중심 권력을 공격하는 체 게바라류의 '포코(Foco)주의'도 버렸다. 사파티스타들은 권력을 요구하지 않는다. 마르코스에 따르면 권력을 요구하는 정치적 좌파는 위로부터의 동원에 익숙하고, 결국은 제도화하고 화석화될 따름이다. 마르코스는 아래로부터 대중을 동원하는 반(反)국가주의적 실천과, 영원한 반란을 꿈꾸는 사회적 좌파로 남을 방법을 모색한다. 그는 결단코 '정치인'이 되기를 거부하고 카뮈적인 '반항인'으로 남고자 한다.

마르코스와 사파티스타 운동은 신자유주의의 강풍이 휩쓸고 있는 이 시대에 반세계화 운동의 아이콘이 되어버렸다. 주세 사마라구, 알랭 투렌과 같은 중량급 지식인들도 그를 극찬한다. 페미니스트들은 반군의 '여성법'을 보고 감동한다. 중남미의 지식인들은 그로부터 지난 500년 근대화의 역사를 반추하는 기회를 얻었고, 신자유주의에 저항하는 사회 운동은 파편화한 세력을 결집시키는 상징을 얻게 되었다. 정부와 협상하기 위해 비무장으로 멕시코 시티에 상경한 이들은 평화적 대행진을 마치고 다시 거점인 치아파스로 내려가 현재 인디오 보호입법과 관련 헌법 개정을 기다리고 있다.

해방 신학이 죽었고, 종속 이론이 사라졌고, 게바라가 관광 상품으로 팔리는 이 시대에 그들은 실천으로 새 길을 열어가고 있다. 그러나 애초에 이들의 목표가 권력 쟁취는 아니어서 대의제 민주주의 등의 모순을 타파할 효과적인 대안을 제시할 수 있을지는 의문이다.

이성형 ■ 세종연구소 초빙연구원 · 정치학 박사, 중남미 정치 fernandorhee@hotmail.com

중남미 원주민의 저항 운동

"원주민들의 저항, 이것이 21세기 초반 중남미 사회 갈등의 핵으로 등장할 것이다."

2001년 초에 나온 미국 정보국(CIA)의 동향 보고서의 분석 중 일부다. 멕시코 등 중남미 전역에 사는 인디오 인구는 약 3천만 명을 웃돈다. 이 3천만 인구가 지역의 안정을 뒤흔드는 폭풍의 핵으로 부상한 것이다. 멕시코의 리오 그란데 강에서 칠레 최남단 티에라 델 푸에고에 이르기까지 인디오들은 잃어버린 그들의 땅과 종족적 정체성을 되찾기 위해 500년 간의 침묵을 깨고 저항하고 있다.

16세기의 정복과 식민화 300년, 독립 이후 공화국 질서 아래서의 머슴살이 200년. 이 500년 간 피압박 종족이 겪은 설움을 기념하기 위해 이들은 1992년 (콜럼버스의) '발견 500주년'을 '침입 500주년'이라고 다시 명명하였다. 이들은 빼앗긴 선조들의 땅과 존엄성을 되찾겠다고 다짐하고는 곳곳에서 정복자들의 동상을 끌어내렸다.

1980년대의 개방과 신자유주의 개혁에 따른 개발 붐으로 다시 한 번 '정복'을 당하고 있는 원주민들은 '생존권'과 '자치'를 외치며 정부와 지방 호족, 경우에 따라서는 다국적 기업에 맞서 실력 행사를 한다.

브라질의 경우 열대우림을 대량으로 파괴하는, '유사 이래 최대 규모의 종획운동(인클로저)'을 자행하는 목장주들에 맞서 인권운동가 치코 멘데스는 원주민의 권익을 옹호하며 이들을 조직하다가 결국 암살당하였다. 하지만 국제 사회에 아마존 지역의 원주민들이 겪는 참상을 알리는 데 큰 기여를 하였다.

멕시코, 과테말라, 볼리비아, 콜롬비아의 원주민들은 정부를 향해 '토지'와 '존엄성'을 요구하며 계속 대치 중이다. 발전소 건설과 벌목으로 생활 공간이 축소되고 있는 칠레 마푸체 원주민들도 생존권을 보호하기 위해 조직적으로 저항하고 있다.

1990년대에 들어와서 가장 폭발적인 운동 양상을 보이고 있는 에콰도르 원주민연맹(Conaie)은 마우드 전 정부의 신자유주의 개혁과 달러화 사용 정책에 반대한 동원과 시위로 결국 대통령을 하야시키기도 했다. 페루의 아야쿠초 원주민들은 '센데로 루미노스'란 좌익 게릴라 운동체를 매개로 하여 지역의 저발전과 빈곤에 대한 불만을 폭력과 테러로 표출하기도 했다. 중남미 대륙 전역이 각성된 원주민 운동으로 들끓고 있는 것이다.

마르코스와 치아파스 농민게릴라 운동은 바로 이러한 거대한 흐름의 한 지류이자, 이들의 요구 사항과 갈망을 압축적으로 표현하는 요약본이라 하겠다.

이런 대항에 서구의 지성인들은 열광한다. 지난 2001년 3월 사파티스타의 멕시코 시티 입성에 함께 했던 마르코스의 열성적 지지자 명단을 보자. 가브리엘 가르시아 마르케스, 주세 사마라구(이상 노벨 문학상 수상 작가), 카를로스 몬시바이스(멕시코 문단의 거장)와 같은 문필가는 마르코스가 쏟아내는 언어와 담론의 황홀함과 그 힘에 감탄한다. 사미나이르, 알랭 투렌과 같은 비판적 프랑스 지성들은 그에게서 잃어버린 '68세대'의 향수를 느끼고, '반세계화'의 상징으로 격상시키고자 한다.

할리우드의 촉수도 이를 외면하지 않는다. 거장 올리버 스톤과 로버트 레드퍼드는 이들의 이야기를 할리우드 영화로 만들려고 계획 중인데, 이를 통해 소비 사회(미국)의 야만성을 고발하려고 하는 것이다. 빌리 더 키드, 알 카포네와 같은 '깡패' 외에는 인물이 드문 미국 문명은 항상 국경 너머 멕시코에서 자기 얼굴을 비추어보는 의적들을 찾았다. 1930년대 '비바 사파타'를 만든 엘리아 카잔이 그랬고, 1910년대에 '멕시코의 로빈 훗' 판초 비야를 현지 촬영했던 할리우드의 뮤추얼 영화사가 그랬다.

이성형

관련 저작들

번역서

- 해리 클리버, 《사빠띠스따 : 신자유주의, 치아빠스 봉기, 그리고 사이버 스페이스》, 이원영·서창현 옮김, 갈무리, 1998.
- 마르코스, 《분노의 그림자》, 윤길순 옮김, 삼인, 1999.
- ———, 《마르코스와 안토니오 할아버지》, 박정훈 옮김, 다빈치, 2001.
- ———, 후아나 폰세 데 레온 엮음, 《우리의 말이 우리의 무기입니다》, 윤길순 옮김, 해냄, 2002.

미번역서

- Subcomandante Marcos, et al., *La historia de los colores/The Story of Colors : A Bilingual Folktale from the Jungles of Chiapas*, Cinco Puntos Press, 1999.—《색깔들의 역사 : 치아파스 정글의 민담 스페인어 영어 대역본》
- Bill Weinberg, *Homage to Chiapas : The New Indigenous Struggles in Mexico*, Verso Book, 2000.—《치아파스에 바침 : 멕시코에서의 새 원주민 투쟁》
- Subcomandante Marcos, et al., *Questions and Swords : Folktales of the Zapatista Revolution*, Cinco Puntos Press, 2001.—《질문과 칼 : 사파티스타 혁명의 민담》
- Tom Hayden(ed.), *The Zapatista Reader*, Thunder's Mouth Press/Nation Books, 2001.—《사파티스타 독본》

제3부

기로에 선 모더니티

一圖 민중과 일상의 미시사 ▪ 로버트 단턴

二圖 데리다 사단과 온고지신의 해체철학 ▪ 장 뤼크 낭시 · 필립 라쿠라바르트

三圖 인간적인 근대의 성찰 ▪ 울리히 벡 · 앤서니 기든스 · 스콧 래쉬

四圖 라캉으로 대중문화 읽기 ▪ 슬라보이 지젝

五圖 주변부와 타자에게 말걸기 ▪ 가야트리 차크라보르티 스피박

六圖 탈중심화, 인간화된 건축 문화로 ▪ 포스트모더니즘 건축의 기수들

七圖 전체는 부분의 합보다 크다 ▪ 카오스와 복잡계 과학의 선구자들

제3부를 들어가며

김상환 기획위원

19세기 말에 만개한 유럽의 역사적 현실과 그 현실의 일반적 특징을 뜻하는 근대성은 다양한 지류의 역사적 흐름이 하나로 모이는 지점에서 성립한다.

근대인은 과학적 발견이 역사의 진보를 결정하는 가장 중요한 요인임을 확신하였고, 그 결과 과학이 인식, 진리, 합리성, 대상 등의 의미를 규정하는 최상의 심급으로 떠올랐다.

그 다음 분업 체계의 심화를 들 수 있다. 직업, 학문, 그리고 문화의 각 영역이 전문화되고, 독자적 존립 기반과 자율적 운영 규칙을 갖추게 되었다.

마지막으로 중요한 것은 표준화와 제도화의 경향이다. 사회적 행위와 질서가 어떤 표준성을 띠고 제도적 규범을 통해서 확대 재생산되는 국면에 접어든 것이다.

이런 역사적 현실을 관통하는 이념은 진보와 새로움에 대한 신앙이다. 이때 새롭다는 것은 객관적이고 심층적인 진리에 한 걸음 가까워졌다는 것을 뜻한다. 역사는 진보하게 마련이고 진보란 객관적 진리를 발견하고 실현해 가는 과정이란 것, 이것이 근대인의 기본적 신념이다.

그러나 이런 신념은 20세기를 지나면서 흔들리기 시작했고, 마침내 근대성의 역사적 조건과 한계에 대한 성찰이 광범위하게 진행되었다. 이런 역사적 문맥을 감안하면서 계획한 제3부의 목적은, 포스트모더니즘 논쟁 이후 일정한 높이를 성취한 이론적 봉우리들을 그려내는 데 있다.

여기서 근대적 역사 인식의 기본 전제에 물음을 던지는 단턴의 역사학이 처음에 오고, 근대적 과학관의 편협성을 입증하는 카오스 이론과 복잡계 과학이 그 말미를 장식한다. 이 두 지도는 이미 선형적 사고, 표준화, 분업적 경계 설정을 지향하는 근대적 표상 체계의 단점을 충분히 드러내고 있다.

그 중간에 등장하는 스피박의 탈식민주의와 포스트모더니즘 건축은 다시 그런 탈근대적 도약의 당위성을 더욱 구체적으로 옹호하는 사례다. 스피박은 근대성이 서양 중심적 사유로서 완결되고 있음을, 그리고 그 서양 중심주의가 근대 학문의 암묵적 이데올로기이자 억압적 기제로서 작동하고 있음을 제3세계의 여성의 위치에서 갈파한다.

반면 포스트모더니즘 건축이 고발하는 것은 합리화의 이름으로 계획된 근대적 공간의 빈곤성이다. 근대적 공간은 단일성과 기계적 획일성을 특징으로 하며, 이를 극복하기 위해서는 거기에 다의성과 역사성을 재기입하여 다양한 해석이 가능한 다층적 공간을 구축해야 한다는 것이다.

요컨대 근대성은 편협하고 억압적이며 빈곤하다는 것이다. '성찰적 근대화'를 내세우는 벡 등과 같은 사회학자들은 다시 근대성이 필연적으로 어떤 내재적 위험성을 동반하고 있음을, 낭시와 라쿠라바르트 같은 철학자들은 근대성이 어떠한 '바깥'도 남겨두지 않은 채 실현되는 동시에 박제화되고 있음을 말한다. 근대 사회의 내재적 위험성에 대한 성찰을 통해서 근대적 계획을 계속 밀고 나갈 수 있을지, 박제화된 근대성에 새로운 미래적 잠재력을 충전할 가능성을 어디서 구할지는 여전히 논란거리가 될 수 있지만, 이들은 근대성의 중요한 특징과 그 이후의 역사 전개의 논리를 생각해보도록 유도한다는 점에서 세인의 주목을 끈다.

그 밖에 라캉주의자 지젝을 소개한다. 정신분석을 철학에서 영화에 이르는 다양한 영역 안으로 끌어들여 독특한 스타일의 문제틀을 확립한 지젝은 데리다와 들뢰즈 이후 가장 풍부한 이론적 담론을 생산한 인물로 평가할 수 있다.

민중과 일상의 미시사

Robert Darnton 로 버 트 단 턴

로버트 단턴

단턴과 포스트모더니즘 역사학

 1730년대 파리의 한 인쇄소에서 학대받던 인쇄공들이 눈에 보이는 고양이들을 모두 때려죽이는 소동이 벌어졌다. 한 견습공이 이 소동을 기록했고 그것을 근거로 미국 프린스턴 대학의 로버트 단턴 교수는 1984년에《고양이 대학살》이라는 저서를 출간하여 18세기 노동자들의 정신 세계를 훌륭하게 되살려 놓았다.
 많은 찬사를 받았던 이 책은 역사학에 있어서 포스트모더니즘의 시대를 연 저작의 하나로 꼽힌다. 그 이유는 이 책이 19세기 후반에 확립되었던 모더니티에 근거하는 학문적 규범을 넘어서는 대안을 제시했기 때문이다.
 간략하게 말해 독일의 역사가 레오폴트 폰 랑케가 선도하여 확립한 역사학의 전통적인 규범은 역사학이란 과거에 대한 '객관적 진리'를 찾는 학문이며, 그 방법에 있어서는 제도화된 틀을 따라야 하며, 그것을 통해 연구해야 하는 것은 '국가'와 같은 거대한 주제라는 것이다. 역사학은 이렇게 확립된 규범 속에 안주해 왔다.

그런데 단턴은 그 모든 것을 부정하였다. 첫째, 그는 무명의 인쇄공들에게 벌어졌던 한낱 소동에 불과한 일을 주제로 삼았고, 둘째, 역사학의 인습적인 방법을 넘어 인류학이나 문학비평의 이론을 거침없이 차용하며 자신의 논지를 전개시켰고, 셋째, 그렇게 도달한 결론을 '객관적 사실'이 아니라 자신의 해석인 것으로 제시하였다.

만일 이 책이 단지 흥미로운 에피소드를 역사학의 전당(殿堂)에 하나 더 등재시킨 것에 불과하다면, 단턴은 서양의 역사학계에 있어서 새로운 이론이 만들어지고 논쟁이 가다듬어지는 핵심의 근처에 있지 못했을 것이다. 그로 대표되는 새로운 경향의 역사는 종래의 역사학이 다루려 하였던 거대한 설명의 틀에 매몰되어 잊혀져 갔던 개인들의 삶과 생각을 복원시키려는 목적을 가지고 있다. 그 결과 피지배 계층, 여성, 비서구인 등 이른바 '타자화(他者化)'된 사람들의 시각으로 역사를 보려는 시도가 어느 정도 정착되어 가고 있다. 그것은 확실히 포스트모더니즘 역사학이 이루어낸 개가 중의 하나일 것이다.

1939년 생으로 1968년 이래 프린스턴 대학 교수로 재직하고 있는 단턴은 학문의 국제화를 개인 속에 구현하고 있다. 1971년 파리의 사회과학고등연구소 연구원을 시작으로 그는 영국, 프랑스, 독일, 네덜란드 등지의 연구소나 대학교에서 연구 책임자나 학술지의 편집인 혹은 교환 교수로 활약하며 오랜 기간을 머물렀다. 그것은 18세기 프랑스에서 서적과 서적 유통이 갖는 의미를 주된 연구 대상으로 한 그의 저서들이 국경을 초월하여 공감을 얻고 있다는 사실을 반영한다.

그 과정에서 그는 프랑스 혁명 200주년 기념 학술연구위원회의 위원장을 맡았던 미셸 보벨이나 콜레주 드 프랑스의 교수인 다니엘 로슈 등 프랑스 역사가들과 책을 공동으로 편집하거나 집필하기도 하였고, 사회과학고등연구소의 로제 샤르티에 교수나 미국 코넬 대학의 도미니크 라카프라 교수 등이 개재된 논쟁의 진앙을 제공하기도 하였다.

그는 주로 영어로 글을 쓰지만 프랑스어, 독일어, 이탈리아어, 에스파냐어 등으로 씌어진 그의 책이나 논문의 일부가 영어로 번역되기를 기다리고 있다는 사실은 그를 단순히 미국의 프랑스사가로 간주할 수만은 없다는 것을 말해 주는 것이기도 하다. 바로 그곳에 역사가로서 단턴의 또 다른 장점이 있는 것이다.

《백과전서 출판의 역사》(1979), 《구체제의 지하문학 세계》(1982) 등 초기의 저작으로 출발하여 《고양이 대학살》을 거쳐 《라무레트의 키스》(1990), 《출판과 선동: 18세기 비밀 문학의 세계》(1991), 《혁명 이전 프랑스의 금서 베스트셀러》(1995), 《프랑스 비밀문학 대계》(1995) 등에 이르기까지 그의 주요 저서들에 관통하고 있는 주제는 '관념의 사회사'라고 말할 수 있다.

지식의 보고인 책을 대상(내용보다는 어떻게 유통됐느냐)으로 설정하는 한 그의 연구는 전통적인 사상사나 관념사의 영역에 속한다고 말할 수 있을 것이다. 그러나 책의 내용보다는 대량 인쇄의 문화와 서적 유통의 역사가 대중의 여론을 형성하는 데에 끼친 영향에 초점을 맞추면서 사회사에서 주로 사용하는 통계적 방법을 자유롭게 이용하는 한 그를 종래의 사상사가라고 규정할 수는 없다. 그렇기에 그는 '관념의 사회사'를 실행하는 역사가다.

그 점에 있어서 단턴은 《프랑스 혁명의 지적 기원》으로 그 방면의 선구적 업적을 남긴 다니엘 모르네와 그의 방법을 계승한 사회과학고등

연구소의 프랑수아 퓌레 및 다니엘 로슈 등 프랑스 역사가들의 업적을 미국식의 사상사 전통에 접목시키는 작업을 수행한 것이라는 평가를 받을 만하다. 어쨌든, 그의 접근 방법을 통해 계몽 사상의 고급 문화가 '밑으로' 전달한 영향력뿐 아니라 '밑에서' 만들어진 영향력이 프랑스 혁명 이전의 사회에 작용하던 방식이 연구될 수 있는 한 통로가 뚫렸다. 그것은 '민중 문화사'를 위한 한 경로를 마련한 것에 다름이 아니다.

위인이 아닌 평범한 사람들을 서술 대상으로 삼고, 진리를 독점하고 있다는 오만한 자세를 유지했던 역사학이 다른 학문으로부터 기꺼이 배워야 한다는 것을 실천적으로 보인 그의 태도는 종래의 역사학과는 확연한 차이를 드러낸다. 그것은 미국 UCLA의 린 헌트와 카를로 진즈부르그, 《메타 역사》로 잘 알려진 헤이든 화이트 등 이른바 '신문화사'의 주창자들이 내세우는 논지와도 일치하고 있다.

다양한 방식으로 역사의 여러 층위를 새롭게 재구성하려는 그들의 시도가 궁극적인 성공을 거둘지는 아직 예측하기 이르지만, 그들로 인하여 역사학의 연구 대상에서 배제되었던 '작은 사람들'이 제 목소리를 되찾았고 게다가 역사학이 풍요롭고 흥미로워졌음을 주목한다면 그 전도는 유망하다.

조한욱 ▪ 한국교원대 교수 · 서양사학 hocho@cc.knue.ac.kr

국내 학계의 포스트모더니즘 움직임

20세기 후반 미국, 프랑스, 독일, 이탈리아 등지에서 동시다발적으로 일어난 포스트모더니즘 역사학의 새로운 흐름을 아우르는 말이 바로 문화사(Cultural History) 혹은 신문화사(New Cultural History)다. 다양한 연구 방법의 유사성을 걸러보니 공통분모로 엮이는 게 '문화'였기 때문에 붙여진 명칭이다. 한마디로 민중들의 시시콜콜한 문화도 역사를 이끌어온 힘이었다고 보고, 그것들의 사료적 가치를 높이 인정하려는 태도다.

한국에 이런 신문화사의 연구 방법이 도입되기 시작한 것은 1990년대 후반이다. 1996년 한국교원대 조한욱 교수는 로버트 단턴의 《고양이 대학살》과 린 헌트의 《문화로 본 새로운 역사》를 거푸 번역, 출간하며 이를 소개하는 데 앞장섰다. 그해 이화여대에서는 이화사학연구소 주최로 '신문화사, 새로운 역사학인가'를 주제로 학술세미나가 열려 소장 연구자를 중심으로 세를 형성하기 시작하였다. 당시 주제 발표자는 조한욱 교수를 비롯해 부산대 곽차섭, 서강대 임상우, 이화여대 조지형 교수 등이었다.

서양사 전공자들이 주축을 이룬 신문화사 연구그룹은 2000년 문화사학회를 창립하여 연구 수준과 깊이를 심화시켜 나갈 토대를 마련하였다. 학회 발족과 함께 문화사학회는 반년간 학회지인 《역사와 문화》도 2000년 3월에 창간하여 출간하고 있다.

이 학회의 회원은 주명철(한국교원대) 회장을 비롯해 조한욱, 임지현(한양대), 임상우, 조지형, 황혜성(한성대), 김기봉(경기대) 교수와 김현식(한양대 강사) 박사 등 30~40대 소장·중견학자들로 이루어져 있다. 서양사 분야의 대부인 차하순 교수에게 학문적 세례를 받은 서강대학교 출신들이 신문화사 학맥의 주축을 이루고 있다는 것이 특징이다.

정재왈 ▪ 기자

로버트 단턴의 약력

- 1939년 뉴욕 출생.
- 1960년 하버드 대학 졸업.
- 1964년 영국 옥스퍼드에서 박사.
- 1964~65년《뉴욕 타임스》기자.
- 1968년 이후 프린스턴 대학 교수.
- 1984년《고양이 대학살》로《LA 타임스》도서 대상 수상.
- 1985년 이후 프린스턴 대학 석좌교수.
- 1987~91년 국제18세기학회 회장.
- 1997년 미국역사학회 회장.

관련 저작들

번역서
- 로버트 단턴,《고양이 대학살》, 조한욱 옮김, 문학과지성사, 1996.

미번역서
- Robert Darnton, *The Business of Enlightenment : A Publishing History of the Encyclopedie, 1775~1800*, Harvard University Press, 1979.—《백과전서 출판의 역사》
- ———, *The Literary Underground of the Old Regime*, Harvard University Press, 1982.—《구체제의 지하문학 세계》
- ———, *The Kiss of Lamourette : Reflections in Cultural History*, W. W. Norton, 1989.—《라무레트의 키스》
- ———, *Edition et sédition. L'univers de la Littérature Clandestine au XVIIIe siècle*, Gallimard, 1991.—《출판과 선동 : 18세기 비밀 문학의 세계》
- ———, *The Forbidden Best-Sellers of Prerevolutionary France*, W. W. Norton,

1995.─《혁명 이전 프랑스의 금서 베스트셀러》
- ─────, *The Corpus of Clandestine Literature in France, 1769~1789*, W. W. Norton, 1995.─《프랑스 비밀문학 대계》

참고문헌
- 곽차섭 엮음, 《미시사란 무엇인가》, 푸른역사, 2000.
- 김기봉, 《역사란 무엇인가를 넘어서》, 푸른역사, 2000.
- 리처드 에번스, 《역사학을 위한 변명》, 이영석 옮김, 소나무, 1999.
- 리하르트 반 뒬멘, 《역사인류학이란 무엇인가》, 최용찬 옮김, 푸른역사, 2001.
- 린 헌트, 《문화로 본 새로운 역사》, 조한욱 옮김, 소나무, 1996.
- 린 헌트, 《프랑스 혁명의 가족 로망스》, 조한욱 옮김, 새물결, 1999.
- 모리스 아귈롱, 《마리안느의 투쟁》, 전수연 옮김, 한길사, 2001.
- 안병직 외, 《오늘의 역사학》, 한겨레신문사, 1998.
- 위르겐 슐룸봄 외, 《미시사와 거시사》, 백승종 외 옮김, 궁리, 2001.
- 조지 이거스, 《20세기 사학사》, 김기봉 · 임상우 옮김, 푸른역사, 1999.
- 조한욱, 《문화로 보면 역사가 달라진다》, 책세상, 2000.
- 카를로 진즈부르그, 《치즈와 구더기》, 김정하 · 유제분 옮김, 문학과지성사, 2001.

데리다 사단과 온고지신의 해체철학

Jean-Luc Nancy 장 뤼크 낭시 · **Philippe Lacoue-Labarthe** 필립 라쿠라바르트

장 뤼크 낭시   필립 라쿠라바르트

제2세대의 대표적 해체론자들, 낭시와 라쿠라바르트

"서양 철학은 끝났다."

이렇게 외친 사람이 프리드리히 빌헬름 니체(1844~1900)였고 마르틴 하이데거(1889~1976. 이상 독일의 실존철학자)였다. 오늘날은 자크 데리다(1930~ . 프랑스의 철학자)가 이 종언의 주제를 다시 한 번 과격하게 밀어붙이고 있으며, 그의 작업은 '해체론' 혹은 '탈구축'이라 불린다. 해체론은 서양 철학사 전체를 분해해서 탈(脫)서양적 사유의 지반 위에 재구축하려는 기획이다.

장 뤼크 낭시와 필립 라쿠라바르트는 세계적 인맥을 구축한 데리다 군단(軍團)의 용장으로 이름을 날리다가 점차 독창적인 철학자로 인정받게 된 2세대의 대표적 해체론자다. 특히 정치철학적 측면과 미학적

측면에서 해체론을 발전시킨 공로로 높이 평가받고 있다.

이 두 사람은 다 같이 프랑스 스트라스부르 대학에서 철학을 가르치면서 활발한 저술 활동을 펼치고 있는데, 중간중간 공동 명의의 저술을 내놓아 주목을 끌고 있다. 이들은 특히 1980년 12월부터 1984년 11월까지 파리 고등사범학교에 설치된 '정치철학연구소'를 공동으로 주관할 때 한목소리를 냈다.

노자의 《도덕경》을 여는 첫 구절은 도(道)를 언어적으로 규정할 수 없음을 선언하는 것이다. 해체론자가 해체하고자 하는 것도 언어 초월적 사태를 개념적 언어의 테두리 안에서만 이해하려는 태도다. 이런 작업은 서양 철학사 전체에 대한 전복(顚覆)으로 이어진다. 왜냐하면 그 태도가 플라톤 이래 서양 철학 전체의 기본적 특성이기 때문이다. 서양적 사유에서 개념적 언어에 담기지 않는 것은 미신적이고 신비한 것, 무의미하고 무가치한 것, 더 나아가 위험한 것이다. 그러나 이 위험한 것이 개념적 질서의 뿌리 아닐까? 해체론자가 되풀이해 증명하고자 하는 것이 바로 이 점이다.

낭시와 라쿠라바르트가 강조하는 언어 초월적 사태는 무엇보다 정치성(政治性)이다. 이 정치성은 이론적 차원이나 경험적 차원의 정치와 구분된다. 정치를 있게 하는 정치성, 살아 있는 정치성은 일단 '이것이다'라고 규정하자마자 사라져 버린다. 대신 거기에는 박제화한 정치성이 남는다. 물론 그렇게 해야 정치적 담론이나 실천이 뒤따를 수 있다.

그러나 그런 담론과 규칙은 음식을 오래 보존하기 위해 신선한 기운을 포기한 통조림 깡통에 불과하다. 해체론자의 눈에는 서양 사상사를 장식하는 수많은 정치 이론은 이런 통조림만 생산해 왔다. 그리고 그런 제조 공정의 기초 시설을 제공하고 보호해 온 것이 필로소피아라는 이름의 철학, 이론적 사유의 종손(宗孫)인 철학이다.

니체 이래 해체론자들은 이런 철학이 끝났다고 본다. 이는 철학이 자신의 잠재력을 남김없이 실현하는 가운데 완성됐다는 것을, 따라서 더 이상 새로운 가능성과 의미를 창조할 수 없다는 것을 말한다. 그리스에서 태어난 철학적 사유는 오늘에 이르러 과학과 기술로, 사회 제도로 실현되어 세상을 지배하고 있다.

낭시와 라쿠라바르트는 다시 말한다. 철학은 정치를 통하여 세상과 일상을 점령하였다. 정치적인 것은 생활 속에 일반화되었지만 의미를 결여한 정치, 공허한 정치만이 남았다. 그러나 그 누구도 정치를 벗어날 수 없게 되었다. 이러한 진단은 철학과 정치의 상호 공속성(共屬性)에 대한 인식에 근거한다. 즉 양자는 서로에 대해서 한계이자 모태다. 철학은 처음부터 정치로서, 정치는 철학으로서 태어났다. 따라서 철학이 종말에 이를 때, 정치 또한 완결 지점에 이를 수밖에 없다.

낭시와 라쿠라바르트는 완성으로서의 끝에 도달한 정치를 전체주의라 부른다. 전체주의 사회는 초월성이 완벽하게 사라진 사회, 총체적으로 표준화되고 동질화된 사회, 따라서 폐쇄성이 강한 사회다. 이런 의미의 전체주의는 파시즘이나 스탈린주의로만 나타나는 것이 아니다. 합리주의를 신봉하는 현대 유럽 사회도 역시 이미 일상의 차원에서 혹은 미시적 차원에서 전체주의로 치닫고 있다는 것이 스트라스부르 철학자들의 진단이다.

낭시와 라쿠라바르트는 박제화하는 동시에 전체주의화하는 정치 안으로 초월적 정치성을 다시 끌어들일 수 있는 방법을 고심한다. 이들이 예술의 문제를 천착하는 것은 이런 문맥을 배후로 한다. 사실 예술적 전통에는 이론적인 것과 경쟁하는 전혀 다른 정치의 가능성이 꿈틀댄다. 서양사상사의 전통이 플라톤에서 확립됐다면, 그의 철학의 궁극적 목표는 정치에 있었다. 이것을 표현하는 것이 그의 '철인(哲人) 왕'의 이념이다.

그러나 당시까지 그리스에서 교양 세계의 주인이자 정치의 기본 규칙을 제공하던 주역은 시인들이었다. 플라톤의 철학은 시인들이 누리던 권리에 대한 도전이었다. 이후 시적 사유 안에서 정치적 실천이 이

용어 해설

정치성

정치성(the political)은 정치(the politics)와 구분된다. 정치는 개념, 이론, 제도의 차원에서 성립한다. 반면 정치성은 정치가 있기 위하여 먼저 있어야 하는 사태이되 정치의 개념이나 제도 안에서는 망각되는 초월적 사태다.

재현주의와 표상주의

어떤 인위적인 형상(원본)을 정해 놓고 이를 절대화하며 개체의 지위 또한 그 신화화 원본과 '복사품'의 관계에서 파악해야 한다는 생각이다. 플라톤 이래 서양철학사의 중심 개념이다.

조형적 의지

우상적 형상을 만들어내려는 의지다. 이질적인 것들을 하나로 묶고 거기에서 동질성과 정체성을 부여하기 위해서는 그것들을 포괄하거나 대표할 수 있는 어떤 상징적 도형이나 형상을 고안해 내야 한다. 서양사상사는 이런 우상 제작의 역사였다.

초월성

우상적 형상이 지배하는 표상을 뛰어넘는 사태다. 이는 곧 이론중심적인 서양적 사유의 한계를 넘어서는 사태이고, 정치성은 그런 초월적 사태에 속한다. 정치적 차원에서 이 초월성의 망각은 전체주의로 귀결된다.

해체론과 탈구축

파괴와 구성을 동시에 함축한다. 해체론은 플라톤 이래 확립된 서양사상사의 본질적 유래와 내재적 한계, 그 한계 안의 공간이 형성되는 역설적 논리를 탐구하고, 이를 바탕으로 탈(脫)서양적 사유의 가능성을 모색한다.

루어지던 시대는 이론적 사유가 승승장구하자 그 속에서 망각되었다. 다만 초기 낭만주의자들에 의해 새롭게 구상되었을 뿐이다.

낭시와 라쿠라바르트는 이 낭만주의적 전통을 계승하고자 한다. 물론 이 전통이 대변하는 예술적 정치학도 전체주의로 흐를 위험성을 지닌다. 이것은 나치가 어떤 심미주의적 정치 이데올로기였다는 역사적 사실로부터 반추해 볼 수 있다. 하이데거가 나치에 참여하였고 또 실망한 것도 그가 시적 사유의 옹호자였다는 것에서부터 설명해야 할 것이다.

낭시와 라쿠라바르트는 예술적 정치성을 옹호하되 우상 제작으로 전락하는 조형적 의지의 위험성을 비판하고 그에 반하는 초월적 사태로부터 출발한다. 이때 조형적 의지는 어떤 유형이나 전형을 고안해 내려는 의지이며, 하나의 공동체가 지닌 유형화되고자 하는 욕구에 부응한다. 사회는 이 의지에 힘입어 위조된 정체성을 획득하는 동시에 차이와 다양성을 억압하는 폐쇄성의 위험에 휘말린다. 이러한 경향은 존재론의 차원에서 '재현주의(再現主義)' 혹은 '표상주의(表象主義)'로 귀결된다. 재현주의는 개체의 지위를 절대화한 형상을 모방하고 재현하는 '모상(模像)'으로 규정한다. 존재하는 모든 것을 하나의 형상을 중심으로 총체적으로 해석하려는 버릇은 조형적 의지의 속성이다.

따라서 낭시와 라쿠라바르트의 정치철학과 예술론은 다시 존재론적 탐색으로 이어진다. 조형적 의지를 포괄하되 그것의 위험성을 극복할 수 있는 초월적 사유, 탈표상적이고 탈재현적인 사유의 가능성을 제시할 수 있을 때만 그들이 의도한 새로운 정치가 납득력을 얻을 수 있기 때문이다.

김상환 ▪ 서울대 교수 · 철학 kimsh@snu.ac.kr

온고지신으로서의 해체론

사람들은 책을 읽지 않고도 해체론이 무엇인지 안다고 생각한다.

그게 왜 해체론이겠어? 다 부수고 말자는 거니까 해체론이겠지. 진리도, 본질이나 토대 같은 것도 없다는 게 해체론 아냐? 휴머니즘도 끝났고 역사도 끝났다는 그런 허무주의 타령이잖아.

그러나 아니다. 해체론이 끝났다고 할 때는 다 이루어졌다는 것을 말한다. 다 실현되고, 일상화되고, 지겹도록 되풀이되어서 다시 들여다보기도 싫어졌다는 것을 뜻한다.

가령 한국 사회에서 유가(儒家) 사상은 일상화한 동시에 진부해졌다. 신선한 의미를 잃어 버렸고, 그런 뜻에서 끝난 사상이다. 유가 사상은 한국인의 정체성과 습관을 조형해 온 최고의 형식이지만 한국 사회에 새로운 정신적 추동력이 유입되는 것을 가로막는 최대의 장애물이다.

문제는 그것이 한국인의 본성에 내면화된 지 오래여서 그 장애의 무게가 무감각하게 되었다는 데 있다. 때문에 한국인은 공자(孔子)를 죽여야 한다고 해도 고개를 끄덕이고 살려야 한다고 해도 고개를 끄덕인다. 그런 논쟁 자체가 헛도는 일상사의 일부가 되어 버린 것이다.

그러면 어디에서 신선한 의미를 구해야 하는가? 어디서 다시 시작해야 하는가?

길은 여전히 진부해진 것에 있다. 오래 묵어 썩고 있는 이념, 그 허망해진 진리에서만 희망을 찾을 수 있다. 새 것은 오래된 것에 있다. 옛것을 부수어 새 것을 얻자. 이렇게 말할 때 해체론자는 온고지신(溫故知新)을 믿는 지독한 문헌학자다.

그러나 해체론자가 해체론자인 것은, 첫째, 온고지신 자체의 의미를 묻기 때문이다. 옛것은 무엇이고 새로운 것이란 무엇인가? 온고란 무엇이고 지신이란 무엇인가? 가령 유가적 전통에서 가르쳐온 방법과 전제 안에서만 온고지신을 생각한다면, 우리가 아무리 온고지신해도 끝장난 유가 사상은 다시 일어설 수 없다. 유가적 편견을 벗어날 때만 공자 말씀에 대한 온고지신이 가능한 것이다. 해체론은 서양사상사의 주류인 플라톤주의적 전통을 서양적 편견 없이 온고지신하는 방법을 역설한다.

해체론자가 해체론자인 둘째 이유는 아무리 해체하거나 분해·조립해도 잉여로 남는 것, 어떤 해체 불가능한 것이 있다는 믿음에 있다. 역설적이고 모순적이어서 언어로 번역할 수 없는 것, 즉 어떤 초월적 사태가 있다. 그것이 전통적 의미의 진리보다 더 오래된 진리이자 철학이 말해 온 토대보다 더 심층적인 토대다. 이것이 이 세계를 설명하는 아르키메데스의 점, 유동하는 점이다. 이것을 반복해서 증명할 때 해체론은 심오한 존재론이다. 이 존재론은 동일성의 사유로 요약되는 기존의 존재론과 구별되므로 차이의 존재론이라 불린다.

그 밖에도 해체론자의 변별적 특징은 많다. 가령 니체, 프로이트, 마르크스의 전회를 믿지 않거나 하이데거를 읽지 않고서는 해체론자라고 불리기 어렵다. 또 해체론자들은 일반적으로 문학, 예술, 종교, 정치, 인류학, 정신분석 등의 영역에서 이루어지는 담론을 철학적 담론과 구분하지 않거나 혼합한다. 이런 것들이 해체론에 대한 여러 가지 저항, 즉 프랑스 내에서의 저항, 제도권 철학으로부터의 저항, 백과사전적 내용과 결부된 해체론적 담론 자체의 난해성 등을 설명할 수 있는 이유가 된다.

그러나 적어도 서구에서 인문학의 전반적 추세는 해체론이 예시한 길을 따르고 있다. 시대, 영역 및 지역을 나누던 경계를 자유롭게 왕래하면서 하나의 담론을 문화 전체의 관점에서 바라보려는 새로운 인문학적 시각을 확립하는 데 해체론의 공로는 컸다. 게다가 서양사상사를 탈서양적 관점에서 재해석하는 해체론은 그 어떤 서구의 사조보다 동양적 사유의 온고지신을 자극하고 있다.

김상환

공동 약력

- 1940년 모두 프랑스 출생.
- 젊은 시절부터 프랑스 스트라스부르 대학 철학과 교수로 함께 재직.
- 현재 미국 UC버클리 초빙 교수로 함께 있음.
- 1980~84년 파리 고등사범학교의 정치철학연구소에 공동 소장으로 활동.
- 라쿠라바르트는 세계적인 학술잡지 《포에티크》의 편집에 참여.

관련 저작들

공동 저작

- Jean-Luc Nancy · Philippe Lacoue-Labarthe, *L' absolu littéraire*, Seuil, 1978. —《문학적 절대성》. 독일 초기 낭만주의자들의 문학이론과 철학을 다룬 고전적 저서.
- ———, *Le Titre de la Lettre*, Galilée, 1973. —《문자의 지위》. 라캉에 대한 해체론적 해석.
- ———, *Le Mythe Nazi*, Aube, 1991. —《나치의 신화》. 나치의 출현을 게르만 민족의 정체성을 고안해 내려 한 조형적 의지의 산물로 해석.

공동 편집

- Jean-Luc Nancy · Philippe Lacoue-Labarthe (ed.), *Les Fins de L'homme*, Galilée, 1981. ―《인간의 종언》. 1980년 데리다 사상을 주제로 프랑스에서 개최된 국제학술대회의 발표 논문집.
- ―――, *Rejouer le Politique*, Galilée, 1981. ―《정치성 재고》. 정치철학연구소에서 발표한 논문들에 대한 1차 편집서.
- ―――, *Le Retrait du Politique*, Galilée 1983. ―《정치성의 후퇴》. 정치철학연구소에서 발표된 논문들에 대한 2차 편집서.

장 뤼크 낭시의 저서

- Jean-Luc Nancy, *Ego sum*, Flammarion, 1979. ―《에고 숨》. 데카르트에 대한 현대적 재해석.
- ―――, *La communauté Désoeuvrée*, Bourgois, 1983. ―《무위의 공동체》. 동일성의 원리에 기초한 공동체 개념을 비판하고 차이의 정치학을 제시하는 명저.
- ―――, *L'expérience de la Liberté*, Galilée, 1988. ―《자유의 체험》. 근대 철학에서 철학과 정치를 동시에 떠받쳐왔던 자유의 개념을 현대적 관점에서 재해석하는 중후한 저서.

필립 라쿠라바르트의 저서

- Philippe Lacoue-Labarthe, *Le Sujet de la Philosophie : Typographie 1*, Flammarion, 1979. ―《철학의 주체, 도상적 유형학 1》. 문학과 철학의 대립적 관계 안에서 서양사상사의 흐름을 재구성.
- ―――, *L'imitation des Modernes : Typographie 2*, Galilée, 1986. ―《근대인의 모방 : 도상적 유형학 2》. 근대적 미메시스(모방) 개념이 서양 형이상학에 대한 전복적 효과를 띠어가는 과정을 서술하고 비구상적 사유의 가능성을 모색.
- ―――, *La Fiction du Politique*, Bourgois, 1987. ―《정치성의 허구화》. 하이데거의 나치 참여 이유를 그의 심미적 정치학에서 찾고, 철학과 예술의 관계를 성찰.

참고문헌

- J. Derrida, *Le Toucher, Jean-Luc Nancy*, Galilée, 2000.—《장 뤼크 낭시의 접촉》. 데리다가 낭시의 텍스트를 중심으로 접촉, 만지기, 신체, 기술, 원격통신 등의 주제를 해체론적 관점에서 재분석.
- Sheppard, C. Thomas (ed.), *On Jean-Luc Nancy : The Sense of Philosophy*, Routledge, 1997.—《장 뤼크 낭시에 대하여 : 철학의 의미》. 낭시 철학에 대한 연구 논문 모음.
- S. Sparks (ed.), *Retreating the Political : Philippe Lacoue-Labarthe and Jean-Luc Nancy*, Routledge, 1996.—《정치성 다시 보기 : 필립 라쿠라바르트와 장 뤼크 낭시의 철학》. 낭시와 라쿠라바르트가 공동으로 개진했던 해체론적 정치철학을 소개하기 위해서 그들의 작품을 선별 번역하고 해설을 붙인 책.

인간적인 근대의 성찰

Ulrich Beck 울리히 벡 · Anthony Giddens 앤서니 기든스 · Scott Lash 스콧 래쉬

울리히 벡   앤서니 기든스   스콧 래쉬

'성찰적 근대화론'의 기수 벡·기든스·래쉬

1980년대 중반 체르노빌 핵발전소 사고는 서구 사회에 엄청난 충격을 불러일으켰다. 막연하게 신뢰하던 현대 사회의 안전 체계가 계산 불가능한 위험에 노출되어 있는 것이라는 사실을 확인한 순간 문명의 이름으로 도처에 깔려 있는 생명의 위협에 대해 사람들은 전율하였다.

울리히 벡의 《위험 사회》는 바로 그 시점에서 '현대 문명이 도달한 지점이 과연 어디인지'를 예리하게 파헤쳐 "제도 과학에 유성의 충돌과 같은 충격을 안겨준" 명저로 각광을 받았다.

이 책에서 벡은 "앞으로 나타날 가능성이 있는 삶에 대한 위협"인 '위험'이 자연발생적인 것이 아니라 '근대성' 안에 내재한 자동적 결과임을 날카롭게 보여주었다. 말하자면 생산력의 급속한 발전과 산업 문

명은 자연과 인간의 생명에 대해서 '제조된 불확실성과 위협'을 점점 증가시켜 왔다. 교통 사고나 비행기 사고의 위험부터 테러와 핵무기에 이르기까지 현대인은 24시간 위험을 옆에 끼고 산다. 문제는 이러한 불확실성에 대해 우리의 지식이 지극히 불완전하고, 위험을 정확히 계산할 수 없다는 데 있다.

위험은 전 지구적으로 도처에 깔려 있는데 위험의 내용과 범위를 정확히 알 수 없을 때 반응은 두 가지로 나타난다. 하나는 벡이 '위험의 덫'이라고 부른 위험에 대한 공포 때문에 사회적 행동을 옴짝달싹 못하도록 묶어 놓는 것이고, 다른 하나는 위험을 전면적으로 인식하고 그에 대응하는 시스템들을 비록 불완전하고 다 알지 못한다 하더라도 정치적·사회적 결정들을 통하여 만들어가는 것이다. 이 후자의 과정, 즉 근대 산업사회가 만들어낸 위험한 결과들에 대한 새로운 대응 체계를 사려 깊게 만들어가는 '이미 진행된 미래'를 벡은 '성찰적 근대화(reflexive modernization)'로 명명하였다.

1980년대 벡의 작업이 위험 사회에 초점을 맞추어 오늘의 문명에 대한 비판적 자기 이해에 초점을 두었다면, 1990년대의 벡은 전환기의 세계를 체계적·거시적 수준과 개인적·미시적 삶과 행위의 수준에서 함께 이해하고 대안을 모색하는 데 열중하였다. 그의 생산성은 놀라울 정도여서 거의 일년에 한 권의 책을 낼 정도로 왕성한 집필욕을 보이고 있는데, 그의 저서들은 난해한 이론서라기보다는 시대를 사는 지혜를 알려주는 잠언록과 같은 서술 방식을 취하고 있기 때문에 폭넓게 사랑을 받고 있다.

우연인지는 모르지만 벡의 지칠 줄 모르는 지적 탐험은 영국의 대사회학자 앤서니 기든스와 스콧 래쉬의 작업들과 궤를 같이 하고 있다. 1990년대에 와서 이들은 서로의 이론이 매우 근접해 있음을 확인하게 된다. 《성찰적 근대화》라는 공저는 이렇게 해서 출간되었다. 우선 이들은 비록 쓰임새는 약간 다르지만 성찰성이란 개념을 시대의 비밀을 풀어갈 새로운 화두로 삼고 있다는 데서 공통의 문제 설정(problematic)을 보여주고 있다.

여기서 성찰성이란 이중적 의미로 사용된다. 현대의 모든 제도들과 시스템 속에 자기를 스스로 돌아보게 하는 기제인 성찰성이 내재화되어 있다는 것, 그리고 더욱 개인화하고 있는 삶의 조건 속에서 자기 삶에 대한 성찰적 기획이 심화하고 있다는 것이다. 사회가 근대화할수록 사회 내에 자신의 존재 조건을 반성할 수 있는 계기 또한 많이 형성되며, 그 조건을 변화시킬 수 있는 능력 또한 커진다. 그리하여 성찰적 근대화란 이 세 사람에게 공통적으로 근대를 부정하는 것이 아니라 "지금까지와는 다른 눈으로 근대를 봄으로써" 근대를 더욱 '인간답고 아름다운 근대'로 만들자는 기획인 것이다.

다만 이러한 기획에 있어 벡이 구조의 자기 창조적인 변화에 좀더 주목하고 있다면, 기든스는 지식과 전문가 체계의 중요성을 더 강조하며, 래쉬는 삶의 심미적 차원이 자아내는 새로운 지평에 강세를 주고 있다. 이들에게 "세상은 어떻게 변화하는 것이 바람직한가"라는 물음과 "나의 삶은 어떻게 변화하는 것이 바람직한가"라는 물음은 분리되지 않는다.

이 물음들에 다가서는 것은 이미 존재하는 어떤 투명한 길을 보물찾기처럼 찾는 과정이 아니다. 불확실성으로 휘감긴 '후기 근대'는 모든 투명성이 종말을 고한 시대다. 기존의 좌파처럼 사회주의라는 투명한 길을 전제로 하고, 특정한 지식에 의존해 사회를 가공하려는 사이버네틱 모델로는 적절한 치유책들을 발견할 수 없다.

이 경우 전체주의의 위험 수위는 크게 높아진다. 반대로 계획경제에 대한 시장의 승리에 감격한 나머지, 프리드리히 하이에크(1899~1992. 사회주의와 정부의 시장 개입을 비판함으로써 경제자유주의를 지지하고 시장 경제를 옹호한, 오스트리아 학파의 대표적인 학자)의 말대로 역사가 만들어 낸 최선의 자생적 질서인 시장에 경외심을 가지고 모든 문제를 시장의 논리로 풀라고 권유하는 신자유주의는 '전 지구적인 브라질화(부익부 빈익빈이 심하고 공식 부문과 비공식 부문의 격차가 커서 주변적 노동 빈민이 넘쳐나는 사회)' 또는 '2대 8의 사회'에 대한 방임으로 일관한다. 이들 역시 시장을 투명한 질서로 보는 나머지, 근대화의 유산들이 스스로 만들어낸 위험들과 대면하는 상황을 볼 수가 없다.

벡 등에게 좌파와 우파를 넘어서는 정치의 혁신은 자기의 운명을 결정하는 과정에 다양한 주체들이 참여할 수 있는 통로를 확보하는 것이다. 자아 실현에서부터 구조 개혁에 이르기까지 '투명한 길'이 존재하지 않는 상황에서 정치적 결정을 기다리는 영역은 급속히 늘어난다. 가족이나 성, 기술, 직업, 라이프 스타일 등 비정치적인 것으로 간주되던 영역까지도 이제는 정치의 대상이 되었다. 국가, 이데올로기, 종교, 문화를 포함해 전통의 이름으로 자신을 보존하던 모든 것들이 탈(脫)전통화되고 재(再)전통화(새로운 관행과 제도로 굳어지는 것)되는 과정에서 정치는 일상화되고 있다.

이것을 기든스는 '생활 정치'라는 개념으로, 벡은 '하부 정치'라는 개념으로 포착한다. 양자 모두 성찰적 근대화 시대를 살아가는 지혜는 다양한 영역에서 그 영역을 구성하는 사람들이 어떤 선택을 내리기 위해 대화하고 협상하는 데 터잡아야 한다는 데 동의한다. 벡에게 이것은 여러 행위 주체들이 참여하여 협상하는 원탁 모델의 시민민주주의로, 기든스에게는 고도로 발달한 전문가 체계의 지원을 배경으로 한 대화민주주의로 상정된다. 래쉬에게는 동일한 문제 의식이 세계 내 존재들이 위험 환경 속에서 자신의 삶을 어떻게 풍요롭게 가꾸고 서로를 어떻게 보살피는가 하는 심미적·윤리적 차원의 문제로 치환된다. 다시 말해 세계 내에 홀로 던져진 존재들이 삶을 둘러싼 환경의 복잡성과 위험을 넘어서기 위해 삶에 대한 자기 해석력을 높이는 과정에서 정서적·윤리적으로 연대하는 관계를 중시한다.

세밀한 수준에서는 이론적 차이가 적지 않음에도 불구하고 이 세 사람을 연결시켜 주는 것은 보다 나은 사회를 향한 꿈의 물질적 근거를 현실 안에서 찾고자 하는 유토피아적 현실주의다. 따라서 이 세 사람의 '성찰적 근대화론'은 세계화 시대의 사회학적·정치학적 상상력을 넓히고자 하는 사람들에게는 새로운 고전이 되고 있다.

박형준 ■ 동아대 교수 · 사회학 hjpark@donga.ac.kr

'성찰'의 사회학적 의미

세계적인 비판사회학자들이 모더니즘과 포스트모더니즘 논쟁에 본격적으로 가세하기 시작한 것은 1970년대 후반이다. 문학 등 예술에서 시작된 이에 대한 논의는 1980년 독일의 사회철학자 위르겐 하버마스(1929~)가 《미완의 기획으로서의 근대성》으로 포문을 열고 다른 사회학자들이 여기에 가세하였다.

저마다 자신의 독창적 개념을 들고 나온 논객들 사이에 울리히 벡과 앤서니 기든스, 스콧 래쉬가 있다. 이들은 근대성의 가치를 부정하지 않으면서 이를 극복, 재발견하고자 했던 점에 의기투합했고, 적잖은 공동 작업을 통해 이를 가시화하였다. 벡은 '성찰적 근대성'을, 기든스는

'후기 근대성'을, 래쉬는 '심미적 성찰성'을 앞세우며 상이점을 보이는 듯했으나 근대성의 한계를 극복하고 새로운 근대(벡의 말로는 '제2의 근대')로 나아가는 돌파구를 모색한다는 점에서 동질적이다.

따라서 세 사람의 주장을 아우르는 키워드로 '성찰(省察)적 근대화'를 꼽는 것이 무리는 아니다. 다만 벡에게서 비롯된 '성찰적'이란 말(독일어로 reflexiv)을 우리말로 옮김에 있어 '반환적(返還的)' 혹은 '재귀적(再歸的)'이라는 표현이 보다 정확하다는 이론이 있으나, 제1의 근대, 후기 근대, 제2의 근대의 변증법적인 과정으로 이행한다는 점에서 '성찰적'에 무게를 두는 편이다. 벡은 산업사회, 집단적 정체성, 민족국가, 노동사회 등을 특징으로 한 제1의 근대가 예측하지 못한 결과에 의해 약화되면서 새로운 근대성을 발전시키고 있다고 분석하였다.

프랑스의 사회학자 피에르 부르디외(1930~2002)도 이른바 '성찰적 사회학'을 제시했으나, 그가 말하는 성찰성은 우리 지식의 무의식적인 전제에 대한 체계적인 반성을 의미한다는 점에서 세 사람과 구별된다.

벡과 기든스, 래쉬 중 한국에는 벡과 기든스가 많이 알려져 있다. 벡은 평이하면서도 구체적인 사례들로 사회 현상을 날카롭게 분석한 일련의 저작들이 속속 번역되면서 대중의 관심을 끌었으며, 기든스는 영국의 토니 블레어 정부가 좌파와 우파를 극복하는 '제3의 길'을 정책의 기치로 내걸자 그것의 이론적 제공자로서 조명을 받았다.

이는 두 사람의 이론에 대한 치밀한 접근과 이를 우리 현실에 적용하는 방식에 대한 모색보다 외적인 이미지에 감화된 측면이 많았다는 뜻으로, 앞으로 우리의 학계가 '성찰'해야 할 과제이기도 하다.

정재왈 ▪ 기자

울리히 벡의 약력

- 1944년 독일 슈톨프 출생.
- 1972 뮌헨 대학 사회학 박사.
- 1978 뮌스터 대학 사회학 정교수.
- 1981 《사회 세계》(*Sozial Welt*) 편집인.
- 1986 밤베르크 대학 정교수.
- 현재 뮌헨 대학과 런던정치경제대학 교수.

관련 저작들

울리히 벡의 번역서
- 울리히 벡, 《위험 사회》, 홍성태 옮김, 새물결, 1997.
- 울리히 벡 외, 《성찰적 근대화》, 임현진·정일준 옮김, 한울, 1997.
- 울리히 벡, 《정치의 재발견》, 문순홍 옮김, 거름, 1998.
- 엘리자베트 벡-게른스하임, 울리히 벡, 《사랑은 지독한, 그러나 너무나 정상적인 혼란》, 강수영·권기돈·배은경 옮김, 새물결, 1999.
- 울리히 벡, 《아름답고 새로운 노동세계》, 홍윤기 옮김, 생각의나무, 1999.
- ──, 《적이 사라진 민주주의》, 정일준 옮김, 새물결, 2000.
- ──, 《지구화의 길》, 조만영 옮김, 거름, 2000.

울리히 벡의 미번역서
- ──, *Kind der Freiheit*, Suhrkamp Verlag, 1997.—《자유의 유형》

앤서니 기든스의 약력

- 1938년 영국 런던 출생.
- 1961년 헐 대학 졸업.
- 1967년 케임브리지 대학 사회학 박사.
- 1972년 케임브리지 대학 교수.
- 현재 런던정치경제대학 학장, 토니 블레어 영국 수상의 이론적 컨설턴트.

관련 저작들

앤서니 기든스의 번역서

- 앤서니 기든스, 《사회이론의 주요 쟁점》, 윤병철·박병래 옮김, 문예출판사, 1989.
- ──, 《사적 유물론의 현대적 비판》, 최병두 옮김, 나남, 1990.
- ──, 《포스트모더니티》, 이윤희 옮김, 현상과 인식, 1993.
- ──, 《민족국가와 폭력》, 진덕규 옮김, 삼지원, 1993.
- ──, 《좌파와 우파를 넘어서》, 김현옥 옮김, 한울, 1997.
- 앤소니 기든스 외, 《성찰적 근대화》, 임현진·정일준 옮김, 한울, 1997.
- 앤서니 기든스, 《현대 사회학》 제3판, 김미숙 옮김, 을유문화사, 1998.
- ──, 《제3의 길》, 한상진 옮김, 생각의나무, 1998.
- ──, 《현대성과 자아 정체성》, 권기돈 옮김, 새물결, 1998.
- 앤서니 기든스 외, 《기든스와의 대화》, 김형식 옮김, 21세기북스, 1998.
- 앤서니 기든스, 《현대 사회의 성, 사랑, 에로티시즘》, 배은경·황정미 옮김, 새물결, 1999.
- ──, 《뒤르켐》, 이종인 옮김, 시공사, 2000.
- ──, 《질주하는 세계》, 박찬욱 옮김, 생각의나무, 2000.
- 앤서니 기든스·윌 허튼, 《기로에 선 자본주의》, 박찬욱 외 옮김, 생각의나무, 2000.

앤서니 기든스의 미번역서

- Anthony Giddens, *New Rules of Sociological Method*, Basic Books RKP, 1981.—《사회학 방법의 규칙》
- ———, *The Nation State and Violence*, University of California Press, 1985.—《국민국가와 폭력》
- ———, *Social Theory and Modern Sociology*, Stanford University Press, 1987.—《사회이론과 현대 사회학》

스콧 래쉬의 약력

- 1945년 미국 시카고 출생.
- 1967년 미시간 대학 졸업.
- 1973년 영국 런던정치경제대학 사회학 박사.
- 1977～1998년 랭카스터 대학 교수
- 현재 런던 대학 골드스미스 칼리지 교수 및 문화연구소 소장.

관련 저작들

스콧 래쉬의 번역서
- 스콧 래쉬,《기호와 공간의 경제》, 박형준 옮김, 현대미학사, 1997.
- 스콧 래쉬 외,《성찰적 근대화》, 임현진 · 정일준 옮김, 한울, 1997.

스콧 래쉬의 미번역서
- Scott Lash · John Urry, *The End of Organized Capitalism*, Polity, 1987.—《조직자본주의의 종말》
- Scott Lash, *Sociology of Postmodernism*, Routledge, 1990.—《탈현대의 사회학》

라캉으로 대중문화 읽기

S l a v o j Ž i ž e k   슬 라 보 이   지 젝

슬라보이 지젝

지젝의 정신분석학 '새로 읽기'

　정신분석학은 '억압된' 무의식에 원칙적으로, 그리고 지속적으로 주목하는 유일한 학문이다. 한때 서양에서도 정신분석학은 심리 질환의 모든 원인을 성에서 찾으려 하는 '판섹슈얼리즘(pansexualism)'에 지나지 않는다는 오해를 받은 적이 있었지만, 이러한 오해가 불식되자마자 정신분석학은 서양 학문의 주도적인 패러다임으로 자리를 굳혔다.
　바야흐로 우리는 정신분석학의 시대에 살고 있다. 철학, 예술 문화 이론, 사회 이론 등 인문학 분야는 물론 심리학, 정신의학에 이르기까지 적어도 '인간의 문제'를 다루는 분야에서 직간접적으로 정신분석학의 영향을 받지 않은 학문 분야는 거의 없다.
　정신분석학이 우리를 매혹하는 것은 그것이 의식으로부터 억압된

'금지된 세계' 즉 무의식의 영역에 눈을 돌릴 것을 꾸준히 요구하는 유일한 학문이기 때문이다.

여기에서 억압은 두 가지 의미로 이해할 수 있다. 정신 질환을 발생시키는 좁은 의미의 억압 즉 임상적 의미에서의 억압과, 넓은 의미의 억압 즉 정치적·사회적 억압이다. 지그문트 프로이트(1856~1939)가 입증했고 자크 라캉(1901~81)이 다시 한 번 확인했듯이 이 두 가지 종류의 억압은 서로 긴밀히 연결되어 있다.

프로이트는 신경증의 치료는 억압된 무의식을 의식화함으로써만 가능하다고 보았다. 라캉에 따르면 증상이란 '전능한' 타자(他者)에 대한 주체의 반작용으로서, 무의식의 세계에 무언가 문제가 있다는 것을 보여주는 일종의 기호다. 그러므로 프랑크푸르트 학파의 철학사상에서 잘 드러났듯이, 서양 사회에서 정신분석학이 사회 비판적인 여러 이론들과 결합해 '인간과 삶의 총체적 해방'을 추구하는 진보적 사상의 한 흐름으로 확고히 정착한 것은 결코 우연이 아니다.

최근 세계적으로 각광받고 있는 슬라보이 지젝의 이론에 우리가 주목하는 것도 이러한 맥락에서다. 지젝은 라캉 정신분석학 이론을 바탕으로 독일 관념론 철학(특히 헤겔), 마르크스, 프랑크푸르트 학파, 그리고 대중 문화(특히 영화)를 광범위하게 원용함으로써 정신분석학과 철학의 '수준 높은 대중화'에 결정적인 공헌을 한 사상가다.

지젝의 학문 작업이 포괄하는 영역은 매우 광범위하므로 이를 간략히 요약하기란 불가능하겠지만 그럼에도 우리는 그의 초기 저서, 즉 《가장 숭고한 히스테리 환자―헤겔이 통과하다》, 《이데올로기의 숭고한 대상》 같은 저서에서 지젝의 학문적 방향과 관심사에 대한 분명한 청사진을 볼 수 있다. 지젝은 《이데올로기의 숭고한 대상》의 서론에서 그 책의 목표를 다음 세 가지로 정리하였다.

첫째, '후기 구조주의'라는 라캉에 대한 왜곡된 이미지를 정정하면서 라캉 정신분석학의 기본 개념을 소개하고, 더 나아가 비합리주의자로 오인된 왜곡된 라캉의 이미지에 반대해 계몽주의적 전통 속에 라캉을 자리매긴다.

둘째, 라캉 정신분석학의 기초 위에서 헤겔 변증법을 새로 읽는다. '관념론적 일원론'이라는 헤겔 해석은 전적으로 오해이며, 헤겔이 말하는 '절대적 지식'이란 상실, 혹은 결핍의 승인을 의미할 뿐이라는 것을 밝힌다.

셋째, 상품 물신성과 같은 잘 알려진 고전적 모티프에 대한 새로운 독해, 그리고 일견 이데올로기론과 아무 상관없어 보이는 '고정점', '숭고한 대상', '잉여 향유' 같은 라캉의 개념에 대한 새로운 독해를 통해 이데올로기론의 정립에 기여한다.

요컨대 지젝에 따르면 라캉 정신분석학은 비합리주의적 이론이 아니라 오히려 반대로 계몽주의 전통의 계승으로서 이의 가장 급진적인 형태다. 그리고 이미 《가장 숭고한 히스테리 환자—헤겔이 통과하다》에서 이미 주장한 바 있듯이 지젝에 따르면 라캉 이론은 독일 관념론, 특히 헤겔 논리학을 바탕으로 보다 정확히 해명될 수 있다. 헤겔의 절대적 지식이란 절대적 지식의 불가능성, 결핍, 달리 말해 라캉이 말하는 욕망이라는 것이다.

지젝은 또한 라캉 정신분석학과 알튀세르, 그리고 프랑크푸르트 학파의 이론을 결합시킴으로써 오랫동안 사회이론가들의 주요 관심사였던 이데올로기 개념을 명확히 하는 데 기여한다. 지젝의 이데올로기론은 알튀세르의 유명한 글인 〈이데올로기와 이데올로기적 국가 장치〉의 속편이라고 평가할 만하다.

지젝은 정신분석학과 철학을 접목시킴으로써 개인과 사회의 관계라는 난제(難題) 앞에서 좌초한 기존의 사회 이론에 대해 신선한 해답을 제공한다. 인간 주체의 사회 변혁 능력을 강조하는 휴머니즘적 마르크스주의는 개인의 사회 변혁 능력을 과대 평가한 나머지 사회 변혁을 통해 모든 사회적 억압을 제거할 수 있을 것이라는 역사주의적 오류에 빠졌다. 지젝에 따르면 현실 사회주의는 사회주의가 실현되었음에도 불구하고 인간은 무의식을 가지고 있다는 사실로부터 연유하는, 제거될 수 없는 항구적인 억압적 현실을 무시했기 때문에 전체주의 국가로 변해 버렸다.

이와 반대로 구조주의적 마르크스주의는 구조적 변혁의 필요성을 강조하였다. 하지만 이 이론은 개인에 대한 구조의 우위성을 주장하므로 개인의 변혁 능력을 인정할 여지가 없다는 문제점과 함께 주체의 내밀한 삶과 고통의 문제를 생각할 수 있는 이론적 도구를 갖고 있지 못하다는 한계가 있다. 이 두 이론 유형에 대해 '라캉-지젝주의'는 과도한 보편화(구조주의)가 사회의 역사성을 숨긴다면, 과도한 역사화(휴머니즘)는 다양한 역사에서 항상 똑같이 반복되는 억압적 현실을 보지 못한다고 비판한다.

무의식적으로, 그리고 항구적으로 존재하는 개인과 사회의 억압을 고려하지 않는다면 모든 변화는 필연적으로 새로운, 혹은 더 큰 억압 구조를 출현시키고야 말 것이다. 정신분석학적 의미에서 억압은 결코 완전히 제거할 수 없는 것이다. 그것은 구조적인 사실이다. 그렇다면 필연적으로 존재할 수밖에 없는 억압을 인정할 때만 해방의 이름으로 자신과 타인에게 가해지는 억압과 부정의(不正義)를 최소화할 수 있다.

따라서 지젝이 라캉 정신분석학과 더불어 주체의 자기 반성(자기 분석)의 필요성을 강조하는 것은 당연한 일이다. 정신분석학적 의미에서 주체의 탄생은 자신의 무의식까지도 책임지는 주체로의 변화를 의미하며, 이러한 점에서 정신분석학은 근대 주체 철학의 비판적 발전이라고 할 수 있다. 주체의 자기 성찰이 실제적인 사회 변혁을 대신하는 것은 아니지만, 주체의 자기 성찰 없는 사회 변혁은 궁극적으로 인간 해방을 가져다주지 못한다.

그렇다면 우리는 이제 왜 《세미나 제7권 : 정신분석학의 윤리》에서 〈안티고네〉를 분석하면서 라캉이 정치를 직접 논하지 않고 '정신분석학의 윤리'라는 우회로를 통해 간접적으로 정치에 대해 이야기해야만 했는지 수긍할 수 있게 된다. 정신분석학은 정치를 '궁극적으로' 주체의 윤리적 결단의 효과라는 관점에서 파악하기 때문이다. 지젝이 우리에게 보여주었듯이 사회 변혁, 보수적 이데올로기의 극복은 '그럼에도 불구하고'라는 '성도착적 행위'의 논리를 포기하는 주체의 윤리적 결단을 통해서만 성취될 수 있다는 것이다.

지젝은 라캉 정신분석학의 계몽주의적 합리성을 부정하지 않으면서도, 라캉 정신분석학의 포스트모던적 요소에 주목한다. 지젝에게 포스트모더니티(탈근대성)는 모더니티(근대성)에 이어지는 '새로운 단계'가 아니다. 마치 헤겔의 논리학에서 존재와 무(無)가 서로 분리된 것이 아니라 매개되어 있는 것처럼, 포스트모더니티는 모더니티에 '필연적으로 내포'되어 있는 것이다. 그러므로 지젝에게 포스트모더니티란 합리성이나 사회 변혁의 희망을 포기한 비합리적 사고가 아니다. 그것은 일상성 속에 내재해 있는 급진성의 체험이자 주체적·사회적 실천을 의미한다.

지젝이 대중 문화에 '강박적으로' 관심을 갖는 이유도 여기에 있다. 너무나 친숙해 비판의 대상이 되지도 못하던 일상이 갑자기 '섬뜩한 것'으로 느껴질 때, 비로소 사람들은 자기 존재의 '근거 없음'에 대해 생각하게 된다.

앨프리드 히치콕의 영화 〈사이코〉에서처럼 안락한 샤워실이 살인의 장소로 변할 때, 혹은 데이비드 린치의 영화 〈블루 벨벳〉에서처럼 평화로운 마을의 풀밭에서 잘린 사람의 귀가 발견되었을 때 중산층의 안락한 생활이 무시무시한 폭력의 위협에 휩싸여 있음을 깨닫는다.

라캉 정신분석학에서 '실재의 충격'이라고 설명하는 이러한 체험은 베르톨트 브레히트의 '소격 효과(疎隔效果. 관객을 무대에 몰입하지 못하게 하여 의식화를 이루려는 효과)'보다 더 급진적인 충격을 낳는다고 지젝은 본다.

지젝이 대중 문화에 끊임없이 관심을 갖는 또 하나의 이유는 고급 문화와 대중 문화, 본질과 가상이라는 이분법을 없앰으로써 '보통 사람들'의 평범한 미적·성적 체험을 존중하기 때문이다. 이러한 점에서도 지젝은 대중 문화를 존중하고, 여기에서 사회 변혁을 위한 희망의 단서를 발견하는 진보적인 학자다. 보다 나은 삶에 대한 희망은 우리의 삶과 동떨어진 공허한 이론에서가 아니라 우리가 일상적으로 만나는 구체적인 문화적 현상으로부터 그 추동력을 얻어야 한다는 것이다.

홍준기 ■ 홍준기 정신분석연구소 소장 · 정신분석학 junkh7@hanmail.net

슬로베니아 라캉 학파

슬라보이 지젝을 중심으로 하는 '슬로베니아 라캉 학파'는 프로이트-라캉 정신분석학의 메타심리학적 차원, 특히 정신분석학의 철학적 근거와 사회적 측면에 초점을 맞추어 연구를 수행한다.

메타심리학적 차원에서 정신분석학은 단순한 치료 기술로서의 정신분석학을 넘어서 포괄적인 문제를 제기한다. 예컨대 신경증의 원인과 결과(신경증) 사이에 존재한다고 가정되는 인과 관계의 본질, 정상과 비정상의 정의, 치료 혹은 분석의 목표, 정신분석학과 타 학문(심리학, 정신의학, 철학, 예술 등)의 관계, 신경증의 원인인 억압에서 가족과 사회의 역할 등을 탐구한다. 메타심리학으로서의 정신분석학은 철학, 인문학, 정신의학, 심리학 연구를 위한 '기초 학문', 혹은 '새로운 철학'의 역할을 수행한다.

여기에서의 정신분석학은 여타의 '심리 치료'를 위한 학문과 같이 단순히 기술이나 효율성의 관점에서 통제적 혹은 교육적으로 문제에 접근하는 것이 아니라, 보다 근본적인 질문에 대해 통찰하고 연구할 것을 요청한다. 임상 이론으로서의 정신분석학이 전제하고 있는 여러 개념들 (예컨대 심리 장치, 무의식, 충동 등)에 대해 보다 근원적으로 탐구할 뿐만 아니라 더 나아가 정신분석학 자체의 근거와 의미, 타 학문과의 관계, 정신분석 치료의 목적이나 사회적 의미 등에 관해 질문하는 것이다.

라캉 학파의 창시자인 슬라보이 지젝은 구사회주의 지역이었던 슬로베니아 출신의 정신분석학자다. 이 때문에 그를 중심으로 한 일단의 이론 정신분석학자 그룹은 '슬로베니아 라캉 학파'로 불린다. 돌라르, 리나, 보스비치, 주판치치, 살레클 등과 같은 류블랴나 대학 및 사회과학연구소의 동료, 제자들로 구성되어 있는 슬로베니아 라캉 학파는 슬라보이 지젝의 문제 제기에 발맞추어 철학, 정치, 문화를 아우르는 포괄적인 연구를 수행하고 있으며 독창적인 이론정신분석학 그룹으로 세계적인 인정을 받고 있다.

구사회주의 지역 출신답게 지젝은, 초기 저작인 《이데올로기의 숭고한 대상》(1989)에서 이미 잘 드러냈듯이 '우파와 좌파에 공통적으로' 존재하는 '전체주의 이데올로기'를 비판하는 것에 많은 관심을 가지고 있다. 정신분석학과 사회 이론, 철학을 연결하는 작업을 한다는 점에서 지젝은 마르크스, 헤겔, 프랑크푸르트 학파와 알튀세르의 사상사적 흐름을 잇고 있다. 슬라보이 지젝에게서 라캉과 마르크스, 그리고 독일 관념론 철학(헤겔, 셸링, 칸트 등)이 집대성되고 있는 것이다.

하지만 그의 이론적 관심이 단순히 좁은 의미의 사회심리학 혹은 정치철학에 국한되는 것은 아니다. 지젝은 자신의 연구 영역을 영화와 대중 문화, 철학 등 광범위한 분야로 확대했고, 이를 바탕으로 자신의 독특한 라캉론을 전개하였다. 지젝의 학문적 성과 중에서 반드시 언급해야 할 중요한 것 중 하나가 라캉 정신분석학을 헤겔 철학과 연결시켜 해석한 것이다.

이 점에서도 지젝은 변증법 전통을 중시하는 프로이트-라캉적 사고에 충실하고 있다고 할 수 있다. 정신분석학이 말하는 '심리적 과정'은 자연과학적·의학적인 단선적(單線的) 사고에서가 아니라 헤겔 논리학에서 제시된 변증법적 차원을 통해서만 설득력 있게 해명될 수 있다는 것이 지젝의 핵심적 주장 중 하나다.

그러므로 지젝은 라캉의 이론을 헤겔 철학 및 논리학적 관점에서 재해석하는 것에 많은 관심을 갖고 있으며 이를 성공리에 수행한 것에 자신의 학문 작업의 독창성이 있다고 생각한다.

라캉 정신분석학을 독일 관념론 철학, 영화, 대중 문화, 그리고 이데올로기 비판 등 다양한 분야에 적용한 지젝의 학문적 업적은 국제적으로 널리 인정받고 있으며, 영미권은 물론 유럽학계에서도 널리 수용되고 있다. 뿐만 아니라 특히 젊은층들 사이에서 지젝은 영화와 대중 문화에 대한 그의 정열로 인해 '컬트 인물'로도 통하고 있다.

홍준기

슬라보이 지젝의 약력

- 1949년 슬로베니아 출생.
- 슬로베니아 류블랴나 대학에서 철학 공부.
- 1980년대 초 프랑스 파리 8대학에서 정신분석학 박사.
- 1980년대 류블랴나에서 '이론정신분석학회'를 창립하여 회장으로 일했으며 전체주의와 인종주의에 반대하는 운동가로 활동.
- 1990년 슬로베니아 첫 다당제 선거에서 대통령 후보로 나섬.
- 현재 류블랴나 대학 사회과학연구소 상임연구원 겸 독일 에센 소재 문화 연구소 초빙 연구원.

관련 저작들

번역서

- 슬라보이 지젝, 《삐딱하게 보기》, 김소연·유재희 옮김, 시각과언어, 1995.
- ──, 《당신의 징후를 즐겨라》, 주은우 옮김, 한나래, 1997.
- ──, 《항상 라캉에 대해 알고 싶었지만 감히 히치콕에게 물어보지 못한 모든 것》, 김소연 옮김, 새물결, 2001.
- ──, 《향락의 전이》, 이만우 옮김, 인간사랑, 2001.

미번역서

- Slavoj Žižek, *Le Plus sublime des hystériques : Hegel passe*, Le Point hors ligne, 1988. ─《가장 숭고한 히스테리 환자 ─ 헤겔이 통과하다》
- ──, *The Sublime Object of Ideology*, Verso, 1989. ─《이데올로기의 숭고한 대상》
- ──, *For They Know Not What They Do*, Verso, 1991. ─《그들은 자신이 하는 일을 알지 못한다》
- ──, *Tarrying with Negative : Kant, Hegel, and the Critique of Ideology*,

Duke University, 1993.—《부정성과 함께 머무르기—칸트, 헤겔, 그리고 이데올로기 비판》
- Slavoj Žižek · R. Saclecl(ed.), *Gaze and Voice as Love Object*, Duke University Press, 1996.—《사랑의 대상으로서의 시선과 음성》
- Slavoj Žižek, *The Plague of Fantasies*, Verso, 1997.—《환상의 재앙》
- Slavoj Žižek(ed.), *Cogito and the Unconsciousness*, Duke University Press, 1998.—《코기토와 무의식》
- Slavoj Žižek, *The Ticklish Subject : The Absent Centre of Political Ontology*, Verso, 1999.—《불안정한 주체 : 정치적 존재론의 부재하는 중심》

주변부와 타자에게 말걸기

Gayatri Chakravorty Spivak 가야트리 차크라보르티 스피박

가야트리 차크라보르티 스피박

스피박의 '서구 배움에서 벗어나기'

1980년대 이후 서구 지식계의 저항 담론에서 주류를 형성하고 있는 탈식민 이론의 선두주자 중 하나인 스피박을 이 짧은 지면에 제대로 소개한다는 것은 벅찬 일이다. 1960년대 이래 형성된 탈구조주의, 후기 마르크스주의, 페미니즘 등을 근간으로 하여 그러한 이론의 한계를 극복하려는 스피박은 이론적 입장이나 정치적 입장이 복잡하기 짝이 없고 그의 글 또한 무척 난해하기 때문이다.

탈식민 이론이나 실천적 논의가 한국에서 근래에 상당히 활발해지고 있음에도 불구하고 그의 대표적인 논문인 〈하층민이 말을 할 수 있을까〉(Can the Subaltern Speak?)를 제외하고서는 번역된 글이 없다. 탈식민 이론이 지향하는 서구 중심 이론의 극복이라는 과제를 염두에 둔다

면 한국에서 스피박을 비롯한 호미 바바(1949~ . 시카고 대학 교수) 등의 이론을 번역하여 논의의 장을 본격적으로 여는 것은 시급한 일일 것이다. 그러나 읽기가 상대적으로 쉬운 에드워드 사이드의 저술들과 탈식민 이론에 대한 해설서만이 번역되어 있을 뿐 논의에 기본적으로 필요한 이론가들의 저작은 소개되어 있지 않은 실정이다.

스피박은 1942년 인도의 캘커타에서 출생하여 캘커타 대학을 졸업한 뒤 미국의 코넬 대학에서 공부했다. 이곳에서 대표적 해체 이론가인 폴 드 만을 만났고 그를 지도 교수로 하여 박사학위를 받은 후 아이오와, 피츠버그 대학 등을 거쳐 현재는 컬럼비아 대학 석좌교수로 있다.

이와 같은 그의 출신과 이력은 그의 이론적 작업의 배경을 이룬다. 말하자면 스피박은 서구 지식 체계 내에서 제3세계 출신이라는 자의식을 가지고 서구 지식인들이 형성하는 서구 이론에 도전하고 저항하며 극복하는 이론가다.

스피박을 일컬어 흔히 해체론자, 마르크스주의자, 페미니스트라고 한다. 그러나 그를 수식하는 이 세 가지 형용어 각각이 그의 지적 작업의 특성을 말해 주는 것은 아니다. 오히려 그는 그를 수식하는 이런 형용어가 갖는 이론적 토대를 넘어서려는 작업을 하고 있다.

해체 이론가로서 그는 텍스트를 자세히 분석함으로써 이의 틈새를 읽어 텍스트 자체를 해체하는 자크 데리다나 폴 드 만 등과 달리 해체 이론의 틀을 현실을 분석하는 도구로 삼음으로써 해체 이론을 정치화한다. 그의 스승 폴 드 만이나 자크 데리다의 이론에서 출발하면서도 탈정치성으로 특징되는 이들 이론을 정치적 이론으로 바꿈으로써 해체 이론을 극복하는 것이다.

마르크스주의자로서 그는 전통적인 마르크스주의자들이 계급 문제를 중심으로 현실을 분석함으로써 계급으로 설명할 수 없는 성(性)이나 인종 문제 등을 도외시하는 것과는 달리 마르크스주의의 틀을 갖추면서도 주변부, 특히 주변부 여성의 문제를 이론화하려 한다. 또한 그는 전통적 마르크스주의자의 이론을 탈구조주의적 맥락에서 다시 읽음으로써 마르크스주의의 이론을 현실 분석의 도구로서만이 아니라 이론적 투쟁의 장에 전면으로 내세운다.

페미니스트로서 그는 정교하게 이론화한 페미니즘 이론이 비서구 여성을 오히려 억압하는 결과를 가져온다는 것을 밝힘으로써 서구의 페미니즘을 비판한다. 서구의 일반적인 이론적 틀로써 설명할 수 없는 스피박의 이와 같은 입장은 자신이 인도라는 제3세계 출신의 여성이라는 자의식에서 나온다.

〈하층민이 말할 수 있을까〉에서 그는 자신이 인도 출신의 여성이라는 의식을 가지고 서구의 진보적 이론이 인도와 같은 제3세계의 하층민의 이익을 대변하지 않고 있다고 비판한다. 여기에서 '하층민(the subaltern)'은 마르크스주의자 안토니오 그람시가 지배 계층(the dominant)에 종속되어 있는 집단을 지칭하기 위해 사용된 말이다. 또한 이 하층민이란 말은 인도에서 제국주의적 역사 서술과 인도 내부의 지배 계층 중심의 역사 서술을 넘어서 하층민 중심의 역사를 쓰기 위한 이론적 모색을 시도하는 '하층민 연구 모임(subaltern studies group)'이 본격적으로 사용하는 단어이기도 하다.

스피박은 '하층민 연구 모임'의 기본틀을 받아들이면서 그 하층민의 목소리를 듣는 어려움, 그리고 그 가능성을 이론적으로 모색한다. 스피박은 서구의 진보적 이론가들은 마치 자연스럽게 억압받는 자들의 대변인으로 자신들을 내세우나 진작에 억압받는 자들의 진정한 목소리를 들으려는 노력은 하고 있지 않는 사실을 비판한다.

스피박은 하층민의 목소리를 듣기 위해서는 하층민의 목소리를 듣는 것의 어려움을 우선 인식해야 한다고 말한다. 왜냐하면 서구의 특권적 위치에 있는 그 자신이 하층민의 목소리를 바로 듣고 대변할 수는 없기 때문이다.

　서구의 고급 이론으로 무장하여 지적 작업을 하고 있으며, 현실 생활에서 유수한 대학의 교수라는 것은 그가 특권적 삶을 살고 있다는 뜻이다. 그러나 스피박은 이러한 특권을 '오염'으로 인식한다. 서구의 고급 이론은 일반적으로 세계를 분석하는 정교한 틀을 제공하지만, 그러한 이론들이 편견을 만들기도 하기 때문이다.

　서구의 교육을 받았으면서도 서구 이론들의 이러한 한계를 동시에 의식하는 것은 그로 하여금 서구의 '배움에서 벗어나기(unlearning)'라는 이론적 입장을 가지게 하였다. 스피박에게 '배움에서 벗어난다'는 것은 두 가지의 태도로 나타난다.

　하나는 고급 교육을 받았고 교수와 같은 특권적 위치에 있는 자신이 그 특권적 위치 때문에 특권에서 배제된 하층민이나 주변부 사람들의 삶에 대해 알지 못한다는 자의식을 갖는 것이다. 이 자의식은 인종적 · 계급적 · 성적 의미에서의 중심에서 배제된 타자(他者)들—백인에 대한 타자는 유색인, 부르주아의 타자는 하층민, 남성의 타자는 여성—에 대해 자신이 모른다는 사실을 의식하는 태도다. 이는 타자에 대해 경험적으로 모른다는 것뿐만 아니라 정치, 경제, 문화, 이데올로기에 작용하는 사회적 구조에 의하여 타자에 대한 지식의 습득이 방해받고 있다는 점을 의식하는 것이다.

　다른 하나는 중심부 집단에 의하여 발언이 봉쇄되어 침묵을 강요당한 이러한 타자의 목소리를 되살리려는 태도를 갖는 것이다. 침묵이 된 타자의 목소리를 복원하는 것은 이런 타자에 대한 '말걸기'와 또 그들의 목소리를 듣는 방법을 모색함으로써 이루어진다고 스피박은 생각한다.

스피박은 침묵이 강요된 타자의 대표적 존재로서 제3세계의 하층민 여성을 꼽는다. 제3세계의 하층민 여성은 서구의 제국주의에 의하여, 그리고 제3세계 내의 가부장 제도에 의해 이중으로 억압당하며 목소리를 잃고 있기 때문이다. 스피박은 이와 같은 제3세계 여성의 목소리를 어떻게 찾아내는가에 관심을 기울인다. 스피박은 남성들이 중심되는 독립 운동의 과정에서 남성들에 의해 암살 지령을 받은 여성이 자신의 월경 중에 자살해 버린 인도의 젊은 여성을 예로 들어 하층민 여성이 서구의 제국주의자들이 대변하는 여성 구원이라는 명분이나 남성 민족주의자들에 의해 여성을 남성의 목적에 종속시키는 방식 양쪽에 저항하여 몸으로 자신을 대변하는 인도의 하층민 여성의 목소리를 읽어낸다.

이와 같이 서구의 배움에서 벗어나서 제3세계의 여성에게 말을 걸고 그들의 목소리를 듣는다는 것은 침묵되어진 제3세계 여성의 위치를 단순히 옹호하여 대변하는 것을 의미하지 않는다. 이 말은 이미 취득한 서구의 이론을 이용하여 서구의 담론이 어떻게 이데올로기적으로 제3세계인을 식민인(植民人)으로 구성하고 있는가를 밝히는 것을 뜻한다.

제3세계 출신 이론가로서 스피박은 끊임없이 자신의 위치에 대한 자의식을 가지고 그 특권적 위치를 자기 출신 지역의 억압받는 하층민과 연결하려는 노력을 통해 지배적 서구 담론이 일방적으로 작용하지 못하게 하는 '훼방꾼' 같은 지식인이다.

이와 같은 자의식을 가지고 제3세계의 하층민 여성과의 관계를 모색하는 스피박의 이론적 작업은 여러 다른 방식으로 나오지만 크게 보아 서구의 지식 체계 내에서 제3세계 출신으로서의 서구의 지식인인 자신이 서구의 지식 체계와 어떤 관계를 갖는지에 대한 끊임없는 모색이라고 할 수 있다.

이러한 작업은 그의 오래 전에 나온 저술들을 비롯하여 최근의 《탈식민 이성 비판:소멸하는 현재의 역사를 위하여》(1999)에서도 서구의 철학, 역사, 문학, 문화가 어떻게 제3세계의 존재를 침묵시키고 있는지를 제3세계 출신의 입장에서 분석하고 있다.

스피박의 이러한 작업은 서구 중심의 교육과 이데올로기가 지배하는 우리의 교육 현장과 지식 생산의 현장에서 우리에게 중요한 이론적 저항 전략을 제공하고 있는 것이다.

고부응 ▪ 중앙대 교수 · 영문학 bekoh@cau.ac.kr

탈식민주의론을 둘러싼 논쟁

동양 출신으로 서구 지성계를 압도한 탈(脫)식민주의론자 중 흔히 '삼총사'로 불리는 사람들이 있다. 《오리엔탈리즘》(1978)의 저자 에드워드 사이드와 스피박, 그리고 호미 바바가 그들이다. 사이드는 중동(中東)의 팔레스타인에서 태어났으며 스피박과 바바는 인도 태생이다. 세 사람 모두 미국에서 활동 중이다.

최근 이들을 중심으로 한 서구의 탈식민주의 연구는 전통적인 학제 편성이나 문화 분석의 양식을 변화시키면서 여러 분야에서 많은 성과를 이루었다. 그러나 이들의 권위가 높아지고 서구의 제도권 학계에 편입됐다는 '의구심'이 짙어지면서 이론과 비평을 구분해서 봐야 한다는 시각이 대두하기 시작했다.

쉽게 말해, 예의 '삼총사'는 자크 데리다나 자크 라캉, 미셸 푸코로 대표되는 프랑스 사상가들의 '고급 이론'에 의존한 탈식민주의 이론가이지 비평가는 아니라는 것이다. 인도 출신의 마르크스주의자인 아이자즈 아마드와 터키 출신 중국학자인 아리프 덜릭(듀크 대학 교수) 등 비판자들은 이들의 탈식민주의 이론이 서구 학계의 주변이 아닌 주류로 편입되면서 이른바 '탈식민주의 비평'이 지닌 전복적 성격을 상실했다고 지적한다.

우리 나라에서도 변역된 《탈식민주의! 저항에서 유희로》는 이 '삼총사'의 이 같은 이론적 변이(變移) 과정(즉 저항에서 유희로)을 날카롭게 분석한 책이다. 영국 런던 대학의 골드스미스 칼리지 교수인 저자 바트 무어-길버트는 이 이론가들의 대립항으로 '탈식민주의 비평가'들을 놓고 그들의 이념적 기반의 우수성을 설명했다.

즉 20세기 초 유럽의 인종주의와 식민주의 이데올로기에 맞서는 범(汎)아프리카주의를 역설한 미국의 흑인 사상가 W. E. B. 뒤부아(1868~1963. 하버드 대학 최초의 흑인 박사로 제3세계 민족해방 운동에 큰 영향을 줌)를 비롯해 '흑인 정체성 회복 운동(네그리튀드)'을 일으킨 프랑스의 에메 세제르(1913~)와 세네갈의 정치가이자 시인인 레오폴드 세다르 셍고르(1906~), 알제리의 민족해방 운동가인 프란츠 파농(1925~61), 문학을 통해 아프리카의 식민주의 유산의 청산에 앞장서온 치누아 아체베(1930~ . 나이지리아의 소설가), 응구기 와 티옹고(1938~ . 케냐의 소설가), 월 소잉카(1934~ . 나이지리아의 작가로 1986년 노벨 문학상 수상) 등이 이런 '비평가'들이다.

'삼총사'들은 이들의 이념적·이론적 기반을 무시하거나 거세해 버림으로써 탈식민주의를 포스트모더니즘의 '입양아'로 둔갑시켰다는 것이다. 한 예로 스피박은 인도의 하위 계층 여성을 내세워 서구 페미니즘을 공격하지만 정작 네그리튀드 등에는 관심이 없다는 점이다. 한마디로 탈식민주의 이론이 급진적이고 해방적인 형태의 문화적 실천이 아니라 오히려 최근의 신(新)식민주의적 세계 질서의 성향이나 기획과 공모 관계에 있다는 주장이다.

아무튼 사이드를 제외한 스피박이나 바바의 탈식민주의론은 국내에서는 아직 생소하다. 주로 영문학이나 페미니즘 연구자들이 초보적인 수준에서 소개하는 정도다. 국문학에서는 이를 민족 문학과 접목하려는 시도가 원광대학교의 한정일, 김재용 교수 등을 통해 있기는 하다. 그러나 아직 별도의 번역서나 연구서가 없다는 게 낮은 이해도를 말해 준다. 앞으로 이들의 존재와 주장이 폭넓게 알려져야 비슷한 탈식민주의에 고민하고 있는 우리 사회에 어떤 지침으로 활용될지 여부가 판가름날 것 같다.

정재왈 ▪ 기자

가야트리 차크라보르티 스피박의 약력

- 1942년 인도 캘커타 출생.
- 1959년 캘커타 대학 영문학 졸업.
- 1961년 미국 코넬 대학 유학.
- 1967년 폴 드 만을 지도 교수로 하여 W. B. 예이츠 연구로 박사.
- 박사과정 때부터 아이오와, 텍사스, 피츠버그 대학에서 교수로 활동.
- 1994년~현재 컬럼비아 대학 석좌교수.

관련 저작들

번역 논문
- 가야트리 차크라보르티 스피박, 〈하위주체가 말할 수 있는가〉, 태혜숙 옮김, 《세계사상》 4호, 동문선, 1998.

미번역서
- Gayatri Chakravorty Spivak, *Of Grammatology*, Johns Hopkins University Press, 1976. — 《그라마톨로지에 대하여》. 자크 데리다의 *De la Grammatologie*를 영어로 옮긴 것으로 자기 반성적 역자 서문은 지식사의 이정표가 됨.
- ───, *In Other Worlds: Essays in Cultural Politics*, Methuen, 1987. — 《타자의 세계에서 : 문화정치학에 대한 에세이》
- ───, *The Post-Colonial Critic : Interviews, Strategies, Dialogues*, Routledge, 1990. — 《탈식민 비평가》
- ───, *Outside in the Teaching Machine*, Routledge, 1993. — 《교육기계의 바깥》
- ───, *A Critique of Postcolonial Reason : Toward a History of the Vanishing Present*, Harvard University Press, 1999. — 《탈식민 이성 비판 : 소멸하는 현재의 역사를 위하여》

참고문헌
- 바트 무어-길버트, 《탈식민주의! 저항에서 유희로》, 이경원 옮김, 한길사, 2001.

탈중심화, 인간화된 건축 문화로

포 스 트 모 더 니 즘   건 축 의   기 수 들

찰스 젱크스　　　　로버트 벤투리의 〈바나 벤투리 하우스〉

도시 공간의 획일성 극복한 포스트모더니즘 건축가들

　서구에서 포스트모더니즘에 대한 논의가 가장 활발하게 전개되어 온 분야가 건축이었다는 데는 이론의 여지가 없다. 1970년대 이후 건축계에서는 모더니즘의 실패를 지적하면서 그에 대한 가시적 대안을 제시함으로써 다른 예술 분야에 비해 포스트모더니즘 논의를 대중적으로 더 설득력 있게 전개해 왔다.
　잘 알려져 있듯이 20세기 초에 등장한 모더니즘 건축은 장식을 배제한 기계 미학과 기능주의로 근대 사회의 이상향을 구현하고자 했다. 그러나 1960년대부터 이미 미국과 유럽에서는 모더니즘의 획일성과 비인간성을 비판하고 도시 공간의 다의성(多義性) 회복과 역사적 문맥으로의 회귀를 주장하는 경향이 등장한다.

미국에서 근대의 기능주의적 도시 계획의 문제점을 처음으로 비판한 사람은 제인 제이콥스(1916~1985. 도시 계획을 전공하지 않았으나 자신의 관찰과 경험을 통해 도시에 관한 철학을 제시한 캐나다 출신의 여류 도시학자)였다. 그는 《위대한 미국 대도시의 죽음과 삶》(1961)에서 엄격한 용도 구역제(토지 이용을 제한하는 도시 계획의 기법)를 실시하고 차와 보행자의 동선을 분리하는 거대한 블록 위주의 근대적 도심재 개발 방식을 정면으로 비판하며 생명력 있는 장소로서 다양한 기능이 혼합된 작은 블록과 가로의 중요성을 역설했다.

또 미국의 건축가 로버트 벤투리(1925~ . 미국 포스트모더니즘 건축의 가장 연장자이자 대변인 격)는 《건축의 대립성과 복합성》(1966)에서 제2차 세계대전 후 상업적 근대 건축의 규범적 형식으로 발전한 모더니즘의 거장 미스 반 데어 로에(1886~1969. 독일 출신으로 커튼월 건축을 완성시킨 근대 건축의 거장)의 건축을 대중과 교감할 수 없는 무미건조한 엘리트주의라고 비판하고, 상징과 장식의 부활을 주장했다.

1960년대 유럽에서도 이탈리아의 알도 로시(1931~1997. 합리주의 건축가로 유형학 Typology에 바탕을 둔 도시 건축을 주장)와 벨기에의 레온 크리에(1946~ . 룩셈부르크 출신으로 르네상스와 같은 건축과 도시의 유형으로 돌아갈 것을 주장) 같은 건축가는 기능주의에 바탕을 둔 모더니즘 건축의 비인간화를 비판하고 역사적 문맥과 조화되는 전통적 유형의 건축으로 복귀할 것을 주장했다.

1960년대 이후의 이러한 반(反)모더니즘 건축의 경향을 하나로 정리해 포스트모더니즘 건축론을 세운 대표적인 논객은 찰스 젱크스(1939~ . 미국의 건축이론가)다. 그는 1977년 《현대 포스트모던 건축의 언어》와 그 후 출판한 일련의 저작에서 모더니즘 건축의 종결과 포스트모더니즘 건축의 시대를 선언했다.

특히 1958년 건설되어 미국 건축가협회상을 받았던 대표적 근대 건축물인 세인트루이스의 푸루이트 이고(Pruit Igoe) 집합 주택 단지가 사람이 살 수 없는 슬럼으로 변해 1972년 철거된 사건을 젱크스는 모더니즘의 죽음과 포스트모더니즘의 탄생을 알리는 극적인 순간으로 기록했다. 그는 현대 사회에서는 모더니즘의 단일성과 기계적 획일성에서 벗어나 전통과 근대가 공존하고 상징과 장식이 부활한 포스트모던 건축의 다양성과 풍부함을 추구해야 한다고 주장했다.

그러나 포스트모던 건축이 주장한 역사로의 복귀는 현실적으로 시간성이 혼재된 정신분열적인 역사 양식의 혼성 모방에 그칠 수밖에 없다. 근대적 구조물에 덧붙인 고전 장식이나 역사적 건축 양식의 재생은 현대 사회에서 피상적인 이미지로 존재할 수밖에 없기 때문이다. 결국 포스트모던 건축은 역사와 양식이 붕괴된 현대 사회의 상황을 역설적으로 웅변하는 것에 지나지 않으며, 역사로 회귀해 이러한 정체성의 위기에서 벗어나려는 노스탤지어적(잃어버린 고향을 그리워하는) 충동에 불과한 것이다.

포스트모더니즘 건축에 대한 논의를 양식적 의미를 넘어서는 인식론적 문제로 한 차원 높인 것은 후기 구조주의 철학의 공로다. 후기 구조주의는 모더니즘의 단일성을 거부한다는 점에서는 포스트모더니즘과 동일하지만 양식적 대안을 추구하는 대신 모더니즘의 근저에 있는 근대적 주체(Subject, 이성과 합리성으로 무장하고 세계의 중심으로 등장한 주체로서의 근대적 인간)와 근대의 서사 구조(Narrative), 그리고 재현(Representation)과 같은 인식론적 문제를 비판의 대상으로 삼는다는 점에서는 구별된다.

포스트모던 건축이 보여주는 역사의 상실과 탈(脫)중심화는 후기 구조주의의 입장에서 보면 모더니즘의 인식론에 대한 비판이자 포스트모

건축에 대한 다양한 입장들

		anti-modernism 모더니즘 반대	pro-modernism 모더니즘 찬성
pro-postmodernism 포스트모더니즘 찬성	양식적 포스트모더니즘	젱크스, 클로츠(이론가)	
		벤투리, 무어, 크리에 형제(건축가)	
	후기 구조주의적 포스트모더니즘	제임슨(이론가)	리오타르, 보드리야르(이론가)
		추미, 에이젠만(건축가)	쿨하스(건축가)
anti-postmodernism 포스트모더니즘 반대		타푸리	하버마스

던의 문화적 반영이다. 예를 들어 미국의 문예비평가 프레드릭 제임슨(1934~)은《포스트모더니즘, 또는 후기 자본주의의 문화적 논리》(1984)에서 로스앤젤레스의 보나벤투라 호텔에 배태되어 있는 깊이와 역사성의 상실, 표면에의 집착, 그리고 정신분열적 현상을 건축에 나타난 탈근대의 특징으로 들고 이것을 후기 자본주의의 문화적 논리로 설명하고 있다.

후기 구조주의적 포스트모던 건축의 주창자들은 양식적 포스트모더니즘과 달리 현대 사회에서 건축이 어떻게 저항적일 수 있는가를 과제로 삼는다. 이들은 건축을 하나의 작품보다는 텍스트(건물의 다양한 의미 등)로 바라보는 인식의 전환을 요구한다. 여기서 포스트모던 건축은 역사 양식의 혼성 모방이 아니라 다양한 해석에 열려 있는 다층적 공간이 된다. 프랑스의 해체 철학자 자크 데리다(1930~)와의 공동 작업으로 유명한 피터 에이젠만(1932~ . 미국의 해체주의 건축가이자 교육자)이나 베르나르 추미(1944~ . 스위스 태생의 프랑스 건축가로 이론가이자 교육자. 건축의 형태, 기능, 의미에 관한 근본적 질문을 제기한다. 현재 컬럼비아 대학 건축대학장) 같은 건축가들의 이른바 해체주의 건축은 바로 이러한 근대의 단일성과 중심성에 저항하는 건축의 실천이다.

하지만 이러한 인식론적 실천으로서 건축이 현실에서 어떤 저항적 역할을 할 수 있는지는 여전히 미지수다. 이탈리아의 저명한 건축사가인 만프레도 타푸리(1935~94)는 자본주의 사회에서 디자인을 통한 비판적 건축의 불가능성을 언급한 바 있다. 그는 모더니즘의 실패 이후 어떠한 포스트모더니즘 건축의 시도도 중심적 언어를 상실한 모더니즘 상황의 연장에 불과한 것이며, 독일의 사회철학자 위르겐 하버마스(1929~)와 같이, 이러한 분열적 상황의 영속화를 꾀하는 체제순응적 도구에 지나지 않는다고 주장한다.

그러나 프랑스의 문예비평가 장 프랑수아 리오타르(1924~98)와 같은 저항적 포스트모더니즘의 이론가들은 여전히 포스트모던 건축의 실천이 모더니즘의 단일 시점과 획일성을 비판하고 의미의 다중심성을 드러내는 저항적 역할을 할 수 있음을 강조한다. 이러한 저항적 포스트모더니즘 건축론을 지지하는 입장은 주로 유럽 대륙에서 나타나는 반면 상업적 포스트모더니즘에 대한 비판은 주로 영국과 미국에서 제기되고 있다는 점도 흥미롭다.

이런 점에서 양식적 포스트모더니즘 건축이 1980년대 미국의 레이건 정부와 영국의 대처 정부로 대표되는 신보수주의 이데올로기와 연결되어 있으며, 역사를 상품화된 '키치(kitsch. 조잡함 속에서 미를 찾는다는 의미에서)'로 만드는 후기 자본주의 시장 메커니즘에 지배되고 있다는 학자들의 견해는 주목할 만하다.

이상헌 ■ 건국대 교수·건축학 sanglee@konkuk.ac.kr

국내 건축계에서의 포스트모더니즘

국내 건축계에 포스트모더니즘 논쟁이 촉발된 것은 1982년 독립기념관 설계 공모를 통해서였다. 거대한 한옥 지붕을 얹은 현재의 안(案)이 당선되어 모더니즘의 교의(敎義)에 충실했던 당시 건축계에 파장을 일으켰기 때문이다.

서구 건축계의 동향에 민감한 국내 건축계에는 이미 포스트모던 건축 이론의 기본서들이 들어와 있었지만, 실무 건축계에서 과감하게 '(과거 건축의 양식 등을 도입한) 역사적 상징의 인용'이라는 탈(脫)근대적 개념을 전면에 내세우기는 쉽지 않았다. 추상적 순수 형태를 고집했던 모더니즘의 눈으로 본다면, 기와지붕이라는 전통적 요소를 차용하는 행위는 시대착오적인 퇴행이었다.

해방 이후 한국 지식계와 문화계가 설정한 과제 가운데 하나는 바로 '진정한 근대화'였고, 그 연장선상에서 1980년대 건축계의 화두는 '우리에게 근대란 무엇인가'였다. 건축의 사회적·공공적 역할, 건축가의 자의식이 반영된 작품으로서의 건축물, 편리함과 기능성을 보장하는 합리주의적 태도 등을 강조했던 학계와 건축계에서는 "아직 모더니즘도 성숙하지 않은 상황에서 포스트모던은 무의미하다"는 강한 비판이 주류를 이뤘다. '근대를 넘어서'라는 의미의 탈근대란 근대를 전제로 하기 때문에 형식적으로 정당한 비판이었다.

그러나 비록 정치적으로는 여전히 독재적인 전체주의 사회였지만, 경제 구조는 근대적 성격을 지나 후기 자본주의로 진입하고 있었으며, 문화계에서는 이미 가벼움과 일상적 쾌락이 주된 예술의 가치가 되어가고 있었다. 정치적 전근대와 경제적 근대, 문화적 탈근대가 혼재해 있는 한국의 사회적 현상 자체가 포스트모던의 양상을 드러내고 있었다. 서구적 의미의 근대-탈근대의 순차적인 전개가 역사 경험이 전혀 다른 한국에서는 오히려 불가능한 형식 논리였다.

1990년대 세계화 이데올로기는 건축계의 개방을 가속시켰고, 후기 구조주의 철학과 해체주의 건축이 소개되어 건축의 변화 폭을 확대했다. 그러나 늘 그러했듯이, 지식이 일천한 건축계는 해체주의 건축을 인식론적 차원이 아닌 형태적인 경향으로 수용했다. 주체의 죽음, 거대 서사의 허위성 폭로, 단선적 역사관의 부정 등 근원적인 세계관에 대한 논쟁은 나타나지 않고, 해체주의적 경향의 건축물들이 각종 설계공모에 등장하기 시작했다. 건물 윤곽은 비틀리기 시작했고 철 파이프와 유리 등 이질적 재료들이 혼용되는, 이른바 '해체주의 양식'의 건축이 유행하기도 했다.

탈근대적 인식이 상업주의와 결탁하면 싸구려 키치로 전락하여 도시와 건축의 환경을 훼손하게 된다. 한국적 포스트모더니즘 건축에서 가장 우려되는 점이다. 그러나 긍정적인 면도 적지 않다. 중심의 해체를 전제로 하는 탈근대적 사유는 지역주의 건축을 가능케 한다. 국내 의식 있는 건축가들이 추구하는 한국성(性) 재해석 작업, 일상 속의 잠재력 재발견 노력 등은 휘청거리는 현실의 유일한 희망이다.

김봉렬 ■ 한국예술종합학교 교수 · 건축학

관련 저작들

참고문헌

- 로버트 벤투리, 《건축의 대립성과 복합성》, 임창복 옮김, 기문당, 1985.
- 만프레도 타푸리, 《건축과 유토피아》, 김원갑 옮김, 기문당, 1991.
- 찰스 젱크스, 《현대 포스트모던 건축의 언어》, 송종섭 감수, 태림문화사.
- "Beyond the Modern movement", *Harvard Architectural Review*, spring 1980.
- Demetri Porphrios (ed.), "Classicism is not a Style," Special Issue, *Architectural Design 52*, 1982.
- Fredric Jameson, "Postmodernism, or The Cultural Logic of Late Capitalism," *New Left Review, 146*, 1984.
- Heinrich Klotz, *The History of Post Modern Architecture*, MIT Press, 1988.
- Jurgen Harbermas, *Modernity versus Postmodernity, in Anti-aesthetics*, Bay Press, 1983.
- Lisa Rochon, "Jane Jacobs: Ideas that matter", *Metropolis*, April 1998.
- Paolo Portoghesi, *After Modern Architecture*, Rizzoli, 1982.
- Ray C. Smith, *Supermannerism : New Attitudes in Post Modern Architecture*, E. P. Dutton, 1977.
- Tom Wolfe, *From Bauhaus to Our House*, Farrar, Straus and Giroux, 1981.

전체는 부분의 합보다 크다

七圖 카오스와 복잡계 과학의 선구자들

도인 파머 스튜어트 코프먼 브라이언 아서 일리야 프리고진

결정론적 세계관 이후 과학자들

최근 '복잡계(complex system)'란 말이 많이 쓰이고 있다. 진화, 면역, 뇌, 생물 집단, 생태계 등 생물학 분야뿐 아니라 인구 문제, 지구 온난화, 산림 감소 등 지구 환경계와 주식 시장, 환율 등 시장 경제계에 이르기까지 다양하게 사용되고 있다. 이를 이해하기 위해서는 그동안 현대 주류 과학의 외곽에서 거대한 소용돌이를 만들어온 복잡계의 패러다임을 이제 피해갈 수 없게 되었다.

복잡계는 여러 구성 요소로 이루어진 집단에서 각 요소가 다른 요소와 끊임없이 상호 작용을 하는 체계다. 한 예로 뇌는 1천억 개의 신경소자들이 연결된 회로망으로 대표적인 생체 복잡계다. 이 경우 각 소자는 생성된 신호를 서로 주고받으며 함께 규칙적 리듬을 만들어내거나 또는 전혀 예상하지 못했던 새로운 패턴을 만들어내기도 한다.

뇌는 각 신경소자의 단순한 신호 생성 움직임을 넘어서 인간 인지 활동의 기반이 되는 다양하고 복잡한 패턴을 회로망 위에서 새롭게 생성해 낸다. 이런 점에서 복잡계는 "부분의 단순한 합이 전체가 아니다"는 격언으로 대변되기도 한다.

초기에 복잡성의 연구는 고전 역학의 '결정론적 세계관(현재 상태가 주어지면 미래가 유일하게 결정됨)'과 20세기 초에 크게 발전한 양자역학 및 통계역학에 기초한 '확률론적 세계관(주사위 던지기처럼 미래가 확률적으로 주어짐)'의 내재적 갈등 구조를 해결하려는 시도에서 시작되었다. 이러한 흐름을 잘 보여주는 연구로 폭발적인 성장을 한 비평형계 과학(안정된 평형 상태에서 멀리 떨어져 있는 체계를 연구하는 과학)과 카오스 이론을 들 수 있으며, 복잡계를 연구하는 과학은 이에 뿌리를 두고 있다.

카오스는 외관상 매우 불규칙하고 예측 불가능해 보이지만 그 이면에 어떤 규칙성이 숨어 있는 운동을 일컫는다. 카오스는 20세기 초 쥘 앙리 푸앵카레(1854~1912. 프랑스 수학자)가 태양, 달, 지구와 같은 세 개 물체의 운동을 연구하는 과정에서 처음 인지되기는 했지만 이 연구는 한동안 자연과학의 주변적 분야에 머물렀다. 1963년 에드워드 로렌츠(1917~ . 미국 MIT 명예교수)라는 한 기상학자가 기상 현상의 모형에서 카오스 이면의 규칙성 구조(많은 경우 운동이 여기로 끌려간다는 점에서 '끌개'라고 불림)를 발견한 것은 카오스 연구의 돌파구를 마련한 놀라운 사건이었다.

1970년대 말 천재적 물리학자인 미첼 파이겐바움(1945~ . 미국 록펠러 대학 석좌교수)은 생태계의 한 모형에서 발견된 수학적 카오스가 많은 자연계에서 보편적으로 나타남을 보여주는 엄밀한 이론적 연구를 통해 카오스 연구가 과학의 주류에 편입되는 중요한 계기를 마련하였다. 1980년 이후 다양화한 카오스 연구의 초기 흐름에 한국의 국형태(경원대), 이경진(고려대), 박혁규(부산대), 김승환(포항공대) 교수 등이 동참하였다.

초기 카오스 연구의 발전 과정에서 전세계적으로 많은 작은 그룹들이 자생적으로 생겨나 흥미로운 발견과 새로운 분야의 형성을 선도해 나갔다. 이 중 가장 널리 알려진 집단은 미국 산타크루즈 대학의 도인 파머(1952~ . 샌타페이 연구소 석좌교수), 노만 패커드, 제임스 크러치필드(샌타페이 연구소 연구교수), 로버트 쇼 등 4인방의 '역학계 연구 집단'이다.

이런 카오스 연구의 주류 그룹과는 독립적으로 일리야 프리고진(1917~ . 1977년 노벨 화학상 수상)은 1970년대 이후 생체계와 같이 평형 상태에서 멀리 떨어져 있는 비평형계의 선도적 연구를 수행하며 벨기에의 브뤼셀 학파를 형성해 왔다. 그의 비평형계 연구 결과는 별로 반향을 일으키지 못하다가 노벨상 수상 이후 카오스 연구의 발전과 접목되어 세계적인 각광을 받기 시작하였다.

복잡계 과학을 이야기할 때 빼놓을 수 없는 것이 미국 뉴멕시코 주의 작은 도시 샌타페이에 있는 샌타페이 연구소(1984년 설립, 초대 소장 조지 카우언)다. 이곳은 머리 겔먼(1929~ . 1969년 노벨 물리학상), 필립 앤더슨(1923~ . 1977년 노벨 물리학상), 케네스 애로(1921~ . 1972년 노벨 경제학상)와 같은 세계적 석학들이 자유롭고 새로운 연구를 지향하는 학제적(學際的) 연구소를 만들고자 하는 구상에서 출발하였다.

현재 샌타페이 연구소는 계산과학, 진화론, 면역학, 뇌과학, 경제학, 사회학, 과학철학 등 다양한 분야를 포괄하며 이를 복잡계라는 새로운 학제적 시각으로 통합하는 연구를 수행하고 있다.

초기 복잡계 연구 학맥도

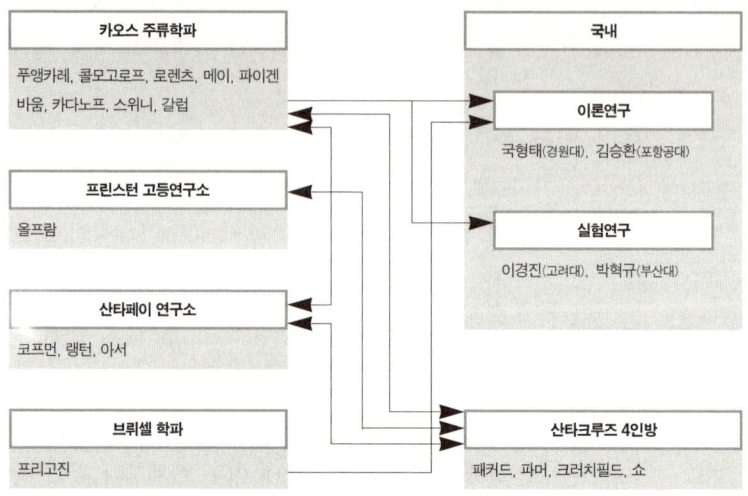

　스튜어트 코프먼(1939~)은 샌타페이 연구소의 이론 생물학자로서 생명과 분자 수준의 자기 조직 현상(복잡계의 각 구성 단위들이 스스로 패턴을 만들어가는 것)에 관심을 가지고 자기 조직화가 가능한 네트워크를 연구해 왔다. 그는 복잡계가 질서와 카오스의 경계인 '카오스의 가장자리'에 놓여 있다고 주장하였다. 그에 따르면 이 카오스의 가장자리 영역은 마치 생체계처럼 혁신성과 안정성, 경쟁과 변혁의 장을 제공하는 절묘한 균형점이다.

　브라이언 아서(1946~)는 샌타페이 연구소의 복잡계 경제학 프로그램의 첫 연구 책임자로서 금융 시장에서 작은 마구잡이성 사건들이 크게 증폭될 수 있으며(양의 되먹임), 생산 규모가 커짐에 따라 평균 비용이 줄어들 수 있음(수확체증)을 주장하며 기존 경제학의 가설에 정면으로 도전하였다. 복잡계 경제학은 규모에 따른 수확체증과 인간의 제한적 합리성에 기초하여 불안정성과 동역학, 인간의 인지 활동을 중시하고 하이테크 산업 등 신(新)시장 금융계를 설명할 수 있는 새로운 패러다임을 시도하고 있다.

복잡계의 과학은 전통적인 과학관에 대한 단순한 반란에서 나아가 비평형성과 불안정성을 다루는 비선형 과학(입력에 대해 출력이 비례하여 나타나지 않는 현상을 연구하는 과학)의 새로운 방법론으로 무장하고 주류 과학의 대안으로 대두되고 있다.

아직 복잡계 연구는 실제적이고도 구체적인 응용이 많지 않은 초기 단계에 머물러 있지만 우리는 이제 복잡계 과학이란 새로운 눈으로 세상을 바라보지 않을 수 없게 되었다.

김승환 ■ 포항공대 교수 · 물리학 swan@postech.ac.kr

프리고진과 브뤼셀 학파

벨기에의 화학자 일리야 프리고진(Ilya Prigogine)은 비평형 통계역학 분야의 전문가 가운데 일반인들에게도 가장 널리 알려진 인물이다. 프리고진의 과학사상은 '혼돈으로부터의 질서(Order out of Chaos)'라는 말이 잘 요약하고 있다. 그는 모든 수준에서 비평형은 질서의 근원이라고 말한다. 즉 비평형과 비가역성(非可逆性)은 모든 수준에서 질서의 근원이며, 혼돈으로부터 질서를 가져다주는 기구라는 것이다.

1917년 러시아 모스크바에서 태어난 프리고진은 러시아 혁명과 제1차 세계대전 이후의 혼란기에 휘말려 벨기에 브뤼셀에 정착하였다. 그는 어린 시절부터 고전과 고고학, 문학, 철학 서적을 섭렵했으며, 법률가가 될 꿈을 키우기도 하였다.

브뤼셀 자유대학에서 화학과 물리학을 전공한 그는 1941년 '비가역 현상에 관한 열역학적 연구'라는 제목으로 같은 대학에서 박사학위를 받았다. 이때부터 비평형 통계역학을 지속적으로 연구한 그는 1977년 이에 대한 공헌으로 노벨 화학상을 수상하여 세계적으로 주목받게 되었다.

프리고진 과학의 핵심적인 내용은 '소산(消散) 구조(dissipative structure)'와 자기 조직화(self-organization)에 대한 이론이다. 평형으로부터 멀리 떨어져 있는 불안정한 비평형 상태에서 미시적인 요동의 효과로 거시적인 안정적 구조가 나타날 수 있는데, 프리고진은 이때 나타나는 안정적 구조를 소산 구조라고 하며 이런 과정을 자기 조직화라고 불렀다. 소산 구조와 자기 조직화가 바로 카오스로부터 질서를 가져다주는 메커니즘인 것이다.

프리고진은 브뤼셀 자유대학 교수 및 국제 물리 · 화학연구소 소장, 미국 텍사스 대학(오스틴 소재) 물리 · 화학공학 교수 및 통계역학 · 열역학 · 복잡계 연구센터 소장으로 오랫동안 재직하며 활발한 연구 활동을 통해 이른바 '브뤼셀 학파'를 형성하였다. 한국을 여러 차례 방문해 국내 물리학자, 화학자, 과학사상가들과도 폭넓게 교우하며 많은 영향력을 끼치기도 하였다.

프리고진의 과학사상은 전체적으로 볼 때 비결정론적 유기체적 생태론적인 성격을 띠고 있으며, 동양의 시간 개념과 유사한 측면이 엿보이기도 한다. 프리고진은 존재 그 자체를 시간과 독립된 정해진 현상으로 보는 것이 아니라, 혼돈적인 시간의 흐름 속에서 존재의 본질이 발현된다고 생각한다. 프리고진은 동양사상뿐 아니라 칸트, 헤겔, 베르그송, 화이트헤드, 하이데거 등의 서구 철학에서도 자신의 사상의 원류를 찾고 있다.

　카오스 이론을 포함한 프리고진의 과학사상은 포스트모더니즘, 페미니즘, 생태주의 사상에도 커다란 영향을 미쳤다. 프랑스의 문예비평가 장 프랑수아 리오타르(1924~98)는 폴란드 출신의 수학자 베노이트 만델브로트(1924~　)와 프리고진의 과학적 업적이 포스트모던한 과학 지식의 특징을 지니고 있다고 주장하였다.

　또한 생태페미니즘 과학사가인 캐롤린 머챈트는 비결정론적인 세계관을 제시하고 있는 카오스 이론의 부상이 기계적인 세계관을 거부하는 새로운 생태주의적 사고방식의 도래를 의미하는 것이라고 주장하기도 하였다.

임경순 ■ 포항공대 교수 · 과학사

관련 저작들

참고문헌

- 김승환 · 국형태 · 박배식 · 정호선, 〈카오스의 과학〉,《과학동아》1월호, 1994.
- 미첼 월드롭,《카오스에서 인공생명으로》, 김기식 · 박형규 옮김, 범양사, 1995.
- 일리아 프리고진 · 이사벨 스탠저스,《혼돈으로부터의 질서》, 신국조 옮김, 정음사, 1989.
- 정재승,《과학콘서트》, 동아시아, 2001.
- 제임스 글리크,《카오스 : 현대 과학의 대혁명》, 성하운 · 박배식 옮김, 동문사, 1993.
- Benoit B. Mandelbrot, *Fractal Geometry of Nature*, W. H. Freeman & Co, 1982.

제4부

새로운 환경을 위하여

一■ 생물 다양성의 보전과 인간성 회복 ■ 에드워드 윌슨

二■ 자원은 절반, 효율은 두 배 ■ 에른스트 울리히 폰 바이츠제커

三■ 지구는 건강한가 ■ 레스터 브라운

四■ 과학의 남성주의를 어머니 품으로 ■ 반다나 시바

제4부를 들어가며

임경순 기획위원

제4부 '새로운 환경을 위하여'는 과학기술의 발전과 자연에 대한 변형력이 증대함에 따라 야기된 우리 생태계의 위기를 다루고 있다. 오늘날 세계 지식인들의 핵심 화두로 자리잡은 환경사상은 다양한 기원을 지니며 여러 갈래의 분파로 나누어져 발전하고 있다.

우선 에드워드 윌슨의 바이오필리아에서는 인류의 물질적·정신적 발전에 인간 이외의 종이 했던 역할을 강조하고 있다. 즉 인간의 마음속에 내재되어 있는 자연계의 모든 생명에 대한 애정의 존재를 다루고 있다. 사회생물학의 거두인 그는 생물학적 결정론자로서 많은 환경주의자들의 비판을 받기도 했지만, 그 자신은 만년에 환경주의자로 변신하여 대중 앞에 다시 나타났다.

전반적으로 보아 제4부 '새로운 환경을 위하여'에서는 환경 위기를 부르짖는 환경주의자들의 메시지를 강하게 반영하였다. 월드워치 연구소의 레스터 브라운, 생태여성주의를 행동으로 실천하는 반다나 시바 등은 모두 전 지구적 차원의 환경 운동을 위해 적극적으로 활동하고 있는 인물들로서 현재 이들이 환경 운동에서 차지하고 있는 역할은 엄청나다.

레스터 브라운의 월드워치 연구소에서 해마다 출판하고 있는 《지구 환경 보고서》는 환경운동가를 포함하여 환경에 관심 있는 세계의 사람들에게는 반드시 읽어야 할 필독서로 자리잡았다. 또한 반다나 시바는 우리 나라에서도 번역된 그의 저서 《자연과 지식의 약탈자》, 《에코페미니즘》과 같은 책에서 볼 수 있듯이 제3세계 여성의 시각에서 세계화 이데올로기에 대해 신랄하게 비판하고 있다.

현재 환경주의자들이 세계인들로부터 많은 지지를 받는 듯 보이지만, 지구 온난화의 원인이 온실기체가 아니라고 주장하는 것에서 보듯이 부시 행정부의 보수화 움직임에 편승해서 요즈음은 반환경주의자들도 서서히 자신의 발언권을 높이고 있다. 《세계 지식인 지도》에서 이들의 움직임에 대해 충분한 지면을 할애하지 못한 것은 아쉬운 점이라 아니할 수 없다.

독일의 환경정치가이자 환경이론가인 에른스트 울리히 폰 바이츠제커의 '생태적 효율 혁명'은 그나마 급진적인 환경주의자들의 주장을 어느 정도 보완하여 우리에게 새로운 대안의 환경사상을 소개하고 있다. 기본적으로 그는 환경사상에 대해 동조적이지만 자신은 급진적인 녹색당원들의 주장과 차별하여 현실 정치 속에서 가능한 대안을 내놓고 있다. 바이츠제커의 주장은 환경사상에 대한 다양한 스펙트럼을 이해하는 데 도움을 줄 것이다. 특히 방송대 이필렬 교수와 바이츠제커와의 대담은 그의 주장을 보다 생생하게 우리에게 전달하는 데 도움을 주고 있다.

이 책의 다른 부에서도 환경사상과 연관된 내용을 쉽게 접할 수 있다. 제2부 '세계화의 도전과 응전'에 있는 '거대 과학의 기수들', 제3부 '기로에 선 모더니티'에 있는 '카오스와 복잡계 과학의 선구자들'이 그 대표적인 예라고 할 수 있다. 이들 내용과 제4부에 있는 내용을 종합적으로 조망하면 독자들은 환경사상에 얽힌 다양한 메커니즘에 대해 보다 깊고 넓은 이해를 얻을 수 있을 것이다.

생물 다양성의 보전과 인간성 회복

Edward O. Wilson 에드워드 윌슨

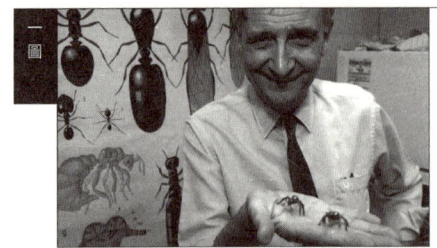

에드워드 윌슨

윌슨의 바이오필리아

만약에 현재 지구상에 살고 있는 생물종(生物種. 지구에 존재하는 개체 생물들을 말함)의 일부가 멸망한다면, 또 지상의 생물종이 절반 정도 감소한다면 도대체 어떤 결과가 초래될까? 그리고 왜 우리는 그런 생물종의 감소에 대해 우려하는 것일까?

누구나 흔히 던질 수 있는 이런 질문들에 대해 해답을 찾기란 그리 쉽지 않다. 심지어 환경 문제를 전공하는 전문 과학자들조차도 이런 질문은 회피하고 싶을 것이다. 그렇다면 과학과 문학이라는 전혀 동떨어진 두 영역에서 미국 최고의 영예를 동시에 거머쥔 에드워드 윌슨이라면 어떤 대답을 할 수 있을까? 그는 최고의 권위를 자랑하는 퓰리처상 논픽션 부문을 두 번이나 받았는가 하면 과학자에게 주는 미국 최고의 영예인 국가과학자 메달의 수상자이기도 하다.

윌슨은 만약 우리가 생물 다양성의 훼손을 방치한다면 머지않은 장래에 새로운 과학적 정보를 얻을 수 있는 근원을 잃게 될 것이라고 경고한다. 엄청난 잠재적 가치를 지닌 풍요로운 생물상(生物相. 여러 가지 생물들의 전체 모습)이 파괴됨으로 해서 새로운 의약품, 농작물, 목재, 기호품 등을 발견할 수 있는 기회가 앞으로는 결코 주어지지 않을 것이라고 지적하는 것이다.

이런 지적에서 한 걸음 더 나아가 윌슨은 생물 다양성의 파괴, 곧 생태계의 훼손이 우리 인류의 미래에 보다 심각한 영향을 미칠 수 있다고 강조한다. 오랜 진화의 과정을 거치는 동안 우리 인간은 물질적·정신적으로 자연과 아주 깊은 연관을 맺게 되었기 때문에 건강한 자연과 함께 할 때에만 비로소 참된 인간성의 구현이 가능하다는 것이다. 윌슨은 자신의 이런 자연 친화 사상을 '바이오필리아(biophilia)' 가설로 정리하였다.

바이오필리아란 우리 인간의 마음속에는 자연계 모든 생물에 대한 애착심(측은지심. 惻隱之心)이 내재되어 있다는 사고다. 이 가설을 처음 주장한 윌슨은, 인간이 다른 모든 생명체들과 자연계의 과정에 본원적으로 어떻게 관련되어 있는지를 설명할 수 있는 개념으로서 1984년에 처음으로 바이오필리아(bio 생물 + philia 사랑)라는 용어를 제시하였다.

윌슨은 인간이 다른 생물종에 대해 측은지심을 갖게 된 것은 인간 종족의 발달사와 밀접한 관련이 있으며 인류의 정신적·물질적 발전에 있어서 필연적인 과정이었다고 말한다.

따라서 바이오필리아 가설은 자연이 인류가 생존 유지와 종족 번식을 위해서 필요로 하는 물질 자원의 공급원이라는 피상적인 관념을 훨씬 넘어서서 인간은 심미적·지성적·인지적, 심지어 정신적 안정과 만족을 위해서도 자연에 의지할 수밖에 없다고 선포한다.

월슨에 의하면 인류의 진화는 역사책에 쓰인 것처럼 불과 8천 년 혹은 1만 년 동안에 이루어진 것이 아니라 호모속(Homo屬. 인간종)으로 간주되는 최초의 유인원(類人猿)이 지상에 모습을 드러냈던 수백만 년 전 또는 수천만 년 전부터 비롯되었다고 한다.

그리고 인류 역사에서 90퍼센트 이상의 기간은 수렵채취인의 시대였는데, 이 기간에는 인간의 삶이 거의 전적으로 자연계를 구성하는 생물에 대한 정보의 축적에 의존할 수밖에 없었다고 지적한다. 이런 사실은 오늘날에도 야생의 침팬지나 고릴라 무리들을 관찰하면 쉽게 확인할 수 있다.

필경 우리 인간의 두뇌는 현대 생활에서와 같은 기계적으로 통제되는 그런 세상이 아닌, 생물 중심적인 세상에 적합하도록 진화되었던 것이다. 그래서 지금도 우리는 깊은 숲속이나 한적한 바닷가에서 더할 수 없는 마음의 평온을 누리는 것이리라.

지난 수천 년 동안 문명이 발달하면서, 그리고 특히 최근 몇 세대 동안 산업화와 도시화가 급격히 진행되면서 인간의 마음속에 내재하는 자연에 대한 본원적인 친밀감이 현저하게 사라지고 있는 것은 사실이다. 따라서 월슨은 우리 인류가 바이오필리아라는 본원의 감정을 회복하기 위해서 범지구적 생태계 훼손이라는 환경 재난에 강력히 대처할 것을 열렬히 주창한다.

1995년 미국의 시사주간지 《타임》이 선정한 20세기 미국 최고의 지식인 25명 중의 한 사람이기도 한 월슨은 인간을 제외한 지구상의 모든 생물들에 대해서 그들 자체가 영원히 존속해야만 하는 본원적인 권리를 지니고 있으면 그런 권리를 인정하는 것이 곧 인류의 의무이자 책임이라고 규정하였다. 수십 년 동안 저명한 개미 연구가로서 명성을 떨친 윌슨이었기에 그의 이런 지적은 더욱 생생한 의미를 전해 준다.

만약 인간의 심성 깊숙한 곳에 바이오필리아의 감정이 그렇게 넓게 자리잡고 있다면 현재와 같은 급속한 자연 파괴와 환경 오염의 심화는 인간의 정신과 행동에 어떤 영향을 미칠 것인가? 유감스럽게도 정신의 학자들이나 사회과학자들은 아직 이런 질문에 대해서 분명한 대답을 회피하고 있다. 하지만 사정이 바로 그렇기 때문에 윌슨은 자연 환경의 보전을 더욱 강력히 주장한다.

특히 윌슨은 자연 보호의 상징으로 생물 다양성의 보전을 크게 강조하고 있다. 유전자, 유전형질의 다양성에서 생물종 다양성에 이르기까지 생물의 다양성은 한번 훼손되면 결코 다시 회복될 수 없다는 것이다. 만약 지구의 일부 지역에서만이라도 원래 자연 그대로의 종 다양성을 유지할 수만 있다면 언젠가는 생물권(生物圈)이 다시 회복될 것이며 우리 후손들은 자연이 제공하는 모든 혜택을 누리게 될 것이다.

그렇지만 이와 반대로 현재와 같이 무분별하게 전 지구적으로 생물 다양성의 감소가 지속된다면 인류의 본원적 '인간성(humanity)'은 점점 더 빈약해질 것이다. 우리가 자연 보전에 더욱 노력해야만 하는 이유가 바로 여기에 있다.

"뱀 한 마리는 소중한 존재다. 고인 연못의 물 냄새, 꿀벌의 윙윙거리는 소리, 집단 군무를 추는 억새밭의 전경(全景)도 모두 소중하다. 풀 속에 숨어 있는 작은 동물 한 마리에 열광해 그것을 지켜보느라 나는 저녁 식탁에 앉는 것조차 잊곤 하였다."

평생을 자연과 함께 살면서 자연의 귀중함을 온 몸으로 깨우친 하버드 대학 노교수인 윌슨의 바이오필리아 정신이다.

홍욱희 ■ 세민환경연구소 소장 · 환경학 wukhee@yahoo.com

윌슨의 대담한 지성 편력

에드워드 윌슨이 새로운 생각을 발표할 때마다 사람들은 경청한다. 그리고 새로운 논쟁이 지펴진다. 하버드 대학의 석좌교수이자 개미에 대한 연구로 저명한 윌슨은 1975년 《사회생물학》을 발표해 20세기 생물학의 새로운 한 분야를 개척하였다.

《사회생물학》에서 그는 우리 인간을 포함한 모든 사회성 동물들은 자신의 유전자 속에 기재된 그대로 행동하는 이기적인 존재에 불과하다고 규정하였다. 다시 말해, 우리 인간이 하는 선한 행동들, 예컨대 약자에 대한 동정심, 사랑, 육아 따위는 대부분 유전적 근원을 가지며 도덕적인 행동이란 휴머니즘적 원칙이나 감정과는 아무 상관이 없는 유전적 이기심을 충족시키는 행위에 불과하다고 설명했던 것이다. 동서 냉전이 치열했던 1970년대에 이런 대담한 이론이 미국에서 발표되자 격렬한 사회적 논쟁의 대상이 된 것은 차라리 당연한 일이었다.

이 책에서의 이론을 인간에 적용해서 인간의 본성을 파헤치고자 했던 1978년의 저작 《인간 본성에 대하여》는 퓰리처상을 받았다. 자신의 이론을 설명한 과학자의 저서가 문필가에게 주는 미국 최고의 상을 받은 최초의 사례였다. 1990년 윌슨은 일생 동안의 연구 대상이었던 개미에 대한 저작 《개미》를 발표해 다시 한 번 퓰리처상을 받았다.

1980년대에 이르러 윌슨은 자신의 오랜 자연 관찰에서 얻은 생생한 경험들을 토대로 해 《바이오필리아》(1984)와 《생물다양성》(1989)을 잇따라 발표한다. 이후 그의 독특한 생명 사랑 정신은 《바이오필리아 가설》(1993), 《생명의 다양성》(1993), 《자연주의자》(1994), 《자연의 탐구》(1996) 등 일련의 저서를 통해 완성된다.

1998년 윌슨은 다시 한 번 세상을 놀라게 하는데 《컨실리언스 : 지식의 통합》이라는 저작이 바로 그것이다. 《사회생물학》과 마찬가지로 발간되자마자 격렬한 논쟁의 대상이 되었던 이 책에 대해서 지지자들은 그 내용이 평소의 윌슨답게 대담하고 도발적이라고 칭찬을 아끼지 않았다. 하지만 그 반대자들은 지적으로 편중된, 단지 과학이라는 이름으로 위장된 우파적(右派的) 주장에 불과하다고 혹평하기를 서슴지 않았다.

'컨실리언스(consilience)'라는 단어는 《웹스터 사전》에도 나와 있지 않다. 그래서 더욱 호기심을 불러일으켰던 이 책에서 윌슨은 인류의 역사란 결국 이제까지 별개의 영역에서 독자적으로 추구되던 미지에 대한 탐구가 어느 순간에 이르러서는 서로 통합되어 새로운 세계의 탐구를 도모하게 되는 과정이라고 설명한다. 화학과 유전학이 결합되어 20세기 후반에 분자생물학이라는 놀라운 과학 분야가 새로 탄생한 것이 그 단적인 예라고 할 수 있다.

우리말로는 '대통합' 정도로나 해석될 수 있는 컨실리언스라는 말을 사용하면서 윌슨은 인류 문명의 모든 업적들, 종교와 경제와 심지어 예술에 있어서까지의 모든 영광은 이제 과학으로써 설명할 수 있다고 설파한다. 다시 말해, 윌슨은 이제까지의 인류 역사는 곧 과학과 인문학의 통합 과정이며 또 앞으로의 역사도 그럴 것이라고 단언하는 것이다.

홍욱희

에드워드 윌슨의 약력

- 1929년 미국 남부 앨라배마 주의 버밍엄 출생.
- 앨라배마 대학 학사·석사, 하버드 대학 생물학 박사.
- 1956년부터 하버드 대학 생물학 교수.
- 현재 하버드 대학 펠레그리노 석좌교수, 미국 학술원 회원.

- 20여 권의 과학 명저를 저술한 과학저술가로서《인간 본성에 대하여》와《개미》로 퓰리처상을 두 번 수상.
- 기타 미국 국가과학메달, 국제생물학상, 크러포드상 등 수상.
- 개미 연구의 세계적인 권위자이며 '생물 다양성'과 '사회생물학'의 대부.
- 생물학뿐만 아니라 학문 전반에 지대한 영향을 미친 이 시대 대표적인 과학 지성으로 꼽힘.

관련 저작들

번역서
- 에드워드 윌슨,《사회생물학 1, 2》, 이병훈 외 옮김, 민음사, 1992.
- ──,《생명의 다양성》, 황현숙 옮김, 까치글방, 1995.
- ──,《자연주의자》, 이병훈 외 옮김, 사이언스북스, 1996.
- ──,《인간 본성에 대하여》, 이한음 옮김, 사이언스북스, 2000.

미번역서
- Edward O. Wilson · Bert Holldobler, *The Ants*, Harvard University Press, 1990.—《개미》
- Edward O. Wilson · Stephen R. Kellert, *The Biophilia Hypothesis*, Island Press, 1993.—《바이오필리아 가설》
- Edward O. Wilson, *Consilience, the Unity of Knowledge*, Random House, Inc., 1998.—《컨실리언스 : 지식의 통합》
- Edward O. Wilson · Dan L. Perlman, *Conserving Earth's Biodiversity*, Island Press, 2000.—《지구의 생명 다양성 보전》
- Edward O. Wilson · Burkhard Bilger (Ed.), *Best American Science and Nature Writing 2001*, Houghton Mifflin Co., 2001.—《미국 자연과학 수필선집》
- Edward O. Wilson, *The Future of Life*, Knopf, 2002.—《생명의 미래》

자원은 절반, 효율은 두 배

Ernst Ulrich von Weizsäcker 에른스트 울리히 폰 바이츠제커

에른스트 울리히 폰 바이츠제커

바이츠제커의 '생태적 효율 혁명'

에른스트 울리히 폰 바이츠제커는 독일에서 환경 정책을 논할 때 빼놓을 수 없는 환경 이론가이자 환경 정치가다. 가히 독일 에콜로지(생태학)의 대부라는 평가를 받는 인물이다.

1939년에 취리히에서 태어난 그는 에센 대학 생물학 교수를 거쳐 카셀 대학 총장, 유엔 과학기술센터 소장, 유럽 환경정책연구소 소장을 역임한 후 1991년 부퍼탈 기후·환경·에너지 연구소를 설립하여 2000년까지 소장직을 수행했다. 1998년 사민당이 정권을 잡으면서 연방의원에 당선된 그는 현재 독일 의회에서 '경제의 세계화 특별위원회' 위원장직을 맡고 있다.

바이츠제커는 독일의 몇 개 남아 있지 않은 명문가 출신으로 증조부

는 독일 남서부 뷔르템베르크 왕국의 총리였으며 조부는 바이마르 공화국과 나치 독일의 외무차관을 역임했다. 아버지는 유명한 물리학자이자 철학자인 카를 프리드리히 폰 바이츠제커이고 독일 통일 전후 대통령으로 재임했던 리하르트 폰 바이츠제커는 그의 숙부다.

그의 가문에서 나온 정치인들은 좌(左)나 우(右)에 치우치지 않고 현실 정치적인 고려를 우선시하는 중도적인 성향을 보이는데, 바이츠제커도 이들의 영향을 받아서인지 환경 위기에 대해 심각하게 우려하면서도 해결을 위한 대안으로는 현실 정치에서 실현 가능한 것을 내놓는다. 그는 독일의 핵 발전에 대해서도 급진적인 녹색당원들과 달리 장기간에 걸친 포기를 주장하고, 태양광 발전만이 핵 발전의 대안이라는 주장에 대해서도 경제성이 크게 떨어진다는 이유로 회의적이다.

바이츠제커가 주장하는 현실성 있는 환경 위기 해결의 전략은 '생태적 효율 혁명(Ökologische Effizienzrevolution)'과 '생태적 세제 개혁(Ökologische Steuerreform)'이다. 생태적 효율 혁명은 대량 소비 체제의 파기만이 환경 문제의 해결책이라는 주장과 기술 발달이 해결의 열쇠라는 두 가지 극단적인 길 가운데 다양한 절충적 접근 중에서 크게 주목받는 해결 전략의 하나다.

효율 혁명을 주창하는 대표적인 인물로는 바이츠제커 외에 미국의 에너지 연구자 에머리 로빈스(1947~), '효율 10배 높이기(factor 10)' 그룹의 대표 격인 프리드리히 슈미트-블렉(1932~)을 들 수 있다. 이들이 주장하는 생태적 효율 혁명의 골자는 인간의 모든 생산 활동과 소비 행위에 투입되는 물질과 에너지의 이용 효율을 극대화함으로써, 즉 '적은 것으로 많은 것을 만듦으로써(Aus weniger mach mehr, doing more with less)' 인류의 복지 수준을 향상시키면서 환경 위기를 극복한다는 것이다.

생태적 효율 혁명 이론은 바이츠제커의 《지구 환경 정치학》에 처음으로 소개되었고, 로빈스 부부와 함께 쓴 《네 배의 효율》에서 상세하게 다루어지고 있다. 네 배의 효율 전략은 최적의 생산·관리 기술을 이용해 자원을 절반만 쓰면서도 효과를 두 배로 높이자는 것이다. 책에는 1.5 l 하이퍼 자동차에서부터 전력 소비가 아주 낮은 붙박이 냉장고까지 최적의 기술 50가지가 소개되어 있다.

바이츠제커는 자원을 절반으로 줄이면서도 효과를 두 배로 높이면 서비스는 조금도 줄어들지 않기 때문에 효율 혁명이 일반인들에게 설득력을 지닌 매우 현실성 있는 전략이라고 주장한다.

바이츠제커는 효율 혁명이 이루어지기 위해서는 혁신적 기술이 시장에서 관철될 수 있도록 새로운 조세 정책이 뒷받침되어야 한다고 주장한다. 여기서 새로운 조세 정책이란 조세 제도를 생태적으로 개혁하는 것을 말한다. 즉 환경 위기를 조장하는 결과를 낳는 경제 활동에 대해서는 높게 과세하고 환경친화적인 활동에 대해서는 세금을 줄여주는 것이다.

이러한 세제 개혁이 이루어지면 자원을 많이 소비하는 효율 낮은 기술은 점차 사라질 것이고 효율이 높은 기술이나 환경친화적인 기술은 널리 보급될 것이기 때문에, 생태적 세제 개혁은 효율 혁명을 위한 중요한 경제적 장치로 작용한다. 예를 들어 석탄, 석유, 가스 등 환경 파괴의 정도가 심한 화석 연료에 높은 세금을 매기면 연비가 낮은 자동차나 효율이 30퍼센트밖에 안 되는 화력발전소가 사라지고, 그 자리에는 연비가 높은 자동차나 재생 가능 에너지로부터 전기를 얻는 발전 기술 또는 효율이 높은 열병합 발전 기술이 들어서게 되는 것이다.

생태세가 에너지뿐만 아니라 환경 훼손과 관련된 다른 생산 활동으로 확대되면 단열, 폐기물 배출 감소, 물 절약 등이 널리 시행될 것이고 에너지 효율적인 기계, 자동차, 식품 등이 시장에서 관철됨으로써 환경 문제가 크게 완화되리라는 것이 바이츠제커 등 생태적 세제 개혁 지지자들의 생각이다. 독일에서는 1998년 집권한 사민당 정부에서 생태세를 처음 도입했는데, 이 과정에서 바이츠제커가 중요한 역할을 했음은 물론이다.

바이츠제커는 생태세를 도입하여 가격을 해마다 5퍼센트씩 올리는 것은 전체 경제나 소비자에게 큰 충격을 주지 않고도 가능하며, 그 정도는 인상해야만 생태세가 효과를 거둘 것이라고 본다. 그는 효율을 해마다 적어도 3퍼센트씩 올리는 것이 가능하다고 보는데, 5퍼센트의 인상분에서 효율 향상으로 얻어진 3퍼센트의 절감분을 빼면 전체적으로는 2퍼센트밖에 인상되지 않기 때문에 생태세의 도입이 경제 활동에 크게 부담을 주지 않으면서도 실업 감소나 환경 훼손 억제를 위해 실질적인 기여를 할 수 있다고 말한다.

바이츠제커의 현실적인 접근에 대한 비판이 없는 것은 아니다. 예를 들어 생태적 효율 혁명 전략을 비판하는 사람들은 그것이 거대 기술이나 위험 기술까지 배제하지 않는 것이고 효율 향상은 언젠가 한계에 도달할 것이기 때문에 장기적으로 성공할 수 있는 전략은 아니라고 주장한다. 이들의 비판이 타당한 면도 있지만 바이츠제커 등이 이러한 문제들을 고려하지 않는 것은 아니다.

바이츠제커는 효율 혁명이 환경 위기가 파국으로 치닫는 것을 상당 기간 억제해 줄 수 있을 것이고 이 기간 동안 현재의 낭비 체제에 기초한 문명의 변화가 이루어져야 한다고 주장한다. 그는 낭비 체제의 완전한 파기를 주장하는 근본주의자들과 달리 현실정치적 조건을 우선적으로 고려하면서 낭비 체제의 점진적인 전환을 모색하려는 것이다.

이필렬 ■ 방송통신대 교수 · 과학사 prlee@mail.knou.ac.kr

한국에서의 '생태 혁명'

1998년 말 바이츠제커를 직접 만났을 때(대담 참조) 그는 경제의 세계화로 인해 환경 위기 해결을 위한 노력이 물거품이 될지 모른다는 우려를 나타냈다. 자본의 힘이 정치를 장악해 세계화를 촉진하면서 모든 것을 경제 이해에 종속시키고 있어 환경이 설 자리가 점점 좁아진다는 것이다.

그는 콜 집권 때 경제 세계화의 일환으로 이루어진 독일 철도의 민영화에 대해서도 비판적이었다. 사람들은 공영보다는 민영이 훨씬 효율적이라고 생각하지만 모든 부문에서 민영이 효율적인 것은 아니며, 공공 부문에서는 민영이 상황을 더 나쁘게 만들 수 있다는 것이다.

의회에 진출한 그는 세계화가 가져오는 결과를 놓고 씨름하고 있다. 그는 자신이 펴낸《경계 없음》(*Grenzenlos*)이란 책에서 경계의 존재가 다양성과 약자를 보호하는 역할을 해왔음을 강조하는데, 강자에게만 유리하게 진행되는 세계화에 경계를 설정함으로써 균형을 잡아야 한다고 주장한다.

당시 한국의 경제 위기에 대해서는 환경을 파괴하면서 경제 개발을 하는 것이 한계에 다다랐기 때문에 위기가 닥친 측면이 있다고 언급했다. 이 위기를 계기로 지금까지와 같이 환경을 고려하지 않은 경제 성장은 이제 가능하지 않음을 깨달아야 한다는 것이다. 그는 한국이 원자력에 많은 돈을 투자하는 것에 대해서도 한국의 에너지, 경제, 문화적 장래를 위해 불행한 일이라고 덧붙였다.

바이츠제커의 생태적 효율 혁명과 세제 개혁에 대한 반향은 우리 나라에서는 아주 미미한 수준이다. 선진국에서는 자원 투입 증가와 경제 성장 사이의 연동 관계가 풀어진 지 오래이지만, 우리 나라에서는 에너지와 자원 소비가 해마다 크게 증가하고 있으며 이러한 증가가 경제 성장을 가져온다는 믿음이 널리 퍼져 있다.

환경은 경제 위기 이후 더욱 무시되고 있으며 원자력의 대대적인 확대 정책은 조금도 변하지 않고 있다. 우리 나라에서도 바이츠제커와 같은 주장을 펴는 사람들이 없는 것은 아니다. 생태세나 에너지세의 도입은 서울대학교의 이정전 교수나 방송통신대학교의 이필렬 등이 주장해 왔고, 생태경제연구회와 에너지 대안센터에서 생태세 도입을 관철하기 위해 노력하고 있다.

이필렬

에른스트 울리히 폰 바이츠제커의 약력

- 1939년 스위스 취리히 출생.
- 1965년 함부르크 대학 화학 · 물리학 졸업.
- 1969년 프라이부르크 대학 생물학 박사.
- 1969~72년 하이델베르크에서 학제(學際)연구소 근무.
- 1972~75년 에센 대학 생물학 교수.
- 1975~80년 카셀 대학 총장.
- 1981~84년 유엔 과학기술센터 소장.
- 1984~91년 유럽 환경정책연구소 소장.
- 1991~2000년 부퍼탈 기후 · 환경 · 에너지연구소 소장.
- 1998년~ 현재 독일 연방의원으로 '경제의 세계화 특별위원회' 위원장.

관련 저작들

번역서
- 에른스트 울리히 폰 바이츠제커, 《지구 환경 정치학》, 이필렬 옮김, 아르케, 1999.
- ─── ,《환경의 세기》, 권정임 · 박진희 옮김, 생각의나무, 2000.

미번역서
- Amory B. Lovins · L. Hunter Lovins · Ernst Ulrich von Weizsäcker, *Faktor Vier*, Droemer Knaur, 1995. —《네 배의 효율》

세계 위기 극복의 대안 '생태적 세제 개혁'

일시 **1998년 11월**   장소 **독일 부퍼탈**

對談

대담자 **이필렬** 방송통신대 교수
정　리 **조홍섭** 한겨레 기자

이필렬 당신은 21세기가 되면 경제가 지배하는 세기가 끝나고 환경이 가장 중요한 것으로 여겨지는 세기가 될 것으로 예견했습니다. 그러나 아시아에 경제 위기가 닥치면서 특히 한국에서는 경제가 더욱 중요한 요소로 여겨지고 있습니다. 21세기가 되어도 여전히 경제가 가장 중요한 것으로 남아 있을 것으로 보시는지요?

바이츠제커 내가 '21세기는 환경의 세기'라고 말한 것은 아직 사회주의 국가가 붕괴되지 않았을 때였습니다. 당시에는 국가가 자본보다 더 큰 힘을 가지고 있었고 환경을 위해 국가는 자본에 상당한 영향을 끼칠 수 있었습니다. 그러나 사회주의가 붕괴하자 자본은 아주 자유로운 상태가 되었고, 엄격한 환경 기준을 피해 아시아 국가로 옮겨가기 시작했습니다. 독일, 스웨덴, 스위스 등 많은 나라에서 자본이 아시아로 옮겨갔습니다. 1990년대 아시아의 급속한 경제 성장은 이러한 자본 이전에 힘입은 바 큽니다.

그러나 이러한 성장으로 인해 아시아 국가들의 환경은 거의 참기 어려울 정도로 상처를 입었고, 쾌적한 환경의 질을 요구하는 목소리가 거세게 나오고 있습니다. 아시아의 경제 위기는 이제 더 이상 환경을 마구 파괴하면서 경제 개발을 이루는 것이 한계에 다다랐기 때문에 닥친 것이라고도 할 수 있습니다. 지금까지처럼 환경을 고려하지 않은 경제 성장은 더 이상 가능하지 않게 된 것이고, 따라서 위기가 닥쳤다는 것입니다. 이제 와서 보면 다음 세기와 현 세기를 환경과 경제의 세기로 대비한 것은 좀 맞지 않는 면이 있습니다. 그러나 물론 경제가 가장 중요한 것으로 여겨져서는 곤란합니다. 경제는 문화나 학문, 환경 아래에 자리 잡아야 합니다.

이필렬 당신은 세계의 위기를 극복하는 대안으로서 '생태적 세제 개혁'을 주창해 왔습니다. 마침 당신은 이번 독일 사민당과 녹색당 연정에 연방의원이 됐습니다. 이론적으로 주장해 온 생태적 세제 개혁을 현실 정치의 도구로 관철시킬 수 있는 좋은 기회를 얻은 셈입니다.

바이츠제커 그렇습니다. 내 이론을 현실에 적용할 기회를 얻은 셈이고, 그렇게 되기를 희망합니다. 마침 연방의회에서 새로운 다수당이 된 사민당과 녹색당이 생태적 세제 개혁을 앞으로 4년 간의 중심 프로젝트의 하나로 정한 것을 대단히 기쁘게 생각합니다.

이필렬 생태적 세제 개혁의 핵심 내용의 하나가 환경친화성을 고려해서 원자력이나 화석연료로 얻는 에너지 요금을 해마다 5퍼센트씩 올리자는 것입니다. 이렇게 해서 원자력이나 화석연료는 점차 줄어들고 재생 가능 에너지가 경쟁력을 갖도록 하자는 것인데, 바뀐 정권에서 그것이 가능하리라고 보시는지요?

바이츠제커 나는 여전히 에너지 요금 인상이 옳은 아이디어라고 생각합니다. 에너지 요금을 해마다 5퍼센트씩 올리면 에너지 이용 기술이 발달하는 정도와 보조를 맞출 수 있을 것입니다. 물론 산업계에 따라서는 예외를 둘 수 있지만 5퍼센트는 아주 합리적인 인상폭이라고 생각합니다. 어쨌든 내년인 1999년부터는 이 제도가 도입될 텐데, 그때까지 연방의

회의 재무위원회, 경제위원회, 그리고 슈뢰더 총리 및 다른 사람들을 설득해서 지속적으로 에너지 요금을 인상하도록 만들 계획입니다.

이필렬 그런데 제가 독일에서 만난 사람들 중에는 생태적 세제 개혁에 대해 비관적인 생각을 하는 사람들이 있었습니다. 특히 기업들이 이에 반대하더군요.

바이츠제커 인정합니다. 그렇지만 기업들에 대해서는 상당히 관대한 예외 규정이 있을 것입니다. 5년 전에 이 제도를 도입한 덴마크도 비슷한 예외 규정을 적용하고 있습니다. 현재 유럽 시장의 자유화로 인해 이 구조 변화가 다른 조처 없이도 일어나고 있음을 주목합니다. 나는 생태적 구조 변화를 강제적으로 일으키는 것은 위험하다고 생각합니다. 서서히 자연스럽게 이루어지는 것이 바람직합니다. 예를 들어 생태적 세제 개혁으로 컴퓨터 산업은 아주 큰 이익을 보고 알루미늄 산업은 다른 나라로 옮겨가야만 하는 상황은 원치 않는다는 것입니다.

이필렬 한국은 경제 위기를 맞아 생태적인 구조 조정에는 거의 관심을 보이지 않고 있습니다. 앞으로 그러한 방향으로 구조 개혁을 하리라는 전망도 거의 없습니다. 가장 큰 관심은 경제를 예전과 같은 상태로 돌리는 것처럼 보입니다.

바이츠제커 에너지 효율을 3~4배로 높이는 효율 혁명을 한국이 택하는 것이 현재의 경제 위기를 벗어나는 데 큰 도움을 줄 수 있으리라 믿습니다. 환경 기준 강화는 일자리를 창출하지 않습니다. 자동화, 거대화도 일자리를 만들어내지 않습니다. 그러나 효율을 높이는 일은 일자리를 없애는 것이 아니라 일자리를 유지하게 해주고 환경적으로도 매우 건전한 방향으로 가도록 해줍니다.

이필렬 독일의 새 정권은 전력의 3분의 1을 생산하는 독일의 핵 발전을 폐쇄하기로 결정했습니다. 폐쇄 일정을 놓고 논란이 일고 있는데, 이에 대해 어떤 의견을 가지고 있는지요?

바이츠제커 30년 뒤에 폐쇄하자는 슈뢰더 총리와 같은 생각입니다. 만일 핵 발전을 빨리 그만두게 되면 커다란 재정적·법적 문제에 직면하게 됩니다. 또 독일의 원자력 전기는 적게 사용될지 모르지만 그 대신 프랑스나 체코의 원자력 전기가 들어올 가능성이 커지고, 이는 생태적으로 조금도 도움이 되는 일이 아닙니다. 그렇지 않으면 석탄 화력 발전을 더 해야 하는데, 이것도 바람직하지 않은 것은 분명합니다. 그래서 핵 발전 폐쇄의 박자는 효율 향상 속도에 맞추는 것이 바람직합니다. 에너지 효율이 30퍼센트 올라간다면 우리는 핵 발전이 더 이상 필요 없게 됩니다.

이필렬 핵 발전에 미래가 있다고 보는 이유는 무엇입니까?

바이츠제커 나는 핵 발전에 대한 교조적인 반대자는 아닙니다. 내가 최선으로 생각하는 것은 에너지 효율입니다. 그 다음은 재생 가능 에너지원이고, 세 번째로 석탄 화력 발전과 핵 발전을 들겠습니다. 물론 석탄 화력에서 전기와 열을 함께 생산하는 열병합 발전은 효율이 70퍼센트까지 올라가기 때문에 어느 정도 받아들일 수 있습니다. 핵 발전이 폐기물 처분 문제가 현재의 것보다 심각하지 않고, 노심 용융 같은 심각한 사고가 일어나지 않도록 기술이 발전한다면 석탄 화력보다는 더 낫다고 볼 수 있습니다. 나는 핵 발전은 선택 리스트에서 가장 끝에 있는 것이고, 아주 나쁜 기술이라고 말하는 것입니다.

이필렬 한국을 비롯해 일본, 중국, 대만 등 아시아 국가들은 매우 공격적으로 핵 발전을 확대하고 있는데, 이를 어떻게 생각합니까?

바이츠제커 한국에서도 30년 뒤에는 핵 발전에 대해서 사람들이 현재 독일에서 핵 발전을 바라보는 것과 유사하게 다시 생각하는 일이 일어날 것이라고 상당히 확신합니다. 사실 핵 발전에 수십억 달러를 투자했다는 사실에 대해서 불행하게 생각해야 할 것입니다. 왜냐하면 이 기술이 경제성이 없을 뿐만 아니라 생태적으로 문제가 많기 때문입니다. 핵폐기물 처분이라는 심각한 문제를 낳을 것이고, 테러리즘의 표적이 될 위험도 상당히 있습니다. 핵 에너지의 상업적인 이용과 군사적 이용의 연결은 특히 위협적인 것입니다. 바로 이러한 면에서도 한국에서도 가능한 한 일찍 핵 발전을 그만두는 것이 좋다고 생각합니다.

이필렬 유전공학이 현재 전세계적으로 매우 큰 논란을 부르고 있습니다. 한국에서도 최근 이 문제가 사회적 관심사로 떠오르고 있는데, 어떻게 생각하시는지요?

바이츠제커 생명공학은 긍정적인 면과 부정적인 면을 가집니다. 실제적인 면을 고려했을 때는 긍정적인 면을 가지고 있는 것이 사실입니다. 인슐린 같은 의약품을 생명공학적으로 생산하는 것은 긍정적입니다. 인슐린을 얻기 위해 수많은 돼지를 죽이지 않아도 되기 때문입니다.

그러나 유전적으로 조작된 생물체는 조심스럽게 접근해야 합니다. 예를 들어 유전자가 조작된 식물들이 퍼져 친척뻘인 잡초들과 교배될 수 있습니다. 그렇게 되면 인위적인 유전자를 지닌 잡초들이 인간이 제어하기 어려운 위험한 상황을 가져올 수 있을 것입니다. 이미 이러한 일이 벌어졌다는 것이 증명되었습니다. 또 한편으로 윤리적인 면에서 나는 유전자 조작에 대해서 매우 걱정하고 있습니다. 인간이 유전자를 조작해서 다른 생물체, 다른 인간을 만든다는 것은 윤리적으로 받아들이기 어려운 일입니다.

* 이 대담은 《한겨레》 1998년 11월 29일자에 실린 것을 재수록한 것이다.

지구는 건강한가

L e s t e r   B r o w n 레 스 터   브 라 운

레스터 브라운

월드워치 연구소의 사령관 레스터 브라운

 세계 언론들은 몇 해 전부터 새해가 되면 월드워치 연구소가 매년 펴내는 《지구 환경 보고서》가 나오기를 기다린다. 1984년부터 매년 나오는 《지구 환경 보고서》는 생태계의 위험에 관한 최근 정보를 학제적(學際的)으로 분석하여 그 심각성을 국제 사회에 쉬운 용어로 매우 설득력 있게 경고함으로써 이제는 이 분야에서 가장 권위 있는 보고서로 자리를 잡았다.

 레스터 브라운은 1974년에 바로 이 연구소를 만들고 발전시켜 온 주인공이다. 미국의 《워싱턴 포스트》가 그를 '세계에서 가장 영향력 있는 지식인'으로 선정했고, 인도 캘커타의 유력지 《텔레그라프》는 그를 '지구 환경 운동의 지도자'라 칭하였다.

브라운은 어떤 사람인가? 그는 환경 문제를 단순히 환경 문제로만 보지 않았고, 세계 경제 질서, 에너지, 식량, 인구, 과학기술 발전, 나아가 우리의 식생활 및 교통 생활 등 삶의 양식과 밀접히 연관된 복합 문제로 보았다. 따라서 그의 시각은 매우 학제적이고 종합적이다. 문제를 세계 차원에서 보면서 상호 의존성을 분석하고 대안도 제시한다.

그가 이처럼 거시적이고 국제적인 시각을 갖게 된 것은 환경 문제의 특성을 바로 꿰뚫어볼 수 있었기 때문이다. 오늘날 현대 인류가 맞고 있는 환경 문제는 모두가 국제성을 지닌다. 오존층 고갈, 기후 변화, 생물 다양성 파괴 등 소위 지구 환경 문제는 물론이고 각 나라에서 일어나는 수질 오염, 대기 오염, 토양 오염 등 국내 환경 문제도 모두가 세계 에너지 수급 방향, 국제 무역 질서와 밀접히 연계되어 있다. 레스터 브라운은 바로 이러한 관점에서 환경 문제에 접근하고 있는 것이다.

그의 장점은 여기에 그치지 않는다. 그는 숫자를 매우 잘 다룬다. 그의 주장은 항상 수치로 뒷받침된다. 많은 수치 자료들을 분석, 재구성하여 제시되는 도표는 국제 사회에 널리 회자된다. 특히 《지구 환경 보고서》와 《생명 신호》에서 제시되는 갖가지 도표는 우리의 문제를 매우 간명하게 보여준다. 이러한 장점을 지닌 그는 20세기 후반에 환경적으로 지속 가능한 사회 건설을 분명한 목표로 제시하며 국제 사회의 환경 운동을 끌어가고 있는 영향력 있는 지도자다.

그는 어떤 한 분야의 전문가가 아니다. 아니, 한 분야의 전문가이기를 거부하는지도 모른다. 20권이 넘는 저서와 수십 편의 논문을 썼으며 월드워치 연구소를 설립하여 세계적 연구소로 발전시켜 왔지만 정작 그는 박사학위도 없다. 아마도 학위를 딸 시간이 없었던 것은 아닌가 싶다.

그는 고등학교와 대학 시절 그의 동생과 함께 토마토 농장을 경영하였다. 대학 때 그는 청년 교환 계획으로 인도의 농촌에서 반년을 지내며 식량의 어려움을 알게 되었다. 이러한 경험에서 그는 세계 식량 문제에 관심을 갖고 1956년 미국 농림부에 들어가며 1966~69년 사이 농림부 국제농업발전 사업 책임을 맡았다. 1966년에 그는 미국 제이시(청년상공회의소)에 의해 탁월한 10명의 미국 청년에 선정되는데 이는 특히 1965년 인도에서 일어난 흉작을 예측하여 조기에 구조 사업을 가능하게 기아 사태를 막는 데 기여한 그의 공로가 인정받은 것이다.

그는 1969년에 해외발전협의회(Oversea Development Council) 설립을 돕기 위하여 정부를 떠나며 1974년 록펠러 브라더스 재단 지원으로 지구 환경 문제의 종합적 분석을 위한 월드워치 연구소를 설립한다. 이 기간 동안 레스터 브라운은 《국경 없는 세계》(1972), 《빵만으로》(1974), 《인간과 환경 : 식량》(1974) 등을 출판한다.

그의 국제적 시각과 관심은 저서 《국경 없는 세계》에서 잘 나타난다. 그는 이 책에서 인류가 당면한 문제인 환경 위기, 빈부 격차 심화, 실업, 도시화와 기아 등의 심각성을 경고하면서 이러한 문제들이 국경을 초월하여 세계 경제 체제에 영향을 주고 있음을 밝히고 있다. 그는 문제 해결을 위하여 교육과 국제 협력의 중요성을 강조한다. 나머지 두 책에서도 그의 주요 관심사를 읽을 수 있다. 특히 《빵만으로》에서는 농업 기술의 한계와 환경의 질 저하로 인하여 세계 식량 부족과 대규모 기아 사태가 일어날 것을 예측하고 국제 사회에 경고하였다.

월드워치 연구소를 설립한 후에는 환경, 식량, 인구, 에너지 및 자연 자원, 세계 경제의 변화들을 조사하여 국제 사회에 미래에 대한 예측과 전망, 그리고 경고를 하며 합리적인 대안을 제시해 왔다. 때로는 이러한 예측과 경고가 빗나가기도 한다. 이에 대해 브라운은 예측이 맞고 안 맞는 게 중요한 것이 아니라고 한다. 보다 중요한 것은 그들이 객관적인 자료를 분석하여 인류 생존을 위협하는 사항을 찾아내서 국제 사회에 알리고 이를 피할 수 있는 국제적 합의와 공동 노력을 끌어내는 것이다.

지구 환경 문제의 창시자 레이첼 카슨(1907~1964)은 1962년《침묵의 봄》에서 살충제 디디티(DDT) 때문에 새가 사라질 것이라 경고하였다. 아직 우리가 새의 지저귐을 즐길 수 있는 것은 서둘러 디디티 사용을 금지했기 때문일 것이다.

브라운은 정보가 사회 변화에 매우 중요하다고 생각한다. 그리고 인간은 새로운 정보와 경험에 의하여 행동이 바뀔 수 있다고 믿는다. 그가 월드워치 연구소를 운영하면서 그들의 정책 담당자와 일반 대중을 대상으로 한 출판 활동을 특히 강조한 것도 이러한 교육철학 때문일 것이다. 그의 이러한 전략은 상당한 성공을 거두었다. 이제 월드워치 연구소의 연구 결과를 담은 출판물들은 국제 사회에 널리 알려졌으며 특히《지구 환경 보고서》는 그 영향력에 있어 국제연합에서 펴내는 환경 보고서들을 훨씬 능가한다.

2001년 5월에 브라운은 '지구정책연구소(Earth Policy Institute)'를 창설해 월드워치 연구소에서 독립하였다. 이를 통해 환경적으로 지탱 가능한 경제, 즉 생태 경제를 확립하기 위한 정보를 확산시키는 데 기여하려는 것이다.

월드워치 연구소와는 달리 이 연구소는 각국 정부가 환경 정책의 질을 한 단계 높일 수 있도록 더 직접적이며 구체적인 연구와 로비 활동을 한다는, 다소 전위적인 실천 연구 단체의 성격을 가진다. 그간 월드워치 연구소의 충실한 연구 활동과 제언에도 불구하고 각국 정부, 특히 미국 정부가 정책으로 연결시키지 못하고 있다는 판단을 한 것으로 풀이된다.

월드워치 연구소의 이사장이기도 한 브라운은 기초적인 연구와 대중적인 인식 확산이라는 월드워치 연구소의 활동과 지속적으로 연대할 것이라고 밝힌 바 있다. 지구정책연구소는 월드워치 연구소를 대체하는 것이 아니라 보완한다는 것이다.

그는 녹색 진영이 지구를 지키려는 많은 전투에서는 승리했지만 전쟁에서는 지고 있다고 평가하고 그 격차를 좁히기 위해 환경적으로 지탱가능한 경제 블록, 즉 생태 경제를 확립하자고 주장한다. 생태 경제란 지구의 생태계를 붕괴시키거나 파괴하지 않고 서로 맞물려 돌아가도록 만드는 것이다. 예컨대 소득세는 삭감하고 환경적으로 파괴적인 활동에 대해서는 세금을 인상하는 등 조세 체계의 재구조화를 그는 정책 도구로 제시한다.

생태 경제로 나아갈 비전을 공유할 수 있는 지도를 개발하여 언론 매체, 정책 결정자, 인터넷 등을 통해 발빠르게 확산시키고자 한다. 이 때문에 생태 경제로의 전환을 위한 막대한 정보를 확산시킬 책임이 언론에 있다고 주장한다. 그리고 브라운과 그의 동료들의 역할은 이런 노력에 필요한 자료를 제공하고 진척 사항을 지속적으로 평가하는 것이라 할 수 있다.

이승환 ■ 유네스코 한국위원회 문화원장 shlee@unesco.or.kr

월드워치 연구소와 그 활동

미국 워싱턴에 있는 월드워치 연구소(http://www.worldwatch.org)의 임무는 세계 각국이 지구 환경 문제에 대해 효과적으로 대응할 수 있도록 풍부한 자료와 정책 대안을 제시하는 곳이라 할 수 있다.

월드워치 연구소는 각종 연구와 출판 활동, 세계 연대 활동을 통해 지구 환경 문제에 대한 구체적인 치유책과 다양한 처방전을 제시해 왔다. 대표적인 출판물은 해마다 세계 30여 개 국어로 번역되고 있는《지구 환경 보고서》와《생명 신호》다. 현재 126개 회사, 단체 등과 출판 계약을 맺고 있으며 70여 개의 유수한 연구소와 출판물 교환 계약을 맺고 있다. 이 밖에 매일 40여 건의 연구소 관련 기사가 작성되어 언론에 배포되며 월간지《월드워치》, 주간《월드워치 이슈 얼러츠》(Issue Alerts) 역시 세계 각국에 소개된다.

　이와 더불어 각종 오디오 자료를 홈페이지에서 접할 수 있도록 하였으며 풍부하고 방대한 분량의 원자료를 다운로드 받거나 CD-ROM으로 구할 수 있게 하였다. 월드워치 연구소의 출판물 판매를 통한 수입은 연간 약 200만 달러에 이르며 이는 연구소 전체 운영비의 반 이상이라고 한다.

　이 민간 연구소가 전세계적으로 미치는 영향력을 고려한다면 30여 명의 직원은 적은 숫자로 여겨질 수도 있다. 하지만 그 중 절반 가량이 생물종 다양성, 삼림, 생태계, 물, 에너지, 교통, 농업, 경제, 도시, 고용, 보건, 어업, 생명공학, 무기, 세계화, 국제기구, 정보기술 등 다양한 분야의 세계적인 전문연구원이라는 사실은 연구소의 활동에 신뢰감을 준다. 3천여 명에 이르는 기부자들 외에도 여러 기금과 재단들이 이들의 활동을 후원한다.

　물론 월드워치 연구소, 특히 레스터 브라운의 활동에 모든 사람이 동조하고 있는 것은 아니다. 1993년 신문기자 출신의 로널드 베일리는《에코스캠》이라는 책에서 환경 종말론자들에 의해 환경 위기가 의도적으로 과장됐다고 주장하였다. 최근 자유기업원이 번역하여 출간한 줄리언 사이먼의《근본 자원》에서도 브라운은 종말론자로 비판받았다.

비판자들은 이러한 예로 인구 증가, 식량과 기아 문제 등을 든다. 냉전은 핵 전쟁으로 이어지지 않았고 오존층의 구멍이나 극지방의 얼음이 녹는 것도 화산 폭발로 인한 일시적인 태양빛 차단 현상 때문일 뿐이다. 생명공학 덕분에 유전자의 특성들이 파악되었고 많은 사람들이 질병에서 놓여났다. 이 말에 따르면 각 나라는 거짓 주장이나 과장된 사실 때문에 수천억 달러 이상의 대책 비용을 낭비한 것이 되고 만다.

하지만 월드워치 연구소는 1968년 곤충학자 파울 에를리히의 대기근 주장, 1972년 천연자원의 고갈을 우려한 로마 클럽의《성장의 한계》, 1976년 핵 과학자 로웰 폰트의 지구 냉각화 가설이나 1983년 천문학자 칼 세이건의 핵겨울 가설, 1988년 기후학자 제임스 한센의 온실효과 및 해수면 상승과 관련된 증언 등에서 지적된 위기의 징후들을 기초적인 데이터로 착실히 입증하고 있을 뿐이다.

생태적 가치가 부여된 경제라는 월드워치 연구소의 비전은 자연으로 돌아가자는 근본주의도 아니고, 한몫 챙겨보려는 돈벌이도 아니다. 환경 문제의 전 지구적 성격을 이해하고 전 지구적 노력, 특히 선진국의 책임을 강조하는 월드워치 연구소의 노력에 비추어보면 환경 운동을 여성, 인권, 소수 인종, 반핵 평화 운동 등과 같은 맥락에서 파악하는 베일리류의 비판은 오히려 백인우월주의의 혐의를 받는다.

월드워치는 영월 동강댐 건설 반대 운동 등에서 국내 환경 단체와 연대해 국제적 압력 단체 구실을 하기도 하였다.

오수길 ▪ 성균관대 강사 · 행정학

레스터 브라운의 약력

- 1934년 미국 뉴저지 출생.
- 1955년 럿거스 대학 농업과학 졸업.
- 1959년 메릴랜드 대학 농업경제학 석사.
- 1962년 하버드 대학 공공정책학 석사.
- 1974년 록펠러 재단의 후원으로 월드워치 연구소 설립.
- 1984년《지구 환경 보고서》(*The State of the World*) 발간.
- 1992년《생명 신호》시리즈 발간.
- 2000년 인터넷 시리즈 '월드워치 이슈 얼럿츠' 시작.
- 2001년 5월 지구정책연구소(Earth Policy Institute) 설립.
- 유엔 환경상(1987), 국제 자연보호 기금 금메달(1989), 환경단체 오더본 협회가 주는 100명 보존인상(1998) 등 수상.
- 럿거스 대학 등 20여 개 대학에서 명예박사 학위 받음.

관련 저작들

번역서

- 레스터 브라운,《지구 환경 보고서》(1990~98년까지 따님, 2001년부터 도요새에서 출간).
- 레스터 브라운·월드워치 연구소,《생명 신호》(1993·98년까지 따님, 2000년부터 도요새에서 출간).
- 레스터 브라운·할 케인,《풀하우스 : 인구, 식량, 환경》, 김성문 옮김, 따님, 1997.
- 레스터 브라운,《식량 대란》, 박진도 옮김, 한송출판사, 1997.
- ──,《맬서스를 넘어서》, 이상훈 옮김, 따님, 2000.
- ──,《중국을 누가 먹여 살릴 것인가》, 지기환 외 옮김, 따님, 1998.

미번역서

- Lester Brown, *World Without Board*, Random House, 1972. —《국경 없는 세계》
- ──, *By Bread Alone*, International Thomson Publishing, 1974. —《빵만으로》
- ──, *Man and His Environment : Food*, Harpur & Row, 1974. —《인간과 환경 : 식량》

과학의 남성주의를 어머니 품으로

V a n d a n a   S h i v a 반 다 나   시 바

반다나 시바

생태여성주의의 여전사 반다나 시바

반다나 시바는 현재 인도의 과학·기술·생태연구재단의 대표로서 개발과 세계화라는 명목으로 자연과 지식을 약탈하고 있는 서구 문명을 비판하는 데 힘쓰고 있다. 그녀는 에코페미니즘의 관점에서 '생물해적질(biopiracy)'과 지적 재산권의 폭력성, 그로 인한 정신의 획일화 문제를 11권의 저서에 담았다.

그녀가 인도 출신의 여성이란 점은 이런 사유를 형성한 배경이 되었다. 그녀는 인도와 같은 제3세계의 여성에 대한 서구의 경제적·문화적 약탈에 민감하게 반응하였다. 그리고 생각을 행동으로 옮기는 데도 주저하지 않았다. 영국의 《가디언》지는 '세계에서 가장 뛰어나며 급진적인 과학자'라고 그녀를 정의하였다. 활발한 제3세계 연대 활동을 인정

받아 1993년 제3세계인들의 노벨상이라 불리는 '올바른 삶을 기리는 상(Right Livelihood Award)'을 받았다.

시바의 원래 전공은 핵물리학이었다. 그러나 그녀는 서구 과학기술관이 지배하는 상아탑에 머무르지 않고, 오히려 그것들의 문제점을 고발하는 길을 택하였다. 생태운동가로 변신한 것이다.

1980년대 인도의 여성들이 대규모 벌목에 반대해 나무둥치를 얼싸안고 시위를 벌인 칩코(Chipko) 운동은 그녀 인생의 극적인 전환점이었다. 그녀는 이 운동에 적극 동참하였다. 1999년에는 세계무역기구(WTO)의 밀레니엄 라운드를 반대한 미국 시애틀 시위에도 참가했으며, 맥도널드 같은 패스트푸드 체인의 인도 진입을 막는 시위와 운동에도 앞장섰다.

생태 운동과 여성 운동을 결합한 시바의 에코페미니즘은 서구의 과학을 '가부장제적 기획'으로 보는 데서 출발한다. 그녀의 눈으로 보기에 유럽에서의 과학 혁명은 '어머니인 대지'인 자연을 기계와 원자재의 자원으로 바꾸어놓는 것에 불과하다. 과학이라는 미명 아래 자연이 이렇게 변형됨으로써, 여성과 자연에 대한 착취와 침범을 제한하는 모든 윤리적인 제약들을 제거해 버렸다는 것이다.

따라서 시바는 '가부장제의 기획'인 근대 남성 중심의 서구 과학이 여성과 자연의 지식과 창조성을 무시한 장본인이라고 본다. 그녀는 이런 생각들을 구체적인 사례에 적용해 설명하는데, 이 가운데 대표적인 것이 지적재산권에 관한 문제다. 이에 대한 그녀의 비판은 바로 여성 지식의 비(非)전문화와 파괴에 대한 저항이기도 하다.

한 예로 시바는 인도의 숲이 식민지화하는 과정에서 숲의 파괴와 더불어 임업에 관해 여성들이 갖고 있던 전문 지식도 파괴됐다고 본다. '과학적 임업'이란 실제로는 이윤 극대화를 위한 서구적 욕심에서 비롯된, 여성을 배제하는 임업에 불과한 것이다. 인도 가르왈 지방 여성들의 칩코 운동은 이런 '배제'에 대한 저항이었다.

자연친화적인 여성의 지식이 비전문적이라고 무시되는 것은 이뿐만이 아니다. 남성 과학자, 의학자들에 의한 모성(母性)의 파괴를 보자. 시바는 여성이 남성 과학자나 의학자들의 시술 대상에 불과하다는 주장까지 거침없이 한다. 그녀에 의하면 원래 아이에 대한 최고의 전문가는 어머니다. 그럼에도 불구하고 과학의 합리성을 내세운 의사들은 어머니의 지식을 무시하며 산모를 무지한 '몸뚱이'로 생각한다. 이때는 의사만이 지식을 갖춘 '정신'이 된다. 시바는 이런 이율배반적인 과학을 거부하며 모성의 회복을 강조한다.

시바의 이런 시각은 여성의 몸만이 아니라 생물 하나 하나가 자기 발생적이고 유기체적인 지식을 갖고 있다고 보는 데까지 확장된다. 자연을 약탈한다는 것은 자연의 '몸'을 무지한 것으로 간주하고 마음대로 침범하는 것을 의미한다. 시바가 말하는 '생물 해적질'이란 이런 행위를 지칭하는 것이다.

또한 시바는 특허라는 명목으로 생명체의 소유권을 갖는 생물 해적질이란 서구 자본의 새로운 식민지 '발견'일 뿐이라고 주장한다. 그녀에 따르면, 서구의 자본은 이제 여성, 식물, 동물의 내부 공간(즉 육체)이라는 새로운 식민지를 만들어 약탈하기까지에 이르렀다.

서구의 발달된 유전공학은 모든 생명체가 지닌 유전자 코드를 식민화하고 있다. 한 예로 미국의 미리어드 제약회사는 진단과 검사를 독점하기 위해 여성의 유방암 유전자에 대한 특허를 냈다. 여성의 몸의 일부를 제약회사가 갖는 꼴이다. 파푸아 뉴기니의 하가하이 인디언의 세포주(cell line)는 미국 상무부가 특허를 갖고 있다.

그럼, 이를 극복할 방법은 없는가? 시바는 우선 자연과 여성의 관점에서 서구의 과학기술 문명과 다국적 기업의 폭력에 대한 재정의가 필요하다고 말한다. 제3세계 여성들의 시각에서 볼 때 생산성이란 생명과 생계를 생산하는 척도이며, 잉여란 공동체에 필요한 물자 이상으로 생산된 물질적 잉여가 아니라 자연과 여성들에게서 폭력적인 방식으로 강탈하고 착취한 것을 말한다. 나아가 지금까지 개발이라고 불린 것은 성(性) 차별에 근거해 여성의 능력을 무시하고 생태 위기를 조장하는, 자연의 고갈을 가져온 악성 개발과 동의어다.

에코페미니스트로서 시바의 중요성은 여성을 단순한 희생자로 부각하지 않는다는 점에 있다. 그는 여성과 자연은 지금까지도 높은 수준의 지식과 창조성과 생산성을 보여주었다고 평가한다. 그러나 시바는 여성적 원리를 강조함으로써 여성을 다시 전통적인 '대지(자연)인 어머니'의 이미지로 묶어둘 위험이 있다.

또한 인도 내부의 계급 문제보다는 세계 체제 비판에 더 비중을 둔다는 아쉬움도 있다. 하지만 이 지구상에서 더 좋은 환경을 만들기 위해서는 여성이 처한 환경이 달라져야 함을 강하게 역설한다는 점에서 그의 목소리에 귀를 기울일 필요가 있다.

제3세계의 여성, 어린이, 민중이 처한 위기는 바로 우리가 살고 있는 세상의 위기를 측정하는 바로미터다. 하나의 특정 계급(부르주아)이나 하나의 특정 종(인간)의 특정 인종(백인), 그 인종의 특정 성(남성)이 앞장서서 자연과 지식을 획일화하고 사유화하는 세계는 분명 오염된 세계다.

고정갑희 ▪ 한신대 교수 · 영문학 gofeminist@hanmir.com

생태여성주의의 흐름

근대 세계는 인간과 '환경', 여성과 남성, 제1세계와 비1세계, 공(公)과 사(私) 등 여러 개로 조각나고 분열된 세계다. 이 분열된 세계에서 생태론이 인간과 '환경'으로 갈라진 세계 내의 인간중심주의에 물음을 제기한 것이라면, 여성주의(페미니즘)는 남성과 여성으로 분리된 세계 내 남성중심주의에 의문을 제기하였다.

생태론과 여성주의가 만난 생태여성주의는 오랫동안 페미니즘이 초월하고자 했던 여성성, 그것도 여성에게만 주어져 있다는 속성—생물학적 근거로 확인된 것이든 아니든—에 적극적인 의미와 역할을 부여한다는 점에서 새롭다. 왜냐하면 생태 재난은 이성과 합리성(곧 남성성)에 대한 근대의 신념을 뒤흔들었고, 이의 반작용으로 새로운 사회는 여성성(혹은 여성적 원리)을 사회 구성의 원리로 포용해 내야 하기 때문이다.

사실 자연은 남성성과 여성성 모두를 자신의 속성으로 가지고 있다. 그러나 이 자연은 때론 질서와 법칙성을 동반한 우주로, 때로는 혼돈, 특이성의 우주로 부각되기도 한다.

전자의 자연을 '양(陽)' 또는 자연의 '강성적' 속성을 지닌 남성성 혹은 남성적 원리라 부른다. 후자의 자연은 '음(陰)' 또는 '연성적' 속성을 지닌 여성적 원리라고 말한다. 전자는 개체의 자기 완결성을, 후자는 비완결성을 특징으로 한다.

근대 이후 분열된 세계에서 이런 점은 더욱 강조되었다. 인간에게는 합리성만이, 자연에는 비합리성과 혼돈만이 남겨졌다. 인간 사회에서도 이 합리성은 남성만이 갖고 여성은 비합리성과 히스테릭한 존재로 남겨진다. 그래서 남성에 의해 길들여지지 않는 한 여성은 예측불허의 감정적 존재일 뿐이다. 이 분열된 세계에서 남성이 여성을 지배해야 할 대상으로 국한할 때 '여성＝자연'이란 등식이 나온다.

생태여성주의는 여성 억압과 자연 파괴의 원인으로 남성성 지배를 규정하고 그 치유책으로 가치를 부여받지 못한 여성성을 강조함으로써 이원화된 세계를 극복하고자 하는 것이다. 초기 생태여성주의(마리 델리, 수전 그리핀)는 여성성이 생물학적으로 여성에게 주어진 '불변의 것'으로 생각함으로써 여성중심주의란 또 다른 환원주의적 일원론으로 빠져 버렸다.

이후 이 경향은 문화구성적 입장(캐롤린 머천트, 이네스트라 킹, 카렌 워렌)에 의해 비판을 받는데, 이들은 여성성과 남성성이 문화적으로 구성된다고 보고 과학 및 문화 체계를 분석하는 데 역점을 두었다.

반면 사회주의적 생태여성주의는 사회주의와 생태론, 여성주의의 결과물을 종합하려는 입장이다. 시바는 독일의 퀼른 전문대 사회학과 교수이자 생태여성주의학자 마리아 미즈와 더불어 둘째와 셋째 흐름의 중간에 속해 있다.

생태여성주의가 한국에 상륙한 것은 1993년께다. 초기에는 '한국적 상황'에서의 재해석에 초점을 맞추었으나, 10년의 문턱을 넘어서는 현 시점에서 논의의 방향은 한국 전통사상과의 비판적 접맥에 있다. 하정남(영산대학), 김정희(이화여대), 허라금(이화여대), 김양희(여성개발원) 교수, 주부 이진아 씨, 그리고 문순홍 등이 이 분야에서 글을 쓰고 있다. 현재 몇몇 대학원에는 '여성과 환경'이란 과목이 개설되어 있다.

문순홍 ■ 대화문화아카데미 연구원 · 정치학 박사

반다나 시바의 약력

- 1952년 인도 출생.
- 1978년 캐나다 토론토 대학 핵물리학 박사.
- 1978~82년 인도 매니지먼트 연구소 근무.
- 1983년~ 현재 인도 과학·기술·생태연구재단 대표.
- 1993년 제3세계의 노벨상인 '올바른 삶을 기리는 상' 수상.

관련 저작들

번역서

- 반다나 시바, 《살아남기 : 여성·생태학·개발》, 강수영 옮김, 솔, 1998.
- 반다나 시바·마리아 미즈, 《에코페미니즘》, 손덕수·이난아 옮김, 창작과비평사, 2000.
- 반다나 시바, 《자연과 지식의 약탈자들》, 한재각 외 옮김, 당대, 2000.

미번역서

- Vandana Shiva, *Ecology and the Politics of Survival: Conflicts over Natural Resources in India*, Sage Publications, Incorporated, 1995. —《생태와 생존의 정치 : 인도 내의 천연자원에 대한 갈등》
- ———, *Biopolitics: A Feminist and Ecological Reader on Biotechnology*, Third World Network & ZED Books, 1995. —《생물정치 : 생물 기술에 대한 페미니스트적이며 생태적인 글읽기》
- ———, *Stolen Harvest — The Hijacking of the Global Food Supply*, South End Press, 2000. —《도둑맞은 수확들 — 전 지구적 식량 납치극 벌이기》
- ———, *Tomorrow's Biodiversity Prospects for Tomorrow*, Thames & Hudson, 2000. —《내일의 생물다양성 : 내일을 위한 전망》

참고문헌

- 로지 브라이도티 외 지음, 《여성과 환경, 그리고 지속가능한 개발》, 한국여성 NGO위원회 여성과 환경분과 옮김, 나라사랑, 1995.
- 아리프 딜릭, 《전 지구적 자본주의에 눈뜨기》, 설준규·정남영 옮김, 창작과비평사, 1998.
- 아이린 다이아몬드·글로리아 페만 오렌스타인 편저, 《다시 꾸며보는 세상—생태여성주의의 대두》, 정현경·황혜숙 옮김, 이화여대 출판부, 1996.
- 이블린 폭스 켈러, 《과학과 젠더》, 민경숙·이현주 옮김, 동문선. 1996.

제5부

21세기의 억압과 해방

一圖 흑인의 정체성과 해방의 몸짓 ▪ 토니 모리슨

二圖 개인주의 비판과 공동체 윤리 ▪ 알래스데어 매킨타이어 · 찰스 테일러

三圖 다중의 자율적 힘과 세계 변혁의 기획 ▪ 안토니오 네그리

四圖 차별 없는 사회를 향한 도정 ▪ 요한 갈퉁

五圖 열린 공동체와 트랜스-모더니티 ▪ 엔리케 두셀

六圖 가속화된 문명과 인간의 미래 ▪ 이반 일리치

제5부를 들어가며

이동철 기획위원

21세기의 억압은 무엇이고 해방은 어떻게 가능할 것인가? 오늘의 세계 지식인들이 고민하고 모색하는 과제들은 이를 알 수 있는 시금석이다. 따라서 우리가 살펴볼 것들은 다음과 같다.

미국 흑인 문학의 대모 토니 모리슨의 중심 화두는 인종적·문화적 정체성이다. 그녀는 역사 의식과 고유 문화의 보존을 강조하며 '국가적 기억 상실'을 경고할 뿐만 아니라, 궁극적으로 흑인 여성의 역사와 그 정체성을 재현하고자 한다. 그리하여 인종과 성이라는 이중적 억압 구조 속에 생존해 온 흑인 여성의 삶 자체가 기억해야 할 역사이자 보존해야 할 유산임을 보여준다.

근대의 주체인 개인은 공동체에 대한 저항을 통해 권리와 자유를 쟁취해 왔다. 하지만 절대화된 개인은 행복한 삶을 누리고 있지도 못하며, 심지어 천박한 이기주의에 빠진 고립된 원자에 불과하다. 개인주의와 자유주의에 대한 이러한 반성에서 알래스데어 매킨타이어와 찰스 테일러의 공동체주의가 출발한다. 따라서 그들은 진정한 시민과 정의로운 공동체를 탐구함으로써 새로운 도덕적 질서를 추구한다.

1968년 파리에서 시작하여 세계 곳곳으로 확산되었던 '68혁명'은 자율 사상의 거대한 용광로였다. 《제국》으로 새삼스레 주목을 끌고 있는 이탈리아의 정치철학자 안토니오 네그리는 새로운 주체성을 통해 자율적 사유를 제시한다. 마르크스의 '정치경제학 비판'을 '국가 형태 비판'으로 재구성하는 그의 이론은, 노동 계급을 긍정하며, 다양하고 이질적인 탈주의 힘에 관심을 기울이면서 코뮌의 꿈을 보여주는 것이다.

20세기는 두 차례의 세계 대전이 있었고 핵전쟁의 위협이 상존했던 전쟁의 세기이기도 하다. 인류에게 진정한 평화는 가능할 것인가? 현대 평화학의 창시자이며 평화운동가인 노르웨이 출신의 요한 갈퉁은 법과 제도 등에 의한 '구조적 폭력', 물리적·구조적 폭력을 정당화하는 '문화적 폭력'을 지적함으로써 '적극적 평화'를 지향한다. 분단과 전쟁을 겪고 여전히 냉전을 청산하지 못한 우리에게 그의 주장은 더욱 호소력이 있다.

데카르트의 '생각하는 나'에 앞서 '정복하는 나'가 있었다. 칸트의 계몽, 헤겔의 절대 정신과 같은 유럽의 근대성, 근대적 지식 세계는 '발견'으로 은폐되는 1492년의 아메리카 정복에서 비롯된다고 아르헨티나 태생의 철학자 엔리케 두셀은 지적한다. 그의 해방철학은 타자를 배제하는 모더니티의 신화가 지닌 식민성을 비판하면서, 트랜스-모더니티의 프로젝트를 제창한다.

이념과 체제를 막론하고 전세계는 경제 발전을 향해 질주한다. 경제 가치는 현대 산업 문명의 모든 영역에 침투하며 커다란 영향력을 발휘하고 있다. 하지만 이반 일리치는 교육·교통·의료 등 다방면에서 나타나는 '경제 독점' 문화와 '전문가 독점' 문화의 병폐를 지적한다. '경제적 수축'을 제창하고 저성장을 옹호하는 그의 주장은 '중세적 낭만주의'로 비난받기도 하지만, 21세기적 해방을 모색할 때 간과할 수 없다.

다루지는 못했지만, 안락사를 긍정하고 동물의 권리를 옹호하는 등 도발적인 주장을 통해 현실 생활에도 적지 않은 영향을 주고 있는 오스트레일리아 출신의 실천윤리학자 피터 싱어, 그리고 고대 그리스 철학을 전공하면서도 중국사상의 연구와 대화를 통해 유럽 문명과 서양 철학의 새로운 돌파구를 모색하는 프랑스 철학자 프랑수아 쥘리앵의 작업도 많은 시사를 주리라고 생각된다.

흑인의 정체성과 해방의 몸짓

Toni Morrison 토니 모리슨

토니 모리슨

흑인 문학의 대모 토니 모리슨

1856년 미국 신시내티에서 충격적인 사건이 일어났다. 마거릿 가너란 흑인 여성이 노예사냥꾼에게 자식을 빼앗기지 않으려고 그 아이의 목을 칼로 베어 죽인 것이다. 당시 신문에는 "내 아이 중 한 명이라도 다시 켄터키로* 보내져야 한다면 그 전에 내 손으로 다 죽여 버리겠다"며 울부짖는 가너의 절규가 실렸다.

토니 모리슨은 이 사건을 모티브로 《빌러비드》(1987)라는 소설을 썼고 '6천만 명 이상'이란 상징적 숫자가 명기된 짤막한 헌사(獻詞)로 노

---

* 켄터키에서 노예 생활을 하던 가너는 1856년 1월 28일 네 명의 아이들, 남편, 그리고 시부모와 함께 신시내티로 도주했다가 노예사냥꾼들에게 붙잡혔다.

예선상이나 그 후 사망한 흑인들을 기렸다.

문자화한다는 것 자체가 불경스러워서 그동안 우회적으로만 다루었을 뿐 직접 묘사를 유보해 왔던 노예제를 작품에 담고 나서야 모리슨은 역사의 짐에서 벗어났다. 《빌러비드》의 영혼이 천도된 것처럼 '6천만 명 이상'의 흑인 영혼들이 천도되었을까? 1993년 모리슨과 미국 흑인들에게는 노벨 문학상이 주어졌다.

그러나 《빌러비드》가 영예의 면류관을 쓰게 된 것은 억압의 역사를 적나라하게 폭로했기 때문만이 아니다. 죽음과도 같은 노예선상의 실태, 선상 반란과 대학살, 치욕적인 성 착취, 노예 사냥꾼의 추적과 유아 살해, 원혼으로 들끓는 집 등 굴욕의 세월을 담아낸 서사적이면서도 시적인 유려한 짜임이 역사와 미학의 접점을 가능하게 했기 때문이다.

모리슨이 일구어낸 미학은 1983년 흑인 페미니스트인 넬리 맥케이와의 인터뷰에 함축되어 있다.

나는 제임스 조이스도 아니고 토머스 하디도 아니다. 물론 윌리엄 포크너도 아니다. 그렇게 비범한 재능을 타고난 작가들과 비교되는 데는 아무런 이의가 없다. 그러나 내 작품이 음악 혹은 다른 문화 장르에서나 충분히 표현될 수 있는 그런 것이 되도록 노력한다는 점에서 나는 그들과 다르다.

아직 국제적인 명성을 얻기 전 감히 자신과 서구 백인 대가들과의 차이를 논하던 모리슨은 자신이 차별화한 흑인 음악의 미학으로 세계 문학의 정상에 우뚝 선 것이다. 블루스, 재즈, 흑인 영가나 설교의 핵을 이루는 흑인 음악의 미학은 흑인 내부의 역동성에서 나온 '역겨운 혼돈성(dreadful funkiness)'의 표현이다. 서구 지배 담론이 대위법과 유기적 조화를 지향한다면 흑인 미학은 비대칭과 파열로 이루어져 있다. 때로는 난삽하고 때로는 미완성으로 보이는 흑인 음악의 미학을 모리슨이 전격적으로 사용한 것은 흑인 문화 유산에 대한 자긍심이 깊었기 때문이다.

1931년 오하이오 로레인에서 출생한 모리슨은 인종 차별과 빈곤 속에서도 흑인 문화에 대해 자긍심을 키워갈 수 있었다. 자식들에게 보다 나은 교육 환경을 제공하기 위해 켄터키, 앨라배마, 오하이오로 옮겨다닌 외할아버지는 바이올린을 연주하는 석탄 광부였다. 노예 해방 선언문이 공표되던 당시에 소년이었던 외할아버지는 백인의 탐욕과 잔인성을 목격하며 "이 나라의 흑인은 희망이 없다"며 개탄하였다.

남부 조지아 출신인 아버지는 폭력적인 인종 차별을 경험하면서 오히려 흑인의 우월성을 확신하였다. 특히 모리슨이 두 살 되던 해 백인이 저지른 방화로 가족 모두가 몰살당할 뻔했던 사건 이후로 아버지는 백인을 더욱 경멸하였다.

외할아버지의 교육열과, 아버지가 심어준 흑인 우월 의식, 나아가 영적인 어머니가 어릴 적부터 들려준 흑인 동화와 민담은 모리슨을 인종적 자긍심을 가진 작가로 성장할 수 있도록 한 자양분이었다. 이러한 가풍에서 일깨워진 모리슨의 인종적 자긍심은 흑인만이 입학하는 하워드 대학에서 더욱 견고해졌다. 1949년 하워드 대학에서 아미리 바라카, 앤드류 영 등 흑인 문학에 대한 열정을 함께 나눌 든든한 도반을 만난 것이었다.

또한 1965년부터 랜덤하우스 출판사의 편집 일을 맡으면서 모리슨은 흑인 문학과 문화에 대해 새로운 지평을 열게 되었다. 게일 존스, 토니 케이드 밤바라를 포함하여 많은 흑인 작가들의 작품을 출판하면서 모리슨은 흑인 문학과 문화의 정통성과 더불어 다양성을 함께 섭취하였다. 프린스턴 대학의 창작 교수로 활동하고 있는 지금까지 모리슨은 이와 같은 흑인 우월 의식과 문화에 대한 긍지를 바탕으로 끊임없이 흑인 문학을 실험 생산해 내고 있는 것이다.

모리슨 문학의 중심 화두는 인종적·문화적 정체성이다. 그것은 리처드 라이트, 랠프 엘리슨, 이쉬마엘 리드와 같은 미국 흑인 작가뿐 아니라 20세기 식민 구조를 경험한 아프리카의 월 소잉카, 치누아 아체베 같은 작가들이 치열하게 탐색해 온 화두이기도 하다. 아메리카 대륙에서 혹은 아프리카와 영국을 유랑하며 그들이 지적 방황 끝에 찾아낸 공통된 해법은 역사 의식과 고유 문화의 보존이다.

'국가적 기억 상실'을 경고한 모리슨도 예외는 아니다. 미국 역사의 지울 수 없는 오점인 노예제를 망각하는 것은 흑인의 의식을 분열시키고 증오를 키울 뿐 과거의 상흔을 치유하는 데 도움이 되지 못한다. 대신 역사를 직시함으로써 상처가 치유되며 그 결과 미래가 창조될 수 있다는 것이 그녀의 역사 의식이다. 《빌러비드》의 주인공 세드가 유아 살해의 죄책감에서 벗어나 새로운 미래를 꿈꿀 수 있었던 것은 은폐했던 기억과 직접 대면했기 때문이다. 《솔로몬의 노래》(1977)에서 낙오자 밀크맨이 흑인 종족의 선지자로 거듭난 것은 묻혀 있던 조상의 흔적을 캐냈기 때문이다.

미국 흑인의 역사가 노예제의 악몽으로 점철되어 있다 할지라도, 흑인 종족의 뿌리가 거세와 강탈로 얼룩져 있다 하더라도 그것을 망각할 것이 아니라 복원시킬 때 흑인의 존재 가치는 회복된다는 것이 모리슨의 해법이다. 또한 종족의 내재적 핵심이 되는 문화를 지켜나갈 때 진정한 해방이 찾아온다고 모리슨은 역설한다.

"사람의 힘은 자신의 문화 유산의 깊이를 아는 데서 비롯된다"라고 말한 리드도, 유기체적 동질성을 주장한 소잉카도 한결같이 고유 문화를 강조한다. 국적과 성별 차이를 넘어서서 식민 구조를 경험한 작가들은 공통적으로 역사 의식과 고유 문화 보존을 지배 담론에 대한 대응책으로 제안하고 있다.

그러나 모리슨이 전 작품에 걸쳐 궁극적으로 재현해 내려고 한 것은

흑인 문학 작가 소개

랠프 엘리슨(1914~1994)

1963년 어빙 호와의 논쟁에서 보여주듯 흑인 문학은 저항 문학 범주에만 머물러서는 안 되며 개인의 자유, 정체성, 보편성에 대한 의식 등 지향성을 지녀야 한다고 주장하였다. 그의 대표작으로는 《보이지 않는 인간》(Invisible Man, 1952)이 있다.

리처드 라이트(1908~1960)

미시시피 나체츠 부근의 대농장에서 태어난 리처드 라이트는 1940년대 흑인 저항 문학을 주도하였다. 불우한 청소년 시기를 보내며 한때 공산주의자이기도 했던 라이트는 《엉클 톰의 아이들》(Uncle Tom's Children, 1938), 《미국의 아들》(Native Son, 1940), 《흑인 소년》(Black Boy, 1945) 등 작품에서 백인의 인종 차별을 적나라하게 폭로하면서 흑인들의 저항 의식을 드높이는 글을 남겼다.

엘리스 워커(1944~)

모리슨과 더불어 현대 흑인 여성 문학을 주도하고 있다. 모리슨이 흑인 문학의 미학에 초점을 맞춘다면 워커는 상대적으로 여성주의적 주장을 보다 강화시켰다. 주요 작품으로는 영화화되기도 한 《컬러 퍼플》(The Color Purple, 1982)이 있다.

월 소잉카(1934~)

1986년 노벨 문학상 수상 작가인 월 소잉카는 영국 식민 시기에 나이지리아에서 태어났다. 영국 식민 구조의 비극을 체득했을 뿐 아니라 나이지리아 내전으로 인해 1970년 유럽으로 망명했으며 1994년 군사 정부에 반대하여 다시 정치적 망명을 하였다. 이러한 복잡한 보헤미안적인 삶의 궤적을 지녔으면서도

인종적 · 문화적 · 정체성에 앞서 흑인 여성의 역사이며 정체성이다. 대부분 남성 작가들이 제국의 본산과 치열한 힘겨루기를 하면서도 자신의 공동체 내에서 성(性) 억압으로 신음하는 여성들을 외면한 것은 모순이 아닐 수 없다.

소잉카는 내재적 문화의 보존이야말로 세계화의 모순을 해결할 방안이라고 주장한다. 대표작으로는 《숲은 춤춘다》(*A Dance of the Forest*, 1960), 《사자와 보석》(*The Lion and the Jewel*, 1972) 등이 있다.

이쉬마엘 리드(1938~)
현재 버클리 대학의 교수인 이쉬마엘 리드는 다문화주의에 대한 이론을 주창하는 동시에 흑인 고유 문화에 대한 관심과 복원을 병행하고 있는 문화 비평가다. 주요 작품으로는 《멈보 점보》(*Mumbo Jumbo*, 1972), 《캐나다로의 도피》(*Flight to Canada*, 1976) 등이 있다.

치누아 아체베(1930~)
월 소잉카와 더불어 나이지리아의 대표적인 작가인 치누아 아체베 역시 영국 식민 시절에 기독교로 개종한 집안에서 태어나 이바단 대학에서 영문학과 역사학을 전공한 이른바 민족 의식과 서구 가치의 침윤이란 이중성을 지니고 있다. 진정한 의미의 아프리카, 아프리카의 종족 의식을 탐구하면서 역사 의식, 국가 의식을 강조한 작가이다. 대표작으로는 《무너져 내리다》(*Things Fall Apart*, 1958), 《민중의 지도자》(*A Man of the People*, 1966) 등이 있다.

폴 마셜(1929~)
주요 현대 흑인 여성 작가 중의 한 사람이다. 처녀작인 《갈색 사암색 소녀》(*Brown Girl, Brownstones*, 1959)에서부터 1990년대 초에 집필한 《딸들》(*Daughters*, 1991)에 이르기까지 식민주의, 이민 문제, 인종 차별, 여성주의 등 복합적인 관점을 작품에 담고 있다.

엘리스 워커, 폴 마셜과 함께 20세기 미국 흑인 여성 문학을 이끌어 온 모리슨은 바로 미국 사회의 가장 주변적 언저리에 팽개쳐져 있는 흑인 여성에게 자존의 역사를 들려주고 생존의 의미를 부여한다. 《가장 푸른 눈》(The Bluest Eye, 1970)에서 근친 강간으로 찢긴 흑인 소녀 페콜라의 비극이 어디서 왔는지 질문하는 모리슨은 《빌러비드》에 와서 흑인 여성의 짓밟힌 역사가 존귀한 생존의 기록이라는 것을 전해 준다.

"여기, 울고 웃는 우리 몸이 있습니다. 맨발로 수풀 위를 춤추는 몸이. 그것을 사랑하십시오. 열렬히……. 저 자들은 우리 것을 경멸하지요. 단지 이용하고, 포박하고, 질식시키고, 그 다음 내팽개칩니다. 두 손으로 만지고 토닥거려 주세요. 저들이 사랑하지 않으니."

《빌러비드》에서 베이비 서그즈가 눈물과 격정으로 토해 내는 설교는 모리슨이 흑인 여성에게 전해 주는 복음이기도 하다.

인종과 성의 이중 억압 구조 속에 생존해 온 흑인 여성의 삶 자체가 바로 기억해야 할 역사이며 보존해야 할 유산이라는 것을.

김애주 ■ 동국대 교수 · 영문학 ajkim@dongguk.edu

미국 흑인 문학의 전개

미국 흑인 문학의 역사는 19세기부터 시작된다. 초반은 노예제의 경험을 자서전 형태로 폭로하는 '노예 담론'이 주류였다. 남성 작가로는 프레더릭 더글러스, 여성 작가로는 해리엇 제이콥스가 이 시대의 주인공이다. 최초의 흑인 소설가라는 평가를 받고 있는 윌리엄 웰스 브라운도 이때 활약하였다.

19세기 말과 20세기 초에 걸쳐 흑인들의 자각은 보다 구체화한다. 신화 속 '옛 흑인(올드 니그로)'이 아닌, 육체와 영혼을 가진 한 인간으로서의 '새 흑인(뉴 니그로)'에 대한 각성은 흑인 문학의 개화를 예고하였다. 부커 워싱턴, 뒤 보아 등이 문단의 주목을 받았다.

뭐니뭐니 해도 흑인 문학은 1920년대 '할렘 르네상스'를 주도하며 만개(滿開)하였다. '예술을 위한 예술'을 모토로 태동한 새 문예 조류인 모더니즘과 흑인 문화가 만나 눈부신 흑인 문학이 활짝 꽃을 피웠다. 남성 작가로는 랭스턴 휴스와 진 투머, 여성 작가로는 제시 포셋, 조라 닐 허스튼이 대표 작가로 꼽힌다. 이들은 '뉴 니그로'의 전통 위에 흑인들의 가능성을 물씬 표현하였다. 흑인 학자로 이 운동을 이끈 얼레인 로크는 흑인 작가들의 작품을 뽑아 '뉴 니그로' 선집을 출간하는 등 흑인들의 정체성 확보에 기여하였다. 학자들은 '할렘 르네상스'의 부흥 원인으로 당시 흑인 중산층의 성장을 꼽기도 한다.

1940~60년대 흑인 문학은 사회주의 계열의 저항 소설이 이끌었다. 리처드 라이트의 《미국의 아들》은 저항 소설의 원형 구실을 하였다. 스무 살의 흑인 청년 비거 토머스가 보여주는 백인 사회에 대한 강한 분노와 반항……. 인종 문제는 흑인 문학의 '뜨거운 감자'로 등장하였다. 라이트보다 약간 뒤에 나와 활약한 랠프 엘리슨은 미학적 실존주의적 경향으로 두각을 나타냈다.

세월이 흐르며 흑인 문학도 다양화하기 시작하였다. 1970년대 들어 후기 구조주의, 포스트모더니즘, 다문화주의 등 새로운 조류에 합류하면서 흑인 문학의 폭도 넓어졌다. 토니 모리슨은 이때에 등장한 신예다. 모리슨은 흑인 문화와 미학에, 폴 마셜은 흑인 문화의 복원에 초점을 맞췄다. 앨리스 워커는 모리슨과 달리 정치적 색채를 노골적으로 드러내는 급진적 페미니즘으로, 토니 케이드 밤바라는 인종적 투쟁 의식으로 정평이 나 있다. 이들 여성 작가와 달리 남성 작가인 이쉬마엘 리드는 다문화주의를 작품의 배경으로 삼아 맹활약 중이다.

한국에서 미국 흑인 문학 연구는 청주대 구은숙, 이화여대 김민정, 경희대 최재구, 동국대 김애주 교수 등을 중심으로 이루어지고 있다. 모리슨의 노벨상 수상 이후 흑인 문학은 미국 문학의 대표성까지 확보했는데, 모리슨의《빌러비드》와 허스튼의《그들의 눈은 신을 바라보았다》는 미국 대학생들이 가장 많이 읽는 소설 목록에 올라 있다.

정재왈 ▪ 기자

토니 모리슨의 연보

- 1931년 미국 오하이오 로레인 출생.
- 1953년 하워드 대학 졸업. 코넬 대학 대학원 진학.
- 1955년 코넬 대학 석사. 휴스턴에 있는 텍사스 서든 대학 교수.
- 1957년 하워드 대학 교수.
- 1958년 자마이카 출신 건축가 해롤드 모리슨과 결혼.
- 1965년 랜덤하우스 편집자.《가장 푸른 눈》집필 시작.
- 1968년 랜덤하우스 편집위원. 게일 존즈, 토니 케이드 밤바라, 앤드류 영 등 많은 흑인 작가들의 작품을 출판.
- 1970년《가장 푸른 눈》(백양출판사, 1993) 출간.
- 1973년《술라》출간.
- 1976~78년 예일 대학에서 강의.
- 1977년《솔로몬의 노래》(*Song of Solomon*, 문학세계사, 1980) 출간.
- 1981년《타르 베이비》출간. 미국 흑인 여성 작가로는 1943년 조라 닐 허스턴 이후 처음으로 시사주간지《뉴스위크》의 표지 인물.
- 1987년《빌러비드》(*Beloved*) 출간.

- 1988년《빌러비드》로 퓰리처상, 로버트 케네디상 수상.
- 1989년 프린스턴 대학 강의.
- 1992년《재즈》출간. 에세이집《어둠 속의 유희》(*Playing in the Dark : Witness and the Literary Imagination*) 출간. 둘 다《뉴욕 타임스》베스트셀러.
- 1993년 노벨 문학상 수상.
- 1997년《파라다이스》(들녘, 2000) 출간.

관련 저작들

번역서

- 토니 모리슨,《솔로몬의 노래》, 김상렬 옮김, 문학세계사, 1993.
- ──,《소중한 사람들》, 설영환 옮김, 세종출판공사, 1993.
- ──,《가장 푸른 눈》, 이상영 옮김, 백양출판사, 1993.
- ──,《파라다이스》, 김선형 옮김, 들녘, 2001.
- ──,《재즈》, 김선형 옮김, 들녘, 2001.

미번역서

- Toni Morrison, *Sula*, Bantam Book, 1973. ─《술라》
- ──, *Tar Baby*, Signet, 1981. ─《타르 베이비》

참고문헌

- 김애주,《토니 모리슨 연구》, 한국문화사, 1999.
- 이승은,《토니 모리슨》, 평민사, 1999.
- Aoi Mori, *Toni Morrison and Womanist Discourse*, Peter Lang, 1999.
- Henry Louis, Jr. Gates, K.A. Appiah (Editor), *Toni Morrison : Critical Perspectives : Past and Present*, Amistad, 1993.
- John N. Duvall, *The Identifying Fictions of Toni Morrison*, Palgrave, 2000.
- Terry Otten, *The Crime of Innocence in the Fiction of Toni Morrison*, U of

Missouri Press, 1989.
- Trudier Harris, *Fiction and Folklore: The Novels of Toni Morrison*, U of Tennessee Press, 1991.
- Wilfred D. Samuels · Clenora Hudson-Weems, *Toni Morrison*, Twayne Publishers, 1990.

개인주의 비판과 공동체 윤리

Alasdair MacIntyre 알래스데어 매킨타이어 · **Charles Taylor** 찰스 테일러

알래스데어 매킨타이어 찰스 테일러

'공동체주의'의 두 축 매킨타이어와 테일러

공동체에 대한 저항을 통해 자신의 권리와 자유를 쟁취하던 개인이 이제 점차 자신의 존재를 회의하고 있다.

개인을 공동체의 이념에 종속시키려던 다양한 실험적 시도들이 남긴 상처가 아직 완전히 치유되지도 않았는데 사회 곳곳에서 감지되고 있는 개인에 대한 문화적 반란을 어떻게 이해해야 하는가? 파시즘, 나치즘, 공산주의와 같은 전체주의는 개인을 사회라는 거대한 바퀴의 단순한 톱니로 전락시키려 했지만 이 실험적 이념들은 오히려 개인의 승리를 더욱 빛나게 만드는 희미한 배경으로, 역사의 기억 속으로 사라져가고 있지 않은가?

오늘날 개인은 절대적이다. 집단과 공동체는 항상 억압의 의혹을 불

러 일으키지만 우리는 개인의 자유와 권리에는 아무런 물음표를 붙이지 않는다. 이제까지 사회 질서의 기본으로 여겨지던 '가족'을 제치고 사회의 기본 단위로 부상한 '개인'은 그 자체가 '자유', 그리고 '권리'와 동일시된다. 우리의 삶과 가치를 구성하는 공동체로부터 개인들이 해방될 때 우리는 비로소 자유와 권리를 가질 수 있다는 신념이 만연하고 있다. 우리가 사회적 맥락에서 경험하는 자유주의의 현상은 두말할 나위 없이 개인화다. 이런 관점에서 보면 자유주의와 개인주의는 분명 동전의 양면을 이루고 있다.

공동체주의는 이러한 개인의 절대화로 인해 개인의 삶이 오히려 황폐해질 수 있다는 인식에서 출발한다. 모든 것을 스스로 해야 한다는 자율에 대한 사회적 압박이 우울증, 정신 질환, 행동 장애와 같은 사회·심리적 병리 현상들을 야기한다는 것은 익히 알려진 사실이다. 우리를 억압하는 집단에 대한 불안이 감소할수록 공동체로부터 소외된 개인의 내면화된 불안은 오히려 증가한다.

어디 그뿐인가? 개인주의가 공익(公益)을 희생시켜서라도 자신의 사적 이익을 관철시키려는 천박한 이기주의로 변질될 때, 개인의 권리를 절대화하는 자유주의는 공동체의 근본 토대인 시민들의 상호 신뢰를 심각하게 침식한다. 자기 자신 이외에는 어느 누구도 믿지 않는 개인은 공동체에서 분리된 원자에 지나지 않는다.

이러한 인식은 자유주의에 대한 공동체주의적 비판을 선도하고 있는 알래스데어 매킨타이어와 찰스 테일러의 철학적 전제 조건이다. 이들의 철학적 동기와 의도를 올바로 이해하려면 우리는 개인에 대한 반란이 자유주의가 정점에 도달한 개인주의 사회에서 발생했다는 사실을 주목해야 한다.

자유주의의 이념이 그 극단까지 철저하게 실현된 곳에서만 그 한계와 문제점이 드러나는 것은 아닐까? 공동체주의는 사회주의적 이념이 여전히 명맥을 유지하고 있는 대륙의 철학적 산물이 아니라 자유주의 전통이 강한 미국의 철학이라는 사실이 이 점을 잘 말해 준다. 그러므로 공동체주의는 자유주의에 대한 대안이라기보다는 보완이라고 할 수 있다.

공동체주의의 두 축은 매킨타이어와 테일러의 이름으로 대변된다. 자신을 공동체로부터 소외시키지 않고 오히려 공동체 안에서 자신의 정체성을 획득할 수 있는 시민은 '어떤 인격인가', 개인을 억압하는 대신 공동선(共同善)을 통해 정의로운 사회 질서를 보장하는 유대 관계는 '어떤 공동체인가?' 전자가 정체성을 집중적으로 탐구하는 테일러의 핵심 문제라고 한다면 후자는 공동체에 대한 개인의 공적을 정의의 토대로 삼는 매킨타이어의 철학적 화두다.

테일러에 의하면 개인은 결코 공동체에서 분리된 원자가 아니다. 원자는 자신이 스스로 선택한 개인적 가치에 묶여 있는, 즉 '자기 자신의 마음속에 갇혀 있는 개인들'을 의미한다. 이러한 개인들은 자기 실현의 물질적 수단이 충분히 공급되는 한 자신의 사생활을 즐기지 결코 공동체의 문제에 관여하려 하지 않는다.

만약 개인들이 선거와 같은 형식적 민주주의에 만족하고 자신의 가치와 이익에만 관심을 기울인다면, 현대 자유주의는 시민의 능동적 정치 참여를 봉쇄한다는 점에서 '부드러운 전제 정치'를 가능하게 한다고 테일러는 경고한다. 이를 극복하기 위해서는 우선 개인의 정체성이 공동체를 통해서만 구성된다는 점을 인식해야 한다. 설령 현대 사회의 다양한 가치들을 인정한다고 할지라도 우리는 무엇이 실제로 더 중요하고, 어떤 가치가 공동체에 더 커다란 의미를 갖는가에 관한 공동의 관심과 이해를 가져야 한다는 것이다. 개인들의 차이를 인정하면서도 다른 사람들과 공유할 수 있는 가치를 전제할 때에만 개인은 공동체에서 분리되지 않고 자신의 정체성을 확보할 수 있다.

매킨타이어 역시 개인에게 삶의 의미를 부여하고 정의로울 수 있는 공동체에 관심을 기울인다. 그에 의하면 내가 형제이고, 사촌이고, 이런 저런 공동체의 구성원이라는 사실은 결코 '진정한 자아'를 발견하기 위하여 제거되어야 할 우연적 특성이 아니다. 공동체가 개인의 인격을 구성하는 핵심적 요소라면 사회정의 역시 공동체에 대한 개인의 공적과 기여를 고려해야 한다는 것이다.

자유주의자는 수단만 정당하다면 '내가 벌어서 내가 쓰는 것'이 정의롭다고 말할 수 있을 것이다. 반면 공동체주의자는 내가 벌 수 있는 조건을 제공한 공동체, 즉 다른 사람들을 배려할 때에만 정의롭다고 주장한다. 무엇이 정당한가를 판단할 수 있는 근본 가치는 항상 공동체 속에서 역사적으로 형성되기 때문이다.

공동체는 분명 우리의 개인적 이상과 가치를 자유롭게 실현할 수 있는 사회적 토대다. 만약 개인의 절대화로 인해 우리의 공동체가 붕괴한다면 개인의 정체성을 심각하게 훼손할 수 있는 도덕적 진공 지대가 발생한다. 개인이 자신의 삶을 자유롭게 영위하기 위해 도덕적 질서로서의 공동체를 유지해야 하는 까닭이 여기에 있다.

그러나 상호 유대 관계를 맺고자 하는 개인들은 여전히 자신의 인격적 차이를 철저하게 인지하는 자유주의적 개인들이다. 자유로운 개인들의 공동체는 어떻게 가능한가? 다른 사람에 대한 차이의 인정을 무관심한 차별화로 변질시키지 않는 민주적 다원주의는 과연 가능한가? 자기 반란을 통해 새로운 공동체를 모색하는 개인들이 이 질문을 던지는 한, 공동체주의는 현대 사상의 주요한 흐름이 될 것이다.

이진우 ■ 계명대 교수 · 철학 leechinu@kmu.ac.kr

한국에서 수용한 공동체주의

'공동체주의(Communitarianism)'는 최근 서구의 사회철학에서 활발하게 논의되고 있는 주제다. 특히 개인의 자유가 고도로 신장된 미국에서 이에 대한 관심이 많다는 점은 주목할 필요가 있다.

그 상징적인 '사건'이 하나 있다. 조지 W. 부시 미국 대통령의 정치철학이 바로 이 공동체주의와 관련이 있다는 주장 때문이다. 2001년 2월 《워싱턴 포스트》는 취임 초반 부시의 행보와 취임사 등을 분석하면서 그의 정치철학을 공동체주의로 규정하였다.

실제로 부시는 종교 단체 등의 사회 봉사 활동을 지원하겠다며 정부 안에 담당 부서를 신설하고 공동체주의자로 알려진 존 디우리오 펜실베이니아 대학 교수를 참모로 영입하였다. 부시는 개인의 지나친 자유가 공동체의 유대를 약화시켰다고 보고, 개인의 권리는 사회의 이익과 균형을 맞춰야 한다는 점을 강조한 것이다.

당초 마르크스의 공동체 윤리에 대한 부정적 유산(遺産)을 생산적으로 해결하려고 등장한 이 정치 이념이, 개인화에 바탕을 둔 고도의 자본주의를 꽃피우고 있는 미국에서 이처럼 수용되고 있는 것은 역사의 아이러니가 아닐 수 없다. 자본주의가 보편화한 현대 사회에서 자유주의와 사회주의는 더이상 사회 전체를 규정하는 이데올로기가 될 수 없음을 보여주는 사례다.

한국에서도 공동체주의에 대한 논의는 심심찮은 편이다. 특히 유가(儒家)적 전통에 대한 새로운 해석이 활발해지면서 '유가적 공동체주의론'까지 등장하였다. 서양철학 전공자인 계명대 이진우 교수가 이 문제에 대한 논의를 이끌고 있다. 역시 서양의 학문의 세례를 받은 연세대 함재봉(정치학과), 유석춘(사회학과) 교수 등을 주축으로 한 연구모임 '전통과 현대'의 행보도 이와 무관하지 않다.

이들은 유가의 수기치인(修己治人) 사상에서 공동체주의의 단서를 찾는다. 수신(修身)을 통한 인간 완성과 이를 기반으로 한 도덕적 공동체를 지향하는 유교의 문제 의식이야말로 이기적 인간들 사이의 최소한의 공존 규칙 마련에 급급했던 근대 자유민주주의의 한계를 넘어서는 데 기여할 수 있다는 것이다.

자칫 한국적 병폐, 즉 혈연, 지연, 학연 등 '관계의 윤리'를 지나치게 옹호할 수 있다는 일부의 비판이 있으나, 유가적 공동체주의가 우리식의 대안적 사회철학으로 깊이 연구해 볼 만한 가치는 충분하다. 최근에는 급진적인 페미니즘에서도 유교의 공동체 윤리와의 만남을 시도하는 참신한 노력도 엿보이고 있다.

정재왈 ▪ 기자

알래스데어 매킨타이어의 약력

- 1929년 영국 스코틀랜드 출생.
- 1949년 런던 대학 퀸 메리 칼리지 고전학 졸업.
- 1951년 맨체스터 대학 철학 박사.
- 1970년 미국으로 이주하기 전 옥스퍼드, 에섹스 대학 등에서 강의.
- 1982~88년 밴더빌트 대학 철학과 석좌교수.
- 1989~94년 노터데임 대학 철학과 석좌교수.
- 1995년~ 현재 듀크 대학 철학과 교수.

관련 저작들

번역서

- 알래스데어 매킨타이어, 《덕의 상실》, 이진우 옮김, 문예출판사, 1997.

미번역서

- Alasdair MacIntyre, *Whose Justice? Which Ratioanlity?*, University of Notre Dame Press, 1988. — 《누구의 정의이고, 어떤 합리성인가》
- ———, *Three Rival Versions of Moral Enquiry*, University of Notre Dame Press, 1990. — 《도덕적 탐구의 세 가지 경쟁적 입장》

찰스 테일러의 약력

- 1931년 캐나다 출생.
- 1952년 캐나다 맥길 대학 역사학 졸업.
- 1955년 영국 옥스퍼드 대학 정치학 · 철학 · 경제학 졸업.
- 1960, 61년 옥스퍼드 대학 철학 석사와 박사.
- 현재 맥길 대학 철학과 교수.

관련 저작들

번역서

- 찰스 테일러, 《헤겔 철학과 현대의 위기》, 박찬국 옮김, 서광사, 1988.
- ———, 《불안한 현대 사회》, 송영배 옮김, 이학사, 2001.

미번역서

- Charles Taylor, *Sources of the Self. The Making of the Modern Identity*, Harvard University Press, 1992. — 《자아의 원천》

다중의 자율적 힘과 세계 변혁의 기획

Antonio Negri 안 토 니 오   네 그 리

안토니오 네그리

자율주의 정치철학자 안토니오 네그리

한때 이탈리아 사회당의 당원이며 파도바 대학에서 법학을 가르치던 교수가 탈당, 수감, 망명 등으로 20세기와 21세기에 걸쳐서 40여 년을 기존 사회 제도의 경계 밖에서 떠돌고 있다. 이탈리아의 정치철학자 안토니오 네그리! 그가 그 주인공이다.

그는 1969년 가을에 이탈리아를 휩쓴 혁명적 분위기 속에서 노동자주의 운동의 지도적 이론가로 활동하였다. 1970년대 후반 그는, 이전의 전통적 산업노동자와는 다른 방식으로 저항을 시작한 여성, 학생, 빈민, 실업자, 시민 등의 새로운 사회적 운동을 자본으로부터의 자율을 추구하는 프롤레타리아 운동의 관점에서 총괄하면서 이른바 노동계급 자율 운동(아우토노미아 운동)으로 전환하였다.

그는 알도 모로 총리의 납치, 살해 배후 조종자로 무고(誣告)되어 1979년 4월의 대탄압 때에 수많은 활동가들과 함께 체포되었다. 옥중에서 국회의원에 당선되어 면책특권으로 석방될 수 있었지만 체포의 위험이 다시 닥쳐오자 1983년에는 프랑스로 도피해야 했다. 14년 동안이나 이어진 망명 생활 중 1997년에 그는 옛 공산당이 주도하는 중도좌파 정당이 집권하자 1970년대의 긴급조치법에 의한 수배자, 망명자, 투옥자 문제가 해결되기를 희망하며 자진 귀국하였다.

사면하라는 국제적 탄원 운동에도 불구하고 그는 다시 로마의 감옥에 수감되었다. 우파 정부뿐만 아니라 좌파 정부마저 그의 자유를 제한하고 있는 것이다. 그 이유는 무엇인가?

네그리의 이론 활동을 관통하는 중심적 관심은 미완성으로 남겨진 마르크스의 '정치경제학 비판'의 플랜을 '국가 형태 비판'의 관점에서 현대적으로 재구성하고 완성하는 것이다.

네그리는 '자본'을 완결된 체계로 파악하는 전통적 관점과는 달리, 그것은 마르크스의 6부작 플랜의 일부에 불과하며 국제 무역, 세계 시장뿐만 아니라 임노동, 국가 등의 핵심적 부분들이 서술되지 않은 채 미완성으로 남겨져 있다고 본다. '자본'에서 자본주의적 생산과 재생산은 공황과 위기를 향하여 나아가는 일종의 자연 법칙들(가치 법칙, 이윤율 하락 경향)처럼 서술되지만, 네그리는 이것이 마르크스가 자신의 연구 대상을 교란이 가장 적은 상태에서 관찰하기 위해 설정한 서술 장치에 불과하며 임노동에 관한 책에서는 사라져야 한다고 본다.

네그리는 임노동과 국가에 관한 책을 쓴 마르크스의 입장에 서서, 자본주의 내의 사회적 적대 관계를 자본주의적 생산의 자연 법칙의 파생물로 설정한 '자본'의 서술 방식과는 반대로 자본주의적 생산의 자연 법칙들이 오히려 사회적 적대 관계에서 발생하는 것으로 설정한다.

그 결과 그의 연구에서는 경제적 가치 형태의 운동보다 적대적 힘들의 관계인 정치적 계급 구성이 주요한 대상으로 등장하며, 이 적대적 계급 관계를 봉합(縫合)하는 국가 형태들에 대한 비판이 주요한 서술 과제로 등장한다. 다시 말해 그의 연구는 적대를 봉합하는 국가의 변증법에 맞서면서 그로부터 분리해 가는 노동 계급의 탈(脫)변증법적 구성의 운동을 밝히는 것이다. 이 구성의 운동은, 인간의 삶을 노동으로 전환시켜 가치 증식의 토대로 삼으려 하는 자본의 '명령 권력(pouvoir)'에 맞서 독립적이고 자기 결정적인 삶의 영역을 보존, 개척, 확장하려는 노동 계급의 '구성 능력(puissance)'에 기초한다. 네그리는, 전자의 거대함을 강조하면서 노동 계급을 희생자로 묘사해 온 전통적인 마르크스주의와 달리 노동 계급의 긍정적 구성 능력이 더욱 근본적인 것임을 강조함으로써 관점의 역전을 시도한다.

이러한 관점에서 네그리는 부르주아 국가의 세 가지 역사적 형태, 즉 자유주의적 경찰 국가(1917년 이전), 케인스주의적 사회 국가(1917~1968), 신자유주의적 위기 국가(1968년 이후)를 설정하고 그것들이 각각 전문 노동자, 대중 노동자, 사회적 노동자 등 노동 계급의 세 가지 정치적 구성에 맞선 자본의 국가적 대응 형태라고 설명한다.

이처럼 네그리는 오늘날의 신자유주의적 위기 국가가 공장을 넘어 사회로, 민족 국가를 넘어 지구로, 현실 공간을 넘어 가상 공간으로 대탈출을 감행하는 '사회적 노동자(social worker)'의 자율적 구성 운동에 대한 수동적 대응 형태로 보기 때문에, 그는 사회적 노동자들이 지구적 차원에서 해체시킨 케인스주의적 사회 국가 형태를 재도입하려는 제도적 노동 운동 및 좌파 정당 운동들의 시도를 거부한다.

그는 신자유주의적 세계화의 전개 속에서 자본의 거대해진 힘보다는 오히려 자본의 취약성과 위기를 본다. 이 위기를 규정하는 것은 전자과학, 정보기술, 생명공학 등의 생산에의 응용과 더불어 더욱더 비물질화, 지성화해 가고 있는, 그리고 더욱 복수화, 다양화, 이질화, 혼성화하면서 '노동 계급'이라는 용어보다는 '다중(多衆, multitudes)'으로 정의해야 할 새로운 주체성의 등장이다.

프롤레타리아 주체성의 다중으로의 이 현대적 재구성이 보여주는 것은 근대 자본주의를 지배해 온 민족국가적 통치권의 종말이다. 민족국가적 통치권은 계급적 외부(노동자), 민족적 외부(식민지), 성적 외부(여성), 인종적 외부(유색인) 등을 자신의 내부로 변증법적으로 흡수하는 제국주의적 형태로 발전해 왔다. 그러나 공장 울타리를 넘어선 노동의 사회화와 노동자들의 지구적 대탈주 및 이종 혼교(異種混交)는 이 변증법적 운동의 한계를 가져온다.

더이상 자본의 외부는 없다. 낡은 민족국가적 통치권을 대신하여 등장한 탈근대적 통치권 형태가 내부 속에 외부를 인위적으로 창출하고 '모조(模造) 적대'를 조성하는 시뮬레이션의 방법을 사용하는 것은 이 때문이다. 이에 따라 지금까지 흡수의 대상이던 다중은, '제국(帝國)'의 몸 속에서 그것의 모든 권력을 자신의 힘으로 전복하여 마침내 그 껍질을 벗고 나올 외계적 힘으로 설정된다.

네그리가, 노동조합이나 정당과 같은 타협의 조직들보다 지구적 시민권, 사회적 임금, 지식·정보·소통·정서의 재전유(再專有), 자율적이고 공동적인 부의 축적 등을 추구하는 다양하고 이질적인 탈주의 힘들에 더 큰 관심을 기울이는 것은 이 때문이다. 네그리는 최근 제노바의 반세계화 시위에서 보이듯 이제는 공공연해진 이 지구적 흐름의 한가운데에서 오래된 코뮌의 꿈을 꾸고 있는 한 사람의 전사(戰士)일 뿐이다.

조정환 ▪ 정치철학연구가 jhjoe@galmuri.co.kr

자율사상의 국제적 발전

1968년 프랑스에서 시작된 이른바 '68혁명'은 자율 사상 발전의 거대한 용광로였다. 혁명은 이탈리아, 에스파냐, 영국, 미국, 칠레, 멕시코, 오스트레일리아, 일본 등 지구의 전 지역으로 확산되었고 새로운 사회 운동은 공산당 혹은 사회당 및 그들에 의해 지도되는 노동조합들과 곳곳에서 충돌하였다.

안토니오 네그리는 1960년대 이탈리아 노동자주의 운동에서 출발해 노동 거부 전략에 입각한 독특한 자율 이론을 발전시켰다. 1979년 4월 대탄압 이후 자율 운동은 잠복하며 네그리는 망명지 프랑스의 옥중에서 펠릭스 가타리와 교분을 맺고 발전시키는 한편 미셸 푸코, 질 들뢰즈 등과 프랑스 68혁명 사상을 마르크스 사상과 통합하고 마이클 하트, 얀 물리에 부탕 등과 함께 《전(前) 미래》지(誌)를 중심으로 사회적 주체성의 재구성을 탐구하였다.

그의 영향은 당연하게도 1990년대에 사회 표면으로 부상한 이탈리아의 자율 운동과 그 이론에서 두드러진다. 지금도 확산되고 있는 이탈리아의 '사회 센터' 운동은 네그리의 영향을 받은 《클리나멘》, 《루오고 코무네》, 《립프 랍프》 등의 잡지들에 의해 이론적 지원을 얻고 있으며 노동의 변형에 대한 파올로 비르노, 프랑코 삐뻬르노, 마우리지오 라자라토의 탐구와, 사이버스페이스의 의미에 대한 비포의 탐구를 낳고 있다. 이것은 네그리와 함께 이탈리아 노동자 운동에 커다란 영향을 미친 세르지오 볼로냐의 일관된 '대중 노동자' 연구와 결합되면서 이탈리아를 자율 사상의 중심지 가운데 하나로 만들고 있다.

네그리의 사상은 영국으로 빠르게 전파되었다. 이제 무시할 수 없는 전통을 구축한 계간 《자본과 계급》을 비롯하여 최근 종간된 《커먼센스》

에서, 그리고 그 주요 필자들인 존 홀러웨이와 워너 본펠드 등에서 네그리의 영향은 뚜렷하게 읽힌다. 보다 전통적인 좌파 평의회 운동의 흐름을 이어가는《전복》,《적대》,《지양》등의 잡지도 네그리에 대한 비판적 독해에도 불구하고 그의 이론적 발견물의 핵심인 계급 자율에 대한 깊은 공명을 보여준다.

미국에서 자율 사상은《제로 워크》를 계승한《미드나잇 노트》(조지 카펜치스, 몬티 닐 등)와 해리 클리버, 마이클 하트, 닉 위데포드, 그리고 조지 카치아피카스 등을 통해 다채롭게 전개되고 있다.

특히 인접한 멕시코에서의 사파티스타 봉기는 미국의 자율 사상을 구스타보 에스테바 등 멕시코의 자율 사상과, 그리고 원주민 자치를 위한 실천적 투쟁과 긴밀히 연결시키고 있다.

오스트레일리아에서는 *alt. eRed* 등의 잡지와 이탈리아에서 공부한 스티브 라이트 등이 주목되는데 특히 스티브 라이트는 'Aut-op-sy' 메일 리스트(http://lists.village.virginia.edu/~spoons/aut_html)를 운영하면서 인터넷을 통한 자율주의적 국제 지식인들의 광범위한 토론, 소통, 연대의 장을 마련하고 있다. 그러나 이상의 정리는 두드러진 몇몇 사례일 뿐이며 지구 곳곳에서 자율적 사유는 부단히 생성, 변형, 발전하면서 21세기의 대안적 삶을 예비하고 있다.

조정환

안토니오 네그리의 약력

- 1933년 이탈리아 파도바 출생.
- 1952년 독일 파도바 대학 박사.
- 1959년 이탈리아 사회당 지방 평의원 선출.
- 1963년 사회당이 기독민주당과 중도좌파 연합을 맺자 사회당을 떠남.《포테레 오페라이오》창간.
- 1979년 4월 '아우토노미아' 운동의 이론적 대표자로 지목되어 투옥.
- 1984년 프랑스로 망명. 파리 8대학 정치학 교수.《전(前) 미래》지 편집.
- 1997년 이탈리아로 자진 귀국, 5년형을 선고받고 현재 수감 중.

관련 저작들

번역 및 편역서

- 안토니오 네그리,《전복의 정치학》, 장현준 옮김, 세계일보사, 1991.
- ———,《맑스를 넘어선 맑스》, 윤수종 옮김, 새길, 1994.
- 안토니오 네그리·펠릭스 가타리,《자유의 새로운 공간》, 이원영 옮김, 갈무리, 1995.
- 안토니오 네그리·마이클 하트,《디오니소스의 노동 1》, 이원영 옮김, 갈무리, 1996.
- 안토니오 네그리,《지배와 사보타지》, 윤수종 편역, 새길, 1996.
- 안토니오 네그리·마이클 하트,《디오니소스의 노동 2》, 이원영 옮김, 갈무리, 1997.
- 안토니오 네그리,《야만적 별종》, 윤수종 옮김, 푸른숲, 1997.
- 안토니오 네그리·펠릭스 가타리,《미래로 돌아가다》, 조정환 편역, 갈무리, 2000.
- 안토니오 네그리·마이클 하트,《제국》, 윤수종 옮김, 이학사, 2001.

미번역서

- Antonio Negri, *Insurgencies: Constituent Power and the Modern State*, Univ. of Minnesota Press, 1999.—《구성 능력》
- ———, *Revolution Retrieved*, Red Notes, 1988.—《만회된 혁명》

참고문헌

- 마이클 라이언,《해체론과 변증법》, 나병철 옮김, 평민사, 1995.
- ———,《포스트모더니즘 이후의 정치와 문화》, 나병철·이경훈 옮김, 갈무리, 1996.
- 쎄르지오 볼로냐 외,《이딸리아 자율주의 정치철학 1》, 이원영 옮김, 갈무리, 1997.
- 질 들뢰즈,《대담 1972~1990》, 김종호 옮김, 솔, 1993.

차별 없는 사회를 향한 도정

J o h a n   G a l t u n g   요 한   갈 퉁

요한 갈퉁

현대 평화학의 창시자 요한 갈퉁

동서고금을 막론하고 인류 사회가 지금까지 염원해 왔으며 앞으로도 추구해야 할 목표 가운데 평화만큼 절실한 게 있을까? 그런데 '평화' 하면 가장 먼저 떠오르는 것 가운데 하나가 전쟁이다. 흔히 평화는 전쟁이 없는 상태를 뜻하기 때문이다. 그러나 1960년대 초 서유럽에서 발전하기 시작한 평화 연구 또는 평화학에서는 평화를 전쟁뿐만 아니라 모든 종류의 폭력이 없는 상태로 정의한다.

그렇다. 전쟁은 폭력의 한 형태일 뿐인데, 전쟁이 없다고 해서 평화롭다고 할 수는 없지 않은가? 전쟁을 비롯해 사람의 목숨을 빼앗거나 신체에 피해를 가하는 직접적 폭력뿐만 아니라, 사회적 불평등이나 차별 같은 간접적 폭력까지 없어야 진정한 평화가 이룩될 수 있다는 말

이다.

그렇다면 폭력이란 무엇인가? 일반적으로 폭력은 사람이나 재물에 물리적 피해를 가하는 인간의 공격적 행위를 일컫는다. 폭력에 관해 연구하는 사회과학자들 중에는 사회적 통념에 따라 폭력의 개념을 '제도화한 행위 유형으로부터의 일탈'로 한정하는 경향이 있다. 폭력의 개념을 비합법적이거나 공인되지 않은 무력의 사용으로만 규정하는 것이다.

폭력은 실질적으로 지배 세력이 그들의 권력이나 기득권을 유지하기 위해 흔하게 효과적으로 행사한다. 이에 반해 피지배층은 그들이 처한 상황을 개선하기 위해 덜 흔하게 덜 효과적으로 사용하고 있을 뿐이다. 지배 세력의 통치 또는 '위로부터의 폭력'이 피지배층의 저항 또는 '아래로부터의 폭력'을 불러온다는 것을 알 수 있다.

대개 아래로부터의 폭력 또는 피지배층의 직접적 폭력은 작고 국지적이지만 일시적이기 때문에, 쉽게 눈에 띄고 불법 행위로 간주되는 특징이 있다. 그러나 위로부터의 폭력 또는 지배 세력의 간접적 폭력은 크고 체계적이며 지속적이기 때문에 잘 드러나지 않을 뿐만 아니라 드러나더라도 정당하다고 묵인되기 쉽다.

다시 말해 직접적 폭력은 구체적 행위자에 의해서 물리적으로 저질러지기 때문에 동적(動的)이며 잘 드러나지만, 간접적 폭력은 법이나 제도 등에 의해 구조적으로 자행되기 때문에 전자보다 훨씬 심각한 폭력성을 내포해도 정적(靜的)이며 쉽게 눈에 띄지 않는다. 또한 직접적 폭력은 그것이 불법적이고 잘못된 것이며 해롭다는 인식을 주지만, 간접적 폭력은 사회 구조에 내재하기 때문에 당연한 것으로 간주된다. 우리가 전자에 대해서는 크게 비난하면서도 후자에는 별로 관심을 갖지 못하는 이유 중의 하나다.

많은 사회과학자들이 폭력의 개념을 피지배층의 불법 행위로 한정하면서 법률과 제도들에 의해 가해지는 피해를 무시하는 경향에 처음으로 반발한 집단이 서유럽의 평화 연구자들이었다. 그 가운데서도 요한 갈퉁은 흔히 현대 평화학의 창시자로 불린다.

1930년 노르웨이 오슬로에서 출생한 갈퉁은 스물아홉 살에 1959년 오슬로에 세계평화연구소(PRIO. The International Peace Research Institute)를 세웠고, 5년 뒤에는 세계적인 《평화 연구》 잡지를 창간하였다. 그리고 같은해에 세계평화학회(IPRA. The International Peace Research Association)를 발족시키는 데 주도적 역할을 하였다. 오슬로 대학에서 수학 박사 및 사회학 박사학위를 받은 그는 10여 개 대학에서 명예 박사학위를 받았고, 세계 각처의 수십 개 대학에서 강의를 해오며 2002년 현재 유럽, 미국, 일본 등의 5개 대학에서 평화학 교수로 활동하고 있다.

지금까지 그는 《평화 연구 에세이》(Essays in Peace Research) 6권짜리를 포함해 모두 100여 권에 이르는 책을 펴냈고, 1천 편이 넘는 논문을 발표하였다. 그가 1960년대에 발표한 제국주의 이론과 종속 이론 등은 많은 사회학자들로부터 상당한 호응을 받았고, 우리 나라에서도 1970~80년대에 많은 학생들에게 커다란 영향을 미쳤다.

또한 갈퉁 교수는 평화학자일 뿐만 아니라 평화운동가로서 세계 각지의 분쟁 지역을 찾아다니며 갈등을 평화적으로 해결할 수 있는 방안을 제시해 왔다. 이 때문에 그는 여러 차례 노벨 평화상 후보로 추천되었지만, 노르웨이 출신으로서 노르웨이에서 수여하는 노벨 평화상을 받는다는 것은 부적절한 일이라고 하여 그에 버금가는 '올바른 삶을 기리는 상(Right Livelihood Award)'이라는 국제 평화상을 받았다.

이러한 그의 업적을 한마디로 평가한다는 것은 그 자체로 무리이겠지만, 평화와 관련하여 그가 '구조적 폭력(structural violence)' 및 '문화적 폭력(cultural violence)'의 개념을 소개한 것이야말로 평화 연구 또는 평화학, 나아가 평화 운동에 가장 큰 공헌을 세운 게 아닐까? 여기서 구조적 폭력이란 사회적 불평등이나 차별처럼 법이나 제도 등에 의해 구조적으로 자행되는 폭력을 일컫는다. 인종 차별이나 성 차별에서 보듯 사회 구조가 저지르는 폭력인 것이다.

그리고 문화적 폭력이란 물리적 폭력이나 구조적 폭력을 정당화하거나 합법화하는 데 사용될 수 있는 문화적 측면이다. 이는 종교와 사상, 언어와 예술, 과학과 학문 등을 통해 직접적 폭력 행위나 구조적 폭력의 실체가 정당하다거나 최소한 잘못된 것은 아니라고 간주되어 폭력이 합법화되거나 일반적으로 용인되는 것을 가리킨다.

이에 따라 평화 연구자 또는 평화학자들은 평화를 크게 두 가지로 나누어 전쟁을 포함한 직접적 또는 물리적 폭력이 없는 상태를 '소극적 평화(negative peace)'라 부르고, 간접적 또는 구조적 폭력 및 문화적 폭력까지 없는 상태를 '적극적 평화(positive peace)'라 일컫는다. 이를 다른 말로 바꾼다면 전자는 '국가 안보 개념의 평화'로, 후자는 '인간 안보 개념의 평화'로 부를 수 있을 것이다.

한편, 평화 연구 또는 평화학에서는 목표로서의 평화뿐만 아니라 수단으로서의 평화도 중시한다. 누구든지 목표로서의 평화는 중시하면서도 수단 또는 과정으로서의 평화에는 소홀하기 쉬운데, 평화는 어떠한 경우에라도 평화적 수단으로 성취해야 한다는 것이다. 예를 들어 목적이 수단을 정당화할 수 없듯이 평화를 위해 전쟁을 일으키는 모순을 용인할 수 없다는 말이다. 폭력이 일시적으로 평화를 가져올 수는 있어도 폭력으로 평화를 영원히 지킬 수는 없다. 폭력은 또 다른 폭력을 부르게 마련이니까.

우리는 분단과 전쟁을 겪고 냉전 시대를 거치면서 국가 안보만을 강조하는 소극적 평화에만 집착해 왔지만, 이제는 탈냉전 시대를 맞아 안으로는 복지 사회를 지향하면서 인간 안보도 중시하는 적극적 평화에도 관심을 기울여야 할 것이다.

이재봉 ▪ 원광대 교수 · 정치학, 평화학 pbpm@chollian.net

요한 갈퉁과 한반도 평화

요한 갈퉁은 1970년대부터 한국과 인연을 맺었다. 유신 독재 아래서 김대중 씨가 집에 연금되어 있을 때 그를 방문했으며, 1989년 전대협 대표로 방북했던 임수경 씨가 평양에서 단식 투쟁을 하고 있을 때 그녀를 격려하기 위해 병원을 찾아가기도 하였다.

1990년 서울을 찾은 갈퉁 교수가 세미나 기조 연설을 하며 임수경 씨의 구속을 비판했는데, 그 자리에 있던 당시 국무총리가 어떻게 범죄를 저지른 사람을 옹호하느냐고 언짢아하자, 그는 비폭력 통일운동가를 범법자로 만드는 국가보안법을 폐지하는 것이 순리가 아니냐고 대꾸하였다. 몇 년 뒤 그는 남북한이 화해와 협력을 통해 통일을 지향할 때 남한에서도 임수경 기념비가 세워질 것을 확신한다는 말을 남겼다.

1996년 이른바 '강릉 잠수함 사건'으로 남북 사이의 긴장이 고조되는 것을 지켜보면서, 그는 북한의 황장엽 교수와 김명우 교수, 남한의 라종일 교수와 이재봉 교수 등 남북의 평화학자 네 명을 스웨덴으로 초청하여 한반도의 평화를 찾아보려 하였다. 그러나 이는 다음해 황장엽 씨가 남쪽으로 망명하는 바람에 무산되었다.

1999년 서울을 방문한 그는 대통령이 된 김대중 씨를 만나 1970년대
의 민주화 투쟁을 회상하는가 하면, 귀순자가 되어버린 황장엽 씨를 만
나서는 그의 탈북이 한반도 평화에 도움이 되지 않는다는 아쉬움을 털
어놓았다. 그는 1996년부터 한 해도 거르지 않고 서울을 찾았으며,
2000년에는 두 번째로 평양을 찾았다.

그가 지금까지 펴낸 100여 권의 책 가운데, 1995년 영국과 일본에서
출판된 일본 이케다 박사와의 대담집은 1997년 손대준 경기대 교수에
의해 《평화를 위한 선택》이란 제목으로 번역·출판되었고, 1996년 런
던에서 나온 *Peace by Peaceful Means*는 필자와 동료 학자들이 2000년
에 《평화적 수단에 의한 평화》란 제목으로 출간하였다.

그는 평화학자일 뿐만 아니라 평화운동가로서 세계 각지의 분쟁 지
역을 찾아다니며 갈등을 평화적으로 해결할 수 있는 방안을 제시해 왔
는데, 한반도 역시 예외가 아니다. 한반도의 평화와 통일과 관련해 그가
제안한 것 가운데는 중립화 통일 방안이 있으며 동아시아 공동시장을
통한 평화 방안도 있다. 지리, 역사, 문화적인 측면 등 여러모로 공통점
을 지닌 남북한과 중국, 일본, 베트남 등이 공동 시장을 만들어 경제 협
력을 이루고, 이를 통해 안보협력 기구도 만들 수 있다면 한반도의 통일
과 동북아시아의 평화에 결정적 역할을 할 수 있으리라는 것이다.

이를 위해서는 휴전선으로 가로막힌 철길과 도로가 이어져야 하며
한국과 일본 사이에는 해저 터널이 뚫려야 한다고 1990년대 중반부터
유엔 등 국제기구와 남북한 당국에 제안해 왔다. 철길과 도로를 통해
먼저 물자가 오가고, 사람이 오가며, 정보까지 오가게 되면 한반도의
평화와 통일 그리고 동북아시아의 안정과 번영은 저절로 찾아오게 마
련이라는 것이었다.

이런 터에 2000년 6월의 남북 정상회담으로 남북 사이의 철길과 도

로를 다시 잇는 역사적 사업이 시작되었으니, 그는 어쩌면 한민족보다 더한 벅찬 감동을 느꼈을 것이다. 그는 자신의 조국 노르웨이에서 아내의 조국 일본까지 기차를 타고 달려보는 것이 평생 소원이라고 했으니 말이다.

이재봉

요한 갈퉁의 약력

- 1930년 노르웨이 오슬로 출생.
- 1956년 오슬로 대학 수학 박사.
- 1957년 오슬로 대학 사회학 박사.
- 1957~1960년 컬럼비아 대학 사회학 교수.
- 1959년 오슬로에 세계평화연구소(PRIO) 창립.
- 1960년 이후 오슬로 대학, 프린스턴 대학, 하와이 대학 등 교수.
- 1964년 《평화 연구》(*The Journal of Peace Research*) 창간.
- 1964년 세계 평화학회(IPRA) 창립.
- 1984~1993년 베를린 대학 명예교수.
- 1987년 웁살라 대학 사회과학 명예박사.
- 1987년 바른 생활상(제2의 노벨 평화상) 수상.
- 1988년 노르웨이 인본주의자상 수상.
- 1990년 성인 교육을 위한 소크라테스상 수상.
- 1993년 간디 기념 바자즈 국제상 수상.
- 1995년 알로하 국제상 수상.
- 1995년 비폭력 평화 마하트마 간디상 수상.
- 2002년 현재 유럽평화대학, 트롬소 대학, 아메리칸 대학, 리츠메이칸 대학 평화학 교수, 세계평화네트워크(TRANSCEND) 소장, 스위스 아카데미 학술위원.

관련 저작들

번역서

- 요한 갈퉁·이케다 다이사쿠,《평화를 위한 선택》, 손대준 옮김, 신영미디어, 1997.
- 요한 갈퉁,《평화적 수단에 의한 평화》, 이재봉 외 옮김, 들녘, 2000.

주요 미번역서

- Johan Galtung, *Essays in Peace Research*, Prometheus books, 1975.—《평화 연구 에세이》
- ───, *The Way is the Goal : Gandhi Today*, Ahmedabad, 1992.—《평화의 길 : 오늘의 간디》
- ───, *Buddhism : A Quest for Unity and Peace*, Colombo, 1993.—《불교 : 조화와 평화로의 탐색》
- ───, *Human Rights in Another Key*, Cambridge, 1994.—《인권 문제의 해결》
- ───, *Searching for Peace : The Road to Transcend*, Pluto Press, 2000.—《평화의 추구 : 세계 평화 네트워크》
- ───, *Conflict Transformation by Peaceful Means*, UN, 2000.—《평화적 수단에 의한 갈등의 변형》

열린 공동체와 트랜스-모더니티

E n r i q u e   D u s s e l 엔 리 케   두 셀

엔리케 두셀

해방철학의 사도 엔리케 두셀

'생각한다. 고로 존재한다.'
서구 근대 철학에서 유아론적 전통의 뿌리를 이루는 데카르트의 금언이다. 이 생각하는 자아(ego cogito)가 권력 의지를 담지한 주체로 형성된 것은 그냥 머리 굴리기로 이루어졌을까? 그럴 리가 없다.

엔리케 두셀은 1492년에 시작된 아메리카의 정복이야말로, 유럽의 근대성을 알리는 서곡이자, 오늘날까지 지식 세계를 지배하는 그 지독한 유럽주의의 기원이라고 주장한다. '생각하는 나' 이전에 '정복하는 나'가 존재했던 것이다. '정복자인 나'는 아메리카 인디오들을 타자로 은닉시켰고, 그 결과 세계의 중심으로 우뚝 설 수 있었다. 칸트의 계몽도, 헤겔의 절대 정신도, 칼 오토 아펠이나 하버마스가 주장하는 의사

소통 공동체도 모두 '아메리카를 발견했다'는 미몽 위에 선 철학적 담론이라고 주장하는 아르헨티나 태생의 철학자가 두셀이다.

지식의 존재 조건이 문제시되고 있는 이 시대, 탈(脫)오리엔탈리즘, 탈유럽주의, '타자의 발견'과 같은 탈식민주의 담론이 지성계를 몰아치는 지금 그는 조용히 바람을 일으키고 있다.

대부분의 주요 언어로 번역이 되어 있는 그의 주저 《아메리카의 발명 '타자'의 은닉과 근대성이란 신화》(1992)는 아메리카 정복 500주년을 맞이하면서 서구의 철학적·사회과학적 전통에 깊이 물들어 있는 발전론적 전통의 근대성 신념을 해부한다. 만일 에드워드 사이드의 《오리엔탈리즘》이 서구 문학의 텍스트에 편재한 유럽 중심주의를 비판했다면, 두셀의 이 책은 우리에게 익숙한 철학사의 전통을 제3세계 민중의 시각에서 조명한다.

그는 종속 이론에서 안드레 군더 프랑크가 이룩한 인식론적 혁명을 철학사에서 수행하고자 하였다. '해방철학(Philosophy of Liberation)'이라 불리는 이 프로젝트는 30년에 걸친 그의 저작들에서 수미일관하게 유지되고 있다. 툭하면 자아준거적인 철학, 사회과학 운운하는 우리 학계는 왜 이런 철학자에게 인색할까?

이 책의 내용을 잠시 살펴보자. 1492년, 콜럼버스가 서인도 제도를 조우하면서 유럽의 역사가 바뀐다. 이슬람 문명권의 변방에 위치했던 열등한 유럽은 아메리카를 '발견'했다고 주장한다. 두셀은 '발견'이란 주장이 타자(the Other)인 아메리카 인디오 문명을 '은닉'하는 것에 다름 아니라고 말한다. 아메리카 인디오 문명(Amerindia)은 이미 아시아에서 베링 해를 거쳐, 남태평양을 거쳐 고도의 문명과 철학적 전통을 만들어냈다. 그에 따르면 아메리카에는 이미 아시아 전통의 연장에서 이해될 수 있는 문명이 존재했으니, '발견'될 수 있는 '문명의 출발점'

은 아니었다.

아메리카의 인간, 자연을 착취하고 영혼과 생활 세계를 식민화하면서 유럽은 점차 성장한다. 모더니티란 신화도 이와 더불어 덩치를 키워 갔다. 모더니티는 서구 세계 '내부에서만' 자유를 확장시켰고, 외부에 대해서는 굴종과 종속을 강요하였다. 타자(가난한 사람, 여성 등)를 배제한 모더니티라는 구미의 신화는 지금도 제3세계의 민중, 대부분 지역의 여성 인구들을 곤경에 빠뜨리고 있다. 인구의 다수(세계 인구의 75퍼센트)를 무시한 철학과 지식의 역사, 그것은 생활 공동체와 의사 소통 공동체를 멍들게 하고 파괴한다. 이에 대한 대안은 무엇일까?

리오타르, 바티모, 리처드 로티 등과 같은 탈근대론자들은 근대적 합리성을 테러와 등치시킨다. 그렇지만 두셀은 근대적 합리성의 비합리적 신화만을 비판한다. 의사 소통 공동체의 대화 가능성을 부정하는 탈근대론자들의 영웅주의적 부정보다는, 타자의 고통과 울부짖음에 귀를 기울이고 대화하는 윤리 의식의 가능성을 믿기 때문이다. 그렇기에 그는 타자의 이성과 대화하고 그들의 논리를 공동체가 받아들이는 '트랜스-모더니티(trans-modernity. 서구 모더니티의 유아론적 성격을 극복하고 타자의 이성을 포괄하는 새로운 기획)' 프로젝트야말로 분열된 세계를 화해시킬 수 있다고 주장한다.

1934년 아르헨티나의 멘도사 주에 있는 라 파스에서 태어난 두셀은 1950년대 초반에 대학 생활을 보냈다. 1957년부터 1966년에 유럽에서 공부한 그는 라틴아메리카의 지성사에서 '자신의 것이 없음'을 뼈저리게 느꼈다고 한다. 그는 폴 리쾨르, 후설, 하이데거, 가다머를 읽으면서, 당시에 중남미에 유행하던 '존재론적' 민족주의론(베르그송이나 오르테가 이 가세트의 영향을 받아 유행한 주의주의적이고 심미주의적인 전통의 민족주의 철학 사조)나 포퍼류의 분석주의 과학철학 전통을 비판적으로 독해할 수 있는 가능성을 읽어냈다.

그러나 그의 철학에서 새로운 분기점은 국내에 돌아온 뒤에 읽은 엠마누엘 레비나스의 《총체성과 무한자》와 마르크스의 저술들이었다. 전자에서 그는 '타자성'에 대한 철학적 독해를, 후자에서 '생활 공동체'에 대한 유물론적이고 사회학적 해석을 얻어냈다. 이러한 성찰 끝에 프랑크푸르트 학파를 넘어선 '해방철학'의 가능성을 얻는다.

해방철학은 단순히 서구 철학 내지 철학사에 대한 비판적 조명에 머물지 않는다. 해방의 전거가 될 '역사적이고 가능한 생활 및 의사 소통 공동체'의 한 가능성을 아메리카 원주민들의 삶과 언어에서 찾아낸다.

그가 예로 드는 것은 마야어의 한 갈래인 토홀로발 언어이다. 이 언어에서 직접 보어(補語)의 대상은 타동사의 행동을 수용하는 '사물'이 아니다. 주어와 더불어 타동사의 목적어도 능격 주체(ergative subject)로 포진한다. 토홀로발어는 서구 언어처럼 '주어 + 동사 + 목적어'의 구조(물상화의 구조)가 아니라, '주어 + 동사 + 능격 주어'라는, 주체 상호간의 대화로 나타난다. 이들은 공동체를 의사 소통에서 '라조나틱(lajonatik, 평등한 우리)'이나 '영원한 우리들'로 부른다.

트랜스-모더니티는 바로 은닉된 타자를 발견하여, 평등한 일부로 끌어들이고, 모더니티가 가져온 수탈의 구조를 허무는 탈자본주의적(postcapitalist) 사회 관계를 이룩할 때만 가능하다. 1975년에 멕시코로 망명한 이래 우남대와 시립대에서 윤리학을 강의하고 있는 그는 이 시대에 가장 뛰어난 탈식민주의 철학자 중의 한 사람으로 꼽힌다.

이성형 ▪ 세종연구소 초빙연구원 · 정치학 박사, 중남미 정치 fernandorhee@hotmail.com

라틴계 학자와 '지식의 지정학'

우리들은 '근대화', '발전', '시장주의 접근'과 같은 말을 아주 자연스럽게 받아들인다. 심지어 인류사에 보편적인 의미를 지닌 것처럼 느낀다.

그런데 우리 삶을 지배하는 이런 용어들이 대단히 국지적이며 특정한 역사적 경험에서 나온 유럽주의의 소산이라고 비판하는 학자들이 있다. 주로 라틴계 학자들이 주축을 이룬 이 집단은 전통적 사회과학의 '식민성'을 문제 삼으면서 그것의 지정학적 뿌리를 캐고, 나아가 '모더니티의 인류학'을 정초하고자 한다. 이들은 지식이야말로 권력 현상이고 지정학적 사건이라고 외친다. 라틴 아메리카 출신으로 미국에서 활동하는 아르투로 에스코바르, 미셸-롤프 트뤼요, 월터 미뇰로, 페르난도 코로닐, 카를로스 렌커스도르프, 멕시코의 엔리케 두셀, 페루의 아니발 키하노 등이 그들이다.

서구인들의 문법에 맞지 않으면 역사는 기록되지도 출판되지도 않는다. 미셸-롤프 트뤼요는 《과거를 묻지 않기 : 권력과 역사의 생산》(1995)에서 1804년에 흑인 노예들과 그 후손들이 독립하여 자유공화국을 건설한 아이티 혁명이 서구 역사학계에서 왜 줄기차게 외면을 당했는지 밝힌다. 이 혁명은 구미 백인들이 당시 지니고 있던 인종주의적 컨벤션을 넘어섰기에 외면당했다고 그는 주장한다. 프랑스 혁명이 일어난 지 겨우 15년 만에 터졌기에 구미인들이 소화할 수 없었다는 것이다.

에스코바르는 《발전과의 대면 : 제3세계의 형성과 해체》(1995)에서 자연적·보편적 질서로 인식되어 온 모더니티에 기초한 발전 담론이 구미 사회가 주변부 세계의 '현실을 식민화'한 전략이라고 분석한다.

발전 담론은 말로 그치지 않고 국제기구, 정부기관, 그리고 학계를 재편할 정도로 권력기관으로 자리잡았고, 아울러 삶의 다양한 영역에 영향을 주었다. 그러나 18세기 서구의 특수한 경험에 기초한 '발전' 관념과 이의 실천은 자연적이지도 보편적이지도 않기에 이제 해체되어야 마땅하다고 그는 주장한다.

코로닐은 《마술적 국가 : 베네수엘라에서의 자연, 화폐, 근대성》(1997)에서 공간에 대한 시간의 우위, 자연에 대한 문화의 우위를 특징으로 하는 서구적 모더니티 관념을 의문시한다. 자유주의 경제학자들의 주관적 가치론이나 마르크스주의의 노-자 대립론은 모두 공간과 자연을 추방한 바탕 위에서 제국주의적 문법을 확립하였다.

그러나 서구의 성장은 제3세계의 공간과 자연을 착취하면서 탄생하였다. 국제 분업은 노동 분업일 뿐 아니라 공간과 자연의 분업이기도 하다. 그는 일관되게 서구주의에 오염되지 않은 '비제국적 지리-역사적 범주'를 확립하고자 한다.

이매뉴얼 월러스틴 등의 《사회과학의 개방 : 사회과학 재구조화에 관한 괼벤키안 위원회 보고서》(당대, 1996)도 기존의 사회과학이 안고 있는 지역 편파성, 자의적인 학문 구분 등을 문제삼으며 재구조화와 더불어 개방의 전략을 제시하고 있다.

이성형

엔리케 두셀의 약력

- 1934년 아르헨티나 멘도사 출생.
- 1957년 멘도사 주 국립 쿠요 대학 졸업.
- 1959년 에스파냐 마드리드 콤플루텐세 대학 철학 박사.

- 1966년 파리 소르본 대학 역사학 박사.
- 1976년 국립 멕시코 자치대(우남대) 철학부 교수.
- 1977년 이래 미국 하버드 대학 등 미국, 프랑스, 독일, 스위스 등 유수한 대학의 초빙교수 역임.
- 1998년 현재 44권의 저서, 17권의 공저, 250편의 논문을 발표함.
- 현재 멕시코 시립대(UAM) 철학부 주임 교수.

관련 저작들

번역서
- 엔리케 두셀,《공동체 윤리》, 김수복 옮김, 분도출판사, 1990.

주요 미번역서
- Enrique Dussel, *Filosofia de la Liberacion*, Edicol, 1977. —《해방철학》
- ———, *Para una etica de la liberacion latinoamericana*, Siglo XXI—USTA, Buenos Aires-Bogota´, 1973~1980, t.I-V. 1983. —《라틴아메리카의 실천과 해방철학》
- ———, *Etica comunitaria*, Madrid : Paulinos, 1986. —《공동체 윤리》
- ———, *Towards an Unknown Marx. A commentary on the Manuscripts of 1861~1863*, Routledge, 2001. —《알려지지 않은 마르크스 : 1961~63년 수고 해제》
- ———, *El ultimo Marx (1863~1882) y la liberacion latinoamerica-na*, Mexico : Siglo XXI, 1990. —《최후의 마르크스 : '자본'의 제3, 4판 해제》
- ———, *1492 : El encubrimiento del Otro*, Madrid : Nueva Utopia, 1992. —《1492, 타자의 은닉 : 근대성 신화의 기원을 향하여》
- ———, *Historia de la filosofia latinoamericana y filosofia de la liberacion*, Bogota : Nueva America, 1994. —《라틴아메리카 철학사와 해방철학》
- ———, *La Etica de la Liberacion ante el debate de Apel, Taylor y Vattimo con*

respuesta crítica de K.O. Apel, Universidad Autonoma del Edo, Mexico : de Mexico, 1998.—《아펠, 테일러, 바티모의 토론, 그리고 K.O. 아펠의 비판적 대답에 직면한 해방의 윤리》
- ———, Editorial Trotta-UAM.I-UNAM, *Etica de la Liberacion en la edad de la Globalizacion y de la Exclusion*, Mexico, 1998.—《세계화와 배제시대의 해방윤리》

연구서

- Michael D. Barber, *Ethical Hermeneutics : Rationality in Enrique Dussel's Philosophy of Liberation (Perspectives in Continental Philosophy, No. 2)*, Fordham University Press, 1998.—《윤리적 해석학 : 엔리케 두셀의 해방철학에 있어서 합리성》
- "Enrique Dussel. Un proyecto etico y politico para America Latina", Revista Anthropos (Barcelona), 180, 1998.—에밀리오 리카르도 노세티,《엔리케 두셀의 해방윤리》
- Rowman and Littlefield, *Beyond Philosophy : History, Marxism, and Libertion Theology*, Maryland, 2001.—《철학을 넘어서 : 역사, 마르크스주의, 해방신학》
- *Thinking from the Underside of History : Enrique Dussel's Philosophy of Liberation*, Rowman and Littlefield, 2000.—《은닉된 역사로부터의 사고 : 엔리케 두셀의 해방철학》. 린다 앨코프, 에두아르도 멘티에타 편저, 영어로 나온 두셀 철학의 입문적 해설서. 철학, 문학, 신학, 페미니즘, 세계화 등에 대한 풍부한 논의가 정리되어 있음.

가속화된 문명과 인간의 미래

I v a n　I l l i c h　이 반　일 리 치

이반 일리치

이반 일리치의 현대 산업문명 비판

자유 진영과 공산 진영은 물론 제3세계까지 온 세계가 경제 발전을 향하여 치닫고 있을 때 이반 일리치는 이러한 경제 가치가 독점해 가는 현대 산업 문명이 안고 있는 근본적인 문제점을 지적하기 시작하였다.

그는 1970년대에《탈(脫)학교 사회》(1971),《에너지와 공평》(1974),《의료의 한계》(1976) 등 주요 저작을 통해 교육 · 교통 · 의료 체제의 중심이라 할 수 있는 학교, 자동차, 병원을 정면 비판하며 학교 제도 폐지, 차량 속도 제한, 그리고 의사의 의료 독점 체제 거부 등으로 대항하였다. 이처럼 매우 과격해 보이는 접근으로 인해, 그에게는 항상 명성과 함께 시대착오적인 낭만주의자라는 비판이 따라다니게 되었다.

1980년대에는《그림자 노동》(1981)과《젠더》(1982)에서 새로운 시각으로 노동·여성 문제를 분석하였다. 현대 경제 체제가 유지되기 위해서는 무임금 노동이 요구되는데, 이는 산업 시대 이전에 존재했던 무임금 노동과 그 성격이 전혀 다르다는 것이 그의 주장이었다.

일리치는 현대 사회의 거의 모든 경제 활동에 수반되는 무임금 노동을 '그림자 노동'이라 일컬었다. 예를 들면 복잡한 가격, 유통 체계하에서 상점과 물건을 고르고, 상품을 사러 차를 운전해 상점에 가고, 카운터에서 신용카드로 값을 지불하고, 구입한 물건을 차에 실어 집으로 옮기고, 카드 대금을 내기 위해 은행에 가고 하는 일 등이 여기에 해당된다. 또한 상품을 사용한 후 버리기 위해서 씻고 말리고 분류하고 날짜에 맞추어 내어놓는 일도 새롭게 요구되는 '노동'인 것이다. 게다가 임금 노동을 위한, 출퇴근에 따르는 노동도 대표적인 그림자 노동이라고 보았다.

한편 그는 대부분 사람들의 '젠더(gender, 性)' 붕괴 현상을 현대 산업 사회가 남녀 평등을 향하여 한 걸음 나아가는 과정으로 보고, 이러한 현상이야말로 산업 사회의 필수 불가결한 조건이라고 규정하였다. 산업 사회에서는 남성이나 여성 모두 동일한 노동을 할 수 있어야 하며, 동일하게 현실을 지각하고 동일한 욕구를 가져야 한다.

산업 사회가 존재하기 위해서는 남성과 여성 모두 젠더 부재(不在), 즉 남녀 차이가 없는 경제적 중성자(中性子)로 새로 태어나야만 한다는 것이다. 대부분의 여성운동가들이 남녀 불평등을 문제로 삼는 동안 일리치는 우리 삶을 지배하고 황폐화하는 경제 독점 체제 그 자체를 공격하였다.

일리치는 '경제 독점' 문화와 '전문가 독점' 문화로 인해 인간이 점점 불구가 되어간다고 보고 이를 걱정하였다. 현대 사회에서 발생한 대부분의 문제는 너무 일방적으로 경제 가치만을 중시한 결과인 것이다. 인간 스스로가 다른 가치의 소중함은 물론 그 존재 자체를 무시한 채 경제 가치의 독점적 지배를 당연시하다 보니 '경제적 인간(Homo Economicus)'으로 변했다는 주장이다. 즉 노동을 팔아 돈을 벌고 그것으로 상품을 사는 것 이외에 다른 능력을 모두 잃어버려 아무것도 할 줄 모르고, 아무것도 하려 하지 않는 불구자로 전락했다고 통탄하고 있다.

현대 산업 사회에서 이와 같은 경제적 가치가 다른 모든 가치를 독점하는 현상은 시간 차원으로 확대되었다. 이는 시간 절약, 시간 투자, 시간 낭비 등 우리의 용어 사용 양태에서도 잘 나타난다. 이처럼 시간에 '가격표'가 붙게 됨에 따라 시간 절약을 위하여 차량 속도를 가속하기 시작했으며, 각 정부들은 시간의 상품화를 적극 지원하기 위하여 고속도로 건설, 교통 관련 법률 제정 등 맡은 바 역할을 수행하였다.

그러나 차량 속도가 빨라짐에 따라 우리의 생활은 여유로워지기는커녕 더욱 바빠지기만 하였다. 일리치는 차량 속도가 시속 15마일을 넘게 되면 시간과 장소의 희소성이 증가되고 계층간에 불평등이 늘어난다고 지적한다.

더 나아가 자동차 문화가 교통 체제를 독점하게 됨에 따라 아이들의 놀이 공간이자 이웃간의 만남의 장소이던 집 바깥 공간이 모두 위험 지역이나 소음 지역이 되어 비리고 갑인민이 힌진 시내가 되었다. 이런 변화는 왜 갈수록 아이들 키우기가 어려워지는지를 생각하게 해준다.

일리치는 경제 독점 문화와 함께 점점 더 강화되어 나타나는 전문가 독점 문화에 대해서도 경고한다. 이제는 무엇을 어떻게 먹는지에서부터 살을 어떻게 빼고, 연애와 사랑을 어떤 식으로 해야 하는지, 무엇을 어떻게 사고 또 외모는 어떻게 꾸미고 다녀야 하는지까지 전문가의 도움이 없으면 안 되는 것으로 여겨지고 있다.

심지어 어떻게 낳고 어떻게 죽는가에까지 전문가가 깊숙이 관여하고 있다. 결국 현대인은 스스로 어떻게 먹고 어떻게 사랑하는지도 모르는, 그리고 어떻게 낳고 어떻게 죽는지도 모르는 불구자로 전락해 가고 있는 것이다. 현대인에게 요구되고 있는 것은 경제 활동뿐인 것이다.

일리치는 이러한 경제 및 전문가 독점 문화에 맞서기 위해 마이너스 성장까지도 포함하는 '경제적 수축'을 대안으로 제시한다. 이미 경제만 생각하는 불구자로 변해 버린 현대인에게 이같은 저성장의 옹호는 낭만적으로 비칠 수 있다. 그러나 지금의 현대 경제 체제 자체가 모든 면에서 총체적 위기의 양상을 나타내고 있다면, 일리치의 이런 근본적인 대안을 다시 숙고해 볼 필요가 있다.

처음 듣기에는 매우 불편하지만 경제적 수축을 강조하는 일리치의 주장이야말로 오늘의 이 질곡에서 벗어나는 올바른 길을 제시하는 것이라고 생각할 만하다. 어찌 보면 그의 주장은 그리 새로운 것이 아니다. 우리는 산업 사회에 살지만 아직도 중용의 덕에 대해 많이 이야기하고 있다. 일리치가 주장하는 경제적 수축이나 차량의 속도 제한 등 매우 과격해 보이는 제안도 실은 너무 경제 제일로 치닫고 있는 사회 체제에 제동을 걸 수 있는 중용과 절제의 덕을 실현하자는 이야기다. 생각을 바꾸면 그리 어렵지도 않은 일이다.

'중세적 낭만주의자'라는 비난에 일리치는 이렇게 대응한다.

"이러한 근본적 대안을 받아들일 수 있는 변화 자체가 불가능하다고 생각하는 사람들은 인간을 진정으로 신뢰하지 않는 것이다. 그들은 우선 왜 이러한 근본적 변화가 불가능한지를 밝혀야 한다."

오스트리아 출생으로 1926년 생인 일리치는 최근 그의 친구들과 함께 '균형성에 대한 연구(Research on Proportionality)'에 열중하고 있다.

이승환 ▪ 유네스코한국위원회 문화원장 shlee@unesco.or.kr

한국의 학교 위기와 일리치

1980년대 전반은 사회 변혁을 꿈꾸는 교사들이 힘을 모으기 시작한 시기로 기록될 것이다. 교사들은 소모임을 만들어 교육 문제에 대해 토론을 벌이고 '새로운' 교육학을 공부하였다. 대학에서 배운 교육학은 우리의 교육 현실을 해석하고 대안을 모색하는 데 아무런 도움이 되지 않았기 때문이다.

이때 교사들이 즐겨 읽었던 텍스트 중의 하나가 일리치의 《탈학교 사회》였다. (이 책은 1970년대 후반에 부분적으로 소개되다가 1984년에 다른 사람의 글과 함께 《탈학교 논쟁》이란 책에 완역되어 실렸다.)

일리치는 이 책에서 학교 제도의 폐해를 적나라하게 드러내 보이면서 "학교를 폐지해야 한다"고 주장한다. 그는 학교 없는 사회가 가능하다며, 학교를 대신할 학습 네트워크를 구축하자고 한다. 이러한 주장은 너무 이상적이고 과격하다는 비판을 받기도 했지만 학교의 본질에 대한 날카로운 시각에 공감하는 교사들도 드물지 않았다.

그러나 그의 주장이 우리 교육의 진로를 모색하는 데 크게 참고가 된 것은 아니다. 그의 주장이 학교에 대한 인식을 벼리는 데는 많은 도움이 되었지만 우리 교육 현실을 개혁할 프로그램이 되기에는 너무 먼 거리에 있었기 때문이다.

특히 전교조를 결성하면서 교사 운동의 역량 전부가 조직을 지켜내는 데 집중되었기 때문에 학력 사회를 '탈(脫)'하여 학습 사회를 만들자는 거대한 프로젝트에 관심을 기울일 여지가 없었다.

한동안 우리 교육 운동 진영에서 일리치의 꿈은 잊혀져 가는 듯했다. 그러다 1990년대 말에 탈학교실천연대(최근에 학력폐지연대로 이름을 바꾸었다)가 결성되고 《민들레》라는 대안 교육 잡지가 만들어지면서 다시 주목을 받기 시작하였다.

　탈학교실천연대를 이끌고 있는 이한은《학교를 넘어서》,《탈학교의 상상력》이란 책을 냈는데, 그의 핵심적 생각은 일리치와 별로 다르지 않다.《민들레》는 우리 사회에서 이루어지고 있는 다양한 배움의 방식을 소개하는 한편 네트워크를 만들어가면서 학교 밖의 공간을 학습의 장으로 바꾸어가고 있다.

　탈학교 운동에 대해 교육 운동 진영의 일부 그룹에서는 비판적인 시각을 보이기도 한다. 정부가 신자유주의적 교육 개혁을 추진하면서 학교의 위기가 가속되고 있는데 탈학교 운동이 이런 분위기를 조장할 위험이 있다는 것이다.

　학교가 문제가 많은 것은 사실이지만 '복지로서의 교육권'을 실현하는 장소이기 때문에 학교 교육을 내실화하는 데 온 힘을 집중해야 한다는 것이 그들의 논리다. 이에 대해 탈학교실천연대는 복지로서의 교육권을 구현하는 방식이 반드시 학교일 필요는 없으며 신자유주의를 넘어서기 위해서라도 교육의 판을 새롭게 짜야 한다고 대응한다.

　일리치의 교육론이 위기에 빠진 한국의 교육에 새로운 전망을 줄 것인지 판단하기는 이르다. 그러나 뜻은 좋은데 이상적이고 과격한 것으로 치부되던 일리치의 사상이 현실화하는 조짐이 여기저기서 보이고 있다. 그의 사상은 분명 과격하다. 그러나 과격해지지 않고는 우리에게 미래는 없다고 믿는 사람들이 점점 늘고 있는 것이다.

박복선 ▪《우리 교육》편집장

이반 일리치의 약력

- 1926년 오스트리아 빈 출생.
- 로마 그레고리안 대학 신학·철학 공부, 잘츠부르크 대학 역사학 박사.
- 1950년대 미국 뉴욕의 교구신부, 푸에르토 리코 가톨릭 대학 부학장.
- 1969년 교구신부 사퇴. 푸에르토 리코에 '문화간 자료센터(CIDOC)' 설립.
- '문화간 자료센터'는 멕시코 쿠에르나바카로 옮긴 뒤 국제적 명성을 얻음.
- 1980년대부터 멕시코, 미국, 독일 등지에서 살고 있으며, 현재 미국 펜실베이니아 대학 객원교수.

관련 저작들

번역서

- 이반 일리치, 《탈학교 논쟁》, 김광환 옮김, 한마당, 1984.
- ———, 《병원이 병을 만든다》, 박홍규 옮김, 형성사, 1987.
- ———, 《그림자 노동》, 박홍규 옮김, 분도출판사, 1988.
- ———, 《젠더》, 이승환·최효선 옮김, 도서출판 따님, 1996.

미번역서

- Ivan Illich, *Energy and Equity*, Harper Collins, 1974. —《에너지와 평등》
- ———, *Toward a History of Needs*, Random House, 1978. —《필요가 만들어지는 역사》

참고문헌

- D.A. Gabbard, *Silencing Ivan Illich : A Foucauldian Analysis of Interleectual Exclusion*, Austin & Winfield, 1993.
- J.L. Elias, *Conscientization and Deschooling—Freire's and Illich's proposal for reshaping society*, Westminster Press, 1976.

제6부

문화와 예술의 새 천지

一圖 네트워크 사회와 새로 짜는 문명의 기획 ■ 마누엘 카스텔스

二圖 기술 시대의 전위 예술 ■ 백남준

三圖 예술가와 공학자가 만나 탄생한 첨단 예술 ■ MIT 미디어 랩

四圖 서양 음악에 대한 새로운 도전 ■ 스티브 라이히

五圖 대중문화의 정치학 ■ 스튜어트 홀

제6부를 들어가며

정과리 기획위원

이제 디지털을 빼놓고는 문화와 예술을 말할 수 없다. 그런데 이것의 의미는 그리 단순하지가 않다. 우선 이것은 사람들에게 극단적인 두 가지 반응을 일으킨다. 컴퓨터를 다룰 줄 모르는 사람은 미지의 기계 괴물에 대한 공포를, 반면에 그것을 다룰 줄 알고 네트워크에 접속할 수 있는 사람은 소위 양방향성의 환희를 나타낸다. 공포는 그것을 모르기 때문에, 환희는 그것이 사용자를 즉각적으로 '예술가', 즉 창조자의 지위로 격상시키기 때문에 발생한다. 이 매체, 정확하게 말해, 디지털 매체는 흔히 '퍼스널 컴퓨터'로 나타나지만 그것은 사용자로 하여금 어떤 정보를 디지털적인 방식으로 조작할 수 있게 하는 모든 장치들을 통틀어 가리킨다.

새로운 문화와 예술은 바로 디지털적인 방식으로 조작 가능한 매체의 문제로 귀결한다. 이 매체와 더불어 사회, 정치, 경제 등 모든 분야의 삶의 문제가 피부에 와 닿는 느낌의 문제로 바뀌기 시작하였다. 왜냐하면 예전에는 정부와 각종 사회 제도와 자격을 부여받은 예술가의 일이라고 생각했던 것이 바로 사용자 '나'의 개입과 조작에 의해서 나의 육체의 감각적 수준에서 일어나는 것이다. 그래서 '문화의 시대'가 도래하였다. 문화란 침전된 사회, 즉 육체적 감각으로 체험되는 공적 삶이기 때문이다. 또한 그렇기 때문에 공적인 삶과 사적인 삶의 구별이 무의미해졌다. 공적 영역의 많은 것들이 내 피부 위에서 파르르 떨기 시작하였고, 그러자 그런 것들만이 중요한 것으로 간주되는 것이다.

그러니 이제 디지털 매체를 빼놓고는 삶을 말할 수 없게 되었다. 그런데 이 매체가 만일 어느 날 사라진다면? 불행하게도 오늘 주체가 된 당신은 그 매체를 만들 능력이 없다. 당신은 어쩔 수 없이 매체를 만들 수 있는 사람에게 의존할 수밖에 없다. 그러니, 실은 매체가 있을 때에도 당신은 매체의 재료, 짜임, 그리고 매체의 작동 방식에 의존할 수밖에 없다.

오늘의 주체는 궁극적으로 매체의 다층적 관리자들, 항상 그의 배후에서 빙그레 미소 짓고 있는 제3의 존재에게 의존하는 객체다. 문화의 시대는 동시에 매체에 대한 질병이 만연한 시대이며, 의사가 뚜렷이 보이지 않는 시대다. 그리고 매체가 공적인 삶을 신체적 감각의 차원으로 이동시키는 역할을 하고 있다면, 매체 관리 권력은 궁극적으로 푸코의 표현을 빌려, "생체 관리 권력(Bio-politique)"이다.

문화적 성찰과 예술적 시도는 여기에서 시작한다. 정보화 사회에 대한 근본적인 차원에서의 성찰이 필요하며 또한 이것은 동시에 문화 연구가 오늘날 갑자기 팽창한 원인을 설명한다. 제6부의 처음과 끝에 마누엘 카스텔스와 스튜어트 홀을 배치한 것은 그 때문이다. 그리고 이제 새로운 예술은 좋든 싫든 매체를 끌어안고 나갈 수밖에 없겠다. 전통적인 예술이 정보화 사회와 갖는 관계는 먹히느냐 저항하느냐로 요약될 수 있지만 새로운 예술은 매체의 매혹에 휩싸여 매체의 함정을 아슬아슬하게 비껴가면서 매체의 예술적 가능성을 탐구한다.

아직 이 예술은 주류가 아니며 이제 겨우 출발점에 와 있다. 이들의 추구가 단편적이고 어둠 속을 더듬는 것처럼 보이는 건 그 때문이다. 그것들은 지금 디지털 세상이 그린 장밋빛 청사진의 극점을 향해 치닫거나(미디어 랩) 디지털 매체를 엉뚱하게 딴짓하는 데 써서 이 효용성으로 가득찬 시대를 은근히 비틀어보거나(백남준), 정보화 사회가 가져다준 대중적 문화 기반 위에서 종래와는 다른 새로운 장르를 만들어낸다(라이히). 어쨌든 이 선편적 작업들에 기대서 아주 다양한 문화와 예술의 새 천지가 펼쳐지게 될 것이다. 지금 이들을 주목하는 것은 내일의 미적 세계를 독자 스스로 실험해 보는 것과 같다. '양방향성'이라는 정보화 사회의 특성에 맞춤하게 말이다.

네트워크 사회와 새로 짜는 문명의 기획

Manuel Castells 마누엘 카스텔스

마누엘 카스텔스

성찰적 정보사회론자 마누엘 카스텔스

21세기 세계 사회의 변동을 판독하는 키워드는 단연 '정보'다. 정보사회, 정보기술, 정보경제, 그리고 정보혁명 등 정보는 사회 구조에서 실생활에 이르기까지 현재 진행되는 급격한 변화를 압축하는 개념이다. 이 정보 시대를 탐구 영역으로 삼아 새로운 학문적 지평을 열고 있는 사회학자가 마누엘 카스텔스다.

'정보 시대의 계몽주의자'라 불리는 카스텔스의 개인적 이력은 자못 이채롭다. 1942년 에스파냐에서 태어난 그는 10대 후반 프랑코 독재에 저항하는 학생운동가로 활동하다 프랑스로 망명하여 니코스 풀란차스에게 구조주의, 마르크스주의를 사사한 후 스물 다섯 살의 나이에 파리 대학의 교수로 취임한 천재적 사회학자다.

나이 서른에 도시사회학의 고전으로 꼽히는《도시 문제》를 발표해 세계적인 주목을 받았다. 프랑스에서 마르크스주의가 서서히 쇠퇴하자 그는 제2의 고향이라 할 수 있는 파리를 떠나 1979년 미국 캘리포니아 대학(버클리)에 자리를 잡은 후 사회운동론 연구를 거쳐 지금까지 정보 사회에 대한 연구에 몰두해 왔다.

정보사회학자로서 카스텔스에게 세계적인 명성을 안겨준 저작은 1996~98년 연속 발표한《정보 시대 : 경제, 사회, 문화》3부작이다. 무려 1,500쪽에 가까운 이 책은 대니얼 벨의《후기 산업사회의 도래》(1973) 이후 가장 주목받는 정보사회에 대한 저작이다. 사회학은 물론 매스미디어학, 정치학, 문화학 등 사회과학 전반에서 커다란 논란을 일으켜왔다.

도시사회학자에서 정보사회학자로의 카스텔스의 이런 변신은 돌연한 비약이 아니다. 지적 편력을 추적해 보면 그는 1989년에 이미《정보 도시》를 발표해 정보사회를 사회학적으로 해석하는 기본 윤곽을 그려 왔다. 이 책에서 카스텔스는 기술 혁명에 따라 등장한 새로운 사회기술적 조직 양식, 즉 '발전의 정보 양식'이란 개념을 만들어낸다.

카스텔스에 따르면, 이 정보 양식의 등장은 외형상으로 경제 및 사회 조직의 분산화를 가능하게 하지만, 동시에 전국적인 경영을 통제하는 소수의 대도시인 정보 도시를 탄생시켰다. 이는 무엇보다 정보 처리 능력이 고도로 발달한 데 따른 것이다. 이런 정보 도시의 특성을 그는 '이중 도시'로 파악하는데, 그것은 정보 도시가 높은 소득을 받는 전문 정보 인력과 낮은 소득으로 이들에게 종속된 비전문직 하위 인력으로 양극화한다는 것을 말한다.

《정보 도시》를 통해 드러난 카스텔스의 문제 의식은 3부작《정보 시대》에서 더욱 확대되고 심화된다. 먼저 그는 제1권《네트워크 사회의 등장》(1996)에서 정보사회가 어떻게 형성되고 있는지를 분석한다. 그에게 자본주의의 새로운 단계라 할 수 있는 정보 자본주의를 재생산하는 매개는 단연 네트워크다.

네트워크란 서로 다른 위치에 있는 사람과 집단이 상호 소통하는 새로운 생산 형태를 지칭한다. 이 네트워크는 지난 30여 년 간 신경제뿐만 아니라 사회 조직 및 문화 영역에도 급속히 확산되어 자본주의 전체를 새로운 방식으로 재구조화하는 원리로 커다란 영향을 미쳐왔다.

카스텔스 이론이 정보사회론의 선구자인 벨 이론과 구별되는 지점도 바로 여기다. 벨이 후기 산업사회에서 지식과 지식 산업의 중요성을 강조했다면, 카스텔스는 네트워크가 정보 전달 속도를 획기적으로 높이는 데다 범위도 전 지구적으로 확대됐다는 점을 부각시킨다.

정보 시대에 대한 사회학적 탐색의 특징이 가장 잘 드러난 책이 제2권 《정체성의 힘》(1997)이다. 이 책에서 그는 정보화와 한 짝을 이루는 세계화의 영향, 즉 사회 운동과 환경 운동의 부상, 여성 운동의 성장과 가부장주의의 종말, 근대 국가의 약화와 민주주의 위기 등을 다각도로 검토한다. 예를 들어, 그는 정보화와 세계화가 이른바 '정체성의 정치'에 미치는 영향을 분석하는데, 멕시코의 사파티스타, 미국의 민병대, 일본의 옴 진리교를 세계화에 저항하는 정체성의 정치의 대표적인 사례로 지목한다. 이런 분석은 비동시적인 것들이 공존하는 정보 시대의 명암에 대한 카스텔스의 통찰을 선명히 보여주는 것이기도 하다.

3부작의 마지막을 이루는 《밀레니엄의 종말》(1998)은 1권과 2권에서 분석한 정보사회 도래에 따른 현 세계의 역동적인 변화를 추적한다. '산업적 국가주의'의 위기와 소비에트 연합의 붕괴, 극빈국 제4세계의 등장, 정보자본주의의 블랙홀이라 할 수 있는 사회적 배제의 다양한 형태, 세계적인 범죄 경제, 동아시아의 발전과 위기, 그리고 유럽연합의 딜레마는 정보사회라는 거대한 퍼즐을 이루는 다양한 조각 그림들이다.

간단히 말해,《정보 시대》3부작은 정보 시대의 도래와 그 사회적 파장에 대한 일종의 종합사회학 보고서다. 정보사회의 중핵을 이루는 '네트'를 가운데에 두고 그 양편에 놓인 자아와 사회와의 역동성을 포착하려는 것이 이 책의 목표다. 네트와 자아의 관계가 정체성의 정치로 나타난다면, 네트와 사회의 관계는 우리가 이제까지 알고 있는 근대 세계의 종말로 드러나고 있다. 이 책이 단순한 미래학 내지 정보사회 개설서로 치부될 수 없는 이유는 바로 현재 우리를 둘러싸고 있는 세계사적 대격변에 대한 인과적이고 총체적인 분석에 성공하고 있다는 점에 있다.

정보사회의 미래에 대한 카스텔스의 전망은 그리 밝지 않다. 정보 시대의 중요한 결과의 하나는 부자와 빈자 사이의 사회적 양극화이며, 특히 복지 국가의 쇠퇴는 이런 양극화를 증대시키고 사회적 배제를 강화시킨다는 것이다. 뿐만 아니라 정보 시대에는 미디어 정치 내지 '스캔들 정치'가 부상하면서 근대 민주주의가 새로운 위기에 처해 있다.

그렇다면 과연 정보 시대의 미래는 카스텔스가 그리고 있듯이 암울한 것일까? 이에 대해서는 현재 낙관론과 비관론이 맞서고 있다. 낙관론의 경우 정보기술이 더 많은 사람들에게 직접 정보를 제공함으로써 평등한 사회 관계와 민주주의에 기여할 것이라고 본다면, 비관론은 국민국가와 노동의 영향력을 약화시키고 사회 복지를 감소시킴으로써 불평등을 심화시킬 것이라고 주장한다.

현재 열리고 있는 정보사회에서 한 가지 분명한 것은 그것이 장밋빛 미래만을 보장하는 것은 아니라는 점이다. 정보기술 혁명이 과거보다 더 큰 풍요를 제공하고 있음에도 전 지구적 수준에서나 일국적 수준에서 새로운 형태의 분할과 빈곤을 낳고 있음은 이를 증거한다. 정보화의 긍정적인 측면은 살려나가되, 그 사회적 결과에 적극 개입하는 정보 민주주의의 중요성이 갈수록 증대하고 있다.

김호기 ■ 연세대 교수 · 사회학 kimhoki@yonsei.ac.kr

정보사회를 둘러싼 쟁점들

정보사회를 어떻게 볼 것인가? 그것은 기술의 고도화가 낳은 장밋빛 유토피아일까, 아니면 조지 오웰의 《1984》에서 볼 수 있는 디스토피아 사회일까?

현재 그 성격에 대한 논의에서는 크게 두 가지 입장이 대립한다. 하나는 정보사회를 산업사회, 자본주의와는 구별되는 또 다른 사회라고 보는 견해다. 탈(脫)산업사회론(대니얼 벨), 제3의 물결론(앨빈 토플러), 유연전문화론(柔軟專門化論. 정보사회가 노동의 유연성을 높이고 다기능 노동자를 가능하게 한다는 주장. 마이클 피오레, 찰스 세이블), 정보의 발전양식론(마누엘 카스텔스) 등이 이에 속한다. 이들은 연속성보다 변화를 우선시하고 변화의 결과로 나타나는 산업사회와 정보사회의 단절을 강조한다.

다른 하나는 정보사회가 자본주의, 산업사회와 연속되는 측면에 주목하는 입장이다. 이들은 정보기술 개발과 확산이 자본의 논리에 따라 진행되며, 그로 인해 시장 경쟁이 치열해지고 자본의 힘이 강화되어 자본주의가 고도화한다는 점을 부각한다. 허버트 실러를 비롯해 미셸 아글리에타, 케빈 로빈스, 프랭크 웹스터, 데이비드 라이언이 이런 시각을 대표한다.

단절이냐 연속이냐? 어느 것이 더 타당한가를 판단하기란 쉽지 않다. 사회는 복합적으로 구성되어 있기 때문에 어느 한 부분만을 부각하는 것은 전체 흐름을 파악하는 데 한계가 있다. 변화를 과장할 필요도 없지만 그렇다고 해서 그 변화를 애써 무시하는 것도 바람직한 것은 아니다. 연속과 단절을 객관적으로 파악하는, 정보사회의 전체 상(像)에 대한 균형 잡힌 분석틀이 요구된다.

정보기술과 사회 구조의 관계를 어떻게 볼 것인가도 중요한 쟁점이다. 이에 대해서는 현재 기술결정론, 사회문화결정론, 사회적 구성주의가 경합하고 있다. 기술결정론은 기술이 발전의 원동력이며 독자적인 존재 양식과 발전 법칙을 갖고 있다고 보는 관점을 말하고, 사회문화결정론은 기술 발전이 특정한 사회적·역사적·문화적 맥락에 의해 이루어진다는 것을 강조하는 관점이다.

이 가운데 기술결정론이 지배적인 패러다임이다. 이는 기술의 역사가 보여주듯이 독립 변수로서의 기술 발전을 나름대로 설득력을 갖고 설명한다. 하지만 기술 발전의 사회적 맥락을 경시한다는 약점을 갖고 있다. 더욱이 과학기술을 순수한 그 무엇으로 간주하는 것은 위험한 발상이기도 하다. 과도하게 유토피아적이거나 디스토피아적인 전망은 바로 이런 기술결정론적 관점을 토대로 한다는 데 주목해야 한다.

이런 맥락에서 제기된 관점이 사회적 구성주의다. 이는 사회 구조에 대한 정보기술의 영향력을 부정하지 않으면서 정보기술 발전에 대한 사회적 개입을 부각한다. 기술의 내용과 발전, 그리고 영향은 그 사회 내에서 이해 당사자들 간의 지속적인 교섭에 의해 사회적으로 구성된다는 것이 이 관점의 핵심이다.

인류는 과연 정보사회의 도래와 함께 새로운 문명의 문턱에 들어섰는가? 정보기술과 정보사회의 미래를 조망하기 위한, 자연과학은 물론 인문사회과학의 탐색과 성찰이 매우 중대한 시점이다.

정재왈 ▪ 기자

마누엘 카스텔스의 약력

- 1942년 에스파냐 출생.
- 1958~62년 바르셀로나 대학 법학·경제학 공부.
- 1967년 파리 대학(소르본) 사회학 박사.
- 1967~70년 파리 대학(낭테르) 사회학 조교수.
- 1970~79년 파리 고등사회과학원 사회학 부교수.
- 1979년 이래 현재까지 미국 캘리포니아 대학(버클리) 사회학 교수.
- 1968년 이래 현재까지 옥스퍼드 대학 등 20여 개 대학 및 연구소 초빙교수 역임.
- 1998년 공동체와 도시사회학 분야의 공로로 미국 사회학회로부터 '로버트와 헬렌 린드상' 수상.

관련 저작들

번역서

- 마누엘 카스텔스, 《정보 도시》, 최병두 옮김, 한울, 2001.

미번역서

- Manuel Castells, *La Question Urbaine*, F. Maspero, 1972. ―《도시 문제》
- ―――, *The City and Grassroots*, University of California Press, 1983. ―《도시와 민초들》, C. 라이트 밀스상 수상.

- ———, *The Information Age Vol. 1 : The Rise of Network Society*, Blackwell, 1996.—《정보시대 1 : 네트워크 사회의 등장》
- ———, *The Information Age Vol. 2 : The Power of Identity*, Blackwell, 1997.—《정보시대 2 : 정체성의 힘》
- ———, *The Information Age Vol. 3 : End of Millennium*, Blackwell, 1998.—《정보시대 3 : 밀레니엄의 종말》
- ———, *The Internet Galaxy : Reflections on Internet, Business, and Society*, Oxford University Press, 2001.—《인터넷 갤럭시 : 인터넷, 비즈니스, 사회에 대한 성찰》

참고문헌
- 권태환·조형제·한상진 엮음, 《정보사회의 이해》, 미래 M&B, 2000.
- 서이종, 《지식·정보사회학》, 서울대 출판부, 1998.
- 윤영민, 《전자 정보 공간론》, 전예원, 1996.
- 정보사회학회 엮음, 《정보사회의 이해》, 나남, 1998.
- 한국언론학회·한국사회학회 엮음, 《정보화 시대의 미디어와 문화》, 세계사, 1998.

기술 시대의 전위 예술

N a m   J u n e   P a i k   백 남 준

백남준

비디오 아트의 선구자 백남준

 미국의 저명한 후기 마르크스주의 문화비평가인 프레드릭 제임슨 (1924~)은 1986년 《플래시 아트》와의 인터뷰에서 백남준을 가리켜 포스트모더니즘의 표상적 인물이라고 평가하였다.
 그의 비디오 예술이 '차이의 논리'를 효과적으로 제시한다는 견지에서 나온 평가인데, 여기서 차이란 움직임의 비고정성, 속도에 대한 인식과 관련된다. 부언하면, 비디오와 같은 동영상을 볼 때 정지 화면을 볼 때와는 다른 새로운 지각 방식이 요구되고, 인간은 자신의 감각 체계를 수정, 변화시킴으로써 그 차이에 스스로를 적응시킨다.
 이렇게 동영상을 통해 인간의 감각을 개발, 변화시킨다는 점에서 비디오 매체의 생태학적 의미를 논할 수 있는 바, 백남준은 비디오를 차이의 논리로 미학화함으로써 소위 매체를 통한 '인간의 확장'이라는 미국의 미디어 학자 마셜 맥루한(1911~1980)의 구호를 예증했다고 볼 수 있다. 백남준에 대한 제임슨의 평가는 이런 맥락에서 이해할 수 있을 것이다.

백남준은 1963년 13대의 텔레비전으로 최초의 개인전이자 사상 초유의 비디오전을 열었다. 그는 이 전시회에서 각기 다른 13개의 TV 이미지를 통해 포스트모더니즘의 양식적 특성인 시각적 비고정성, 혹은 차이의 비전을 선보였다. 이후 백남준은 동영상의 비고정적 특성을 자신의 양식으로 일구어내면서 빠르게 변하고 이중, 삼중으로 중첩되는 동시에 산발적으로 편린화하는 자신 특유의 비디오 이미지를 창안한다.

이 변화무쌍한 콜라주 타입의 비디오 이미지가 새로운 지각적 경험으로 관객을 일깨우고, 관객은 그러한 경험을 토대로 지각 행태를 변화, 증진시킨다. 1960년대에 비해 1980년대의 광고가 초당 5배 이상의 정보량을 늘렸다는 통계는 날로 빨라지는 속도만큼 속도에 익숙해지는 인간의 빠른 적응력을 말해 준다. 백남준의 비디오는 인간 지각 능력의 신장이라는 점에서 생태학적 예술의 선구적인 역할을 했고, 그와 유사한 양식의 뮤직 비디오나 영상 광고에 지대한 영향을 끼쳤다.

백남준은 매체적 비고정성뿐만 아니라 이분법적 고정관념을 부정하는 인식론적 비고정성에 주목하여 고급 문화와 저급 문화, 순수 예술과 대중 예술, 예술과 일상을 교류시키려는 민주적 소통의 예술을 추구해 왔다. 초기 액션 뮤직(행위 음악)에서 플럭서스(Fluxus) 해프닝을 거쳐 비디오 예술에 이르는 백남준의 예술적 여정은 참여와 소통을 위한 비판적 노력으로 일관되었다.

음악에 파격과 에로티시즘을 도입해 보는 음악을 창안하고, '지금 여기'라는 현장 미학에 의거하여 예술을 일상화시키며, 대중 매체인 비디오를 예술 매체로 전환시키는 탈(脫)경계 발상으로 주·객체가 상호 교류하는 소통과 참여의 예술을 실현하고자 한 것이다.

그리하여 그는 자신의 비디오 예술을 '참여 TV'라고 명명하는데, 그러한 의도가 분명히 명시된 것은 자신의 1980년대를 장식한 〈우주 오페라〉 3부작을 통해서였다. 각국의 아방가르드 예술가, 연예인, 디자이너를 한자리에 모은 세계적 향연을 위성 중계 생방송으로 전 지구에 전파한 이 프로젝트를 통해 그는 예술과 기술, 산업, 유흥, 방송을 결합하고 무엇보다 그가 작업 초기부터 꿈꾸던 '전자 슈퍼 하이웨이'의 이상을 실현하고자 하였다.

〈굿모닝 미스터 오웰〉(1984)에서는 TV의 일방적·폭력적 기능을 예고한 조지 오웰의 부정적 시각에 맞서 매체의 상호적·민주적 특성과 그 역할을 강조하였고, 〈바이바이 키플링〉(1986)에서는 동양과 서양이 만날 수 없다고 장담한 키플링의 편견에 도전하여 동서양의 교류와 지역적 경계의 해소를 주제화하였다.

동서양의 지역적·문화적 차이는 미술, 음악, 스포츠와 같은 비정치적 교류에 의해서만 해소된다는 신념으로 그는 서울 올림픽 때 〈손에 손잡고〉(1988)에서는 '예술과 스포츠의 칵테일'이라는 테마를 부각시키는 한편, 소련, 중국 등 공산국까지 포함시키는 초이념적 기획으로 전 지구적 사방 소통을 성취하였다.

소통을 예술 목적으로 삼는 백남준 비디오 예술의 미학적 원천은 다다, 아방가르드 정신에 있다. 그는 마르셀 뒤샹의 '레디메이드 미학'에 근거하여 비디오를 매체로 활용하였고, 소음과 침묵을 음악적 사운드로 간주하는 케이지의 음악철학 영향으로 행위 음악을 창안하였다. 그러나 기술적인 측면에서 그는 테크놀로지 예술의 계승자로서 '키네틱 아트(움직이는 미술 작품)'가 제시한 소통의 문제를 자신의 핵심 개념이자 최대 주제로 부각시켰다. 동력에 의한 움직임으로 관객의 참여도를 높이고 관객과의 새로운 관계를 수립한 키네틱 아트에 이어, 그는 전자 동영상의 비고정성을 매개로 생태학적 차원의 관객 참여를 유도하고, 매체의 대중성에 주목하여 전 지구적인 소통을 시도한 것이다.

    테크놀로지 예술의 맥락에서 기술은 백남준에게 도구나 매체 이상의 의미를 갖는다. 기술은 그에게 창조적 도전의 대상으로서, 그는 기술적 원리를 탐구, 터득함으로써 기술을 능가하려는 것이다. "나는 기술을 증오하기 위해 기술을 사용한다"는 그의 역설이 시사하듯이 그는 기술의 동종요법(同種療法, 원인이 결과를 치료한다는 원리)적 사용을 통해 기술을 예술화, 인간화, 자연화한다. 실로 그의 비디오 예술은 기술을 능가하기 위한 기술적 탐구의 결산으로서, 단일채널 영상 비디오, 비디오 조각과 설치, 비디오 퍼포먼스, 위성 비디오, 디지털 비디오, 그리고 최근의 레이저 비디오에 이르기까지 기술 발전에 따른 다양한 변화의 양상을 보이며 비디오를 장르적으로 확장시킨다.

    백남준은 이제 비디오 예술의 창시자, 전천후 비디오 예술가로서 미술사의 한 페이지를 당당히 차지한다. 그러나 그의 예술적 업적은 미술사적 위상보다는 참여TV의 인식론적 의미에서 찾아야 한다. 즉 매체의 비고정적 속성을 미학적 기조로 삼아 이분법적 고정관념에 도전하고 관객 참여와 민주적 소통을 추구한 점에서 그의 비디오 예술이 평가되어야 한다. 이러한 평가 위에서 그를 세기초 역사적 아방가르드와 세기말 포스트모더니즘을 연결시키는 20세기의 대가라고 결론지을 수 있을 것이다.

김홍희 ▪ 쌈지스페이스 관장, 홍익대 교수 ▪ 서양미술사 ggkimhh@kornet.net

백남준과 아방가르드 친구들

백남준이 세계적인 '남준 팩(Nam June Paik)'이 될 수 있었던 배경에는 무엇보다 세기적인 아방가르드들과의 친분이 있었다.

나이 스물 네 살에 일본 유학을 마치고 독일에 당도한 이래 백남준은 아방가르드 서클에 경도되면서 존 케이지(1912~1992), 요셉 보이스, 그 밖의 '플럭서스'의 요체를 이룰 행위예술가들을 만나게 되는데, 이들이야말로 백남준의 정신적·창조적 후원자로서 미래의 백남준을 키워내는 온상이 된다.

1950년대 말 가난한 극동의 나라에서 온 무명의 청년 백남준과 이미 일각에서 석학으로 널리 이름을 떨치던 케이지와의 만남은 '운명적'이라고밖에 할 수 없는 일대 사건이었다. 유럽 전통음악의 한계를 깨닫고 음악의 새로운 존재론을 찾아 방황하던 그가 케이지를 만나게 되면서 자신의 경력뿐 아니라 미술사에 한 획을 긋는 새로운 장을 펼치게 된다. 하모니보다는 비트에 관심을 갖고 동양의 선(禪) 불교로부터 음악적 발상을 부여받은 케이지의 음악철학은 당대 진취적인 청년 작가들에게 지대한 영향을 끼쳤지만, 특히 백남준에게는 자신의 '인생을 바꾸어놓은' 세뇌적 계기가 되었다.

백남준은 케이지의 넥타이를 자르거나 바이올린을 부수는 등 파격적이고 충격적인 행위음악으로 독일 전위 음악계의 '앙팡 테리블(무서운 아이)'로 부상한다. 이즈음 백남준은 '제로 그룹'의 멤버로서 훗날 독일 현대 미술의 거장으로 군림하는 요셉 보이스를 만나게 된다.

보이스는 제2차 세계대전 중 독일군 비행사로 참전하였다가 추락하여 인근 지역에 있는 타타르족의 정성어린 간호로 간신히 회생하는데, 백남준이 타타르족과 같은 아시아인이라는 이유로 평생을 생명의 은인으로 여겼다. 이 둘은 서로 첫눈에 상대를 알아보고 분신 같은 친구가 되었으며 특히나 샤머니즘에 대한 공동 관심으로 수많은 공연을 함께 하였다.

그 밖에 리투아니아 출신의 건축가이자 행위예술가 조지 마키우나스 역시 플럭서스 창단자로서 백남준에게 중요한 의미를 가진다. 플럭서스는 백남준의 다다적 행위 음악을 소통과 참여의 예술로 논리화시켜 줄 뿐 아니라, 비디오 예술을 탄생시킨 예술적 모체다. 더구나 이 모체 속에서 백남준은 유명한 에로티카 공연 파트너인 샬럿 무어맨을 만나게 된다. 그의 비디오 예술에서 중요한 부분을 차지하는 비디오 퍼포먼스는 무어맨 없이는 불가능한 2인조 전자 해프닝이었다.

백남준의 아방가르드 친구들과의 우정은 끈끈한 정과 인연을 중요시하는 한국인의 정서를 반영하지만, 한편으로 그것은 예술적 직관 내지 전략과 관계된다. 그는 친지들과의 교류를 통해 정보를 교환할 뿐 아니라 그들을 창조 모티브로 사용한다. 그의 비디오 작품에 단골로 등장하는 케이지, 보이스, 무어맨을 비롯해 아방가르드 무용가 머스 커닝햄, 현대판 음유시인 앨런 긴스버그, 미디어 퍼포머 로리 앤더슨, 일본인 뉴에이지 음악가 사카모토, 그의 아내이자 행위·비디오 예술가 시게코 구보다 등을 통해 '만남의 신비'를 원동력으로 삼는 그의 예술적 비전을 감지할 수 있다.

김홍희

백남준의 약력

- 1932년 한국 서울 출생.
- 1950년 6·25가 발발하자 가족과 함께 일본 고베로 이주.
- 1956년 도쿄(東京) 대학 미학·미술사학과 졸업. 논문은 〈아놀드 쇤베르크 연구〉.
- 1956~57년 독일 뮌헨 대학, 프라이부르크 대학에서 공부.
- 1958년 미국의 현대음악가 존 케이지를 만남.
- 1961년 '플럭서스'의 창시자 조지 마키우나스와 만남. 이후 플럭서스의 멤버로 활약.
- 1963년 독일 부퍼탈 파르나스 화랑에서 텔레비전을 가지고 〈음악 전람회─전자 텔레비전〉 첫 전시회.
- 1964년 제2회 뉴욕 아방가르드 페스티벌에서 〈로봇 오페라〉 초연.
- 1965년 뉴욕의 보니노 화랑에서 〈전자예술 1〉 전.
- 1971년 보니노 화랑에서 〈전자예술 3─샬롯 무어만과 백·아베 비디오 합성기〉 전.
- 1977년 비디오 작가 시게코 구보다와 결혼.
- 1984년 〈굿모닝 미스터 오웰〉 인공위성 중계.
- 1986년 〈바이 바이 키플링〉 인공위성 중계.
- 1991년 〈백남준 : 비디오 시간─비디오 공간〉(취리히, 바젤, 뒤셀도르프) 전.
- 1993년 베니스 비엔날레 독일관 출품, 황금사자장 수상, 〈전자고속도로〉 제작.
- 1996년 호암상 수상.
- 2000년 뉴욕 구겐하임 미술관, 서울 호암 갤러리와 로댕 갤러리에서 〈백남준의 세계〉 전.

관련 저작들

참고문헌
- 김용옥,《석도화론—도올이 백남준을 만난 이야기》, 통나무, 1992.
- 김홍희,《백남준—해프닝 비디오 아트》, 디자인하우스, 1999.
- 에디트 데커,《백남준》, 김정용 옮김, 궁리, 2001.
- 이용우,《백남준 그 치열한 삶과 예술》, 열음사, 2000.
- 이경희,《백남준 이야기》, 열화당, 2000.

예술가와 공학자가 만나 탄생한 첨단 예술

MIT The Media Lab MIT 미디어 랩

글로리아나 데이번포트   존 마에다   포드 마초버   니컬러스 네그로폰테

미래 예술의 산실 MIT 미디어 랩

전체가 오층으로 이루어져 있는 MIT 미디어 랩(http://www.media.mit.edu)은 그 자체가 현재를 살아가는 우리가 만들어낸 문화 산물이라고 할 수 있다. 미디어 랩은 하루가 다르게 변화하는 현대 기술의 발전보다 15년 정도 더 앞선 생각을 보여주자는 의도에서 시작됐으며, 이를 실현하기 위해 생각의 비선형(非線形)적 변화와 발전을 만들어내는 대표 집단인 엔지니어들과 예술가들이 공동으로 작업을 진행하는 방식으로 운영된다.

미디어 랩은 1985년 당시 건축공학과 교수였던 니컬러스 네그로폰테(1943~)와 당시 MIT의 학장인 동시에 케네디 대통령의 과학 자문역을 맡았던 제롬 위즈너 교수의 공동 발의에 의해 만들어졌다. 이들은 당시 정보통신의 급속한 발전과 신문, 방송, 나아가 전반적 커뮤니케이션 기술과 문화의 접합이라는 트렌드를 감지하고 이를 연구하는 센터를 MIT 내에 만들어야겠다는 생각에서 미디어 랩의 설립을 추진하였다.

이런 설립 취지는 비단 하드코어의 정보과학·기술뿐 아니라 인지과학, 전자 음악, 그래픽 디자인, 영상 편집, 홀로그램, 그리고 컴퓨터와 사람의 상호 작용에 대한 이해에 이르기까지 다양한 재능과 관심을 가진 사람들을 한곳에 모으는 기틀이 되었다.

이는 학계뿐만 아니라 산업계에도 큰 반향을 일으켜 설립 이래 미디어 랩은 이러한 기본 생각에 동조하는 세계 유수 회사들이 재정적 지원을 하여 운영되고 있다. 현재 미디어 랩에는 30명 가량의 교수 및 시니어 연구원이 있으며, 200명 가량의 대학원생들이 연구에 동참하고 있다.

미디어 랩의 조직은 연구원의 관심 분야에 의해 자유롭게 형성되고 그 주제에 동조하는 기업 스폰서에 의해 후원되는 다양한 크기의 컨소시엄 및 '시그(SIG, Special Interest Group)'로 이루어져 있으며, 현재 활발한 활동을 하고 있는 조직을 중심으로 한 미디어 랩의 조직도는 다음의 그림과 같다.

미디어 랩의 조직 체계는 상하 구조가 있다기보다는 각 연구원이 열정을 갖는 분야를 자원해 일을 해 나가는 방식으로 조직되어 있는데, 한 연구원은 보통 컨소시엄과 시그에 각 한 개씩 속해 있다. 다양한 배경과 경험을 가진 미디어 랩의 연구원들은 크게 엔지니어와 예술가 등 두 집단으로 나누어볼 수 있으며, 미디어 랩의 중심에 있는 다양한 발상은 두 집단 모두에 의해 주도되고, 발상만큼이나 중요시되는 실제 동작이나 완성품 구현 또한 이 둘의 협력에 의해 이루어지고 있다.

미디어 랩의 조직 구성도

```
                니컬러스 네그로폰테(Director)
                          │
             월터 벤더(Executive Director)
             샌디 펜트란트(Academic Head)
             존 마에다(Accociate Director)
                    ┌─────┴─────┐
                 컨소시엄         시그
```

컨소시엄

디지털 라이프(Digital Life)
디지털 기술이 가져올 생활 혁명에 대비하는 학습·디자인·설계 등 다양한 연구 지원
● 주도교수 : 앤드루 리브먼, 브루스 브룸버그

디지털 국가(Digital Nation)
디지털 기술이 한 국가의 경제·사회 각 분야에 미칠 수 있는 영향을 이해하고 이를 적용
● 주도교수 : 미셸 레스닉

정보와 그 구성(Information Organization)
뉴스의 수집 및 전송 관련 기술의 연구로 미래 사회 커뮤니케이션 전반이 그 연구 대상
● 주도교수 : 브라이언 스미스

생각하는 사물(Things That Think)
디지털 기술이 가져올 생활 혁명에 대비하는 학습·디자인·설계 등 다양한 연구 지원
● 주도교수 : 닐 거센펠드

시그

· **디지털 라이프(Digital Life)**
각종 방송 및 매체 관련 연구

· **CC+**
디지털 시대의 자동차

· **반사고(Counter Intelligence)**
상식에 도전하는 연구 아이템 선정 및 진행

· **이마켓(e-Market)**
전자상거래 관련 연구

· **그레이 매터(Gray Mattiers)**
노인들을 위한 디지털 관련 연구

· **헬스(Health)**
소비자들이 각각의 건강을 돌볼 수 있는 제품 개발

· **IPID**
저렴한 센서 테크놀로지

· **개인 공예(Personal Fabrication)**
새로운 개념의 공예 기술

· **실리콘 생명과학(Silicon Biology)**
나노 테크놀로지와 생명과학 연구의 접합

· **내일의 장난감(Toys of Tomorrow)**
디지털 기술을 이용한 새로운 장난감의 개발

특히 예술 분야의 생각은 디지털 라이프 컨소시엄에 속해 있는 '미래의 오페라 그룹(Opera in the Future Group)'을 이끌고 있는 토드 마초버, '미학과 계산 그룹(Aesthetics and Computing Group)'의 존 마에다, 그리고 '인터랙티브 영화 그룹(Interactive Cinema)'의 글로리아나 데이번포트에 의해 세 개의 큰 축이 형성되어 이루어지고 있다.

이 세 사람은 모두 혁신적인 사고의 전환에 예술가의 역할이 필수적이라는 것을 인식한 네그로폰테에 의해 발탁되었다. 이들의 작품 경향의 공통점은 관객의 예술 참여와 실시간으로 일어나는 느낌의 형상화 등 이미 오랜 숙제였으나 표현 매체의 제약에 의해 예술가가 의도하는 만큼 표현되지 못하였던 주제들을 현재의 기술이 허용하는 한계 내에서 이루어내고 있다는 데서 찾을 수 있다.

예를 들어 마초버 교수에 의해 주도되어 미디어 랩을 유명하게 만든 프로젝트 중 하나로 '브레인 오페라(Brain Opera)'라는 것이 있다. 미디어 랩의 상주 예술가(Artist in Residence)인 동시에 뉴잉글랜드 음악원의 교수로 잘 알려진 첼리스트 요요마와의 협력에 의해 만들어진 작품이다.

연주자를 만날 것이라 기대하며 브레인 오페라 공연장을 찾은 관객들을 맞이하는 것은 네온등으로 꾸며진 실내에 가득 찬 각종 전자 악기들뿐이다. 전자 키보드, 전자 하프, 전자 콘트라베이스(hyperinstrument) 등이 스스로를 지탱하며 공간을 메우고 있다. 관객들의 참여를 기다리고 있는 것이다. 그렇다고 해서 관객 중에 이들 악기를 노련하게 다룰 수 있는 전문가가 있기를 기대하는 것은 아니다. 단지 오페라를 감상하며 열정과 환희, 분노 등의 감정을 느낄 수 있는 감성을 가진 사람들이면 충분하다.

다음에 이들 관객에게 요구되는 것은 각각의 악기에 따라 적절히 디자인된, 와이어가 연결되어 있는 연주복을 입고 악기 옆에 자리하는 것이다. 연주복을 입은 관객들은 악기 특성에 따라 팔을 움직이는 등의 간단한 동작을 하면 된다. 그 다음, 특별히 제작된 지휘자의 재킷(Conductor's Jacket)을 입은 사람이 지휘를 시작하면 전자 악기들은 각각의 하모니를 이루며 연주를 하게 된다.

실제 공연은 이제부터다. 여기까지 각각의 악기는 단지 단조로운 톤으로 악보의 음계를 연주할 뿐이지만, 각각의 악기 옆에 위치한 연주가들의 감흥이 개입되면서 상황이 달라지는 것이다. 연주복에 부착된 각종 센서에 의해 이들의 감정 변화가 읽히고, 이러한 감정의 고조가 악기의 연주에 반영되는 것이다. 이쯤 되면 관객의 참여가 극대화된, 아니 이미 누가 관객이고 누가 공연자인지조차 구분이 되지 않는 연주회라고 할 수 있다.

이 퍼포먼스를 디자인하고 실제로 옮기는 작업은 마초버 교수와 요요마가 주도한 선율의 디자인과 조화의 구현이 필수적이었지만, 로잘린드 피커드 교수 등이 주축이 되어 개발한 감성을 가진 컴퓨터를 만드는 소프트웨어(사람의 감성을 전자 신호로 해석하는 기술), 조 파러디소 교수와 그의 학생들에 의해 만들어진 각종 전자 센서들의 도움이 있었기에 비로소 가능하였다.

마찬가지로 데이번포트 교수의 인터랙티브 영화나 마에다 교수의 '숫자를 이용한 디자인(Design by Numbers)'도 모두 관객의 호흡을 실시간으로 느낄 수 있는 거대한 계산 기술을 바탕으로, 상호 작용적인 동시에 그 인터페이스가 관객에게 어떠한 제한으로 느껴지지 않는 자연스러움을 유지할 수 있는 작품 활동을 추구해 왔다.

이들의 끊임없는 상상과 도전, 그리고 구현은 이들 예술가의 비선형적 사고에 의해 영감을 얻는 엔지니어들의 도움과 이 엔지니어들이 제시하는 새로운 패러다임을 수용한 예술가들의 만남으로 가능하였다. 미디어 랩의 '예술과 표현 그룹'은 이제 그 중심을 아일랜드의 더블린에 있는 유럽 미디어 랩으로 옮기고 있다. 새로운 문화와 생각, 매사추세츠 케임브리지의 그것과는 다른 종류의 갈등이 존재하는 곳에서 또 어떠한 치열한 창작이 이루어지게 될지가 기대된다.

윤송이 ▪ 매킨지 컨설턴트·이학 박사 songyee_yoon@mckinsey.com

미디어 랩의 산파 네그로폰테

 MIT 미디어 랩의 산파 역인 니컬러스 네그로폰테 소장(Director)은 흔히 '디지털 전도사'로 불린다. 그는 1995년 《디지털이다》란 책에서 "이제 세상은 원자(atoms)의 세계에서 추가 생산 비용이 들지 않는 비트(bits)의 시대로 옮겨가고 있다"고 예언해 주목을 끌었다.

 디지털 전도사답게 그는 세계 곳곳을 누비고 다니며 맹렬한 강연 활동을 펼치고 있다. 2000년과 2001년 거푸 한국을 방문해 새로운 미래상을 펼쳐 보이기도 하였다. 2001년 8월 방한 때 그는, TV는 인터넷으로 대체될 것이며 '펼쳐보는' 신문은 미래에도 인기가 있을 것이라고 전망하였다. 이와 함께 5년 안에 떠오를 미래 산업으로 정보기술(IT)과 생명공학(BT)의 결합, 상식을 지닌 컴퓨터의 등장, 신에너지와 무선 테크놀로지의 결합 등을 꼽았다.

 네그로폰테는 MIT 건축학 박사로 1985년 가을 고(故) 제롬 위즈너 MIT 총장과 의기투합하여 미디어 랩을 세웠다. 또한 저명한 미국 정보통신 잡지인 《와이어드》(WIRED)의 창업자로서, 이곳을 무대로 지난 4

년 동안 디지털 문화에 대한 칼럼을 꾸준히 연재하였다.

한국인 최초의 미디어 랩 출신 박사인 윤송이 씨에 따르면, 현재 네그로폰테가 특히 관심을 갖는 분야는 생명공학이라고 한다. 그는 개인 자격으로 유망 벤처 기업에 돈을 대는 엔젤 투자자로도 활약하고 있기도 하다.

미디어 랩은 유럽과 아시아에 한 개씩의 지역 연구소 설립을 목표로 하고 있는데, 현재 아시아에서는 인도에 설립하기로 확정된 상태다. 그러나 서울 연구소를 설립하기 위한 물밑 작업 또한 미디어 랩과 국내의 다양한 채널들 사이에서 진행 중이어서 그 결과가 주목되는 시점이다. 이것이 성사되면 국내 디지털 산학(産學) 연구에 획기적인 일이 될 것으로 보인다.

정재왈 ▪ 기자

관련 저작들

참고문헌
- 니콜라스 네그로폰테, 《디지털이다》, 백욱인 옮김, 커뮤니케이션북스, 1999.
- 닐 거셴펠드, 《생각하는 사물—MIT 미디어 랩에서 제시하는 미래형 컴퓨터》, 이구형 옮김, 나노미디어, 1999.
- 스튜어트 브랜드 지음, 《미디어 랩》, 김창현 · 전범수 옮김, 한울, 1996.

서양 음악에 대한 새로운 도전

S t e v e   R e i c h   스 티 브   라 이 히

스티브 라이히

미니멀리즘 음악의 선구자 스티브 라이히

1973년 1월 18일, 뉴욕의 전통 깊은 클래식 연주장 카네기홀에서는 연주 도중 박수 소리가 터져 나왔다. 스티브 라이히의 〈네 대의 오르간〉이 연주되는 날이었다. 청중들의 열렬한 박수 소리는 사실 연주를 중단시키기 위한 것이었다. 이제 더 이상 참을 수 없으니 그만 끝내라는 아우성이었다.

1936년 카네기홀이 있는 뉴욕에서 변호사 아버지와 브로드웨이 가수 어머니 사이에 태어난 라이히는 지난 1,900년 동안의 서구 음악 전통을 정면으로 부정하는 '미니멀리즘'의 선구자 중 한 명이었다.

어느 시대나 기존 체계에 대한 부정을 통해 새로운 작곡가가 태어난다. 특히 20세기의 아방가르드(전위) 작곡가들은 전통에 대한 거부를

즐긴 사람들이었다. 그러나 라이히가 이런 인물들 중에서도 특별한 것은 그의 부정의 방식에 있었다.

20세기 초까지 유럽의 작곡가들은 자기네들의 전통을 유지하기 위해 전통을 거부하였다. 다시 말해 그들의 부정의 방식은 19세기의 작곡가들이 18세기의 음악을 부정하는 것과 다를 바가 없었다. 따라서 20세기 유럽의 작곡가들이 이전의 고전 음악과 매우 다른 난해한 음악을 작곡했을지언정 그들의 그러한 작곡가관, 또는 미학관은 서구의 전통 속에 놓여 있었다.

20세기 작곡가들의 음악은 비록 청중이 몇 명 없다고 하더라고 카네기홀에서 야유를 받는 음악은 아니었다. 난해한 아방가르드의 음악까지 잘 참고 들었던 클래식 연주회장의 청중이 라이히의 음악을 거부한 것은 전통에 대한 그의 도전이 얼마나 심각했는지를 말해 주는 것이다.

라이히의 음악은 간단히 말해서 반복의 음악이다. 서양 음악에서 반복은 사실 음악 구조에 매우 중요한 요소이기는 하지만 라이히는 이를 음악의 한 부분이 아니라 전부로 확대하였다. 간단한 예를 들면, "깊은 산 속 옹달샘 누가 와서 먹나요"의 선율을 20~30분 동안 반복한다고 생각하면 된다. 물론 그의 음악이 이처럼 단순하지는 않지만 처음 듣는 사람들은 시작부터 끝까지 같은 소리가 반복되는 지루한 음악이라는 인상을 갖기 쉽다. 바로 이런 점이 그날 카네기홀에 모였던 청중들을 화나게 했던 것이다.

이 당시 미국의 현대 음악계는 엘리엇 카터(1908~)를 대표로 하는 난해한 음악과 존 케이지(1912~1992)를 대표로 하는 아방가르드 계열이 지배하고 있었다. 즉 난해하고 복잡한 반음계음을 주로 사용하여 고전주의 조성(調性) 음악(계명으로 부를 수 있는 음악)에 길들여져 있던 일반 클래식 청중들을 교육시키려는 작곡가들과 아예 음악을 버리고 퍼포먼스와 즉흥 연주로 역시 관객을 교육시키려는 작곡가들이 모두 뉴욕의 맨해튼에 모여 있었다.

난해한 현대 음악 작곡가들의 귀에는 라이히의 음악이 단순한 반복에 의존하고 있어서 지루할지는 몰라도 난해하지는 않았다. 전위 음악가의 눈에는 지나치게 쉬운 음악 요소로 대중적 취향에 영합하는 '불건전한' 작품으로 보였으며 그들이 그토록 소중하게 여기던 예술의 고고함이나 순수함, 진지함을 찾아볼 수 없었다. 전통적인 서구 예술음악의 작곡 방식과 전위 음악을 정면으로 도전한 그의 작품은 클래식 연주회장이 아니라 오히려 미술가들이 모인 화랑에서 인기를 끈 것은 어쩌면 당연한 결과일지도 모른다.

처음부터 기존의 현대 음악계와 가까이 지낼 수 없었던 그는 완전히 독자적인 방법으로 생존해야 했다. 택시 기사, 이삿짐 센터 등을 전전하며 생계를 유지해야 했던 그를 따뜻하게 받아준 곳은 미니멀리즘 미술가들이 모여 있던 뉴욕의 소호였다. 갤러리 콘서트를 준비하기 위해 라이히는 몇몇 동료 연주자들을 모아 '라이히와 그의 연주자들'이라는 그룹을 만들었는데 이들의 악기 구성은 클래식보다는 록음악에 더 가까웠다. 드럼과 신시사이저, 색소폰, 그리고 대형 앰프와 스피커 등을 늘어놓고 연주하는 모습은 록그룹의 콘서트를 방불케 하였다.

일반 현대 음악 작곡가와는 달리 라이히는 자신과 그의 친구들을 위해 작곡했고 이들은 이 작품을 들고 이곳 저곳을 돌아다니며 공연을 벌였다. 미국보다는 유럽, 특히 독일이 라이히의 음악에 관심을 가졌고, 이들은 일반 록그룹처럼 유럽 순회 공연을 갖기도 하였다.

라이히에게 변화가 찾아온 것은 1976년 그의 대표작 〈18명의 연주자를 위한 음악〉이 뉴욕에서 초연되면서부터다. 이때까지 그를 철저하게 외면했던 기존의 작곡계, 특히 미국의 작곡계를 비롯하여 평론가와 일반 클래식 청중들이 이 작품에 매료됐던 것이다. 물론 많은 현대 음악 작곡가들은 그래도 라이히를 탐탁하게 여기지 않고 있었지만, 〈18명의 연주자를 위한 음악〉은 미국의 ECM 음반사에서 1978년에 출반되자마자 2만 장이나 팔리는 현대 음악계에서 유례 없는 일이 벌어졌다.

이 곡이 알려지면서 주요 오케스트라와 단체로부터 작품 위촉이 이어졌고, 1980년 2월 약 7년 전에 야유를 받았던 바로 그 카네기홀에서 열린 그의 작품 발표회는 전체 좌석이 매진되는 경이로운 일이 일어났다. 뉴욕 다운타운의 이삿짐 센터에서 그의 동료 미니멀 음악 작곡가 필립 글래스와 함께 일하면서 작곡가로 살아남기 위해 발버둥치던 그가 이제 뉴욕의 업타운 클래식 음악계의 주목받는 대가로 변신한 것이다.

어느 미니멀리즘 전문 평론가는 이때를 기점으로 라이히뿐만 아니라 그의 동료 필립 글래스의 음악에서 진정한 의미의 미니멀리즘을 보기가 어렵게 되었다고 말한다. 이는 이들의 음악이 기존 클래식 음악의 질서 속으로 편입되기 시작했다는 것을 지적하는 말이다.

그런 지적의 옳고 그름을 떠나 라이히 작품이 우리에게 시사하는 바는 매우 크다. 바야흐로 진지한 예술과 가벼운 대중 문화 사이의 장벽 자체가 의심을 받는 현 시점에서 보면 라이히는 크로스오버 이상의 의미를 지닌다. 크로스오버는 한 장르의 음악인이 주로 연주가가 다른 장르의 음악에서 성공하는 것을 의미하지만, 라이히는 장르를 넘나드는 것이 아니라 스스로 작곡가이며 연주자로 예술과 대중 음악의 특징을 동시에 포용하고 있다는 점이다.

결과적으로 그의 음악은 두 분야의 음악 모두에 영향을 끼쳤다. 후배 미니멀리즘 작곡가들은 그가 했던 것처럼 자신의 음악을 연주하는 그룹을 만들어 대중 음악의 악기를 과감하게 사용하는 한편 영국의 그룹 오브(The Orb)는 라이히의 작품을 샘플링하여 인용하였으며 1990년대

테크노 음악의 대표적인 인물들인 콜드컷과 켄 이시이, 디제이 스푸키는 라이히의 작품을 리믹스해서 음반을 만들었다. 이 모든 것이 양 진영 모두를 포함하여 젊은 진보적인 음악인들이 라이히의 음악에서 미래를 향해 던지는 메시지를 발견하고 있다는 증거일 것이다.

허영한 ■ 한국예술종합학교 음악원 교수 · 음악학 yhhur@knua.ac.kr

미니멀리즘 작곡가들

미니멀리즘(minimalism) 음악의 출발지는 미국의 서부였다. 1960년대 젊은이들의 히피 문화가 확산되면서 명상을 기본 생각으로 라 몬테 영(1935~)의 작품이 초기 미니멀리즘의 싹을 틔웠다면 여기에 즉흥 음악의 요소를 가미한 본격적인 미니멀리즘 작품인 테리 라일리(1935~)의 〈C조로〉(1964)가 그 첫 걸작으로 평가받고 있다.

라일리는 이 작품 이후 별 활동을 하지 않고 있다가 크로노스 현악 4중주단의 위촉으로 작곡한 〈평화를 위한 살로메 댄스〉(1985~87)로 다시 등장하였다. 라일리의 〈C조로〉에 깊이 영향받은 라이히는 이번에는 필립 글래스(1937~)의 활동을 돕는다.

한때 매우 가까운 사이였던 이들은 서로 경쟁하면서 미니멀리즘 음악의 양대 산맥을 이룬다. 글래스는 라이히보다 더 대중적으로 인기를 끌고 있으며 그의 음악은 광고 음악으로도 쓰일 정도다. 글래스는 특히 대규모의 극장 음악이나 오페라로 인정받았고 위의 1930년대생 작곡가들보다 한 세대 아래인 존 애덤스(1947~)도 〈중국의 닉슨〉이라는 오페라로 일약 대가의 반열에 합류한다.

유럽의 미니멀리즘 음악은 우리에게 제인 캠피온의 영화 〈피아노〉의 작곡가로 더 잘 알려진 영국의 마이클 나이먼(1944~)에서 시작된다. 라이히와 글래스의 음악에 보다 록 비트를 강조한 그는 마이클 나이먼 밴드를 통해 활동하고 있다. 나이먼의 영국 후계자로 비틀스의 고향에서 태어난 스티브 마틀랜드(1959~)를 들 수 있다. 그 역시 자신의 밴드를 결성해 '현대 음악 록 그룹'의 전통을 이어가고 있다.

마틀랜드의 스승인 루이스 안드리센(1939~)은 처음에 유럽의 정통파 아방가르드 작곡가였지만 곧 이를 포기하고 미국의 미니멀리즘에 합류한 네덜란드의 작곡가다. 안드리센과 그의 제자 마틀랜드는 오케스트라를 거부하는 운동으로도 유명하다.

정통 클래식 음악의 유산인 오케스트라를 통해 새로운 음악을 만들 수 없다는 그들의 주장은 이미 라이히와 글래스에게도 볼 수 있었던 생각이다. 이들의 '반오케스트라' 운동이 결실을 보고 있다는 징후를 찾아볼 수는 없지만 이러한 기존 정통 서구 예술 음악에 대한 저항이 미니멀리즘 음악의 핵심이다.

허영한

| 스티브 라이히의 약력 |

- 1936년 미국 뉴욕 출생.
- 1953년 코넬 대학 철학 전공.
- 1957년 하버드 대학 철학대학원 입학을 거절하고 작곡 공부를 시작.
- 1958~61년 뉴욕 줄리아드 음대와 샌프란시스코 밀스 대학에서 작곡을 공부.
- 1964년 첫 미니멀리즘 작품 〈비가 내리리라〉 작곡.
- 1967년 뉴욕의 파크 플레이스 갤러리에서 작품 발표회. 이 연주회를 통해 미니

멀리즘 미술가들과 동료 작곡가 필립 글래스를 만남.
- 1970~71년 가나에서 아프리카 음악 공부.
- 1971년 초기 미니멀리즘 음악의 대표작 〈드러밍〉을 현대미술관(MoMA)에서 초연.
- 1973~74년 인도네시아 발리의 전통음악 가들란 공부.
- 1974년 비디오 아티스트 베릴 코롯과 재혼.
- 1976년 대표작 〈18인의 연주자를 위한 음악〉 작곡.
- 1977년 부인과 함께 이스라엘을 방문, 유대교의 성전 낭송법을 공부.
- 1981년 유대교 영향의 작품의 출발점인 〈테힐림〉 작곡.
- 1988년 크로노스 현악 4중주단의 초연으로 〈다른 기차들〉 발표.
- 1993년 부인과의 첫 공동 작품으로 무대음악 〈동굴〉 발표.
- 1997 부인과의 공동 작품으로 3부작 〈세 개의 이야기〉 작곡 착수, 현재 1부만 완성.
- 2001 '뮤지컬 아메리카' 선정 올해의 작곡가.

관련 저작들

참고문헌
- 20세기 작곡가 연구회,《20세기 작곡가 연구 IV》, 이석원 · 오희숙 편집, 음악세계, 2002.

대중문화의 정치학

S t u a r t   H a l l 스튜어트 홀

스튜어트 홀

'문화 연구'의 대부 스튜어트 홀

영국령 서인도 제도에 한 흑인 청년이 있었다. 그는 중산층 가정에서 태어나 영국식 교육을 받았지만 흑인 해방 공동체 '카리브 연방'의 건설을 꿈꾸었다. 그런 꿈을 부여안고 그는 대영제국의 한복판 옥스퍼드 대학에 잠입한다. 호랑이 굴에 뛰어든 것이다. 그리고 50년 세월이 흐른다. 그는 고향에 돌아가지 못했다. 카리브 연방이란 꿈도 접어야만 하였다. 그 대신 그는 20세기 후반 현대 학문과 지성의 한 획을 긋는 창조적 작업을 펼쳐 놓았는데, '문화 연구(cultural studies)'가 그것이다.

문화 연구는 페미니즘, 생태학과 더불어 학제간 연구의 대표적 분야로 손꼽힌다. 우리의 경우 1990년대 들어 지식 사회 안팎에 '문화의 시대가 오고 있다', '사회적 삶에서 문화가 중요하다'는 문화 담론이 성행

하기 시작했으며, 이 같은 문화적 분위기나 인식상의 변화에도 문화 연구의 영향이 직간접으로 드러나고 있다는 게 일반적인 의견이다. 그런데 이 문화 연구의 이론적·실천적 기틀을 마련한 장본인이 스튜어트 홀이다.

문화 연구의 고향은 영국이다. 그래서 '영국 문화 연구'라고 한다. 하지만 비틀스 음악을 들으며 굳이 영국을 떠올리지 않듯이, 오늘날 문화 연구의 형세도 마찬가지다. 이는 각기 지역이나 분야에 따라 문화 연구의 전개 양상이 다르기 때문인데, 어찌 보면 하나의 원리나 정전(正典)이 없는 상태로 현재 진행형인 것이다. 그럼에도 문화 연구의 기본 성격을 이해하고자 할 경우 원산지 문화 연구의 역사를 돌아보지 않을 수 없으리라.

때는 1950년대 후반으로 거슬러 올라간다. 영국 마르크스주의 전통에서 신좌파의 역사가 열리던 당시였다. 신좌파는 마르크스주의의 교조주의적 흐름에 반기를 든 지적 운동을 일컫는데, 레이먼드 윌리엄스, E. P. 톰슨, 리처드 호가트 등이 거기에 속한다. 이들은 "토대가 상부 구조를, 의식이 존재를 규정한다"는 명제나 역사적 필연성의 법칙을 거부하는 한편 이데올로기와 문화 영역의 상대적 자율성과 그 중요성에 눈길을 돌렸다. 인간의 삶과 실천은 경제적으로만 규정되는 게 아니라는 주장이다.

이런 배경에서 영국 문화 연구는 출발하였다. 노동 계급 출신 교수 1세대인 호가트가 버밍엄 대학에 현대문화연구소를 창설하면서 그때까지 지식층 사이에서 '문화'로 여겨지지 않았던 영역을 주요 안건으로 상정한 것이다. 무엇보다 예술 중심의 심미적 '문화' 개념과 단절하는 동시에 자신이 몸담아왔던 일상의 삶과 그 문화에 목소리를 돌려주려는 시도였다. 문화는 관찰하고 음미하는 '소비'의 대상이 아니라 삶의 역동적인 과정 그 자체라는 발상의 전환이 일어난 것이다.

1968년 홀은 호가트의 뒤를 이어 연구소를 이끌었다. 그가 재임하던 15년 동안 연구소는 후일 문화 연구의 역사에 기록되는 뛰어난 업적을 산출한다. 문화와 이데올로기의 이론적 분석 개념과 더불어 미디어 분야의 여러 토픽들, 이를테면 뉴스 보도와 사진, 텔레비전 프로에 대한 다수의 작업 보고서가 나왔다. 이 과정에서 특기할 사항은 대부분 집단 작업의 성격을 띠었다는 점이다. 기성학계의 연구 절차와는 달리 대학원생과 교수가 함께 연구, 집필하고 그 결과를 출판하였으며, 이런 입장은 홀의 학문 이력에서 줄곧 지속되었던 원칙이기도 했다.

한편 그는 그람시의 헤게모니 개념을 매개로 하여 신우파의 대처리즘과 대적한 최초의 좌파 분석가였다. 그 빛나는 장면이 《위기 관리》(1978)에 담겨 있다. 이 책에서 그는 대처 정권이 등장하기 전에 이미 '권위주의적 포퓰리즘' 앞에 영국 사회가 굴복하게 되리라는 경고음을 발하였다. 그러한 포퓰리즘이란 개개인의 사사화(私事化), 공권력 강화, 사회적 복고풍 등을 결합시켜 노조, 사회적 소수자, 진보 엘리트층에 대해 전면적 공세를 펴는 신보수주의 질서를 일컫는데, 이에 대한 분석과 비판은 《대처리즘의 정치》(1983)와 《새로운 시대》(1989)를 통해 더욱 예각화하고 있다.

1990년대 이후 그의 작업은 '문화 연구의 대중화'에 치중하는 경향을 보인다. 그간 버밍엄 시절에 축적된 연구자 중심의 이론적 성과를 일상 세계와의 접촉을 통해 그 가능성을 확인하려는 일종의 반성적 작업이었다. 그는 대만의 문화연구자 천광싱(陳光興)과의 대담에서 이렇게 말한 바 있다.

개방 대학은 어떤 정규 학문적 배경을 갖지 않는 이들에게 문화를 개방한다. 당신이 그들과 함께 생생한 문화 연구를 실행하고자 한다면 무엇보다 기존의 문화 연구를 더 대중적이고 접근 가능한 차원에 이르도록 번역해야만 한다.

이는 무엇을 의미하는가? 문화 연구는 구체적 현실과의 소통을 통해서만 그 생명을 유지할 수 있다는 것이다.

그런 뜻에서 그는 개방 대학을 거점으로 하여 살아 있는 문화 연구의 실천을 추구하였다. 모름지기 대학은 비판적 사유와 지식인의 소명이 어우러진 공간이어야 한다는 그의 신념 탓이다. 또 교육자는 '공적 지식인'으로서의 책무를 갖는다고 믿었기에, 당대 사회적 쟁점에 대한 의견 표명을 게을리 하지 않았다.

이와 관련하여 그를 둘러싼 이야기가 하나 있다. 그는 대중 강연이든 개방 대학의 심야 강의에서든 자신의 신간을 적극적으로 소개하고 홍보하거나 "내 책을 읽어본 사람은 알겠지만"이란 식으로 이야기하는 걸 절대 금기로 삼았다고 한다. 그의 진면목을 웅변하는 대목이 아닐 수 없다.

홀의 문화 연구는 그 도발적인 입장만큼이나 상당한 역풍을 불러왔다. 대중의 문화적 능력을 과대 평가한다는 '문화 대중주의' 논쟁이 그러하며, 또 에릭 홉스봄 같은 학자는 문화 연구가 "모든 게 문화다"라고 주장한다면 그건 또 다른 결정론이 아니냐는 비판을 제기한 바 있다. 이런 반박에 대한 홀의 입장은 비교적 단호한 것 같다. 문화 연구라는 화살은 이미 활시위를 떠났으며, 그게 과녁에 제대로 들어맞을지 아니면 빗나갈지는 오로지 앞으로의 현실만이 검증할 수 있다는 것. 이에 덧붙여 천광싱은 다음과 같은 메시지를 던진다.

"오늘의 문화 연구는 불협화와 무질서한 세계의 혼란을 머리로만 성찰하는 흐름을 극복해야 하며, 이를 위해서는 '유기적 지식인'의 소명을 견지해야 한다."

김성기 ▪ 문화비평가 ATOMKIM@chollian.net

문화 연구의 지형도

'버밍엄 학파'. 스튜어트 홀이 현대문화연구소를 이끌던 시절을 일컫는 표현이지만, 지금은 거의 실제적 내용을 갖지 못한다.

당시 연구소에 참여했던 연구자들은 이후 영국, 미국, 오스트레일리아, 캐나다 등지로 흩어져 저마다 처한 정치적·문화적 국면에 맞추어 다양한 토픽을 다루고 있는데, 폴 윌리스, 딕 헵디지, 안젤라 맥로비, 이언 챔버스, 폴 길로이 등이 그들이다. 이들은 홀의 업적을 재조명하며 그가 미친 영향을 분석하고 평가하는 앤솔로지《보증 없이》(2000)를 펴낸 바 있다.

1990년대 이후 문화 연구는 미국에서 또 다른 국면을 맞는다. 외관상으로는 단연 미국이 가장 활발하다. 문학, 철학, 사회학, 과학 등 어느 분야를 막론하고 문화 연구의 전문용어가 붐을 이루고 있지만, 레이건-부시 시대 미국 대학가에서 분출했던 '정치적 공정성(political correctness)' 논쟁을 거치며 신우파 세력의 공세 앞에 상당한 시련을 겪고 있다.

현재 미국의 문화 연구를 진취적으로 선도하는 이들로는 그로스버그, 코넬 웨스트, 헨리 지루, 웬디 브라운 등이 있으며《문화 비평》,《뉴 포메이션》,《소셜 텍스트》같은 저널은 정규적으로 문화 연구 관련 특집을 마련하고 있다.

아시아권에서도 문화 연구는 그 모습을 갖추어가고 있다. 기본적인 특징은 그간 유럽 중심의 문화 연구에 대한 비판과 반성에서 찾을 수 있는데, 이때 단연 주목할 만한 연구자가 대만 칭화(淸華) 대학의 문화 연구소 소장 천광싱이다. 그는 서구 문화 연구의 세례를 받았으면서도 아시아 내부로 시선을 돌려 '문화 연구의 아시아적 길'을 찾기에 분주하다. 이에 대한 정보로는《트레젝터리》(*Trajectories*, 1997)이라는 단행본을 참조할 수 있다.

우리 지식 사회에서 문화 연구가 부각된 지는 10년 남짓하다. 흐름에 이론적 물꼬를 튼 연구자들로는 조혜정(연세대), 강명구(서울대), 강내희(중앙대), 신병헌(홍익대) 등을 꼽을 수 있다. 그리고《문화과학》을 비롯해 문화 연구 관련 저널들이 속속 등장할 정도로 그에 대한 관심은 상당히 너른 편이다.

다만 우리의 경우 그것이 아직은 개별 학문의 칸막이 틀 내에 하나의 메타 이론으로 연구되는 경향이 강하며, 특히 눈에 보이는 미디어 문화에만 치중할 뿐 노동자 문화 같은 영역에는 시선이 가 닿지 못하고 있다는 문제점이 지적되기도 한다.

김성기

스튜어트 홀의 약력

- 1932년 자메이카 킹스턴 출생.
- 1951년 영국 옥스퍼드에 유학하여 영문학 전공.
- 1954년 새뮤얼 존슨과《대학과 좌파 리뷰》잡지 창간.
- 1957년 공립학교 교사. 런던 대학 첼시 칼리지에서 미디어론 강의.
- 1960~61년《신좌파 평론》초대 편집장.
- 1964년 영국 버밍엄 대학 현대문화연구소(CCCS)에 들어감.
- 1967~79년 같은 연구소 소장.
- 1979년부터 1997년 정년 퇴임까지 영국 개방대학(Open Univ.) 사회학 교수.
- 현재 국제조형예술연구소(INIVA) 및 흑인사진가협회(Autograph) 대표.

관련 저작들

미번역서

- Stuart Hall · David Morley · Kuan-Hsing Chen (Ed.), *Stuart Hall : Critical Dialogues in Cultural Studies*, Routledge, 1996.—《스튜어트 홀 : 문화 연구의 비판적 대화》
- Stuart Hall · Paul Gilroy · Lawrence Grossberg · Angela McRobbie Editor, *Without Guarantees : In Honour of Stuart Hall*, Verso Books, 2000.—《보증 없이》
- Stuart Hall · Mark Sealy Editor, *Different*, Phaidon Press Inc., 2001.—《다른 것》

번역서

- 스튜어트 홀 외,《현대성과 현대문화 1》, 현실문화연구, 1996.
- 스튜어트 홀 외,《현대성과 현대문화 2》, 현실문화연구, 1996.
- 에릭 홉스봄 · 스튜어트 홀 외,《제3의 길은 없다》, 노대명 옮김, 당대, 1999.
- 스튜어트 홀 외,《모더니티의 미래》, 전효관 외 옮김, 현실문화연구, 2000.

- 스튜어트 홀 외,《호주 문화학 입문》, 정정호 외 엮음, 지구문화사, 2000.
- 스튜어트 홀 외,《현대성과 현대문화》, 전효관·김수진·박병영 옮김, 현실문화연구, 2001.

참고문헌

- 그래엄 터너,《문화 연구 입문》, 김연종 옮김, 한나래, 1995.
- 딕 헵디지,《하위 문화》, 이동연 옮김, 현실문화연구, 1998.
- 이동연 엮음,《하위 문화는 저항하는가》, 문화과학사, 1998.
- 임영호 편역,《스튜어트 홀의 문화 이론》, 한나래, 1996.
- 존 스토리,《대중 문화와 문화 이론》, 박모 옮김, 현실문화연구, 1999.
- 존 스토리 엮음,《문화 연구란 무엇인가》, 백선기 옮김, 커뮤니케이션북스, 2000.
- 폴 윌리스,《교육 현장과 계급 재생산》, 김찬호 옮김, 민맥, 1989.

제7부

새로운 정신과 물질 공간의 전개

一▣ '10억 분의 1m' 세계와 인류의 미래 ▪ 리처드 스몰리

二▣ 현실 저 너머의 진리와 환상 ▪ 어슐라 르 귄

三▣ 인지과학과 마음의 작동 원리 ▪ 대니얼 데닛

四▣ 인간의 질병을 정복하라 ▪ 크레이그 벤터

五▣ '주체적 욕망'과 새로운 정신분석학 ▪ 자크 알랭 밀레

六▣ '사이보그'에 거는 인간의 희망 ▪ 도나 해러웨이

제7부를 들어가며

이동철 기획위원

'새로운 정신과 물질 공간의 전개'란 보다 정확하게 말해 '새로운 정신 공간과 새로운 물질 공간의 전개'를 뜻한다. 그런데 어째서 공간인가? 20세기의 사상과 과학에서 주목할 만한 특징의 하나가 새로운 공간의 발견이기 때문이다. 예컨대 프로이트의 정신분석은 인간 정신의 숨겨진 공간에 대한 발견이었다. 물리학의 '영웅 시대'로 시작한 20세기 과학은 상대성 이론과 양자역학이 상징하듯이 거시적 차원과 미시적 차원에서 물질 공간의 새로운 지평을 열어 놓았다. 또한 20세기 후반의 정보화 물결은 바야흐로 디지털에 의한 가상 공간의 새로운 영토를 개척하고 있다. 따라서 새로운 공간들의 착종하는 다면체를 탐색하는 일은 21세기 지식의 방향을 예측하는 데 불가결하다.

탐험은 NT라는 약어로 불리는 나노테크놀로지의 개척자 리처드 스몰리와 더불어 시작된다. 나노기술이란 원자, 분자 수준에서 물질의 성질을 조절하는 것이다. 그 기술은 이제 꿈의 미래 기술로서 국가가 관리하고 각국이 경쟁하는 대상이지만, 기본 정신은 자원 소모와 환경 파괴의 부작용을 지닌 20세기의 거대 산업기술을 비판하며 환경친화적 기술을 개발하려는 시도였다.

이성과 리얼리즘으로 상징되는 모더니티 정신의 한계를 문화의 영역과 문화 산업의 시장에서 잘 보여주는 흐름이 판타지의 성행이다. '노벨상을 탈 수 있는 유일한 판타지 작가' 어슐라 르 귄의 작품 세계는 주류 문학과 장르 문학의 경계에서 독특한 경관을 드러내고 있다. 무수히 발표되는 한국의 판타지 문학은 과연 21세기의 우리 문학과 문화에 어떤 전망을 보여 줄 것인가?

인간의 마음처럼 신비로운 대상이 없기에, 철학자들은 줄곧 마음과 물질의 차이와 그 관계에 관심을 기울여왔다. 이제 컴퓨터 과학을 모태로 다양한 인접 학문들이 결합하여 형성된 '인지과학'은, 마음을 물질적으로 접근하고자 한다. 급진적인 심리철학자 대니얼 데닛은 마음에서 신비의 옷을 벗기면서 데카르트적 자아를 공격한다. 찬반을 떠나서, 그의 주장은 정신과 물질에 대한 새로운 시야를 제시하고 있다.

인지과학이 컴퓨터를 모델로 하는 마음의 이해라면, 생명의 설계도 지놈의 연구는 대용량 슈퍼 컴퓨터를 도구로 삼아 생명의 디지털 시대를 열고 있다. 지놈 연구의 상업적 경향을 대표하는 크레이그 벤터는 '생명과학 속도론'을 제시하면서, 세포 내의 모든 유전자들을 동시에 분석하며 그들의 네트워크를 알아내는 양적인 접근 방법을 취한다. 하지만 질주하는 생명공학의 전도에 장밋빛 청사진만 있지는 않다. 그 브레이크로서 '생명윤리'가 새삼 주목받는 이유다.

무의식을 발견한 프로이트는 인간과 그 정신에 대한 현대인의 이해에 커다란 변화를 가져왔다. 정신분석은 다방면에 걸쳐 영향을 주었으며, 자체의 전개 과정에서도 다양한 양상을 보여주는데, 자크 라캉은 프로이트를 언어학적으로 해석함으로써 정신분석 자체를 갱생시켰다. 여기에 그의 제자이자 사위인 자크 알랭 밀레는 라캉의 새로운 독법을 통해 임상과 정치, 윤리를 접속시키고 있다.

페미니즘 과학학 학자이자 사이보그 인류학자인 도나 해러웨이는 지식의 복합적 공간, 주체의 중첩된 영토를 보여준다. 그녀에 의하면 지식이란 '위치지어진' 시각이며 어떤 견해와 주장도 부분적인 전망이기에, 과학에도 물질적 분석과 문화적 분석이 함께 필요하다. 아울러 기계와 유기체의 잡종인 사이보그가 생명과 기계, 인간과 동물의 경계를 무너뜨리는 미래의 주체임을 선언하고 있다.

'10억 분의 1m' 세계와 인류의 미래

Richard Smalley 리처드 스몰리

리처드 스몰리

나노테크놀로지의 자존심 리처드 스몰리

　암으로 세상을 떠난 지 10여 년이 지난 지금까지 미국 대중의 머릿속에 전설적인 천재 과학자로 남아 있는 리처드 파인만(1918~1988. '양자 전기역학 이론'을 재정립한 공로로 1965년 노벨 물리학상 수상. 물리학 전반에 중요한 업적을 남긴 20세기의 대표적인 과학자)은 일찍이 1959년에 다음과 같은 예측을 하였다. 즉 원자, 분자의 수준에서 물질의 성질을 조절함으로써 현미경으로도 간신히 보일까 말까 한 작은 부속품들을 만들 날이 올 것이라는 것이었다.
　이로부터 22년 후인 1981년 미국이 아닌 스위스에서 로러와 비닉이 주사형 검침 현미경이라는 새로운 전자 현미경을 발명함으로써 조그만 물질 세계를 탐구하거나 새로운 물질을 원자, 분자 크기에서 조작하는 기술이 실현되기 시작하였다. 1985년 리처드 스몰리 등은 자연에서 가장 아름다운 대칭성을 가진 분자 '풀러렌(C_{60}, 탄소 원자 60개가 축구공 모양으로 배열된 것)'을 발견했고, 1991년 일본의 수미오 이지마가 탄소 나노튜브를 발견하여 조그만 물질 세계의 신비를 벗겨나갔다.

이들 분자의 크기는 대략 1나노미터, 즉 10억 분의 1m로 머리카락 굵기의 10만 분의 1 정도이며 초고성능 전자 현미경으로만 관찰이 가능하다. 그리고 2000년 1월에 클린턴 당시 미국 대통령은 파인만이 생전에 교수로 있던 캘리포니아 공대(Caltech)를 방문하여 다음과 같은 '국가 나노기술 구상'을 발표하였다.

> 우리는 국가 나노기술 구상을 위해 이제 5억 달러를 투입할 것이다. ……솜털 같은 무게로 강철보다 열 배 강한 물질을 만들어내고, 국회도서관에 소장되어 있는 방대한 자료 전체를 각설탕만한 기억소자 안에 담을 수 있고, 암세포가 만들어지기 시작할 때부터 감지해 낼수 있다면 얼마나 놀라운 일인가? ……이는 20년 이상 소요될지도 모르는 일이지만 연방 정부의 역할이 바로 여기에 있다.

이 발표가 기폭제가 되어 일본, 유럽, 그리고 한국 등 세계 각국은 정부의 주도하에 나노기술 경쟁에 뛰어들게 되었다. 1985년 풀러렌 분자를 발견하여 1996년 노벨 화학상을 받았고 1994년 이후에는 탄소나노튜브 연구에 전념하여 많은 업적을 내고 있는 스몰리는 미국 나노과학기술의 핵심이요 자존심이라고 할 수 있다.

석유 산업과 허리케인으로 유명한 미국 남부의 무더운 도시 휴스턴은 스몰리(그리고 고온초전도체 합성으로 유명해진 폴 츄와 함께)에 의해 새로운 나노 과학기술의 중심지가 되었다. 노벨상을 수상하던 해 휴스턴의 라이스 대학에는 새로운 나노과학기술센터가 설립되어 스몰리는 센터 소장으로서 왕성한 연구 의욕을 갖고 많은 과학기술자들을 이끌고 있다.

나노기술은 클린턴 대통령의 발표에도 묘사되어 있듯이 꿈의 미래 기술로 생각되고 있다. 공 모양을 한 풀러렌의 경우 그 안에 약 성분을 저장해 운반하는 운반체가 되거나 그 자체가 하나의 조그만 폭탄이 되어 몸 속의 병든 세포에 가서 작용한다든지, 마찰 없는 매끄러운 물질로서 윤활 작용을 한다든지 하는 응용 가능성이 추구되어 왔다.

풀러렌들을 길게 한 줄로 연결해 새로운 물질을 합성하는 연구도 진행되어 왔고, 특히 풀러렌을 이용해 극소형 트랜지스터를 만드는 연구는 2000년 미국 버클리 대학 물리학자들에 의해 성공하였다. 여기에는 한국인 박홍근 박사와 학생인 박지웅 씨가 중요한 기여를 하였다.

만약 트랜지스터 한 개의 크기가 이처럼 몇 나노미터 정도로 축소되어 장래에 이들을 빽빽하게 배열시킬 수 있다면 현재 사용하는 가장 발전된 트랜지스터의 100만 배 성능을 갖게 된다. 그러나 풀러렌을 튜브 모양으로 가늘고 길게 변형시킨 물질이라고 볼 수 있는 탄소나노튜브가 1991년 일본에서 발견된 뒤 스몰리를 비롯한 많은 과학자들은 탄소나노튜브에 더 많은 기대를 걸게 되었다.

응용면에서도 가늘고 긴 대롱 모양을 한 탄소나노튜브가 초강력 섬유, 트랜지스터 등의 전자회로 부품이나 TV에 쓰일 극소형 전자총 등 여러 분야에서 풀러렌보다 훨씬 가능성이 큰 것으로 인식되었고, 풀러렌의 발견자 스몰리가 이제 탄소나노튜브 분야의 선도자가 되면서 대량 합성 쪽에서도 탄소나노튜브가 훨씬 앞서게 되었다.

흥미 있는 사실은 스몰리가 나노 과학기술의 세계적 리더이면서도 나노기술의 장래에 대해서는 지나친 기대와 낙관을 경계하는 보수적 입장을 견지해 왔다는 사실이다.

스몰리와 대립되는 가장 급진적인 나노기술 예찬자라고 할 수 있는 에릭 드렉슬러는 분자 단위의 조립 기술, 스스로를 복제하는 로봇 등 나노기술의 장밋빛 미래를 제시하였다. 이 중에서도 가장 극적인 것은 공상과학 영화에서와 같이 먼지보다 더 작은 기계 장치(일종의 잠수함)가 몸 속의 혈관이나 세포 사이를 비집고 다니며 병균이나 암세포를 만나면 칼로 절단해 버리거나 약물을 발사해 죽여버리는 시나리오다.

스몰리는 이러한 생각들에 대해 비판적 입장을 취하면서 이러한 공상들이 일반 대중에게 섣부른 기대감을 안겨주며 그것들이 이루어지지 못했을 때에는 실망감만을 줄 것이라고 경고하였다. 현재 초창기에 있는 나노 과학기술이 과연 스몰리가 예상한 대로 매우 완만하고 연속적인 발전을 할 것인지 혹은 드렉슬러의 말대로 빠른 세월 안에 우리 생활을 획기적으로 변혁시킬 정도의 비약적인 발전을 할 것인지는 아직 불확실하다.

그러나 앞서 클린턴 전 미국 대통령이 기자 회견과 같은 무게 있는 자리에서 꿈과 같은 세 개의 비전을 발표한 것은 그러한 목표 달성 가능성을 과학계의 주류에서도 어느 정도 인정하고 있음을 반영하는 것이며, 예를 들어 2000년 11월 크기가 100나노미터도 안 되는(머리카락 굵기의 100분의 1 이하) 분자 발동기(분자 모터에 의해 조그마한 날개가 회전하는 장치)가 실제로 발명되어 학술지에 보고되기도 하였다.

국제학회에서 언제나 열정적인 연설을 하여 강한 인상을 주던 스몰리는 좋지 않았던 건강을 최근 회복하고 대외 활동을 재개하면서 나노기술에 대해 훨씬 더 낙관적인 견해를 피력하고 있다. 스몰리가 그 형성 과정에서 중요한 한 축을 담당했던 나노테크놀로지는 이제 스몰리를 비롯한 몇몇 거장의 손을 떠나 국가 경쟁력 제고라는 차원에서 국가가 관리하게 되었다.

하지만 이것이 창의적인 개인의 발명, 발견에 의해 기술이 발전한다는 사실을 변경시키는 것은 아니다. 좀더 넓은 시각에서 다시 볼 때 "작은 것이 아름답다"는 나노 과학기술의 기본 정신은 20세기 전반기 거대 산업기술이 막대한 자원을 소모하고 환경을 파괴하는 현실에 대해 비판하고 자원과 에너지를 절약하고 친환경적인 기술을 개발하고자 하는 동기에서 출발했다고 할 수 있다.

역동성과 예측 불가능성을 특징으로 하는 기술의 진보가 21세기에 와서 현대인의 다양하고도 세련된 욕구에 부응해야 하는 고도의 발전 단계에 이르렀으며 과연 나노기술이 얼마만큼 성공적으로 그 역할을 담당할 수 있을지는 전세계의 창의적 두뇌에 의한 열린 가능성으로 남아 있다.

임지순 ■ 서울대 교수 · 물리학 jihm@snu.ac.kr

풀러렌과 탄소나노튜브

1985년 미국 라이스 대학에서 공동 연구를 해온 리처드 E. 스몰리, 해럴드 W. 크로토, 로버트 F. 컬 세 교수가 탄소 60개로 이루어진 분자를 처음 분리해 냈을 때, 그 기하학적 구조까지는 알아낼 수 없었다. 그들은 밤잠을 설치면서 60개의 탄소원자가 결합한 구조를 알아내기 위해 고심하였다.

이때 그들의 상상력에 영감을 준 것은 캐나다 몬트리올에서 열린 'Expo-67' 박람회의 상징 건물이었다. 미국의 건축가 버크민스터 풀러가 설계한 이 구조물은 육각형과 오각형이 섞인 둥근 돔 모양을 하고 있었다. 어느 날 스몰리는 실제로 종이를 육각형과 오각형 모양으로 오려 붙이다가 축구공 모양을 만들어냈고, 그 60개의 꼭지점에 각각 한 개의 탄소원자를 배열함으로써 드디어 그 구조를 규명하는 데 성공하였다.

그리고 건축가의 이름을 따 이 분자 구조를 풀러렌 혹은 버키볼(버크의 공)이라 명명하였다. 이와 달리 어느 초청 강연에서 크로토는 자기가 이러한 구조를 규명해 냈다고 주장하여 스몰리와 충돌하였다. 절친한 연구 동료였던 두 사람은 결국 이 일로 인해 1987년 결별했는데 1996년 노벨 화학상은 사이좋게 두 사람은 물론 컬 교수까지 모두 세 명에게 주어졌다.

풀러렌은 발견 초기에 윤활제, 의약 성분의 저장 및 체내 운반체 등으로 이용하려는 연구가 있어왔지만 최근 더 큰 가능성을 보이는 분야는 여러 금속 원자를 섞어 도체, 초전도체로 이용하거나 수많은 풀러렌을 서로 연결해 새로운 섬유, 촉매, 센서(감지기) 등으로 쓰는 것이다. 그 미세한 구조로 인해 조그만 양으로도 매우 예민한 반응을 보여줄 수 있다.

한편 풀러렌이 발견된 이후 1991년 일본 전기회사(NEC)의 연구 책임자인 수미오 이지마 박사는 쓰쿠바 연구소에서 여러 가지로 변형된 풀러렌 구조를 고성능 전자 현미경을 통해 관찰하고 있었다. 그러던 어느 날 그의 전자현미경 화면에 가늘고 긴 튜브 모양의 탄소 구조가 들어왔다. 그는 이것을 탄소나노튜브라 불렀다.

이것은 사실 대단히 중요한 발견이었지만, 처음에는 풀러렌만큼 큰 주목을 받지 못했다. 그러나 풀러렌의 실제 응용이 생각보다 잘 이루어지지 않고 풀러렌에 큰 기대를 걸었던 많은 과학자가 초조해 하고 있는 상황에서, 가늘고 긴 섬유 모양의 탄소나노튜브가 점점 새로운 관심을 끌기 시작하였다. 극소형 트랜지스터나 초강력 섬유 등의 여러 응용 면에서 가늘고 긴 선 모양을 한 탄소나노튜브가 단연 유리하였다.

그리고 풀러렌과 달리 탄소나노튜브는 비교적 쉽게 기판 위에서 많은 양을 성장시키는 것이 가능하였다. 1994년께 스몰리는 연구 대상을 서서히 풀러렌에서 탄소나노튜브 합성 쪽으로 바꾸기 시작했고, 많은 다른 과학기술자가 그 뒤를 따랐다. 이리하여 탄소나노튜브는 풀러렌이 누렸던 영광스러운 자리를 대신 차지하기에 이르렀다.

임지순

리처드 스몰리의 약력

- 1943년 미국 오하이오 주 애크런 출생.
- 1965년 미국 미시간 대학 졸업.
- 1965~69년 셸 화학회사 연구원.
- 1973년 프린스턴 대학에서 화학 분야 박사학위.
- 1973~76년 시카고 대학 포스트닥으로서 레너드 와튼 및 도널드 레비와 함께 초음파 레이저 분광학에서 획기적인 업적을 이룩함.
- 1976년 라이스 대학(미국 휴스턴 소재) 화학과 교수로 임용.
- 1985년 탄소의 새로운 분자 형태인 풀러렌(C_{60}) 발견.
- 1990년 같은 대학의 물리학과 교수 겸직.
- 1996년 풀러렌을 발견한 공로로 노벨 화학상 수상.
- 1996년 같은 대학 나노과학기술센터 소장 취임.

관련 저작들

참고문헌

- Richard E. Smalley, "Great Balls of Carbon: The Story of Buckminsterfullerene," *The Sciences*, March/April 1991. —《거대한 탄소공》
- ———, "The All-Star of Buckyball : Profile," *Scientific American*, September 1993. —《리처드 스몰리의 프로필》
- Jim Baggott, *Perfect Symmetry : The Accidental Discovery of Buckminsterfullerene*, Oxford University Press, 1994. —《완벽한 대칭성》
- Hugh Aldersey-Williams, *The Most Beautiful Molecule : An Adventure in Chemistry*, Aurum Press, 1995. —《가장 아름다운 분자》
- http://www.nobel.se/chemistry/laureates/1996/press.html 참조.

현실 저 너머의 진리와 환상

Ursula Kroeber Le Guin 어슐러 르 귄

어슐러 르 귄

판타지 문학의 최고봉 어슐러 르 귄

  판타지는 1990년대 말 이후 한국의 문화 산업 시장을 지배해 온 키워드 중의 하나다. 아직 널리 알려져 있지 않은 이 낯설고 기괴한 장르는 소설, 게임, 만화, 애니메이션, 영화 등 거의 모든 문화 산업 영역에 침투하여 가공할 위력을 발휘해 왔다.
  2001년에 개봉해 전세계의 어린이들을 열광시킨 애니메이션 영화 〈슈렉〉이나 〈몬스터 주식회사〉도 판타지이고, 수백만 명의 유저를 거느린 게임 〈리니지〉나 〈디아블로 II〉도 판타지이고, 대학생들이 가장 많이 읽는 《드래곤 라자》, 《퇴마록》 등의 소설도 판타지다.
  그러나 이토록 인기 있는 문화 현상의 정의를 내리는 것은 그렇게 간단하지 않다. 판타지(상상력)는 리얼리즘(이성)과 함께 인간과 자연의

신비를 이해하려는 인류의 깊은 꿈과 관련이 되어 있는 까닭에, 그 뿌리가 의외로 깊고, 그 외연이 지나치게 폭넓기 때문이다. 할머니 품에서 졸음을 쫓아가며 들었던 귀신 이야기에서 영웅과 신들이 초자연적인 존재들과 운명을 겨루는 신화와 전설, 환상을 통해 현실의 심연을 통찰해 내는 보르헤스의 소설 등이 모두 이 범주에 드는 것이다. 요컨대 판타지란 리얼리즘의 피안에서, 이성의 힘만을 통해 세계를 이해하려는 노력을 넘어서는 모든 곳에 존재한다.

그렇지만 현재 한국에서 유행하는 판타지는 서양 중세풍의 사회를 배경으로 온갖 신화와 전설의 존재들이 작가가 창조해 낸 상상의 공간에서 기상천외한 모험을 벌이는 톨킨 스타일의 이야기다. 이 판타지의 이야기 구조는 멀리 보면 그리스 신화의 아르고 호의 모험이나 헤라클레스, 페르세우스 등의 전설에서 찾을 수 있으며, 호비트나 드워프 같은 종족의 구조는 켈트와 북유럽의 신화들에서 유래하고, 기사나 귀족 등의 사회적 구조는 중세 유럽의 기사담을 복제, 변형하고 있다. 하지만 현대의 판타지에 직접적인 영향을 미친 이야기들은 역시 아서 왕과 원탁의 기사들의 활약을 그린 영국의 《아서 왕 이야기》, 지그프리트를 둘러싼 온갖 모험을 집대성한 《니벨룽의 노래》 등을 들 수 있다.

이러한 전설과 민담을 종합하여 현대성을 부여한 작가들로 꼽을 수 있는 사람은 《코난》 시리즈로 유명한 영웅 판타지의 로버트 하워드, 《크툴루》 시리즈로 이름을 날린 암흑 판타지의 러브크래프트, 《반지의 제왕》으로 그때까지의 모든 판타지를 종합해서 새로운 지평을 열어버린 판타지(서사시적 판타지)의 아버지 J. R. R. 톨킨을 들 수 있다.

반나체로 커다란 장검을 들고 근육질을 뽐내는 주인공 코난을 내세운 로버트 하워드는 급격히 산업화되어 가는 문명의 틈새에서 짓눌려 버린 야성의 꿈을 판타지로 재현해 냈다. 시대적 배경은 1만 2천 년 전,

아틀란티스 대륙이 바닷속으로 가라앉은 후 현재의 역사 시대가 시작되기 전의 중간기인 하이보리아 시대.

대장장이의 아들로 태어난 코난이 고향을 떠나 장검 한 자루와 강인한 체력을 무기로 대륙을 방랑하여 영웅의 이름을 얻고, 마침내 문명국 아퀼로니아의 왕위를 찬탈하는 전반부와 그 후에 반대파들이 소환한 악마와 싸우면서 위기를 극복해 가는 후반부로 이루어진 장대한 영웅의 이야기는 그러나 작가가 서른의 나이에 권총으로 자살한 이후 거의 하워드의 모방과 답습을 넘어서지 못한 채 사라지고 만다.

하워드 러브크래프트의 작품은 호프만의 《악마의 묘약》에서 시작된 고딕 소설의 전통을 계승하여, 무의식에 뿌리내리고 있는 근원적인 악과 공포를 끄집어내어 그것과 싸우면서 미치거나 사멸해 가는 인간의 비루한 운명을 형상화한다. 소설의 주인공(?)인 크툴루는 인류가 존재하기 전에 지구를 지배하던 사악한 신들 중의 하나다. 러브크래프트의 주인공들은 평온한 삶의 와중에 갑자기 이 사악한 신과 마주치며, 그로부터 자신을 물들여가는 소름끼치는 악마적 충동에 서서히 파멸하게 된다. 이 어두운 판타지는 스티븐 킹과 앤 라이스의 소설을 거쳐서 현대 호러 장르의 탄생에 훌륭한 밑거름이 된다.

그리고 판타지 소설의 아버지라 불리는 톨킨의 《반지의 제왕》이 있다. 이 작품은 모든 판타지 소설의 원형이자 틀로 작용한 교과서나 다름없는 소설로, 1954년 처음 발표된 이래 전세계에서 1억 부 이상 팔린 베스트셀러이자 20세기 후반 영문학을 대표하는 작품으로 평가되어 왔다. 환상의 공간 미들어스(중원)를 중심으로 중세의 기사 이야기, 북유럽과 켈트의 신화, 고대의 신화와 전설 등을 종합하여 반지를 둘러싼 선과 악의 쟁투를 그려낸 걸작이다.

한 편의 신화를 고스란히 상상력으로 재현해 낸 것 같은 톨킨의 작품은 이후 로저 젤라즈니의 《앰버 연대기》에서 최근 전세계의 독서 시장을 뒤흔들고 있는 조앤 롤링의 《해리 포터》에 이르는 명작들을 낳으며 지금까지 그 에너지를 잃지 않고 후배 작가들에게 영향을 미치고 있다.

이 판타지의 조종들에 비하면 《어스시 연대기》를 쓴 어슐라 르 귄의 이름은 높은 문학적 성취에도 불구하고 아직 한국 독자들에게 그다지 익숙하지 않다. 그러나 《멀고 먼 바닷가》(1973)로 전미 도서상을 수상하고, SF 문학의 노벨상이라 불리는 휴고상을 여섯 차례나 받았으며, 그와 쌍벽을 이루는 네뷸러상을 다섯 차례나 수상한 이 낯선 여성 작가는 '노벨상을 탈 수 있는 유일한 판타지 작가', '리얼리즘에 반발해 스스로 SF와 판타지 문학을 선택한 이방인', '남성 중심의 장르 문학을 여성의 시선으로 해체한 여성 문학의 대가' 등 수많은 찬사를 받으며 20세기 후반 미국 문학의 한 중심으로 평가받고 있다.

1929년 인류학자인 아버지 앨프리드 크뢰버와 아동 문학가이자 인디언 문화 연구자였던 어머니 테오도라 크뢰버 사이에서 태어난 르 귄은 래드클리프 대학에서 불문학을 전공했으며, 컬럼비아 대학에서 문학 석사학위를 받고, 풀브라이트 장학생으로 프랑스에 유학해 거기서 역사학자인 남편 샤를 르 귄을 만났다.

1962년 《파리의 4월》을 발표하면서 시작된 르 귄의 문학적 생애는 한마디로 '비소속의 작가'라고 요약할 수 있다. 주류의 사고를 반복하는 리얼리즘에 반하여 소수자의 세계 인식을 그려냈으며, 위계를 부인하는 질서의 가능성에 주목하려고 판타지와 SF를 자신의 문학적 영토로 삼았기 때문에 그녀의 작품은 '순문학의 이방'으로 기능하지만, 동시에 남성 위주의 남성적 가치관으로 점철된 판타지와 SF의 영토에 극도로 섬세하면서도 감성적인 문체를 구사하면서 여성적인 활력을 불어넣었다는 점에서 그녀의 작품은 '대중 문학의 타자(他者)'로 평가된다.

또한 유려한 문장으로《노자》(老子)를 번역하고 아메리카 원주민의 이야기들을 정리해 낸 이력에서 알 수 있듯이 그녀는 서양(또는 백인) 중심의 사고에 저항해 동양(또는 비백인) 중심의 사유와 이야기 방식을 끌어들임으로써 그의 문학은 '미국(서양) 문학의 피안'에 존재한다.

이러한 미묘한 작가적 입장은 그녀를 주류와 비주류 양쪽에서 모두 이방인으로 배척하도록 만들었다. 주류 문학에서는 그녀를 대중에게 호소하기 위해 문학적 재능을 낭비하는 작가라고 비판하지만, 장르 문학에서는 '판타지와 SF의 탈을 쓴 철학 실험'이라는 말로 그녀를 경원하는 이상한 현상이 벌어진 것이다. 그러나 많은 위대한 작가들이 경계에서 아슬아슬하게 줄타기를 하며 새로운 문학을 만들어냈듯이, 르 귄 역시 그 외떨어진 자리로 인해 오히려 시간이 갈수록 큰 주목을 받고 있다. 이러한 줄타기의 이유에 대해 그녀는 다음과 같이 단호하게 고백하고 있다.

"내가 좋아하는 것은 좋은 작품이다. 판타지든, SF든,《전쟁과 평화》든, 그것은 문제가 아니다. 작품이 좋으면 그것은 좋은 것이다. 그렇지 못하다면, 그것은 나쁜 것이다."

헤르만 헤세의《데미안》을 연상시키는 희대의 걸작인《어스시 연대기》는 심오한 철학적·인류학적 통찰을 통해 판타지 문학의 수준을 한 단계 끌어올린 작품이다. 또한 이 작품은 헤인이란 행성에서 퍼져나가 주변의 행성들에 살고 있는 인류의 이야기를 다룬 SF의 걸작《헤인 시리즈》와 함께 르 귄을 대표하는 작품이다.

작품의 배경이 되는 '어스시'는 'Earth(땅)'와 'Sea(바다)'를 합쳐서 만든 신조어로, 르 귄이 창조한 환상의 세계다. 이 세계에서는 학문 대신 마법을 배우고, 학교에서 마법을 배운 마법사들은 이곳저곳으로 떠돌아다니면서 세계의 균형을 유지하는 일을 한다. 이들 마법사는 거의 현자(賢者)의 이미지를 갖고 있는데, 그것은 마법이 사물의 진짜 이름을 부를 때 생기기 때문이다. 따라서 마법을 배우는 것은 곧 인간과 자연의 참 의미(본질)를 추구하는 과정이며, 진정한 자아를 발견하는 과정이다.

《어스시 연대기》 시리즈의 첫째 권 《어스시의 마법사》에서 주인공인 소년 마법사 게드는 금지된 마법을 시현하려다 위기에 빠지게 된다. 그 이유는 그가 자신의 또 다른 자아, 사악하고 이기적인 자아에게 패배했기 때문이다. 그리하여 자신을 빼앗으려는 어둠의 존재와 싸워가면서 공포에 질려 세계 끝까지 도망친 게드는 그곳에서 비로소 자신의 진짜 모습, 그러니까 그 어둠의 존재가 바로 자신의 일부라는 것을 발견하게 되어 그것을 물리치고 본래의 모습을 되찾는다. 아이가 어른이 되어가면서 겪는 심리적 갈등을 이만큼 잘 표현한 작품은 보기 힘들며, 이 작품 하나만으로도 르 귄은 20세기 문학의 가장 중요한 작가로 평가받을 만하다.

한국에서 판타지는 이영도의 《드래곤 라자》와 함께 본격적으로 폭발적인 관심을 끌게 된다. 드래곤에게 납치된 아버지를 구하기 위해 집을 나서는 초장이 소년 후치의 모험을 배경으로 인간과 자연 사이의 관계를 탐색한 이 작품이 인기를 끌면서 이수영의 《귀환병 이야기》, 전민희의 《세월의 돌》 등 사이버 공간에 숨어 있던 수많은 판타지들이 책으로 출판되어 독자들의 시선을 사로잡아 왔다.

한 해에 창작되는 장편 판타지의 숫자는 무려 500여 편에 이르는 것으로 추산되며, 중단편까지 합치면 그 수를 짐작하기 어렵다. 문학 청년들의 창작 에너지를 무한히 빨아들이고 있는 이후 르 귄만한 문학적 성취를 이룩해 한국 문학에 새로운 활력을 불어넣을 것을 기대한다.

장은수 ▪ 문학평론가 polyedit@minumsa.com

롤링과 '해리 포터' 신드롬

《해리 포터》시리즈의 주인공 조앤 캐슬린 롤링은 1965년 7월 치핑 소드베리라는 영국 웨일스의 작은 시골 마을에서 태어났다.

어린 시절부터 이야기꾼의 재능을 보인 롤링은 엑세터 대학을 졸업한 뒤 비서일을 시작했지만 공상적인 성격 때문에 결국 해고되고 만다. 그 뒤 다시 취직한 맨체스터의 회사와 집을 오가는 동안 마법사 학교에 다니는 마법사 소년의 모험담에 대한 아이디어를 얻게 된다.

포르투갈로 건너가 영어 교사를 하다가 결혼을 하지만 곧 파경을 맞는다. 영국으로 다시 돌아온 롤링은 생활 보조금을 받는 실업자로 빈궁하게 지내는데 그동안 쌓아올린 아이디어를 바탕으로 시리즈의 첫 편인《해리 포터와 마법사의 돌》을 완성한다. 출판사로부터 여러 차례 거절당하다가 1997년에 나온 이 작품은 서서히 입소문을 거쳐 인기를 얻기 시작하고 세계적인 베스트셀러가 된다.

지금까지 네 편의《해리 포터》소설이 나왔고 1억 부 이상이 팔려나가 슈퍼 베스트셀러 행세를 하고 있는 중이다. 시리즈는 해리 포터가 열 일곱 살이 되는 7권에서 끝날 예정이다.

도대체 무엇이 롤링의 소설을 이 정도로 엄청난 베스트셀러로 만들었을까? 우선《해리 포터》가 형식적으로 그렇게까지 새로운 소설이 아니라는 점은 밝혀야겠다. 한마디로《해리 포터》는 이미 영국 아동문학에서 자리를 굳힌 두 종류의 장르를 결합한 것이다.

하나는 '톨킨식 판타지'이고, 다른 하나는 '기숙학교물'이다. 판타지의 환상성과 기숙학교물의 일상성을 결합하는 시도도 처음은 아니다. 수십 년 전에 나온 P. L. 트래버스의《메리 포핀스》시리즈는 마법과 요정이 난무하는 판타지와 현대 영국 중산 계층 가족의 평범한 일상을 결합한 작품으로 《해리 포터》의 선배라고 할 수 있다. 기숙학교물과 판타지의 직접적인 결합 역시 질 머피의 《워스트 위치》가 시도하였다. 롤링이 한 일은 이런 영국 아동 문학의 전통에서 기본 재료들을 뽑아와 현대 독자들의 구미에 맞는 책을 써냈다는 것밖에 없다.

《해리 포터》가 흥미진진한 작품이라는 사실은 부인할 수 없다. 호감이 가고 인상적인 캐릭터들, 두 세계 사이의 충돌을 그럴싸하게 이용하는 상상력, 뻔뻔스러울 정도로 무덤덤한 영국식 유머와 서스펜스의 창출력이 결합한 롤링의 책은 베스트셀러의 자격이 있다.

롤링 열풍을 설명하려는 시도들 중 가장 인기 있는 것은 《해리 포터》이야기와 컴퓨터 게임에 익숙한 어린 독자들의 관계를 설명하는 것이다. 즉 컴퓨터 게임의 유행은 독자들을 기성 판타지 세계와 친숙하게 만들었고, 모험과 문제 풀이가 뒤섞인 《해리 포터》 소설의 스타일은 컴퓨터 게임과 아주 가깝다는 것이다.

이유가 어찌되었건 롤링의 책은 출판계의 판도를 바꾸고 있다.

듀나 ■ 문화비평가

어슐라 르 귄의 약력

- 1929년 캘리포니아 버클리 출생.
- 레드클리프 컬리지 졸업 후 컬럼비아 대학에서 중세 불문학 석사.
- 1953년 파리에 교환 학생으로 머물며 역사학자 샤를 르 귄과 결혼.
- 1962년 SF 잡지 《판타스틱》(*Fantastic*)에 〈파리의 4월〉(*April in Paris*)을 발표하며 문단 데뷔.
- 1968년 《어스시 연대기》의 첫 번째 작품 《어스시의 마법사》(*A Wizard of Earthsea*)를 발표, 판타지 문학계에 신선한 충격을 줌.

- 1969년 세계 10대 SF 명작으로 꼽히는 《어둠의 왼손》(*The Left Hand of Darkness*)으로 휴고상과 네뷸러상을 동시 수상.
- 1970년 《어스시 연대기》의 두 번째 작품 《아투안의 무덤》(*The Tombs of Atuan*)으로 뉴베리 명예상 수상.
- 1973년 《어스시 연대기》의 세 번째 작품 《멀고 먼 바닷가》(*The Farthest Shore*)로 전미 도서상 수상.
- 1974년 《빼앗긴 사람들》(*The Dispossessed*)로 다시 휴고상과 네뷸러상을 동시 수상.
- 1990년 오랫동안 침묵을 지킨 끝에 발표한 《어스시 연대기》의 네 번째 작품 《테하누》(*Tebanu*)로 네뷸러상 수상.
- 현재 미국 오리건 주 포틀랜드 거주.

관련 저작들

번역서

- 어슐라 르 귄, 《어른이 되는 길은 너무 힘들어》, 바다저작권회사 번역실 옮김, 한겨레, 1990.
- ———, 《어둠의 왼손》, 서정록 옮김, 시공사, 1995.
- ———, 《어스시의 마법사》, 이지연·최준영 옮김, 황금가지, 2002.
- ———, 《아투안의 무덤》, 이지연·최준영 옮김, 황금가지, 2002.
- ———, 《멀고 먼 바닷가》, 이지연·최준영 옮김, 황금가지, 2002.
- ———, 《테하누》, 이지연·최준영 옮김, 황금가지, 2002.

미번역서

- Ursula Kroeber Le Guin, *Planet of Exile*, Harper Collin, 1966. —《유형의 행성》
- ———, *Rocannon's World*, Ace Books, 1966. —《로캐넌의 세계》
- ———, *City of Illusions*, Ace Books, 1967. —《환영의 도시》
- ———, *The Lathe of Heaven*, Scribner, 1971. —《천국의 선반 기계》

- ———, *The Dispossessed*, Harper Colins, 1974. —《빼앗긴 사람들》
- ———, *The Wind's Twelve Quarters*, Harper & Row, 1975. —《바람의 열두 방향》
- ———, *The Word for World is Forest*, Berkley, 1976. —《세상의 말들은 숲을 이루고 있다》
- ———, *Always Coming Home*, Harper & Row, 1985. —《모든 것은 언제나 집으로》

인지과학과 마음의 작동 원리

Daniel Clement Dennett 대니얼 데닛

대니얼 데닛

인지과학의 선구자 대니얼 데닛

인간의 마음만큼 우리에게 친근하면서도 그토록 오랫동안 신비의 대상으로 여겨진 것도 없을 것이다. 감각의 파노라마가 연출되기도 하고, 온갖 느낌이 교차하기도 하며, 때로는 어려운 문제를 풀어내기도 하는 마음은 어떻게 나타나는 것일까?

마음의 현상은 두뇌에 기반을 두고 있음이 틀림없을 텐데, 도대체 신경세포의 '물'에서 어떻게 마음의 '포도주'가 만들어지는 것일까? 마음은 물질과 근본적으로 다른가? 다르다면 물질과 어떤 관계에 있는 것일까? 신비의 베일을 벗기고 마음을 물질계에 포섭시킬 수는 없을까? 이 질문은 철학의 초창기부터 철학자들의 호기심을 자극했으며, 지금까지도 그 관심은 지속되고 있다.

20세기 후반 '인지과학(Cognitive Science)'이라는 새로운 학문적 조류가 형성되면서 자연과학의 예봉을 비껴가던 마음에 대한 탐구는 중대한 전환점을 맞이한다. 컴퓨터 과학이 발전하면서 세계를 이해하고 그에 관한 정보를 처리하는 인공적인 체계가 만들어지기 시작하고, 인간의 마음도 결국 컴퓨터와 같은 것이 아닌가 하는 생각이 확산된다.

　이러한 혁명적 사고방식이 많은 사람에게 신선한 충격으로 받아들여지고, 인간의 마음을 해명하는 일에 관심을 갖고 있던 철학자, 인지심리학자, 신경과학자, 언어학자들이 연구에 동참하게 된다. 인지과학은 이렇게 컴퓨터 과학을 모태로 하여 마음에 관심을 갖는 인접 학문들이 결합하면서 구성된 학제(學際) 연구로 탄생하게 된다.

　대니얼 데닛은 인지심리학, 신경과학, 진화생물학 등에 대한 포괄적 연구를 토대로 해 인간 마음의 본성을 탐구하는 미국 철학자로, 철학 분야에서 인지과학을 선도적으로 이끌고 있다.

　인지과학자로서의 데닛의 공헌은 두 가지로 요약할 수 있다. 첫째는 마음을 컴퓨터와 같은 것으로 본다는 인지과학의 기본적 입장의 의미를 명료히 제시한 것이고, 둘째는 이러한 입장에 대한 반론들에 대응하면서 마음에 관한 자기 나름의 철학적 견해를 발전시킨 것이다.

　우선 데닛이 해명하는 인지과학의 기본적 틀을 살펴보자. 이에 따르면 인간의 인지 과정은 계산기가 문제를 푸는 과정과 기본적으로 같은 구조를 지니고 있다. 한 사람이 나무를 보게 되면 우선 그의 망막에 일정한 영상이 맺히고, 이 영상은 두뇌를 거쳐 '저것은 나무다'라는 판단을 산출한다. 여기서 망막의 자극은 계산기의 자판을 누르는 것에 대응하고, 두뇌를 거쳐 산출된 판단은 계산기에서 계산 결과 화면에 나타나는 답에 대응한다.

　계산기에서 자판을 누르는 입력과 화면의 출력은 일정한 프로그램을 통해 매개되듯이 인간의 마음도 일정한 프로그램을 수행하는 체계로 볼 수 있다는 것이다. 다만 인간의 마음은 현재 우리가 갖고 있는 어떤 컴퓨터보다도 복잡하며, 단순한 연산뿐 아니라 여러 기능을 동시에 수행할 수 있다는 점에서만 다를 뿐이다. 복합적 구조를 지닌 자동차가 그 부품들을 만드는 여러 체계들이 조직적으로 연계되어 만들어지듯이 복잡한 문제를 푸는 마음은 단순한 문제를 푸는 계산기들이 조직적으로 연계되어 만들어질 뿐이다.

컴퓨터 과학에 영감을 받은 데닛 등의 철학자들이 제시하는 마음에 대한 기계론적인 견해는 초창기부터 많은 반론에 부닥친다. 마음을 컴퓨터로 보는 입장에 반대하는 사람들은 마음은 단지 문제를 해결하는 지능만 갖는 것이 아니라, 세상을 일정한 방식으로 그려내기도 하고, 또한 세계와 관계를 맺는 과정에서 감각, 통증, 기쁨 등의 온갖 느낌을 동반하는 상태들이 출현함에 주목한다. 이러한 의식과 표상의 현상은 마음에서 빼놓을 수 없는 것이며 단순히 지능적인 계산을 수행하는 컴퓨터에서는 찾아볼 수 없다는 것이다.

그렇다면 마음은 그 일부인 지능만이 기계론적으로 설명될 수 있을 뿐 전체적으로는 끝내 물질계에 포섭되지 않는 존재로 남을 수밖에 없는가? 데닛은 이러한 도전에 대해 철저히 과학주의적인 급진파의 입장을 밀고 나간다.

데닛은 인간이 진화의 산물임을 강조한다. 아메바에서 영장류에 이르는 계열 중 과연 어떤 단계에서 유기체는 세계를 일정한 모습으로 표상하는 능력에 도달하게 되는가? 데닛은 이 질문은 대답될 수 없는 질문임을 지적한다. 이러한 통찰에서 출발해 데닛은 세계의 특정한 모습을 믿는다든가, 특정한 상태를 바란다든가 하는 인간의 심리 상태를 실재하는 것으로 보고 그에 대응하는 두뇌의 대응물을 찾으려는 시도를 무익한 것으로 단정한다.

 인간은 단지 외부의 자극에 대응해 행동하는 복잡한 메커니즘에 불과하며 과학은 이를 설명하는 과정에서 믿음, 욕구 등을 가정하는 것일 뿐이다. 물리학에서 우리에게 관찰되는 경험 현상을 설명하기 위해 중력, 양자, 전기장 등을 가정하여 이들이 실재하는지를 묻는 일은 이들의 존재를 가정했을 때 경험 현상이 잘 설명되는지를 따지는 것 이상의 의미를 갖지 못하듯이, 믿음, 욕구 등의 심리 상태도 단지 자극에 대한 인간의 체계적인 행동 방식을 설명하기 위한 가정된 도구에 불과하므로 그에 대해 그 이상의 의미를 부여해서는 안 된다는 것이다.

 온갖 느낌을 동반하면서 마음에 떠오르는 의식에 대하여도 데닛은 일관된 과학주의의 태도를 견지한다. 그는 의식과 관련한 신경생리학의 여러 연구를 토대로 하여 서구 지성계를 오랫동안 지배해 온 데카르트적인 자아관을 정면으로 공격한다. 데카르트적인 관점에 따르면 우리의 두뇌는 세계로부터 정보를 받아들여 이를 처리하고, 어느 단계에서 하나의 완성된 그림을 만들어낸다. 이 그림은 마치 영화의 한 장면이 스크린에 비추듯이 우리의 의식에 투영되고, 자아는 의식의 그림을 있는 그대로 파악한다.

 데닛은 이러한 완성된 모습으로 의식에 주어지는 것의 존재를 부정한다. 예를 들어, 이전에 내가 좋아하지 않던 청국장을 좋아하게 되는 경우를 보자. 청국장의 맛은 그대로인데 그에 대한 나의 태도가 달라진 것인가, 아니면 청국장의 맛이 나에게 이제 다른 느낌으로 나타나는 것인가? 이 질문 역시 대답될 수 없는 것이다.

 여기서 출발해 데닛은 의식에 관한 발상의 전환을 제안한다. 의식의 상태란 우리의 두뇌를 이루는 여러 체계들이 세계에 관한 정보를 처리하는 과정에서 각기 불완전한 상태로 제시하는 것이며, 이는 특정한 완성 단계에 들어가지 않은 채 여러 하부 체계에 의해 지속적으로 편집되고 수정된다는 것이다. 이런 그림에는 데카르트적인 독립적 자아의 존재는 없으며 컴퓨터의 중앙 처리 장치(CPU) 같은 것도 없다.

현대 심리철학의 가장 과격한 급진주의자인 데닛은 마음으로부터 모든 전통적인 신비의 옷을 벗기려 한다. 지능을 컴퓨터에 의해 물질계에 포섭시키고, 의식의 자아를 개별적인 정보 처리장치들에 분산 해체시키며, 세계를 표상하는 특성을 행동의 설명을 위한 단지 이론적 도구의 위치로 이전시키려 한다. 우리는 데닛의 급진적 과학주의에 동의할 수 있는가?

그의 입장에 동의하든 하지 않든, 데닛이 마음의 지위에 관심을 갖는 사람은 반드시 귀기울일 만한 이야기를 하고 있다는 것에는 우리 모두 동의할 수 있을 것이다.

김기현 ■ 서울대 교수 · 철학 kihyeon@snu.ac.kr

인지과학이란

인지과학은 세계에 대한 인간의 인식 또는 인지가 어떻게 이루어지는가를 연구하면서, 이 문제에 관심을 갖고 있던 전산학, 인지심리학, 철학, 언어학, 신경생리학, 동물학 등이 함께 참여하면서 구성된, 이제 겨우 50년 남짓의 역사를 가진 신생 학문 분야다.

컴퓨터 과학, 그 중에서도 인공 지능의 발전이 인지과학 형성의 모태를 이룬다. 인공 지능은 인간의 초보적인 지능 작업을 흉내내는 컴퓨터 프로그램을 만드는 것에서 출발한다.

오늘날의 산업 생산 현장에서 이전에 사람들이 하던 일을 컴퓨터 장치와 로봇이 대신하는 경우를 흔히 볼 수 있는데, 이는 바로 인공 지능이 발전한 결과다. 많은 사람들은 인간의 지능, 인지 자체도 일정한 프로그램을 수행하는 것에 다름 아닐 것이라는 생각을 품게 되고, 이러한 생각이 공감대를 형성하면서 인지과학이 발생하게 된다.

어떤 사물을 보고 그 사물이 무엇인가 판단하는 경우를 보자. 내가 나무를 보는 경우 외부의 나무는 나의 망막에 일정한 모습을 지닌 시각적 상(像)을 맺는다. 망막에 맺힌 상은 조명이 나빠 흐릴 수도 있고, 다른 사물에 부분적으로 가려서 불완전할 수도 한다.

그러나 우리의 인식 체계는 망막에 맺힌 불완전한 영상을 출발점으로 하여 그 영상의 원인인 외부의 대상이 무엇인가를 용하게 알아맞힌다. 이러한 과정은 문제를 내는 사람이 단서를 주고, 대답하는 사람이 그 단서에서 출발해 정답을 맞히는 퀴즈의 경우와 유사하다. 문제를 푸는 사람은 단서들을 종합하고 분석하고, 이를 토대로 이런 저런 생각을 도출하며 이로부터 답을 찾으려 한다.

답을 찾는 과정에서 여러 추론이 개입한다. 마찬가지로 우리의 망막에 일정한 영상이 맺히면 우리의 시각 체계는 그 영상의 색을 탐지하고, 영상에 주어진 음영을 분석해 부분적 형태들을 탐지하여 종합하고, 다시 색과 형태를 결합해 그 영상의 원인인 외부의 대상이 무엇인가에 대한 시각 판단에 도달한다. 결국 시각 체계의 인지 과정은 시각 영상을 단서로 하여 외부 대상을 알아맞히는 문제 해결의 과정이며, 이 과정이 컴퓨터에서와 같은 프로그램에 의해 수행된다는 것이 인지과학의 기본적 입장이다.

인지심리학은 여러 실험을 통하여 인간의 인지 과정에 나타나는 특징적인 현상들을 드러내면서, 정보 처리 장치에 대한 가설을 통하여 이들 현상을 설명하고자 한다. 인지 신경생리학은 두뇌의 연구를 통하여 인간의 정보 처리 방식에 대한 나름의 가설을 제시하기도 하고 인지심리학의 가설이 두뇌의 실제적 구조와 합치하는가를 검증하기도 하면서 협력 연구에 참여한다. 언어학은 인간의 정보 처리의 전형적인 형태인 언어 현상을 인지심리학, 신경생리학과 더불어 연구한다.

철학은 인지과학에 담겨 있는 마음에 대한 기본적 입장이 무엇인가를 해명하고, 이 입장이 갖는 의의는 무엇이며, 또 그 한계는 무엇인가 등의 반성적인 작업에 참여한다. 기존에 각자 독립적으로 작업하던 다양한 학문 분야들이 이렇게 서로 협력하여 연구하면서 구성된 인지과학은 오늘날 가장 성공적이고 생산적인 학제간 연구 분야로 자리잡고 있으며, 그 위상은 날이 갈수록 높아지고 있다.

김기현

대니얼 데닛의 약력

- 1942년 미국 매사추세츠 주 보스턴 출생.
- 1963년 하버드 대학 졸업.
- 1965년 영국 옥스퍼드 대학 박사.
- 1980～1981년 철학과 심리학회 회장.
- 1999～2000년 미국철학회 회장.
- 현재 미국 터프츠 대학 석좌 교수, 인지과학센터 소장

관련 저작들

번역서

- 대니얼 C. 데닛, 《마음의 진화》, 두산동아, 1996.
- 대니얼 C. 데닛·더글러스 호프스태터 외 엮고 지음, 《이런, 이게 바로 나야! 1·2》, 김동광 옮김, 사이언스북스, 2001.

미번역서

- Daniel C. Dennett, *Content and Consciousness*, Routledge, 1969. — 《내용과 의식》
- ———, *Brainstorms*, MIT press, 1978. — 《브레인스톰》
- ———, *Elbow Room*, MIT press, 1984. — 《활동 범위》
- ———, *The Intentional Stance*, MIT press, 1987. — 《지향적 입장》
- ———, *Consciousness Explained*, Little Brown & Co., 1991. — 《의식의 설명》
- ———, *Darwin's Dangerous Idea*, Simon & Schuster, 1995. — 《다윈의 위험한 생각》

참고문헌

- 이정민 외, 《인지과학》, 태학사, 2001.
- 존슨 레어드, 《컴퓨터와 마음 : 인지과학이란 무엇인가》, 이정모·조혜자 옮김, 민음사, 1991.
- 프란시스코 바렐라, 《인지과학의 철학적 이해》, 석봉래 옮김, 옥토, 1997.
- 한광희 외, 《인지과학 : 마음, 기계, 언어》, 학지사, 2000.
- http://ase.tufts.edu/cogstud/~ddennett.htm — 홈페이지

인간의 질병을 정복하라

C r a i g　V e n t e r　크 레 이 그　벤 터

크레이그 벤터

인간 지놈의 초안을 작성한 크레이그 벤터

　모든 생물은 자신이 속한 종(種)의 특성에 맞는 형태를 갖고 있다. 생명체에는 세포 속 깊숙한 곳에 자신의 형태를 만든 설계도가 있다. 이것이 바로 지놈(genome)이다. 생명을 기계에 비유한다면, 지놈은 부품들의 총목록과 부품 사용을 위한 '제품 설명서'인 셈이다.

　인간 지놈에는 35억 년 간 생명 진화의 역사에서부터 수많은 질병의 원인에 이르기까지 인간의 과거, 현재, 그리고 미래에 관한 모든 의문의 답이 있다고 해도 과언이 아니다. 지금까지 인간은 부품들의 제품설명서 없이 생로병사의 고통을 운명처럼 겪어왔다.

　실현 불가능한 꿈으로만 생각되던 인간 지놈 계획이 11년의 대장정 끝에 완성되었다. F. 콜린스 박사의 'HGP 컨소시엄'이 주도한 공공 지

놈 계획은 6개국 20개 연구 그룹의 과학자 상호간의 성공적인 협조 체제 구축을 바탕으로 진행되고 있다. HGP 컨소시엄은 지놈 정보를 발굴한 지 24시간 이내에 일반에게 무상으로 공개함으로써 지놈의 상업화에 반대하고 있다.

지놈 연구의 또 다른 갈래는 자동화된 기계와 대용량 슈퍼 컴퓨터를 앞세우고 상업적 인센티브를 요구하며 대담한 기술 혁신을 시도했던 크레이그 벤터에 의해 수행되었다. 미국 셀레라사의 벤터는 노골적으로 상업주의 경향을 보여 학계의 거센 비난에도 불구하고 '무작위적 샷건(random shotgun)' 법으로 경비를 10분의 1로 축소시키고 계획을 4년 이상 단축시키는 데 큰 기여를 했다.

30억 달러의 공공 자금을 사용하고 1998년까지 전체 지놈 분석의 10퍼센트도 못 되는 진척을 보인 컨소시엄과, 300대의 전자동 서열 분석기와 대용량 컴퓨터를 이용하며 무모할 정도의 대담성으로 약 9개월 만에 인간 지놈 서열의 96퍼센트까지 분석에 성공한 벤터의 행보는 미래 생명공학 혁명이 상업주의와 공공성의 균형 위에서 성공할 수 있다는 새로운 실례를 보여주고 있다.

지놈 연구는 상업주의의 문제를 제기할 뿐 아니라 생명과학의 패러다임 자체를 바꾸어놓았다. 벤터의 '생명과학 속도론'이 바로 새로운 패러다임을 의미한다. 이전에 대학 연구실에서 연구자의 호기심을 바탕으로 하나의 유전자 특성을 연구하던 방식에서 세포 내의 모든 유전자들을 동시에 분석하고 유전자들의 네트워크를 알아내려는 양적인 접근 방식으로 바뀌게 되었다.

인간 지놈 지도에 있는 3만 5천 개의 유전자의 발견으로 생명 연구는 기존의 아날로그 시대를 마감하고 재생과 증폭이 자유로운 생명의 디지털 시대를 열어가고 있다. 벤터는 21세기 바이오 혁명의 핵심을 파악하고 셀레라는 민간 조직을 통해 이를 증명하고 있다. 민첩성을 의미하는 'celerity'에서 유래된 셀레라사는 대부분 반복적이고 기계적 작업인 인간 지놈 분석을 전자동 서열 분석기에 맡기고 쏟아지는 정보는 대용량 컴퓨터로 처리하여 대성공을 거두었다.

벤터가 이러한 새로운 학문적 조류에 빨리 적응하게 된 것은 그 자신의 통찰력과 더불어 EST 연구에서 얻은 경험 때문이기도 하다. 1990년 6월에 인간 지놈 계획이 막 시작됐을 때 벤터는 유전자 고속 발굴법인 'EST'를 창안하여 새로운 유전자를 찾고 염색체 내의 위치도 알아낼 수 있다는 것을 밝혔다.

그는 1992년 8년 동안 근무하던 미국 국립 보건원 연구소 책임자 자리를 사임하고 비영리 법인인 '타이거(TIGR. The Institute for Genome Research)'를 설립했다. 초기에 HGP 컨소시엄 대표였던 J. 왓슨 박사에게 심한 욕을 들었던 그는 학계와의 갈등을 뒤로하고 지놈 연구에만 집중했다. 벤터는 타이거에서 컴퓨터 전문가인 유진 마이어의 도움으로 '전 지놈 무작위 샷건' 방식으로 인플루엔자 균의 지놈 분석을 시도해 세계에서 처음으로 미생물 지놈 분석에 성공하였다. 벤터의 첫 생명체 지놈 분석의 성공은 많은 학자들을 놀라게 했다.

1998년 5월 벤터는 PE(현재 Applera로 개명)사의 마이크 행커필러가 개발한 모세관 방식의 자동 분석기를 시험한 후 PE사의 토니 화이트 회장과 함께 셀레라를 설립하고 그해 6월 미국 하원의 청문회에서 앞으로 3년 이내에 독자적으로 인간 지놈 지도를 완성하겠다고 선언한다.

벤터의 전 지놈 무작위 샷건법은 전체 지놈을 여러 번 무작위적으로 잘라서 각 조각을 서열 분석한 후에 서로 겹치는 부위를 연결해 슈퍼컴퓨터에 자료를 넣어 전체 지놈을 맞추는 것이다. 많은 학자들의 우려에 대해 벤터는 1억 8천만 개의 지놈을 가진 초파리 지놈 분석에 이 방법을 사용해 박테리아보다 100배나 큰 지놈을 가진 초파리 지놈 분석에서도 아무 문제가 없음을 보였다.

그러나 학계의 반응은 냉담했다. 생물체 지놈에는 반복 염기 서열이 있는데, 초파리의 경우에는 3퍼센트에 불과하나 사람의 경우에 35퍼센트에 달하는 반복 염기 서열 때문에 전 지놈 무작위 샷건법을 시도하는 것은 무리라는 것이다. 실제로 조각을 연결할 때 오류 발생률이 너무 높아 거의 성공할 수 없다는 것이 학계의 의견이었다. 벤터는 허풍쟁이, 사기꾼 등의 비난을 들어야 했다.

그러나 벤터는 일부 HGP 컨소시엄 데이터의 도움을 받기는 했으나 2000년 6월 17일 인간 지놈 지도 초안을 완성함으로써 2년 전 자신의 약속을 지켰다. 2001년 2월 지놈 계획이 발표된 후 왓슨도 벤터의 방향이 바로 우리가 가야 할 것이었다고 인정했다.

우리 나라도 예외는 아니다. 6개국의 HGP 컨소시엄에 끼이지 못해 초고속, 대용량 정보 처리의 경험이 없이 소규모 실험실 연구에서 헤어나지 못하는 우리의 현실에서, 벤터의 대담한 시도를 단순한 '터프 가이'의 돌출 행동으로 이해할 것이 아니라 21세기 변화에 대처하기 위한 생존의 문제로 인식해야 한다.

서정선 ▪ 서울대 교수 · 의학 jeongsun@snu.ac.kr

생명공학에 거는 브레이크

생명공학의 질주에는 위험이 따른다.

인간의 장기를 배양하는 것쯤은 여반장(如反掌)인 시대. 이런 급발전을 이끄는 학자나 연구자들은 인간이 질병에서 해방될 날이 머지않았다며 장밋빛 청사진을 펼친다. 그러나 그 반대편에는 이를 인류의 재앙이라며 제동을 거는 사람도 만만찮다. 생명공학이 욱일승천할수록 오히려 이를 경계하고 우려하는 목소리도 거세어지고 있는 것이다.

"생명공학에 거는 브레이크."

그게 요즘 우리 학계에서도 활발한 '생명윤리(bioethics)'에 관한 여러 담론이다.

2001년 10월 말 원광대학교에서 열린 학국 철학자 대회의 주제는 '생명공학 시대의 철학적 성찰'이었다. 철학자는 물론 과학·의학적 지식의 바탕 위에 오랫동안 이 문제를 천착한 서울대학교 의대 황상익 교수 등이 참여하였다. 결론은 생명공학 이면의 비인간화 위험성에 대한 경고로 모아졌다. 생명공학 만능주의 아래에서 윤리 문제를 결코 소홀히 하지 말아야 한다는, 아직은 원론적 수준의 해답이었다. 한국 철학에서 그 해법을 찾으려는 시도도 있었다.

생명윤리에 대한 국내 학자들의 관심은 1998년 '한국 생명윤리학회'의 발족을 계기로 증폭되었다. 이 모임은 생명공학에 관심이 있는 자연과학과 인문사회과학 연구자들로 구성되었다. 이들은 이듬해 '생명 복제에 관한 서울 선언'을 발표하였다. "생명공학 자체는 필요하지만 인간의 존엄성을 살리는 방향에서 기술의 진보를 이룰 때 가치가 있다"는 게 이 선언문의 골자다. 여기에 드러났듯 생명윤리는 과학과 윤리 사이에서 균형을 찾는 상식론을 지향하는 가치다. 국제생명윤리학회(IBC)나 유네스코의 입장도 이와 같다.

보다 구체적인 발언을 통해 이 문제를 크게 부각시키고 있는 이 분야의 세계적 권위자는 토머스 머리(1947~)다. 그는 미국 헤이스팅스센터 소장이며 미국 대통령 직속의 국가생명윤리자문위원회 위원이기도 하다. 그는 과학기술 맹신론을 경계한다. 머리는 "유전정보가 특정 질병을 단정적으로 말하는 것으로 오해해서는 절대 안 된다"고 지적한다. 또한 그는 "인종이나 집단 간 유전적 특성이 차별의 도구로 악용될 가능성이 있는 만큼 이를 예방하기 위한 사회적 합의가 반드시 요구된다"고 역설한다. 물론 인간 복제도 반대한다.

국내에서는 생명윤리의 법제화 움직임도 보인다. 각계 인사 20명으로 구성된 과학기술부 생명윤리위원회는 2001년 5월 '생명 윤리법' 시안을 발표하였다. 그러나 아직 국회 상정은 안 된 상태이다.

정재왈 ▪ 기자

크레이그 벤터의 약력

- 1946년 미국 유타 주 솔트 레이크 시티 출생.
- 1975년 캘리포니아 대학(샌디에이고, UCSD) 생리 및 약리학 박사.
- 1992년 타이거 연구소(TIGR) 설립.
- 1998년 셀레라 지노믹스(Celera Genomics) 창립.
- 2000년 6월 31일 2억 개의 첫 번째 인간 지놈 지도 완성 발표.
- 2000년 파이잘상 수상, 미국 시사 주간지 《타임》 및 영국 《파이낸셜 타임스》의 '올해의 인물' 선정.
- 2001년 2월 16일 셀레라 인간 지놈 지도를 《사이언스》에 발표.
- 현재 셀레라 지노믹스사의 창업자 및 과학담당 최고 임원(CSO), TIGR 이사회 의장.
- 생물학과 의학에 관한 160편의 연구 논문이 있음.
- 이 분야의 세계 학계에서 인용이 가장 많이 되는 과학자 중의 한 사람.

'주체적 욕망'과 새로운 정신분석학

Jaques-Alain Miller 자크 알랭 밀레

자크 알랭 밀레

정신분석학의 새 지평을 연 자크 알랭 밀레

프랑스의 정신분석가 자크 라캉의 삶은 국제정신분석협회(IPA)에 대한 투쟁의 역사였다. '무의식은 언어처럼 구조화되어 있다', '성 관계란 없다' 등과 같은 그의 악명 높은 언명들은 바로 그 고난의 상황이 응축되어 빚어낸 시대의 암호들이다.

하지만 21세기의 라캉은 더이상 수수께끼처럼 불가해한 인물이 아니다. 라캉의 저작은 이제 소외된 투쟁의 비록(秘錄)이 아니라, 엄연히 현장에서 활용되는 임상적 실천의 공리들로서 읽힌다. 이러한 라캉주의의 성공의 이면에는 그의 제자이자 사위인 자크 알랭 밀레의 체계적인 독법이 있다.

자크 알랭 밀레는 라캉의 《세미나》의 편집자이자 현 정신분석학계에서 가장 영향력 있는 인물 중의 한 명이다. 슬라보이 지젝(슬로베니아 류블랴나 대학 철학 연구원)의 슬로베니아 학파, 미국 신라캉학파의 브루스 핑크와 앨리 래글랜 설리번 등은 모두 밀레가 이끄는 프로이트 원인학교(ECF) 출신의 라캉주의의 전위대다.

밀레가 라캉의 문하생으로 들어간 것은, 프랑스정신분석학회(SPF)에서 교육 프로그램을 맡아 세미나를 시행하던 라캉이 1964년 IPA에서 파문 당해 자신의 거처를 고등사범학교(ENS)로 옮겨 열한 번째 세미나를 시행했을 무렵이다.

당시 라캉은 환갑을 넘긴 노인이었고, 밀레는 스물을 갓 넘은 ENS 학생이었다. 그 무렵 밀레는 프랑스의 브레인을 대표하는 ENS에서도 수재들만을 선별하여 전투적인 철학 모임을 만들었는데, 이것이 바로 '인식론 서클'이다. 현재 프랑스 철학계의 실세인 알랭 바디우, 언어학자로서 국제철학원 원장인 장 클로드 밀네, 파리 제8대학 정신분석학과 교수인 프랑수와 레뇨에 이르기까지, 당시 이 작은 모임의 청년들은 후일 프랑스 지식층을 대표하는 거장들이 된다.

그들이 출간한 《분석을 위한 노트》(1966년 창간된 인식론 서클의 공식 기관지)는 라캉주의와 마오이즘의 접속으로 당대의 지식층에 적지 않은 파장을 일으켰다. 데리다, 푸코, 이리가레 등과 같은 당대의 논객들을 지면 위로 불러들인 《분석을 위한 노트》는 후일 정신분석학계에 전설적인 잡지로 기록될 《오르니카르》(1975년 창간된 '프로이트의 장(CF)'의 공식 기관지)의 출발점이 되기도 한다.

이 그룹을 주도한 밀레는 이러한 전력에서 출발해서 라캉을 가장 직접적인 계보에서 읽어낸 인물이다. 그가 세인의 관심을 끌기 시작한 것은 라캉에 대한 치밀한 합리주의적 독법을 통해서다. 그의 청년기 작업은 시니피앙과 집합론을 독특하게 접목시켜, 이른바 '구조주의적 라캉'을 한 단계 고양시킨다.

그러다가 라캉이 죽기 직전, 카라카스 대회에서 밀레는 '또 다른 라캉'이라는 이름으로 라캉 독법에 대한 하나의 프로젝트를 발표하고, 라캉의 초기 제자들로부터 라캉을 분리시키는 초안을 마련한다. 라캉 사후, 프로이트 원인학교에서 본격화된 이 독법은 특이하게도 라캉을 라캉과 대립시켜 읽는 방법이다. '라캉 콘트라 라캉'이라고도 불리는 이 프로젝트는 라캉은 단일한 시선에 의해서 읽히는 완결된 저작이 아니라, 모순과 단절로 점철된 인물이라는 데 근거한다. 마치 여자의 존재가 그렇듯이, 전체로서의 라캉은 존재하지 않는다는 것.

2001년 라캉 탄생 100주년을 맞아 출간된 《또 다른 에크리》는 바로 밀레식 독법에 따라 선별된 라캉의 논집이다. 대타자의 상징계를 강조하는 라캉(《에크리》)과 향유의 실재를 강조하는 라캉(《또 다른 에크리》) 사이에는 그 자신이 시니피앙과 시니피에 사이에 설정해 놓았던 것과 같은 저항선이 가로놓여 있다.

이 단절의 독법에는 물론 밀레의 특이한 계산법이 숨겨져 있다. 라캉의 언설은 그 배후의 욕망, 라캉의 욕망에 의거해서 읽어야 한다는 것. 그런데 특이한 점은 밀레는 이러한 라캉의 욕망을 프로이트의 욕망으로부터 구별해 낸 뒤, 그것을 정신분석의 한계를 극복하려는 단초로 삼는다는 것이다. 밀레가 보기에, 프로이트가 전체로 귀착하는 욕망이라면, 라캉은 그러한 전체의 봉합점의 틈새를 탐색하는 욕망이다.

실제로 라캉은 1964년 프로이트를 정신분석사에서 분석을 받지 않고 분석을 행한 유일한 인물로 지목하고, 정신분석의 본원적인 유죄성에 관해 말한 바 있다. 남을 분석하기 위해서는 정신분석가 자신이 먼저 카우치에 누워 자신의 무의식을 분석해야 하는데, 정신분석의 창시자인 프로이트는 그 자신이 최초의 분석가였던 관계로 그럴 기회를 갖

인명 및 용어 설명

브루스 핑크

미국 정신분석가. 듀케슨 대학 심리학과 교수.《라캉의 주체》,《라캉 임상 분석 입문》등의 저서가 있다.

세계정신분석협회(AMP)

국제정신분석협회에 맞서 1992년에 결성된 국제적인 라캉학회. 자크 알랭 밀레가 이끄는 프로이트 원인학교(ECF)를 중심으로 유럽과 남미의 라캉 학파들로 구성되어 있다.

알랭 바디우

프랑스 철학자이자 ENS와 8대학 철학과 교수.《존재와 사건》,《주체의 이론》등의 저서가 있다.

인식론 서클

자크 알랭 밀레의 주도로 ENS 학생들이던 알랭 바디우, 프랑수아 레뇨, 장 클로드 밀네, 자크 부베레스, 미셸 토르 등으로 구성된 철학 모임이다.

정신분석가의 욕망

라캉이 제시한, 정신분석의 종결과 함께 생산되는 욕망 유형. 이미지나 표상에 의해 지탱되는 욕망이 아니라 욕망의 운동 과정 그 자체로서의 욕망으로서, 정신분석가가 분석을 실행하는 데 있어서도 중요한 원동력이 된다.

프랑스정신분석협회(SPF)

라캉이 파리정신분석학회(SPP)에 반대해 자신의 1세대 제자들과 함께 1953년에 창설한 정신분석학회.

프로이트 원인학교(ECF)

라캉이 1981년 파리 프로이트 학교를 해체하고 만든 프랑스의 정신분석협회.

통과 제도

1967년 라캉이 제안한 정신분석가 양성 제도. 피분석자의 위치에서 분석가의 위치로 이행하는 절차로서, 정신분석가의 욕망을 획득하는 것으로 완성된다.

지 못했다.

　라캉은 프로이트 내면의 분석되지 않은 그 무엇 때문에, 그가 고안한 정신분석은 그 자체의 신경증 속에서 한계에 봉착할 수밖에 없었다고 주장한다. 라캉이 제시한 '정신분석가의 욕망'과 이른바 '통과 제도'는 바로 이러한 한계를 돌파하기 위한 정신분석 자체의 갱생의 노력이다.

　라캉 사후, 1980년대 밀레의 작업은 라캉의 언술 속에 산재해 있는 그의 욕망의 흔적들을 도식을 통해 명료하게 담아내고, 이를 통해 임상, 윤리, 정치의 접속을 시도하는 것이었다. 인간은 말하는 존재라는 점에서, 원초적인 결핍을 안고 있다. 인간은 끊임없이 자신이 누구인지를 표현하려고 하지만, 말은 그가 누구인지를 알려주지 못한다. 시니피앙은 다른 시니피앙과의 관계 속에서만 규정되기에, 인간은 그 시니피앙들의 사슬을 따라 표류할 수밖에 없다.

　그런데 문제는, 인간은 이러한 존재 상실을 사회적 이상(理想)을 통해서 끝없이 보상하려 한다는 점이다. 인간은 자신의 뿌리 없음을, 사회적·도덕적 초자아의 명령에 대한 복종으로서 액땜한다는 것이다. 가령 나치의 전체주의는 존재 상실과 이에 대한 사회적인 이상의 충원물이 접속되어 빚어낸 환상의 산물이다.

　밀레·라캉주의에 있어, 환상이란 집단적이건 개인적이건 거세되고 남은 향유의 잔여물(부분)을 가지고 상실 이전의 향유(전체)를 소급적으로 구성해 내는 창틀이다. 중요한 것은 그러한 환상의 창틀이 인간에게 보상의 쾌락을 제공한다는 점이다. 따라서 초자아의 명령에 대한 복종은 강요에 의한 복종이기보다는 무의식적 의지에서 비롯된 복종이다. 전체주의는 개인의 환상과 마찬가지로 쾌락의 대상이기에, 집단으로서의 인간을 항상 유혹하는 것이다. 밀레가 보기에 정신분석은 주체를 환상 저편의 이상(理想)이 없는 욕망, 환상으로부터 면제된 욕망으로 이끄는 것이다. 이는 정신분석의 임상적 목표인 동시에 정치적·윤리적 목표이기도 하다.

1990년대에 와서 밀레는 이 작업을 자본주의 전반에 대한 정치적 비판으로 확장하며, 정신분석을 자본주의가 봉착한 한계를 넘어갈 수 있는 지렛대로 만든다. '타자는 없다'는 라캉의 공식으로 압축될 인간의 본원적인 상실에 대하여 과학은 일련의 대상들을 통해서 봉합된 주체를 생산해 낸다. 과학이 생산한 풍부한 재화들이 인간에게 예전보다 풍족한 향유를 제공하지만, 이는 공통의 방식으로 포장된 획일화된 향유일 뿐이다. 욕망은 그러한 손쉬운 대상들에 의해서 자신의 특이성을 잃게 된다. 밀레-라캉의 정신분석은 바로 이러한 자본주의의 미궁 속에서 인간이 주체로서의 욕망을 견지하고, 자신의 특이성을 완성하는 방법이 되고자 한다.

그는 유전학과 같은 과학이 발전한다 해도, 이러한 정신분석의 당위성은 변함이 없다고 말한다. 과학의 발전은, 대상으로서의 인간에는 영향을 미칠 수 있지만, 욕망과 사랑의 주체로서의 인간에는 무능할 수밖에 없기 때문이다.

맹정현 ▪ 파리 8대학 정신분석학과 박사과정 falo@naver.com

밀레의 스승 자크 라캉

자크 라캉(1901~81)은 레비 스트로스와 함께 제도권 밖에서 가장 급진적인 사유를 생산한 사람이라고 할 수 있다. 라캉은 프랑스 지성의 산실인 파리고등사범학교로 시작되는 엘리트 코스를 거치지 않았으며, 이후에도 평생 '미국식 삶'을 대변하는 국제정신분석협회에 맞서 투쟁하였다.

그는 생텐 병원과 소르본 대학 법과대학, 고등사범학교의 강의실을 전전하면서 '세미나'에 주력하였다. 그리고 예순 다섯 살이 되어서야 《에크리》라는 저서를 냈을 뿐이다. 그래서 '에크리(Ecrits)'가 '글로 쓴 것'이라는 의미를 가진 것은 여러모로 시사적이다.

정신분석사가인 루디네스코는 라캉을 중심으로 한 프랑스 정신분석학의 이러한 풍경을 '백년의 투쟁'이라고 부르고 있다. 라캉 본인도 《세미나》 11집의 개막 강연에서 스피노자 이후 두 번 파문 당한 사람은 자기뿐이라고 이야기하고 있기도 하다. 즉 프로이트의 딸 안나로 대표되는 국제정신분석협회에 가입하려는 프랑스 정신분석가는 라캉과 아무런 관계가 없음을 공식적으로 선언해야 한다는 규정이 만들어졌을 만큼 라캉은 주류로부터 이단으로 배척받았던 것이다.

물론 프로이트 당시부터 정신분석학계의 유일한 비유대인으로 프로이트의 황태자라는 칭호를 듣던 융이 결국 프로이트와 결별한 데서 보이듯이 정신분석학 자체가 분열과 분리를 특징으로 하고 있기도 하다. 하지만 라캉은 프로이트와 다른 자기 길을 간 것이 아니라 오히려 주류적 흐름이 프로이트로부터 일탈했다고 보면서 "프로이트로 돌아가자"라는 기치를 들고 주류에 맞서 지난한 투쟁을 벌였다.

이러한 라캉을 둘러싸고 '기인이다', '기행을 일삼았다', '난해하다'는 등 온갖 풍문이 떠돌았던 것은 당연하다. 예를 들어 에스파냐의 초현실주의 화가인 달리에게서 "처음부터 나를 이해한 사람은 당신뿐"이라는 이야기를 듣기도 했지만 동시에 그는 촘스키를 만났을 때는 "미국인은 발로 사유한다"는 독설을 퍼붓기도 하였다.

그리고 프랑스어와 거의 동족어라고 할 수 있는 에스파냐에서 최근 《자크 라캉의 에크리 번역에서 나타난 천몇백 가지 오류》라는 책이 나왔을 정도로 그의 사상은 난해한 것으로 알려져 있기도 하다. 아마 그의 사위이자 《세미나》의 편집자인 밀레를 둘러싸고도 계속 '적자' 문제와 함께 라캉 저작의 '정본' 문제가 제기되는 것도 이러한 맥락에서 이해할 수 있을 것이다.

그는 현대적 삶에 '적응'하도록 만드는 것이, 즉 비정상적인 것을 정상으로 돌려놓는 것이 정신분석학의 임무라고 믿는 주류에 맞서 투쟁하였다. 그리고 정신분석학자는 석사 2년, 박사 5년 하는 식으로 만들어지지 않으며 정신분석 또한 (대학 강의처럼) 50분 단위로 할 필요가 없다는 주장을 굽히지 않았을 뿐만 아니라 이를 직접 실천하기도 하였다.

이처럼 정신분석학의 본질, 제도, 실천 등과 관련된 모든 면에서 그는 도저히 주류와 타협할 여지가 없었다. 하지만 동시에 그의 이론이 지속적인 관심을 갖는 것은 인간의 삶이라고 하는 것이 정상과 제도와 정확함으로 온전히 환원될 수 없다는 자명한 진리가 그의 투쟁적 이론 속에서 새로운 빛을 계속 뿜어내고 있기 때문일 것이다.

조형준 ■ 새물결출판사 주간

자크 알랭 밀레의 약력

- 1944년 프랑스 출생.
- 1964년부터 ENS 시절 알튀세르의 권유로 라캉의 세미나에 참여하기 시작함.
- 1966년 ENS '인식론 서클' 설립, 《분석을 위한 노트》 창간.
- 1966년 라캉의 저서 《에크리》의 색인 작성.
- 1973년 자크 라캉의 세미나 XI권 《정신분석의 네 가지 기본 개념》 출간.

- 1974년 파리 8대학 정신분석학과 학과장 취임.
- 1975년 '프로이트의 장(Champ freudien)' 출범.
- 1975년부터 파리 8대학 정신분석학과에서 '라캉의 정향화(Orientation lacanienne)'라는 제목으로 주례 세미나 실시.
- 1975년 자크 라캉의 세미나 I권《프로이트의 기술적인 저술》XX권《앙코르》출간.
- 1975년 프로이트의 장의 공식 기관지인《오르니카르》창간.
- 1976년 파리 8대학 산하의 임상 프로그램인 섹션 클리닉(section clinique) 설치.
- 1978년 자크 라캉의 세미나 II권《정신분석의 기술과 프로이트의 이론 속에서의 자아 개념》출간.
- 1981년 자크 라캉의 세미나 III권《정신병》출간.
- 1981년 파리 프로이트 학교(EFP) 해체와 프로이트 원인학교(ECF) 발족.
- 1981년에서 1997년까지 파리 8대학 정신분석학과에서 '라캉의 정향화' 두 번째 시리즈 시행.
- 1986년 자크 라캉의 세미나 VII권《정신분석의 윤리》출간.
- 1991년 자크 라캉의 세미나 VIII권《전이》, XVII권《정신분석의 이면》출간.
- 1992년 파리협약. 세계정신분석학회(AMP) 창설.
- 1994년 세미나 IV권 출간
- 1998년부터 파리 8대학 정신분석학과에서 '라캉의 정향화' 세 번째 시리즈 시행.
- 2001년 자크 라캉 탄생 100주년을 기념하여, 그의《또 다른 에크리》(*Autres Ecrits*)를 편집 출간.

'사이보그'에 거는 인간의 희망

Donna Haraway 도나 해러웨이

도나 해러웨이

테크노사이언스의 여전사 도나 해러웨이

도나 해러웨이는 미국 캘리포니아 대학의 의식학과(History of Consciousness) 교수다. 기념비적인 저서 《영장류의 전망》(1989)과 고전의 반열에 오른 에세이 《사이보그 선언문》(1991)을 통해 지식의 형성과 과학·문화 비평에 대한 독특한 사유 방법을 제시했던 그녀는 페미니즘 과학학 학자 및 사이보그 인류학자로서 명성을 날리고 있다. 과학 지식의 형성에 반영되는 메타포와 그런 메타포가 지식을 만들어내는 힘의 네트워크에 미묘하게 작용하는 인식론에 관하여 해러웨이는 '위치지어진 지식(situated knowledge)'이란 모델을 제안하였다.

자연 현상이나 세계를 잘 설명하기 위해 전망(vision)이란 메타포를 이용하자면, 지식이란 어떤 장소에서 바라본 특정한 시각에 불과하므로 어떠한 견해와 주장도 결국은 특정 장소에서 바라본 부분적인 전망일 뿐, 보편적인 타당성을 가지고 있지 않기 때문에 인식 주체인 행위자와 인식 대상인 비행위자 간의 대화 및 협상이 필요한 것이며, 그러한 요건이 충족되는 한에서만 좋은 과학이 가능하다고 해러웨이는 본다. 그녀의 '위치지어진 지식' 모델은 객관성, 실재론, 사회구성주의 과학관의 절충안이라고 할 수 있다.

이 지식 모델에서 해러웨이는 자연의 실재는 발견되는 것이 아니라 '구성'되는 것이며, 좋은 과학과 나쁜 과학은 구별할 수 있고, 이를 구별하기 위해서는 자연 현상의 물질적 분석과 이를 둘러싼 문화적 분석이 함께 어우러져야 한다고 말하고 있다. 해러웨이의 '위치지어진 지식' 모델은 그녀의 저술 전반에 흐르는 이론적 패러다임이다.

《사이보그 선언문》은 포스트모더니즘과 사회주의 페미니즘을 결합하여 풍자적인 정치신화를 고안한 해러웨이의 역작이다. 그녀는 과학기술의 발달로 재편된 포스트모더니즘 시대를 살아가는 여성의 정체성을 주장하였고, 그 정체성의 중심에는 사이보그가 있다고 말한다. 기계와 유기체의 잡종인 사이보그야말로 생명과 기계, 인간과 동물의 경계가 없어져 버린 미래 우리들의 모습과 존재라는 것이다.

예를 들어, 인간과 기계인 컴퓨터의 관계를 보자. 오퍼레이터는 기계에 명령을 내리고 기계는 오퍼레이터의 일부처럼 그 명령을 수행하는 관계인데, 여기에서 만드는 자와 피조물의 경계는 모호하다. 또한 우리는 독립적으로 동작하는 기계의 한계를 보완하기 위해 네트워크에 접속을 시도하게 되는데, 이 네트워크 안에서는 무엇이 정신이며 무엇이 육체인지 그 경계 역시 분명하지 않다. 바꾸어 말하면 기계와 유기체, 기술적인 것과 유기체적인 것 양자 사이에 근본적이고 존재론적인 분리는 없다.

따라서 과학기술 발전에 힘입은, 물리·비물리적인 경계를 무너뜨리는 새로운 존재로서 사이보그의 출현은 기존의 현실 세계에서 부정적인 결과를 야기했던 인종, 젠더(性), 국가의 경계를 뛰어넘는 범인류적인 보편성을 지닌 심상이며 미래 사회의 희망이라고 그녀는 주장한다. 그녀는 사이보그 이미지를 흑인 및 아시아계 여성을 포함한 비(非)백인 소수파 그룹의 유색 여성에게서 발견하였으며 그들은 전통적인 남성 중심적 서구의 반식민주의적 담론의 근거를 해체할 수 있는 세력이 될 수 있다고 보았던 것이다.

그녀의 사이보그 이미지는 다분히 급진적이다. 노동의 특성을 성별 분업에 따른 기능주의적 생물학적인 성과 섹스로만 이해했던 급진적 페미니즘, 말하자면 여성 억압의 역사적 근원에 대한 문화적 담론에 대해서는 물론, 노동력의 대상으로서 여성의 입장을 분석하고 있던 사회주의 페미니즘, 이를테면 계급 제도 이전의 성별 분업의 차별에 대한 사회적 담론에 대해서도 비판적 태도를 취한다. 미래의 사이보그는 특정한 누구를 선별적으로 소외하거나 포함하는 것이 아니라 사람과 사람을 연결하는 '탈성차 사회(脫性差社會)'의 근간이 된다고 해러웨이는 강조한다.

현재 진행중인 제2의 과학 혁명(분자생물학, 양자역학, 상대성 이론 등으로 대변되는 20세기 과학 혁명)과 제3의 산업 혁명(정보통신 혁명과 탈산업화 혁명)의 과정 속에서 나타난 신지식인과 노동 계층은 사이보그 사회를 준비하고 있는 셈이다.

첨단 기술을 중심으로 한 고도 산업사회에서는 비전문적 백인 남성들이 소수 엘리트 전문 여성보다 구조적 실업의 위기를 더 절실하게 겪을 가능성이 이전보다는 현저하게 커지는 데서도 볼 수 있듯이, 성별에 근거한 대상의 고정적이고 도식적인 분석은 효력을 상실하고 있다.

대다수 여성들의 정치적 이미지도 다양한 스펙트럼을 보여준다. 다국적 기업들이 제3세계의 여성 노동력을 노동자 수급의 대상으로 선호한 결과, 유색 여성과 소수파 여성들은 비전문 숙련직에서 고용의 기회를 가지면서 생산, 문화, 소비의 주축이 되고 있다. 미래 기술력 시대의 여성의 역할은 과거 남성과 여성, 자연과 문화의 이분화에 내재했던 위계 질서의 간극을 넘은 사이보그 사회의 정체성을 구축하는 것이다. 바로 이 점에서 해러웨이는 젠더, 소유권 및 다른 분석 범주 등과 같은 분석틀을 '고정된 당연한 것'으로 여기지 말 것을 경고한다.

해러웨이의 페미니즘 과학학의 주장은 급진적이다. 그녀는 반(反)과학의 입장을 주지하는 것이 아니라 오히려 비판적 과학, 객관적 과학에 기초한 시민과학의 조성을 주장한다. 과학기술이 지속가능한 삶의 질을 향상시킬 수 있다고 보았던 그녀는 테크노사이언스(technoscience) 사회야말로 미래 사이보그 사회로 나아가는 중요한 가교라고 보았다.

테크노사이언스 사회의 비전은 인식 주체인 행위자와 객체인 비물질 행위자 사이에 연대감이 이루어지는, 모든 성원에게 부합되는 보편적 가치를 추구하는 과학기술의 테크노피아의 구현이라고 그녀는 강조한다. 한마디로 테크노사이언스 사회란 인간의 평등, 풍부한 물질 세계 구현, 자기 비판적 지식, 물질적 부의 분배, 환경친화적 세계, 생물다양성과 종의 보존 등이 어우러진 곳이다.

이를 위하여 해러웨이는 과학기술의 발전과 평가에 시민 사회의 여론과 과학자의 전문적 고견이 수렴되는 '합의 회의(consensus conference)' 같은 모델을 제안한다. 아울러 그녀는 테크노사이언스 사회에서는 자신이 고안한 위치지어진 지식 모델과 일군의 페미니스트 과학자들이 믿는 객관적 과학의 구현이 가능하다고 본다. 이를 위해 해러웨이는 복잡다단한 과학기술의 세계에서는 참지식의 획득과 자유와 정의를 구현하는 테크노사이언스 세계를 살아갈 돌연변이 같은 '진리의 증인'이 필요하다고 봤다. 반인종주의자, 페미니스트, 다문화주의자, 급진적 과학 운동의 사도로서 해러웨이는 바로 이 돌연변이 같은 증인이 다름 아닌 사이보그라고 보았던 것이다.

정혜경 ■ 포항공대 강사 · 과학사 hgeong@postech.ac.kr

페미니즘과 과학

1970년대 이후 영국과 프랑스에서의 과학학(Science Studies. 과학과 유관한 총체적인 활동을 연구하는 학문)은 '과학이 사회적으로 구성된다'는 사회구성주의 이론에 바탕을 두는 경향이 강하다. 유럽의 과학사회학자들은 국경과 정치성을 초월해 사회구성주의 테제의 이모저모를 해부하는 지적 유희를 즐겼다.

일부 과학사회학자들은 과학 지식의 사회화 과정의 논리성만을 강조하는 데 반해, 이에 반대하는 과학자들은 과학의 본질이나 과학의 능동적인 실천이 과학 지식을 형성한다는 점을 강조하고 있다. 그러나 대부분의 과학사회학자들은 과학 지식의 산물을 이해하는 데에는 19세기에 팽배했던 실증주의보다 사회적 역동성이 더 중요하다는 점에 공통으로 동의하고 있다.

그러나 막상 과학사회학자들은 과학 자체에는 무비판적인 태도를 보여주는 반면 과학학의 인접 분야에 대해서는 냉소적인 자세를 취할 뿐 아니라, 특히 페미니즘 과학학의 주장에는 무시로 일관하고 있다.

그렇다면 페미니즘 과학학의 입장은 어떤 것인가? 과학사가인 론다

쉬빙거는 페미니즘 과학(기술)학의 동향을 다음의 네 가지로 분류하고 있다. 첫째, 역사상 무시되어 왔던 여성 과학자들의 위상을 복원시키는 연구, 둘째, 과학 제도의 발달에서 여성을 배제해 왔던 역사적 이유를 규명하는 연구, 셋째, 과학 지식의 성적 구성과 '성과학'의 이데올로기를 규명하는 연구, 넷째, 과학 실험과 실천의 규범 및 방법에서의 남성 중심적 과학관의 규명 등이다.

페미니즘 과학학 학자들은 과학사회학의 이론적 틀을 이용하여 과학 내용 및 방법의 구성에서 성(性)의 중요성을 조명하였다. 페미니즘 이론가들은 과학이 오랫동안 남성의 독점적인 영역이 있었다고 보았기 때문에, 기존의 과학 방법론은 서구의 남성적 세계관에 부합하는 지배욕, 착취욕, 기계화와 연관된 가치 등으로 점철되어 있다고 주장한다.

페미니즘 과학학 학자들은 다양한 그 입장 표명에도 불구하고 공통적으로는 과학의 전통적인 인식론을 공격하고 있다. 전통적인 견해에 따르면 과학은 관찰과 실험을 통해 얻어지는 객관적 지식으로 가치중립적인 순수한 객관적 진리를 확신한다고 여겨왔다. 이에 대해 페미니즘 과학학 학자들은 남성 중심적인 과학의 지식에 여성의 경험을 포함함으로써 객관성 과학을 추구할 수 있다고 봤다. 그들은 전통적 실증주의에 근거한 엄밀한 과학 방법이 아니라 인식 주체의 관점과 입장까지를 포괄하게 되면 과학과 자연을 더욱더 잘 볼 수 있어 매우 강한 객관성을 띨 수 있다고 주장한다.

예를 들어 해러웨이에 버금가는 페미니즘 과학학자인 에블린 폭스 켈러는 유전학자인 바버라 매클린턱의 전기에서 "매클린턱의 성공적인 과학은 당시 남성 주도적인 유전학자 사회가 주장했던 편협한 방법을 넘어서서 탈성차(脫性差)의 접근을 시도한 점에 있다"고 말하고 있다. 매클릭턱은 유전자가 유기체를 결정한다는 남성들이 주도한 유전학의 방법과 원리를 넘어서, 옥수수의 변이를 유기체와 유전자의 상호 작용으로 설명하는 독특한 관찰 방법으로 '점핑 유전자(jumping gene)'라는 가설을 제창했으나 오랜 동안 무시 당하다가 결국 1983년 노벨상의 영예를 안게 되었다.

　이러한 페미니즘 과학학 학자들의 노력에도 불구하고, 여전히 과학사회학의 지면에는 페미니스트들의 의식이 결여되어 있거나 지나치게 남성우월주의의 수사가 넘쳐나고 있다. 여전히 과학사회학자들과 노선상의 차이를 보이는, 고립된 듯한 페미니즘 과학학의 위상은 어떻게 설명이 가능한가?

　그런 고립도 전통적으로 남성 주도의 과학 세계에서 소외받은 여성 과학자의 전통과 관련이 있는 듯하다. 예를 들어, 물리학, 수학, 공학 등은 남성적 과학으로 취급되고 있는 분야에서 과학사회학자들은 여전히 남성 중심적 과학관을 노골적으로 드러내고 있다.

　물론 페미니즘 과학학 학자들만이 과학의 인식론을 개혁하려는 유일한 그룹은 아니다. 과학사회학의 노선에 회의적인 많은 학자들은 실제 삶에서 일어나는 도덕적 부정과 인간의 고통을 해결하는 데 필요한 이론적 틀의 모색에 관심을 가지고 있다. 이런 고민들은 페미니스트들에게도 큰 자극을 주었다.

　그리하여 페미니즘 과학학 학자 샌드라 하딩은 포스트모더니즘 산업사회에서의 인간의 고통을 분석하는 과정에서, 지배자 대 피지배자의 양극화 모델이 종래의 남성 대 여성의 분석틀보다도 훨씬 유용한 분석 도구임을 주장하고 있는 것이다. 이제 페미니스트 과학학 학자들이 더 이상 외롭게 고전분투하지 않을 것이며, 오히려 과학 비판의 중심부에 자리매김하게 될 것이라는 분석과 예상을 가능하게 한다.

정혜경

도나 해러웨이의 약력

- 1944년 미국 콜로라도 덴버 출생.
- 1960년대 예일 대학에서 발달생물학 전공.
- 1966년 대학 졸업 후 풀브라이트 장학금으로 프랑스 파리에서 진화철학, 신학 공부.
- 1970~74년 하와이 대학에서 생물학·과학사 강의.
- 1972년 예일 대학원에서 박사.
- 1980년대 존스 홉킨스 대학에서 생물학·과학사 강의.
- 1980년 이후 캘리포니아 대학의 의식학과에서 페미니즘 과학학 강의.
- 1980년대에 영장류 연구를 시작하여 사이보그 연구를 고안함.
- 1984년 캘리포니아 대학의 종신 정교수 임명. 과학과 정치, 페미니스트 이론, 공상과학, 그리고 인종, 식민주의, 정체성 및 기술 이론, 외계인 납치를 둘러싼 정치·역사·종교와의 관계에 대한 독특한 강의 개설.
- 현재 캘리포니아 대학 의식학과(과학사) 교수.

관련 저작들

미번역서

- Donna Haraway, *Primate Visions : Gender, Race and Nature in the World of Modern Science*, Routledge, 1989.—《영장류의 전망》
- ———, Modest—Witness@Second Millennium : Femaleman©—Meets—Oncomousetm : Feminism and Technoscience, Routledge, 1996.—《진리의 증인》

번역서

- 도나 해러웨이, 민경숙 옮김,《유인원, 사이보그, 그리고 여자》, 동문선, 2002.

참고문헌

- 홍성태 엮음,《사이보그, 사이버 컬처》, 문화과학사, 1997.

제8부

새로운 21세기를 향하여

一 가까운 미래의 지적 풍토에 대한 한 자유주의자의 전망

二 '그들만'의 세계에서 '우리들'의 세계로

제8부를 들어가며

김성기 기획위원

　전체 시리즈 중 마지막 부분이다. 앞서 제1부에서 제7부에 이르기까지 오늘날 지식 사회의 최전선을 숨가쁘게 달려왔다. 저마다 화려한 빛을 발하는 현대 이론의 다채로운 장면을 목격할 수 있었다. 이는 바깥 세계에 대해 눈을 뜨는 기회가 되기도 했다. 한데 잠시 숨을 고르며 지나온 길을 돌아보니 정작 지도 작성자의 육성이랄까 모습은 그리 선명하지 않았다. 그래서 마지막에는 제목 그대로 21세기의 미래를 전망하며 '지금, 여기'의 우리가 할 일과 갈 길을 모색하자는 쪽으로 의견이 모아졌다.

　제8부는 단 2편의 글로 구성된다. 여타 부분과는 달리 약소한 편이다. 원래 기획에는 '아시아권의 도전'을 비롯해 '마르크스주의 이후 진보 이론의 새로운 구성' 같은 주제가 포함되어 있었다. 하지만 주어진 일정과 지면이 한정된 탓에 미흡한 채로 종결짓지 않을 수 없었다. 대신 부록에 수록된 기획위원들의 〈'세계 지식인 지도'를 끝내며〉를 통해 그 같은 아쉬운 점을 보완하려고 했으니 독자 여러분께서는 토론 내용을 제8부의 연장선상에서 읽어주었으면 하는 바람이다.

　먼저 작가 복거일에게서 '가까운 미래'의 바람직한 그림을 구하고자 했다. 그는 우리 사회에서 자유주의의 중요성을 역설하는 논객으로 잘 알려져 있다. 그에게 자유주의란 단순한 정치적 논리로 그치지 않고 실제 현실 세계의 이상에 이르는 유일한 과학적 논리다. 물론 그간 자유주의의 문제점이나 한계를 둘러싼 비판은 많았다. 하지만 그것의 참 의미와 힘을 설파하는 논자는 드물었기에, 그가 자유주의자의 관점에서 바라보는 우리 현실의 진로와 미래 전망을 존중하기로 하였다.

　그가 전하는 메시지는 크게 두 가지다. '사회는 생명체와 마찬가지로 정보처리 체계'라는 것과 '종교적 및 예술적 지식보다는 과학적 지식이 중요하다'는 것. 그는 전자의 명제에 기대어 사회는 개인들의 정보처리 과정에 개입하고 통제하기보다는 정보처리의 자유를 한껏 허용해야 한다고 하며, 또한 21세기에도 과학적 지식의 발전과 우세는 지속될 터이므로 과학적 지식의 자유로운 유통과 활용은 일상의 무지와 편견을 줄일 뿐만 아니라 사회 문제의 해결에도 필수적이라고 주장한다. 이는 '신념의 확실성'이 우위를 차지하던 저간의 지식 풍토에 전면 반성을 요구하는 것이기도 하다.

다음, '주변부의 시선'에서는 '아시아 문화 연구'란 지식인 네트워크를 주목하였다. 1990년대 초반부터 움트기 시작한 이 네트워크는 '탈식민화의 기획'을 주창하면서 아시아 지식인들 사이의 소통과 연대를 도모한다. 이러한 작업을 주도하는 이가 대만의 문화연구자 천광싱(陳光興)이다. 그는 아시아 지식인의 정체성을 묻는다. 왜 아시아 지식인은 늘 향보편(向普便) 콤플렉스 내지 '새것 콤플렉스'에 시달려왔는가. 왜 서로간의 대화보다는 서구 따라잡기 혹은 서구 베껴쓰기에 열중하는가. 왜 자기 언어를 갖고 있지 못한가. 이 같은 일련의 물음은 결국 아시아의 지식인 문화가 처해 있는 식민지적 상황을 문제삼는 것이다.

그런 뜻에서 아시아 지식인의 자기 정체성 확립이란 곧 서양 중심의 학문 구조나 사유틀에 일대 구멍을 내는 작업이다. 지성과 사유의 세계가 그간 서구 편향으로 치닫게 된 내력을 성찰하고 더 나아가 진정한 대안적인 이론 구성의 길을 찾으려는 의지가 거기에 새겨 있는 것이다. 그렇다고 이미 뒤틀린 역사 행로를 겪은 바 있는 아시아의 각 지역이 동질적인 삶의 얼개를 갖는다거나 '하나의 아시아 문화'라는 원형을 갖고 있다는 말은 결코 아니다. 다만 아시아 지식인의 경우 흡사 남의 언어와 사유로부터 자신의 문제를 논하는 것과 같은 정신적 미아의 상태는 극복해야 한다는 뜻일 뿐이다.

과학적 지식에 기반한 자유주의가 대세

가까운 미래의 지적 풍토에 대한 한 자유주의자의 전망

근년에 과학과 기술이 아주 빠르게 발전하면서, 특히 생명과학과 정보기술이 큰 성과를 거두면서 생명의 본질에 대한 인식이 근본적으로 바뀌었다. 생명을 정의하는 일은 무척 어렵지만 생명 현상에서 자기 증식이 중심적 요소라는 것에 대해서는 모든 사람들이 동의하였다. "생명은 자기를 더 많이 합성하기 위해 에너지를 쓰는 것"이라는 미국 생화학자 존 하워드 노스럽(1891~1987. 1946 노벨 화학상 수상)의 정의는 이런 전통적 견해를 잘 대변한다.

이제 많은 생물학자들이 생명을 '정보 처리(information processing)'라고 여긴다. 실제로 생명체들의 모든 활동들은 정보 처리를 핵심적 요소나 과정으로 포함한다. 자기 증식이란 결국 '자기'를 정보의 형태로 인식한 뒤에 그것을 처리하는 과정이며, 그 일을 수행하기 위해 에너지를 쓰는 일도 다양한 정보 처리를 핵심적 과정들로 포함한다.

바로 그 정보 처리의 유무가 생명체들과 비생명체들을 구분하는 가장 근본적이고 확실한 기준이다. 살아 있는 것들은 모두 정보를 처리하면서 존속한다. 생명이 없는 것이 정보를 처리하는 경우는 없다.

생명의 핵심적 특질이 정보 처리이므로 그 과정에서 얻어진 지식이 삶에서 핵심적 자리를 차지하는 것은 당연하다. 지식을 한껏 넓게 정의해서, 그런 정보 처리 과정을 거쳐 얻어진 모든 정보들이 지식에 포함되도록 한다면 삶과 지식은 거의 동의어가 된다. 그리고 지식에 관한 논의에서는 그렇게 넓게 정의된 지식을 다루어야 한다.

흔히 지식이란 말로 지칭되는 '드러난 지식'은 실존하는 지식의 작은 부분에 지나지 않으며, 가장 중요한 부분이라 하기도 어렵다. 사람들의 삶에서 본능, 조건반사, 욕망 또는 잠재의식이라 불리는 '생물적 지식'과 풍속, 습관, 전통 또는 미신이라 불리는 '사회적 지식'은 얼마나 중요한가? 그런 '드러나지 않은 지식'은 개인들과 사회들의 모습과 움직임을 결정하는 데서 흔히 '드러난 지식'보다 훨씬 큰 역할을 한다.

그런 전제 아래 지식의 범위를 다루기 좋도록 좁혀서 사람들의 모든 지적 활동들을 지식으로 보면 지식은 종교적 지식, 예술적 지식, 그리고 과학적 지식으로 대별할 수 있다.

역사적으로 과학적 지식은 다른 두 지식보다 훨씬 빠르게 발전했고 사람들의 삶에서 차지하는 자리를 줄기차게 늘려왔다. 이런 사정은 과학이 가설들을 현실에 적용해서 진위를 가리는 검증의 과정을 거치기 때문이다. 그런 '과학적 방법론' 덕분에 과학적 지식은 검증을 거쳐 보다 나은 지식들로 끊임없이 대치되고 단편적 지식들은 점점 커다란 유기적 체계로 짜여질 수 있다. 다른 두 지식들은 그렇게 진화하지 못한다.

종교적 지식은 본질적으로 신념의 확실성에 바탕을 두었으므로 변화의 여지가 없다. 그래서 자신이 태어난 세상의 틀 속에 갇힌다. 지금 중요한 종교들은 모두 수천 년 전의 지식에 바탕을 두었다. 유대교, 기독교, 이슬람교(회교)는 메소포타미아 문명의 세계관을 아직 지녔고, 힌두교와 불교는 인더스 문명의 틀을 그대로 지녔으며, 도교는 중국 은

(殷) 문명의 자취를 고스란히 간직하고 있다.

예술적 지식도 꾸준히 자라날 토대를 지니지 못했다. 예술의 사조와 관행은 끊임없이 바뀌지만 예술적 지식이 보다 높은 체계로 상승하는 경우는 아주 드물다.

그러면 과학적 지식의 이런 발전과 우세는 앞으로 사람들의 삶에 어떤 영향을 미칠 것인가? 인류의 경험은 과학적 지식의 발전과 우세가 사람들의 삶에 큰 혜택을 주었음을 증언한다. 어떤 기준으로 평가하더라도 사람들은 지금 과거보다 훨씬 잘 살고 있다.

그리고 과학적 지식이 지금까지와는 달리 앞으로는 사람들에게 큰 혜택을 주지 못하리라고 믿을 근거는 물론 없다. 실제로 미래에 관한 예측들은 거의 모두 사람들이 지금보다 훨씬 잘 살리라고 전망한다. 그러나 과학적 지식에 바탕을 둔 현대 문명이 모든 사람들로부터 늘 사랑을 받는 것은 아니다. 현대 문명은 너무 복잡하고 거대해서 그것의 전모를 살피고 작동 원리를 이해하는 데는 높은 지적 능력과 많은 과학적 지식이 필요하다.

자연히 현대 문명을 제대로 이해하고 고맙게 여기는 사람들은 드물다. 많은 사람들은 어렵고 복잡하고 애매하고 습득에 시간이 걸리는 과학적 지식보다는, 특히 무척 어렵고 불투명하고 흔히 반직관적이며 체계적이지도 못한 사회과학 지식들보다는, 훨씬 간단하고 명쾌한 세계관을 제시하는 지식들을 받아들인다.

그런 사람들이 현대 문명에 적대적인 태도를 보이는 것은 이상하지 않다. 프리드리히 아우구스트 폰 하이에크(1899~1992. 1974년 노벨 경제학상 수상)가 지적한 것처럼 사람들은 자신들이 이해하지 못하는 현대 문명을 미워하고 두려워하며 그것을 파괴하려는 충동을 느낀다.

미국의 '9·11 참사'는 그런 파괴적 충동이 얼마나 끔찍한 일로 구체화될 수 있는가 잘 보여주었다. 그 참사는 아주 간단하고 명쾌하게 세계를 설명하는 종교적 지식을 신봉하는 사람들이 자신들이 이해하지 못하는 현대 문명에 대해 극도의 증오를 품고 그 문명을 상징하는 나라의 상징적 장소들을 파괴한 사건이다.

여객기들을 납치해 빌딩들을 파괴한 사람들은 거의 모두 사우디아라비아의 중산층 지식인들로 이슬람교의 원리주의 종파를 믿었다. 그 테러리스트들은 근년의 두드러진 테러리스트 집단들인 '적군파'나 일본의 '옴진리교파'와 아주 비슷한 풍토의 소산이다.

현대 문명에 대한 반감과 관련해 더 시사적인 것은 그 참사에 대한 사람들의 반응이었다. 많은 사람들은 그런 참사를 미국의 업보로 여기고 현대 문명의 구조가 그런 테러를 낳았다고 주장하였다. 옳고 그름을 떠나서 그런 주장은 현대 문명에 대한 반감이 아주 널리 퍼졌음을 잘 보여준다.

이런 사정은 이념적 갈등이 앞으로도 여전히 치열할 것임을 가리킨다. 각종 층위의 사회들은 생명체들과 마찬가지로 정보 처리 체계들이며, 이념은 본질적으로 그런 사회들의 정보 처리에 관한 견해를 뜻한다.

그런 이념적 지형에서 분수령 노릇을 할 것은 이전과 마찬가지로, 사회가 개인들에게 허여하는 자유다. 그래서 이념의 스펙트럼에서 한쪽에는 개인들의 정보 처리를 한껏 허용하자는 자유주의가, 다른 쪽에는 개인들의 정보 처리에 사회가 많이 간여하고 통제해야 한다는 전체주의가 자리잡을 것이다.

자유주의자들은 한 사회에서 정보는 대부분 개인들이 지녔고 정보 처리도 대부분 개인들에 의해 이루어진다는 사실에 주목한다. 그렇게 개인들에게 분산된 정보들을 한데 모아 처리해서 다시 배분하는 것은 물리적으로 아주 어렵고 경제적으로 무척 큰 비용이 든다.

따라서 개인들의 활동 집합인 시장이 정보 처리에서 정부보다 훨씬 효율적이다. 1920년대에 시작되어 70여 년 동안 지속된 거대한 '공산주의 실험'은 이 점을 극적으로 보여주었다. 덕분에 적어도 경제 분야에서 전체주의는 논파되었고, 자유주의는 거의 도전받지 않는 이념이 되었다.

그러나 다른 분야들에서는 자유주의의 세력이 그리 크지 않다. 위에서 설명한 것처럼 보통 사람들로서는 이해하기 어려울 정도로 복잡하고 거대해진 현대 문명은 늘 전체주의적 여론이 형성되도록 한다. 그리고 현대의 민족국가들은 자신이 완벽하고 자족한 정보 처리 체계가 되기를 열망하므로, 그들은 개인들의 정보 처리에 간섭하려는 전체주의적 성향과 그렇게 할 수 있는 기구들을 갖추었다.

현재 매춘, 동성애, 마약 사용, 낙태, 유전자 조작과 같은 사회적 논점들에서, 개인들의 자유와 선택을 한껏 보장하자는 자유주의적 주장은 소수이고 엄격한 사회적 규제를 계속 하자는 전체주의적 주장이 압도적으로 우세하다.

자유주의와 전체주의는 유전자 조작을 둘러싸고 특히 거세게 겨룰 것이다. 유전자가 생명체들의 가장 기본적인 정보 처리 장치이므로 이런 겨룸은 상징적으로나 현실적으로나 무척 중요하고 가까운 미래의 지적 풍토에 결정적 영향을 미칠 것이다. 지금 거의 모든 사람들이 유전자 조작으로 인류의 정체성이 위협을 받는다고 느끼며, 다른 사회적 논점들에서 자유주의적 태도를 보이는 사람들 가운데 많은 이들이 이 문제에 대해서는 아주 보수적인 태도를 보인다. 지금 유전자 조작을 엄격하게 통제하라는 목소리는 아주 높다. 유전자 조작에 관한 최종적 판단은 개인들이 지니는 것이 합리적이고 사회의 역할은 '지식에 바탕을 둔 조언(informed advice)'에 그쳐야 한다는 자유주의적 주장은 거의 나오지 않는다.

  과학과 기술은 끊임없이 발전하고 과학적 지식은 꾸준히 확산될 터이므로 과학적 지식의 자유로운 유통과 이용을 주장하는 자유주의는 앞으로도 가장 중요한 이념일 것이다. 그러나 현대 문명이 점점 더 복잡하고 거대해지면서, 그것에 대한 반감 또한 커질 것이고 그런 반감에 바탕을 둔 전체주의적 성향도 따라서 커질 것이다.

  우리가 지금 바랄 수 있는 것은 과학적 지식이 사회 문제들을 푸는 데 좀 더 많이 이용되는 것이다. 그렇게 되면 무지와 편견이 줄어들고 좀더 너그러운 사회가 나올 것이다.

복거일 ▪ 소설가

탈서구의 정신, 동아시아인의 정체성 찾기

'그들만'의 세계에서 '우리들'의 세계로

노엄 촘스키, 사무엘 헌팅턴, 위르겐 하버마스, 미셸 푸코, 앤서니 기든스, 폴 크루그먼⋯⋯.

우리가 알고 있는 세계적 지식인들의 면면이다. 실제 얼굴도 잘 알려져 있다. 이들의 입장 차이가 어떠하든, 우리는 이들의 주의주장을 예의 주시하며 논쟁을 벌이기도 한다. 얼마 전 '제3의 길' 논쟁을 비롯해 요즘 다시 주목받고 있는 '문명 충돌론'이 그 단적인 보기다.

그럼, 다음 명단을 보자.

르나토 콘스탄티노(필리핀), 아시스 난디(인도), 추아 벵후아(싱가포르), 시리우바삭(태국), 무토 이치오(일본), 윙 상로(홍콩)⋯⋯.

퍽 낯선 이름들이다. 발음하기도 어렵다. 대체 어떤 이들인가? 서두에 언급한 바 같은 유명 학자들은 아닌 것 같다. 아니, 존재 사실 여부도 확인하기 어려울 정도다. 큰 도서관이나 책방을 뒤져도 이들의 저술은 찾아보기 어려운 탓이다.

이 대목에서 떠오르는 물음. 왜 우리는 같은 아시아권에 속하는데도 이들을 모르는 것일까? 과연 아시아에도 탁월한 학자들이 있겠느냐고 생각하면 그만이다. 하지만 다시 묻기로 하자. 왜 같은 아시아권인데도 지식인들은 전혀 상대방을 모르는 것일까? 이는 우리에게 무엇을 의미하는가? 그간 우리는 영·미나 유럽권의 지식인들만 바라보며 한수 배우려고 했을 뿐, 아시아권의 학자들과는 완전히 소통 단절의 상태에 처해 있음을 문제삼는 것이다.

물론 오늘의 세계화 시대에 즈음하여 지식의 세계에서 국적이 무슨 문제가 되느냐는 반론도 있을 줄 안다. 언뜻 지당한 말씀이다. 그러나 단순히 지식의 국적 문제를 이야기하자는 게 아니다. 그보다는 세계로 열린 '지성과 사유의 창'이 왜 여전히 영·미 유럽권으로 한정되어 있는가를 성찰하자는 뜻이다.

이 같은 지성의 '편향 또는 사시(斜視)' 문제는 우리 학계나 지식 사회에서 더욱 각별한 의미를 갖고 있기에 이 문제를 제기하고자 한다.

'아시아 문화 연구(Inter-Asia Cultural Studies)'란 지식인 네트워크가 있다. 아시아권의 지식인들로 이루어진 자발적 결사체이지만 아직은 현재 진행형의 프로젝트에 가깝다. 이 조직의 문제 의식은 다음과 같다. 왜 아시아의 지성과 문화는 서구의 그것을 준거로 삼아야 하는가?

그러니까, 우리의 경우 하버마스나 헌팅턴을 줄곧 논하고 또 각별한 대접을 하는 반면 콘스탄티노나 아시스 난디는 전혀 인용하지 않는다고 할 때, 그 이유는 무엇인가? 이에 대한 아시아 문화 연구의 입장은 간명하다. '아니다, 더 이상 그래서는 안 된다'는 것. 이는 곧 아시아의 식민주의 문제를 건드리는 것이다.

이 네트워크의 맹아는 1990년대 초반부터 싹트기 시작하였다. 1992년과 1995년 두 차례에 걸쳐 대만 칭화(淸華)대학에서 개최된 학술 모임 '트레젝터리 : 새로운 국제주의 문화 연구'가 그 모태였다. 이것은 영어권 세계 외부에서 열린 최초의 국제적 문화 연구 회의였다. 이를 거치며 '아시아 문화 연구'의 기본틀이 잡혔다.

우리가 겨누어야 할 문화 연구의 과녁은 현재 아시아의 삶과 문화 배후에서 질기게 작동하고 있는 식민주의적이고 제국주의적 영향력의 해체에 있다는 것. 탈(脫)식민화 운동의 일환으로 자기 위상을 정립해야 한다는 논지다. 이후 '아시아 문화 연구'는 1998년 공식 발족하였고 2000년 초 같은 이름의 저널을 출범시켰다.

이 저널은 한 해 세 차례 간행되고 있으며 그간 저널의 흐름을 보면 '아시아가 의미하는 바'를 둘러싸고 일종의 정체성 확인 작업이 도드라진다. 사실 이게 핵심 과제일 터이다. 이와 함께 아시아 각국의 지역적 문제들을 소개하는 데 치중하는 것으로 보이는데, 아직은 각자 자기의 경험 세계를 풀어놓는 단계에 있다는 말이다.

그러나 아시아 현실에 대한 비판적 접근법은 애초부터 합의된 사항이었고, 따라서 아시아 외환 위기 시기 전후에 성행하던 '아시아의 부상이냐, 몰락이냐' 하는 투의 단선적인 논의와는 거리를 두는 편이다. 현재 참여자나 필자들은 아시아권의 연구자들이 주축을 이루지만 국제주의 정신을 추구하기에 개방적이다.

현재 이 저널은 영어로 발행되고 있다. 이 점은 '아시아 문화 연구'의 현주소를 상징적으로 웅변한다. 원칙적으로 원고는 중국어든 일본어든 어느 언어라도 사용 가능하다. 영어로 번역해서 싣기 때문이다. 한데 이 저널이 영어권보다는 아시아권 독자를 대상으로 한다는 점을 상기할 경우, 역시 언어 소통의 문제가 큰 걸림돌인 것 같다. 단적으로 아시아 국가 중 싱가포르, 필리핀, 말레이시아 등을 제외하면 영어를 통한 의사 소통은 어려운 실정인데, 이 같은 언어 문제에도 식민주의의 역사적 흔적은 새겨 있는 것이다. 앞으로 아시아 각국 언어들 사이의 교차 번역 프로그램이 하루빨리 개발되어야 할 당위가 바로 여기에 있다.

'우리들의 문화'를 재발견하자! 아시아 문화 연구는 이렇게 주장한다. 물론 현실적으로 실감하기는 어렵다. 과연 아시아란 것이 '우리들'로 수렴될 수 있으며 또 평화와 공존의 이상이 내부의 힘만으로 가능한 것일까? 회의적인 시각이 우세할 터다. 이에 대해《아시아 문화 연구》의 책임편집자 천광싱(陳光興. 대만 칭화 대학)은 "아시아에서 형식적으로 식민주의가 종식된 것은 제2차 세계대전 이후이지만, 전후세대 앞뒤의 지식인들 대부분이 미국에서 공부했"고 지적하며, 이러한 아시아 지식인의 문화적 종속 현상을 놓고 볼 때 "아직 탈식민지 시대가 아니다!"라고 역설한 바 있다.

나는 이 진단이 우리 지식인 문화의 주요 아젠다가 되어야 한다는 입장이다. 우리의 현대사는 서구만을 경쟁 상대(?)로 한 탓인지 우리 자신의 정체나 실력을 너무 과대 평가하거나 과소 평가하는 우를 범해 왔다. 어느 경우든 아시아 지식인의 자의식은 망각되기 십상이었다. 특히 경제 성장의 화려한 불빛은 우리 지식인의 현실 인식에도 영향을 미쳐, 제3세계의 시각은 거의 사라지게 하였다.

이제 냉정히 돌아보자. 우리는 정녕 서구 문화를 따라잡았는가? 그렇지 않다면 아시아의 창조적 발전에 실제 기여한 바 있는가? 이래저래 서구와 아시아 사이에서 '지적·문화적 미아'로 떠돌았다는 게 내 판단이다.

향후 우리 지식 사회의 최대 과제는 무엇보다 자신의 눈으로 세계를 읽고 문제를 포착할 수 있는 지식 자생성의 확보에 있으리라. 국문학자 조동일의 주장대로, 수입학의 시대를 마감하고 창조학의 새 시대를 일구어야 하는 과제가 눈앞에 놓여 있는 것이다.

그러한 과제의 실행이 결코 쉬운 일은 아닐 터다. 우리네 교육과 지식 문화의 틀에 일대 전환이 요구되는 탓이다. 솔직히 현재로서는 기대

난망이다. 그럼에도 불구하고 아시아 문화 연구는 우리에게 하나의 선구적 모델이 될 수 있으며, 마땅히 주목해야 할 프로젝트임은 분명하다.

김성기 ▪ 문화비평가 ATOMKIM@chollian.net

아시아 연구의 최근 동향

우리는 아시아의 문화정치(cultural politics. 문화가 정치적 쟁투의 주요 소재지가 되는) 상황과 대결하고자 만들어진, 국경을 초월하는 집단적 기획이다. 문화의 문제는 오늘의 아시아가 직면한 매우 중요하면서도 풀기 어려운 과제다.

물론 아시아라는 지역이 어떤 문화적·언어적 통일성을 갖고 있지 않으며 재화와 자원 역시 불균등하게 배분되어 있다. 때문에 각 지역을 가로지르는 정치적 연계망의 형성이 긴요하다.

냉전 이후 아시아에서의 정치·경제적 변동은 탈식민화를 향한 새로운 사회 운동과 더불어 비판적 문화 연구 등 대안적 지식 생산의 가능성을 열어주었다. 그런데 이러한 목표를 실제 구현하려는 실천적 지식인들 사이의 소통과 교류를 위한 적절한 수단은 부재한 형편이었다. 《아시아 문화 연구》 기획은 비판적인 아시아 주체(성)들의 구성 및 재구성을 향한 부단한 운동의 일부로서 자리매김한다.

저널 《아시아 문화 연구》 창간사 (요약)

창간사에서도 드러나듯이 《아시아 문화 연구》는 아시아권의 대안적인 지식 문화 네트워크다. 크게 보아 '탈식민화의 기획(decolonization project)' 아래 아시아 공동의 역사적 질곡과 현실 갈등을 탐색하고, 진정한 국제주의 정신에 입각해 여타 '제3세계'와의 연대를 도모한다.

저널은 영국 루트리지 출판사를 통해 발행되고 있다. 인터넷 주소는 (http://www.inter-asia.org)이다.

《아시아 문화 연구》와 함께 주목할 만한 것이 다언어 문화 이론 저널 《흔적》이다. 이른바 서구 이론의 '주변부'로의 일방 통행에 맞서 새로운 이론 구성의 길을 찾는다. 그 구체적인 방법으로 다언어를 채택한다. 같은 주제를 놓고 각기 나라마다 자국의 언어로 편집하는 것이다. 편집인은 사카이 나오키(미국 코넬 대학). 현재 영어와 중국어 등 6개 언어로 발행되며, 2000년에 창간호 한국어판(문화과학사)이 첫선을 보인 바 있다.

이상의 움직임은 결국 서구의 문화적 지적 패권에 대한 정면 대응이라는 지향성을 공유한다. 이런 흐름이 구체화되게 된 데는 무엇보다 《트레젝터리》(*Trajectoties*, 1998)의 역할이 컸다. 천광싱이 편집한 이 저술은 《아시아 문화 연구》의 이념과 방향을 제시한 최초의 비판적 작업이었다.

한편, 최근 아시아의 문화정치란 주제와 관련해 본격 연구서 세 편이 눈길을 끈다. 아리프 딜릭, 장쉬동의 공편 《포스트모더니즘과 중국》(2000, 듀크 대학), 로버트 영(옥스퍼드 대학)의 《탈식민주의 : 역사적 접근》(2001, 블랙웰), 데이비드 버치(오스트레일리아 디킨 대학)의 편저 《아시아 : 글로벌 시대의 문화정치》(2001)가 그것들이다.

중국사학자 아리프 딜릭의 책은 개혁 개방 이후 중국에 대한 본토 및 해외 지식인들의 다양한 시각을 담고 있는데, 현재 '중국의 경험'은 서구의 근대화 논리를 뒤집고 있으며 향후 포스트모더니즘의 이해에도 중요 변수가 된다는 주장이 돋보인다.

로버트 영의 경우 오늘날 탈식민주의의 비판 논리는 (라틴아메리카, 아시아, 아프리카를 아우르는) 제3세계의 반(反)식민 운동에 초점을 맞출 때 본연의 의미가 살아날 수 있다고 보며, '제3세계'라는 위계적 표현 대신에 '삼대륙론(Tricontinetalism)'이라는 새로운 관점을 제시한다.

끝으로, 버치는 루트리지 출판사 '아시아의 문화와 커뮤니케이션' 시리즈의 편집자인데, 이번 책에서는 아시아권의 문화적 역동성과 내적 이질성을 살펴본 후 "하나의 '아시아 문화'란 없다"라는 사뭇 도전적인 명제를 제출한다.

김성기

부록

'세계 지식인 지도'를 시작하며—대담

'세계 지식인 지도'를 끝내며—대담

'세계 지식인 지도'를 시작하며

일시 2001년 1월 **장소** 중앙일보사 회의실

기획위원 **김상환 김성기 이동철 임경순 임지현 정과리** 기획위원(가나다 순)
정   리 **정재왈** 중앙일보 기자

이동철(사회) 새해가 밝았습니다. 2001년 올해는 엄밀한 의미에서 21세기의 시작이기도 합니다. 이런 전환기를 맞아 중앙일보가 '세계 지식인 지도'를 기획했습니다. 시리즈의 문을 열면서 우선 지식인으로서의 소감이나 입장은 어떻습니까?

김성기 글쎄요. 저는 '지식인의 책무' 문제를 새삼 절감하고 있습니다. 이 말은 노엄 촘스키의 표현인데, 이것이 제 마음을 움직이는 것은 제 자신이 갈수록 기성 질서의 일부로 편입되거나 그 틀에 순치되고 있다는 자각 내지 반성 때문입니다. 그래서 앞으로는 에둘러 애매한 발언을 일삼으며 지식인 행세를 하기보다 좀더 분명한 태도를 취하려고 합니다.

정과리 그 의연한 각오가 제게도 용기를 줍니다. '지식인의 책무'에 동감하면서 저는 지식인의 변모상을 이야기하고 싶습니다. 20세기의 막바지에는 세계화, 상업화와 더불어 지식인의 전반적인 퇴조가 두드러졌습니다. 러셀 자코비가 '공적 지식인'의 소멸을 이야기했듯, 세상에 대한 비판적이고 반성적인 사유인으로서의 지식인은 주변으로 밀려났으며, 그 자리를 상품화한 기능적 지식인이 차지하게 됐습니다. 게다가 한국에서는 지식인의 프롤레타리아화 현상과 맞물려 더욱 심각한 현상을 초래했

습니다.

이동철 비록 용어는 다르지만 사회에 대한 비판 정신을 함축하고 있다는 점에서 '지식인의 책무'와 '공적 지식인'은 닮은꼴이 아닌가 합니다. 이런 지식인의 위상을 전제로 잠시 지난 세기를 정리해 볼까요.

임지현 20세기는 자유주의든 사회주의든 인간의 해방을 약속하고 지향했던 근대의 계몽적이고 유토피아적인 기획들이 그 한계를 드러낸 채 사상적으로 파산한 세기가 아니었나 합니다. 두 차례에 걸친 참혹한 세계대전과 잔인한 식민 통치, 아우슈비츠로 상징되는 파시즘의 만행, 지구 생태계의 위기 등은 근대적 해방의 몰락을 여실히 보여주었습니다.

정과리 저도 지난 세기가 돌이킬 수 없는 '인간 위기의 시대'였다고 생각합니다. 이성의 몰락으로 인한 패권의 집중이 두드러졌던 세기입니다. 패권의 집중이란 서양의 지배가 미·소의 지배로 압축됐고, 결국 미국의 승리로 귀결된 것을 뜻합니다. '팍스 아메리카나'는 단지 정치경제학만이 아니라 문화 일반, 더 나아가 일상적 삶의 전부로까지 확대됐습니다. 그것은 결국 물신의 지배를 낳았고, 모든 것이 상품 가치라는 유일의 척도에 의해 규정되는 시대가 온 것이지요.

김상환 사상사적으로 볼 때 20세기는 서양의 문명과 그것을 떠받치는 서양적 사유가 전 지구적으로 지배력을 획득한 시대였습니다. 이를테면 서양 문명이라는 유기적 생명체가 그 성장의 잠재력을 극단적으로 실현한 세기였던 셈이지요. 그 동력은 자본과 첨단 기술이었습니다.

임경순 그 지적에 동감합니다. 20세기를 거치면서 과학기술은 두 차례의 전쟁을 통해 그 사회적 영향력을 강화했습니다. 우선 20세기 초반에는 상대성 이론과 양자역학 등 물리학 분야에서 혁명적 변화가 있었습니다. 중반 이후에는 분자생물학과 유전공학으로 대변되는 생명과학이 두각을 나타내기 시작했습니다.

김성기 한국의 상황에 국한해서 본다면, 지난 세기에 우리는 식민지적 질서의 질곡에서 여전히 벗어나지 못했습니다. 자주 독립과 근대화를 향해 줄곧 노력했지만 결과적으로 그것을 제대로 이루지 못했습니다. 그렇다면 초강대국 미국에 맞서 무엇을 할 수 있을 것인가라는 물음이야말로 21세기 우리의 관심사가 아닐 수 없습니다. 미국이 주도하는 문화와 학문에 대해 비판적인 거리를 두어야 한다는 뜻이지요.

이동철 이제 우리는 21세기에 들어섰습니다. 지금 김성기 기획위원이 지적한 것처럼 탈식민주의는 새 세기 우리의 좌표 가운데 하나가 될 수 있을 것입니다. 이런 여러 고민과 관련해 '세계 지식인 지도'가 지니는 의미는 무엇입니까? 참고로 중앙일보는 재작년에 한국의 '지식인 지도'를 연재하면서 '집단 분류'라는 특이한 방식을 선보여 호평을 받았습니다. 이 연장선 위에서 '세계 지식인 지도'를 어떻게 방향지을 것이냐가 시리즈 기획위원들의 논의 과제였습니다.

지난 10월부터 석 달간 기획위원들은 머리를 맞대고 학계의 도움을 받아가며 주제와 인물 선정에 골몰했습니다. 독자의 이해를 돕기 위해 저희가 계획한 주제들을 소개하면, 첫째 주제인 '20세기에 대한 거역' 외에 '세계화의 도전과 응전—자본주의의 미래', '근대성의 해체', '생태주의와 자연의 새 이해', '21세기의 억압과 해방', '디지털 시대의 전개—네트워크 소사이어티', '새로운 문화와 예술', '두 얼굴의 과학기술', '새 정신의 전개', '아시아의 도전' 등입니다.

김상환 애당초 저는 20세기에 누적된 지적 성과도 정리하기 벅찬 실정에 21세기의 지적 흐름을 예견한다는 것은 터무니없다고 생각했습니다. 그러나 재작년에 중앙일보가 게재한 국내 '지식인 지도'를 예비적 모델로 해서 세계적 차원의 지식인 지도를 그려본다는 게 아주 불가능한 일은 아니라고 결론 내렸습니다. 20세기의 석학이나 대가들 이후 새로운 물꼬를 열어가는 지식인들이 분명 있으니까요. 이들이 터놓은 물꼬가 어떤 거대한 물줄기를 이룬다거나 새로운 저수지의 역할을 할지는 아직 미지수이지만, 일단 여기저기서 일어나고 있는 지형의 변화를 점검하고 기록하는 것은 의미 있을 것입니다.

김성기 저는 이 기획이 '지금, 여기 우리의 눈으로 본' 현대 지식인 지도라는 데 의미가 있다고 봅니다. 사실 우리는 '세계 속의 한국'이라는 말을 줄곧 외쳐댔지만, 실은 여전히 변방으로 남아 있지요. 지식인 문화의 경우에 특히 심했다고 봅니다. 이번 기획이 이 같은 서구 종속적인 학문 질서를 극복하는 하나의 계기가 됐으면 합니다. 그런 소망은 우리가 주제를 선정해 온 과정에 잘 녹아 있다고 생각합니다. 이를테면 '자본주의의 미래는 있는가', '디지털 정보화 시대의 삶과 문화란 무엇인가' 등에 대한 진지한 물음말입니다.

이동철 김성기 기획위원께서 자연스럽게 '세계 지식인 지도'가 앞으로 그려나갈 지형도를 잠깐 언급했습니다. 각자의 전공 분야에 맞춰 무엇을 담게 될 것인지 말씀해 주시지요.

임경순 과학 분야로 국한한다면 20세기까지 지배해 온 전통적 과학관에 대한 거부의 움직임을 본격적으로 다룰 것입니다. 특히 첫 주제인 '20세기에 대한 거역'에서 이를 조명할 참입니다. 예를 들면 과학의 상대주의적 측면을 부각한 토머스 쿤이라든가, 이를 더욱 극대화한 데이비드 블루어, 비결정론적이고 유기체적인 과학관의 기치를 내건 일리야 프리고진 등의 학문 세계가 여기에 속할 것입니다.

임지현 21세기 학문의 초점은 해방의 외연(外延)을 넓히는 데 맞춰야 한다고 생각합니다. 그래서 저는 서양과 동양이 비판과 연대로 엮이는 과정을 주목합니다. 역사학으로 좁혀본다면 여성사, 환경사, 서벌턴(subaltern)의 역사, 일상사 등이 이런 목표에 부합한다고 봅니다. 그래서 탈(脫)오리엔탈리즘이나 페미니즘 등은 '세계 지식인 지도'의 중요한 주제로 다룰 것입니다.

정과리 저는 근대성(모더니티)의 문턱을 넘어가는 세상의 변화하는 모습을 주목해야 한다고 생각합니다. 그래서 '근대성의 해체'는 섣불리 간과할 수 없는 주제입니다. 특히 한국은 모더니티의 완성(통일국가의 형성)을 미완된 숙제로 남겨두고 있으면서 동시에 포스트모더니티 속에 휩쓸려가고 있는 상황입니다. 전 지구적 환경 속에서 이 문제를 숙의할 필요가 있습니다. 나아가 세계화 또한 거역할 수 없는 추세입니다. '세계화=미국화'란 등식이 우리 사회에 던지는 중압감과 그 해결 방안도 한번 진지하게 논의해 볼 만합니다.

김상환 문화적 현실에서 종교가 차지하는 비중은 여전히 큽니다. 그러나 그동안 문화인류학과, 비교종교학, 포스트모더니즘 등에 힘입어 종교에 대한 이해가 크게 변했습니다. '새 정신의 전개'에서 이런 문제를 집중적으로 다룰 겁니다. 나아가 인간의 정신과 사유의 본성에 대한 새로운 관점을 제공하는 인공지능과 인지심리학, 환상문학이나 SF문학도 '세계 지식인 지도'에서 그냥 넘길 수 없는 주제들입니다.

이동철 목표가 거창하면 실망도 크다고 했습니다. 이 말이 '세계 지식인 지도'에 적용되지 않도록 해야겠습니다. 이번 기획이 좋은 열매를 맺게끔 노력하는 것도 기획위원들과 필자들이 맡아야 할 '지식인의 책무'일 것입니다. 아무쪼록 이 기획이 한국 지식 사회에 자극제가 되는 동시에 자생적 담론의 형성에 촉매로 기여하기를 기대합니다.

'세계 지식인 지도'를 끝내며

일시 2001년 12월   장소 중앙일보사 회의실

對談

기획위원 **김상환 김성기 이동철 임경순 임지현 정과리** 기획위원(가나다 순)
정   리 **정재왈** 중앙일보 기자

이동철(사회) '세계 지식인 지도'는 종래에 자주 있었던 석학이나 거장 또는 첨단의 소개가 아니라, 일정한 흐름과 지형을 보여주고자 노력했다는 것이 중요한 특성이 아닌가 합니다. 세계화, 근대성, 생태, 정보, 페미니즘 등의 키워드를 통해 21세기의 고민과 과제를 검토할 수 있었다고 생각합니다.

임경순 이번 연재는 특히 주류 사상뿐만 아니라 여성, 포스트콜로니얼리즘 등 주변부의 시각이 함께 어우러져 좋았습니다. 지식인의 대열에서 빠지기 쉬운 과학기술 분야의 지식인들, 예를 들어 리처드 스몰리와 나노테크놀로지, 테크노사이언스의 여전사 도나 해러웨이 등이 포함되어 지식 사회의 다양한 모습을 반영했다고 볼 수 있습니다.

정과리 세계의 방방곡곡에 분산되어 있는 지식인들을 정밀한 분류 원칙에 의해 체계적으로 정돈하여 지식 공간에 대한 최신판의 지도를 작성하였습니다. 또한 현대 지식인들의 역사적 계보를 캐들어감으로써 물질 문명의 발달에 끊임없이 반성적 성찰을 제공한 사유의 시간 줄기를 복원할 수 있었습니다.

김상환 전세계에 걸쳐 펼쳐지고 있는 지식의 새로운 전선(前線)과 지식인의 활약상을 골고루 정리해 보았다는 의의 외에도 이 연재의 특성과 성과로서 지적하지 않을 수 없는 것은, 이 세계적 지식인 지도의 세부에 대응하는 필자들을 발굴하고 모았다는 것입니다. 세계의 지식인 지도를 그리면서 국내의 지식인 지도도 자연스럽게 그려진 셈이지요.

임지현 기본적으로는 한국 사회의 이념적 지형에서, 즉 한국 사회의 문제 의식에서 세계 지식계의 동향을 일별했다는 데 의의를 두고 싶습니다. 또 뒤집어서 말한다면, 이 기획에서 해체론을 비롯한 각종 '포스트 담론'이 적지 않은 비중을 차지하고 있다는 사실은 한국 사회의 문제 의식이 주변부 혹은 제3세계적 시각에서 벗어나 중심부 사회의 문제 의식으로 이동하는 과도기에 있지 않은가 하는 생각도 듭니다. 그것은 기본적으로 절차적 민주화 혹은 형식적 민주화가 어느 정도 달성되었다는 1990년대의 현실을 반영하는 것이지요.

김성기 먼저 기획위원으로서 자축하고 싶습니다. 문제는 '지식의 세계 지도'가 필요했는가, 그리고 그게 제대로 그려졌는가 하는 점이겠죠. 애초부터 지도 작성이란 무모한 시도가 아닌가 하는 시선도 있었지만, '21세기 우리 지식인은 어디에 서 있는가'라는 절박한 고민을 반영했다고 봅니다. 물론 결과는 '코끼리 다리 만지기' 수준에 그쳤다는 평가도 가능할 터이며, 다만 향후 온전한 지도 작성을 위한 밑그림 구실은 충분히 하지 않을까 싶네요.

이동철 이번 기획이 한국의 지식인 사회나 학계에 지니는 의의는 무엇입니까? 개인적으로 우리의 지식인 사회나 학계에 대해 아쉬움을 느끼는 것이 있다면 균형 감각과 현실 감각입니다. 아울러 그에 바탕을 둔 아젠다 설정 능력도 그렇고요. 그런데 이 균형감과 현실감은 지도를 그리는 데 불가결한 요소입니다. 여러 면에서 미흡한 점도 있지만, 우리의 입장에서 세계 지식인의 흐름과 동향에 대해 지도를 그리고자 했고, 그려냈다는 점에서 커다란 의미가 있다고 봅니다. 또한 이런 과정에서 우리 내부의 지적 역량이나 축적, 나아가 한계를 어느 정도 확인할 수 있던 점도 의미가 있겠지요.

김성기 우리 지식계의 '칸막이' 현상을 절로 돌아보게 했다는 점이죠. 그간 우리가 알고 있던 '문화와 지식의 창'이란 게 너무 편협하고 특히 지적 촉수가 미국과 유럽권에 쏠려 있다는 문제가 드러났지요. 또 하나, 이런 기획이 언론사에서 추진되기 전에 학계 내부에서 먼저 공동의 지적 의제로 제출되지 못했다는 점이 못내 아쉽습니다. 그 까닭이 무엇이든 두고두고 반성할 대목이지요.

김상환 제 동료인 김기현 교수가 대니얼 데닛과 인공지능에 대해서 썼는데, 기사가 나간 후 여러 군데에서 문의 전화가 왔다고 그래요. 이 분야에 대한 대중의 관심을 유도한다는 것을 넘어 같은 관심을 갖는 전문가들끼리 서로 연락하고 연대하는 기회가 된 것 같습니다. 특히 이번 연재에서 신생 학문이나 영역이 많이 소개되었는데, 이런 분야일수록 그런 효과가 컸으리라 봅니다.

정과리 무엇보다도 지식인들의 다양성과 넓은 폭은 한국의 지식인 사회에 개안의 기회를 제공했다고 생각합니다. 우리가 그동안 바깥의 학문을 섭취하는 작업에서 너무 편식해 오지 않았는가 하는 자성이 저절로 듭니다. 게다가 언뜻 보기에 엇비슷한 지식 동향들 속에 있는 미세한 차이가 세계관의 근본적 차이를 낳을 수도 있다는 것을 볼 수 있습니다. 이것은 결국 삶의 현장과 구체성의 문제로 귀착합니다.

한국 지식인들에게 세계 지식인들이 중요하다면 바로 자신의 삶의 현장에서 고뇌하면서 자신만의 이론 체계를 세워나간 치열한 과정 자체가 의미 있기 때문입니다. 세계의 지식은 우리에게 주입적으로 전수될 것이 아니라, 유비(類比)적으로 이해되어야 할 것입니다. 우리의 지식인 사회에 가장 절실하게 요구되는 사항입니다.

임경순 저도 김상환 교수의 지적에 동감합니다.

이동철 시리즈는 당초 50회 정도를 예상했으나 빠지게 되어, '아시아의 도전'이라는 예정 주제를 다루지 못하고 최종회의 '주변부의 시각'에서 아시아 지식인의 흐름을 다루게 되었습니다. 아무튼 우리 지식인 사회에 아시아나 여타 주변부의 지식인과 그 흐름을 잘 모르거나 관심이 부족한 것은 분명한 사실입니다. 하지만 그들이 우리와 많은 면에서 동질적이거나 유사한 문제와 고민을 보인다는 점에서 좀더 진지한 관심이 필요하다고 봅니다. 중국의 경우 '문화열'이나 '인문 정신' 논쟁 등은 우리 사회에도 소개되었지만, 1990년대 후반 신좌파와 자유주의 사이의 논쟁이나 중국의 포스트모더니즘 등은 별로 논의되지 않고 있습니다. 중국 지식인들의 문제 의식을 살핀다는 것은 중국의 장래를 예측하는 데 어느 면에서 상당히 중요하다고 봅니다.

끝으로 이번 기획의 아쉬운 점을 말씀해 주십시오.

임경순 프랑스 지식인들을 강조한 것까지는 좋았는데, 너무 많아진 것은 전체 균형상 조금 문제가 있었다고 봅니다. 이번 지식인 지도는 전체 지식인들을 모두 포괄했다기보다는 미래를 이끌어갈 지식인들을 접하기 위한 일종의 가이드 라인입니다. 이 지도를 통해 우리가 앞으로 새로운 신천지를 발견할 수 있기를 기대해 봅니다.

정과리 가장 체계적이고 광범위한 지도를 그렸다고는 하지만 여전히 결락된 지점들이 곳곳에 눈에 띕니다. 사무엘 베케트, 알랭 로브그리예 이래 언어에 대한 철저한 지적 실험을 추구해 온 전위 문학에 대한 조명이 빠진 게 아쉬웠습니다. 그리고 전세계적으로 철저한 몰락의 길을 밟아가고 있는 현대시가 현대 문명의 황폐함 속에서 낮은 포복으로 암중 모색해 가는 처절한 사투의 노력도 눈여겨볼 필요가 있었습니다.

또한 '수행성'이라는 개념으로 페미니즘에 대한 새로운 인식의 지평을 열고 있는 주디트 버틀러의 작업을 비롯하여, 서양과 동양을 근본적인 이타성(異他性)의 관점에서 이해하는 방법을 모색하고 있는 프랑수아 쥘리앵의 중국 탐구, 문명 사회의 진로를 예술가적 직관으로 예견하고 있는 SF 작가 및 영화 감독들의 미래 탐구에 대한 조명도 포함되었다면 좋았을 뻔했습니다.

김상환 아쉬운 점은 두 가지였습니다. 마르크스적 전통을 이어가는 좌파 지식인들의 계보를 통시적으로 정리해 보았으면 했고, 영화 감독들에 대한 것이 없었습니다. 마르크스적 전통이야말로 서구의 실천적 지식인의 요람이기 때문이고, 영화는 오늘날 여러 예술적 장르 중의 하나도 아니고 대중 예술로 그치는 것도 아니기 때문입니다. 영화는 현대 문화의 가장 중요한 성장점이자 모든 장르를 종합하되 역으로 모든 장르에 영향을 미치는 현대 예술의 꽃이 아닙니까?

임지현 '세계 지식인 지도'에 언급할 만한 대표적인 지식인을 한국 사회가 아직 생산하지 못하고 있다는 점이 안타까웠습니다. 이것은 지식의 생산과 소비 구조를 비롯한 한국 사회의 지식 재생산 구조가 심각한 문제를 안고 있다는 증거이며, 따라서 서양 따라하기가 아니라 한국 사회의 '차이'에 대한 명확한 인식 아래 서구에서 생산된 지식을 어떻게 전유할 것인가에 대한 심각한 고민이 필요하다고 생각합니다.

김성기 우리 시각의 균형을 잡는다는 취지에서 볼 때, 이를테면 독일 철학자 슬로터디히크의 문제적 논의('냉소적 이성 비판')나 미국 지식계의 이념 논쟁인 '문화 전쟁' 혹은 '정치적 공정성(PC)' 논의가 빠졌지요. 또 당대 지식계의 현장 소식을 실시간으로 수렴하지 못했다는 점입니다. 데이비드 브룩스의 《보보스》 같은 책이 화제가 되었을 때, 그에 대한 다른 비판적 시각이 함께 소화되지 못했던 경우도 그런 사례입니다.

찾아보기

ㄱ

가속기 141
《가장 숭고한 히스테릭 환자》 187, 188
가타리, 펠릭스 286
갈퉁, 요한 290~297
《개미》 228
개방 대학 348, 349
개인주의 276
갤리슨, 피터 60, 62
거대 과학 141~148
《거울—다른 여자에 관하여》 74, 80, 81
경실련 136
고르즈, 앙드레 105, 109
《고양이 대학살》 160, 164
고체 물리학 60, 63
공동선 277
공동체 민주주의 150
공동체주의 276, 277, 279, 280
《과학혁명의 구조》 65
구성 능력 284, 289

구조적 폭력 293
국제사면위원회 134, 135
국제사회주의 36, 37, 39, 40
국제연대정책정보센터 140
국형태 215
규모의 경제 114~116
그람시, 안토니오 53, 198, 348
그린피스 134, 135
그림자 노동 307
《근대 세계 체제》 94
글래스, 필립 342~345
급진 페미니즘 79, 401
기든스, 앤서니 177~186, 416
김승환 215
김호길 141~143

ㄴ

나노 과학 59, 60, 62, 63
나노테크놀로지 60, 358
낭시, 장 뤼크 167~176
네그레폰테, 니컬러스 332, 334, 335, 337
네그리, 안토니오 282~289
《네 배의 효율》 233
네이더, 랠프 135
노스럽, 존 하워드 410

ㄷ

다원주의 278
다자간 투자협정 26
다중(多衆) 282, 285
단턴, 로버트 160~166
대중 문화 187, 190, 191, 193
데닛, 대니얼 376~383
데리다, 자크 167, 196, 197, 201, 208, 391
데카르트 379, 380
《도덕경》 168

《도시 문제》 317
동티모르 27, 28, 32
두셀, 엔리케 298~305
드브레, 레지스 105
들뢰즈, 질 286
《디지털이다》 337

ㄹ

라모네, 이냐시오 103~105, 107, 137
라이트, 리처드 266, 268
라이히, 스티브 339~345
라카프라, 도미니크 162
라캉, 자크 75, 187~190, 201, 390~399
라캉 정신분석학 188~193
라캉-지젝주의 189
라캉 학파 74, 80
라쿠라바르트, 필립 167~176
랑케, 레오폴트 폰 160
래쉬, 스콧 177~186
러브크래프트, 하워드 367, 368
레뇨, 프랑수아 391
레비스트로스 395
로렌스, 어니스트 올랜드 141, 142

로렌츠, 에드워드 214

로빈스, 에머리 232, 233

로슈, 다니엘 162, 163

로시, 알도 206

로티, 리처드 300

롤링, 조앤 369, 372, 373

루이스, 버나드 52

룰포, 환 67, 68

르 귄, 어슐라 366~375

《르 몽드 디플로마티크》 103~111

'르 몽드 디플로마티크의 친구들' 106

리드, 이쉬마엘 266~268, 272

리오타르, 장 프랑수아 209, 219, 300

리카도, 데이비드 113

ㅁ

마르케스, 가브리엘 가르시사 67, 68, 72, 154

마르코스 149~155

마르크스 40, 75, 76, 90, 92, 173, 188, 193, 283, 301

마르크스주의 37, 38, 40, 43, 47, 77~79, 109~111, 189, 196~198, 279, 284, 286, 316, 317, 324, 347

마르크스주의 페미니즘 79

마셜, 폴 269, 270

마술적 사실주의 68, 72, 73

마에다, 존 335, 336

마음 376~380

마초버, 토드 335, 336

마하티르 27, 101, 125, 127

만델, 에르네스트 40, 41

<많은 것은 다르다> 59

매클린턱, 바버라 404, 405

매킨타이어, 알래스데어 275~281

맥도널드 체인점 파괴 사건 106, 108

맥루한, 마셜 325

머리, 토머스 388, 389

머챈트, 캐롤린 219, 257

메일러, 노먼 29

모더니티 160, 190, 300~303

모더니즘 62, 67, 181, 205, 209, 210, 211, 271

모르네, 다니엘 163

모리슨, 토니 264~274

몰리뉴, 존 37

문화 연구 53, 346~351

문화적 폭력　293

문화제국주의　55, 67

물리적 폭력　293

뮤추얼 펀드　123, 124

미니멀리즘　339, 341~344

미디어 랩　332~338

미스 반 데어 로에　206

밀네, 장 클로드　391

밀레, 자크 알랭　390~398

ㅂ

바디우, 알랭　391, 393

바라카, 아미리　266

바바, 호미　148, 197, 201, 203

바이오필리아　225~227

바이츠제커, 에른스트 울리히 폰
　　　　　　　　　231~242

박혁규　215

《반지의 제왕》　367, 368

반환원주의　62, 63

《방법에의 도전 : 아나키스트적인 지식론 개요》　65

백남준　324~331

버밍엄 학파　350

버핏, 워런　123, 128~133

벡, 울리히　177~186

벤터, 크레이그　384~389

벤투리, 로버트　206

벨, 대니얼　87, 317, 318, 320

보르헤스, 호르헤 루이스　67, 68, 73, 367

보베, 조세　106, 108

보벨, 미셸　162

보이스, 요셉　328, 329

복잡계　213~216

복잡계 과학　59, 60, 62, 63

부르디외, 피에르　25, 105, 109, 182

《분석을 위한 노트》　391, 397

붐(Boom)　66, 67

브라운, 레스터　243~251

브레인 오페라　335

브로델, 페르낭　89, 93, 94

브뤼셀 학파　215, 217~219

블루어, 데이비드　60, 62

비평형계 과학　214

《빌러비드》　264~267, 270, 272, 273

ㅅ

사르트르, 장 폴 25, 104, 105, 109
사마라구, 주세 152, 154
사이드, 에드워드 51~58, 197, 201, 203, 299
사이보그 399~402
《사이보그 선언문》 399, 400
사이클로트론 141, 142, 144
사파티스타 민족해방군(EZLN) 149, 150, 151, 152, 154, 287, 318
사회구성주의 62, 400, 403
《사회생물학》 228
사회주의 페미니즘 79
삼대륙론 422
샌타페이 연구소 215, 216
생명 과학 59, 60, 62, 63
생명공학 385, 387, 388
《생명 신호》 244, 248, 250
생명윤리법 389
생물 다양성 224, 225, 227
생물해적질 252, 254
생태세 234, 236
생태여성주의 252, 253, 255, 256
생태적 세제 개혁 232~235, 239, 240

생태적 효율 혁명 232~235
샤르티에, 로제 162
서로, 레스터 116
서벌턴 ⇨ 하층민
'성적 차이의 윤리' 75~77
'성찰적 근대화' 178, 182
《성찰적 근대화》 179
세계 체제 분석 86, 88, 89
세계정신분석협회(AMP) 390, 393, 398
세계체제론 92~94
세계평화연구소 292
세계평화학회 292
세제르, 에메 202
셀레라 385, 386, 389
소극적 평화 293, 294
소로스, 조지 122~131
소립자 물리학 59, 60, 63, 141~143
소잉카, 월 202, 266~268
수미오 이지마 359, 363
쉬빙거, 론다 404
슈마허, 에른스트 148
스몰리, 리처드 358~365
스미스, 애덤 91
스피박, 가야트리 차크라보르티 148, 196~204

슬로베니아 라캉 학파 191, 192, 391

시게코 구보다 329, 330

시바, 반다나 252~259

식수, 엘렌 80

신문화사 163, 164

신자유주의 25, 30, 32, 37, 75, 79, 96,
　　　　　105, 111, 137, 138,
　　　　　150~154, 180, 284, 285,
　　　　　311

싱크로트론 142, 143

ㅇ

아민, 사미르 89

아방가르드 326~329, 339, 340

'아버지 죽이기' 66~69

아서, 브라이언 216

아시스 난디 416, 417

아시아 문화 연구 417, 418

《아시아 문화 연구》 419~421

아엔데, 이사벨 68, 73

아체베, 치누아 202, 266, 269

악성 개발 255

알바레스, 루이스 142

알튀세르, 루이 38, 150, 188, 193, 397

애덤스, 존 343

앤더슨, 필립 59, 60

양자역학 214

《어떤 속도에서도 안전하지 않다》 135

《어스시 연대기》 369~371, 373, 374

에이젠만, 피터 208

에코페미니즘 ⇨ 생태여성주의

에콜로지 231

엘리슨, 랠프 266, 268, 271

《역사의 보복》 42, 45

'역사의 복수' 36, 37

《역사의 종말》 97, 98, 99, 101

열린 사회 재단 126

영국 문화 연구 53

영, 앤드류 266, 272

《영장류의 전망》 399

《오르니카르》 391, 398

《오리엔탈리즘》 51, 54, 299

요사, 마리오 바르가스 67, 72

워커, 엘리스 269, 270, 271

원자 물리학 60, 63

월드워치 연구소 243~249

월러스틴, 이매뉴얼 39, 86~95, 105,
　　　　　　　　　　　303

위즈너, 제롬 332, 337
위치지어진 지식(situated knowledge)
　　　　　　399, 400, 402
《위험 사회》 177
윌리엄스, 레이먼드 53, 347
윌슨, 에드워드 224~230
유가와 히데키 144
유럽주의 298
응구기 와 티옹고 202
의식 378~380
이경진 215
이리가레, 뤼스 74~82, 391
인공 지능 381
인권과 평화를 위한 국제민주연대 140
인식론 서클 391, 393
인정 투쟁 150~152
인지과학 377, 380~382
일리치, 이반 306~312

ㅈ

자유주의 276, 277
자유주의 페미니즘 78, 79
자율 282, 286~287

재현주의 170, 171
적극적 평화 293, 294
정보사회 316~320, 322
정보 처리 410, 411, 413, 414
정신분석가의 욕망 393, 394
정신분석학 75, 76, 80, 186~193, 206,
　　　　　　207, 390, 396, 397
정치성 168~170
제국 285
제3의 길 100, 182
제이콥스, 제인 206
제임슨, 프레드릭 208, 324
젠더 307, 401, 402
젱크스, 찰스 205
조이스, 제임스 265
존즈, 게일 266, 272
종속 이론 92, 93, 292, 299
주빌리 2000 137~139
주체성 285, 286
증상 187
《지구 환경 보고서》 243, 244, 246, 248,
　　　　　　　　　250
지구정책연구소 246, 247
지놈 384~387, 389
지능 380

지식 권력 53

지식의 지정학 302

지아르디넬리, 멤포 68, 70~72

지적재산권 252, 253

지젝, 슬라보이 186~195, 391

진보통신연합 134, 135

진즈부르그, 카를로 163

ㅊ

참여연대 136

천광싱(陳光興) 348, 349, 351, 419, 421

초월성 169, 170

촘스키, 노엄 24~34, 396, 416

치아파스 149, 152, 154

《침묵의 봄》 246

칩코 운동 253, 254

ㅋ

카스텔스, 마누엘 316~323

카슨, 레이첼 246

카오스 이론 214, 219

캘리니코스, 알렉스 35~50

컨수머 인터내셔널 134, 135

컨실리언스 229

컴퓨터 377, 378, 380, 381

케이지, 존 328~330, 340

코르타사르, 훌리오 67

코먼 코즈 134, 135

코프먼, 스튜어트 216

쿤, 토머스 60, 61, 64

퀀텀 펀드 124~127

크루그먼, 폴 113~121, 416

크리스테바, 줄리아 80

클리프, 토니 36, 40, 47

ㅌ

타이거 펀드 124

타푸리, 만프레도 209

탄소나노튜브 359, 360, 362~364

탈(脫)식민주의 과학 147

탈식민 이론 196

탈식민주의 53, 55, 201~203, 422

탈아론(脫亞論) 56

《탈학교 사회》 310

442 찾아보기

테일러, 찰스 275~281
테크노사이언스 사회 402
테크놀로지 예술 326, 327
토니, 케이드 밤바라 266, 271, 272
토빈세 137
톨킨, J.R.R. 367, 368, 372
톰슨, E.P. 347
통계역학 214
통과 제도 393, 394
투렌, 알랭 152, 154
트랜스-모더니티 300, 301
트로츠키주의 35, 37, 39~41, 43

ㅍ

파농, 프란츠 53, 88, 202
파스, 옥타비오 51
파이겐바움, 미첼 214
파이어벤트, 파울 65
파인만, 리처드 358
페르미, 엔리코 143
페미니즘 과학학(Feminism Science) 402~405
《평화 연구》 292

평화학 290, 292, 293
포스트모더니즘 37, 38, 60, 62, 67, 160, 161, 163, 181, 205~211, 324, 325, 327, 400
포스트모더니티 190, 202, 271
포스트 붐 66, 70~72
포스트콜로니얼리즘 53, 54, 67
《포에티크》 174
포크너, 윌리엄 265
포퓰리즘 348
포항 방사광 가속기 142
폴 드 만 197, 203
폴라니, 칼 87, 90
표상주의 170, 171
푸겟, 알베르토 68, 73
푸루이트 이고 집합주택 207
푸앵카레, 쥘 앙리 214
푸엔테스, 카를로스 67, 73
푸익, 마누엘 68, 72
푸코, 미셸 53, 75, 150, 201, 286, 391, 416
풀란차스, 니코스 150
풀러렌 359, 360, 362~364
퓌레, 프랑수아 163
프랑스정신분석협회(SPF) 391, 393

프랑크푸르트 학파 187, 188, 193, 300

《트레젝터리》(Trajectories) 351, 421

프로그램 380

프로이트 원인학교(ECF) 391~393, 398

프로이트, 지그문트 76, 90, 173, 188, 392~396

프롤레타리아 282, 285

프리고진, 일리야 215, 217~219

플럭서스 325, 328~330

핑크, 브루스 391, 393

ㅎ

하디, 토머스 265

하딩, 샌드라 405

하먼, 크리스 37

하버마스, 위르겐 181, 209, 298, 416, 417

하이데거, 프리드리히 171, 180, 218, 300

하이에크, 프리드리히 아우구스트 폰 180, 412

하층민(the subaltern) 54, 198

〈하층민이 말을 할 수 있을까〉 196, 198

할렘 르네상스 271

해러웨이, 도나 399~407

《해리 포터》 369, 372, 373

해방철학 299, 301

해체론 167, 168, 172

해체주의 208, 209, 211

헌트, 린 163

헌팅턴, 사무엘 416, 417

헤게모니론 53

헤지 펀드 25, 123, 124, 128, 129

헥셔-올린 정리 113, 116

현대문화연구소 347, 348, 350

호가트, 리처드 347, 348

홀, 스튜어트 347~353

홉스봄, 에릭 349

화이트, 헤이든 163

환경 보전 227

'효율 10배 높이기' 그룹 232

후기 구조주의 188, 207, 208, 211, 271

후쿠야마, 프랜시스 96~102

후쿠자와 유키치 56

흑인 정체성 회복 운동(네그리튀드) 202

기타

'50년이면 충분하다' 139

68세대 38, 79, 109, 154

68혁명 37, 88, 286

〈C조로〉 343

NGO 30, 134~140

NPO 136

세계 지식인 지도
21세기 지식인은 어디에 서 있는가

기획 위원   김상환 김성기 이동철
               임경순 임지현 정과리
기획·진행   정재왈
펴 낸 이   윤양미

펴낸곳   산처럼
등 록   2002년 1월 10일 제1-2979호
주 소   서울시 종로구 사직로 8길 34 경희궁의 아침 3단지 오피스텔 412호
전 화   725-7414
팩 스   725-7404
e-mail   sanbooks@hanmail.net
홈페이지   www.sanbooks.com

제1판 제1쇄 2002년 3월 25일
제1판 제6쇄 2014년 4월 20일

ⓒ 중앙일보사, 2002

값 20,000원
ISBN 89-90062-00-4-03000